中国历史文化名人传

戊戌悲歌

康有为传

张 健 著

作家出版社

中国历史文化名人传

组委会名单

主任：李 冰
委员：何建明 葛笑政

编委会名单

主任：何建明
委员：郑欣淼 李炳银 何西来 张 陵 张水舟 黄宾堂

文史组专家成员（按姓氏笔划为序）

王春瑜 王家新 王曾瑜 孙 郁 刘彦君 李 浩 何西来
郑欣淼 陶文鹏 党圣元 袁行霈 郭启宏 黄留珠 董乃斌

文学组专家成员（按姓氏笔划为序）

王必胜 白 烨 田珍颖 刘 茵 张 陵 张水舟 李炳银
贺绍俊 黄宾堂 程步涛

出版说明

中华民族五千年文明史中，涌现了一大批杰出的文化巨匠，他们如璀璨的群星，闪耀着思想和智慧的光芒。系统和本正地记录他们的人生轨迹与文化成就，无疑是一件十分有必要的事。为此，中国作家协会于2012年初作出决定，用五年左右时间，集中文学界和文化界的精兵强将，创作出版《中国历史文化名人传》大型丛书。这是一项重大的国家文化出版工程，它对形象化地诠释和反映中华民族文化的基本精神，继承发扬传统文化的精髓，对公民的历史文化普及和建设社会主义文化强国都具有重要而深远的意义。

这项原创的纪实体文学工程，预计出版120部左右。编委会与各方专家反复会商，遴选出在中国文化发展史上产生过重大影响的120余位历史文化名人。在作者选择上，我们采取专家推荐、主动约请及社会选拔的方式，选择有文史功底、有创作实绩并有较大社会影响，能胜任繁重的实地采访、文献查阅及长篇创作任务，擅长传记文学创作的作家。创作的总体要求是，必须在尊重史实基础上进行文学艺术创作，力求生动传神，追求本质的真实，塑造出饱满的人物形象，具有引人入胜的故事性和可读性；反对戏说、颠覆和凭空捏造，严禁抄袭；作家对传主要有客观的价值判断和对人物精神概括与提升的独到心得，要有新颖的艺术表现形式；新传水平应当高于已有同一人物的传记作品。

为了保证丛书的高品质，我们聘请了学有专长、卓有成就的史学和文学专家，对书稿的文史真伪、价值取向、人物刻画和文学表现等方面总体把关，并建立了严格的论证机制，从传主的选择、作者的认定、写作大纲论证、书稿专项审定直至编辑、出版等，层层论证把关，力图使丛书经得起时间的检验，从而达到传承中华文明和弘扬杰出文化人物精神之目的。丛书的封面设计，以中国历史长河为概念，取层层历史文化积淀与源远流长的宏大意象，采用各个历史时期最具代表性的文化符号与雅致温润的色条进行表达，意蕴深厚，庄重大气。内文的版式设计也尽可能做到精致、别具美感。

中华民族文化博大精深，这百位文化名人就是杰出代表。他们的灿烂人生就是中华文明历史的缩影；他们的思想智慧、精神气脉深深融入我们民族的血液中，成为代代相袭的中华魂魄。在实现"中国梦"的历史进程中，必定成为我们再出发的精神动力。

感谢关心、支持我们工作的中央有关部门和各级领导及专家们，更要感谢作者们呕心沥血的创作。由于该丛书工程浩大，人数众多，时间绵延较长，疏漏在所难免，期待各界有识之士提出宝贵的建设性意见，我们会努力做得更好。

《中国历史文化名人传》丛书编委会

2013 年 11 月

康有为

目录

前记

关于康有为的错误史

"科学的历史，也就是能者的错误史。"——这是意大利学者、经济学家帕累托的名言。

再睿智的智者，也曾与错误相伴。

这些错误，是人类前行路途中的障碍；是扬帆远航中的暗礁。跨越它或者驱除、绕行，筚路蓝缕再闯出一条新路，才可以抵达充满希望的目标。

认清智者的错误，也非常重要。

即便是作为一部传记，慢慢我们才知道，记录一个人的言行，是一件很难的事。

在记下传主壮举的同时，也应盯准他的错误。尽管，我们早已跨越"为尊者讳，为贤者讳"的时代，但传主所参与的事件往往极其复杂，复杂到你会绕进一个又一个迷宫。甚至，他的同一个行为，也常会引发观点绝然不同的争议。

康有为是戊戌维新运动的主帅，是揭开中国近代启蒙运动大幕的拓荒者之一；是我们这个民族近代极其难得的改革家、思想家、学者。但他的一生毁誉相伴，争议很大，甚至对他的诋毁和谩骂一直就没有停止过。梁启超曾经在写作《南海康先生传》时说："先时而生者，其所志无一不拂戾，其所事无一不挫折，而其及身亦复穷愁潦倒，奇险殊辱，举国欲杀，千夫唾骂，甚乃身死域绝，血溅市朝，是亦豪杰之有幸有不幸乎？……"

梁启超用了"举国欲杀，千夫唾骂"，这时间是在戊戌变法失败后不久。

距梁启超写下这段话长达百年之后，随着一些相关的新史料在上世纪八十年代前后被不断发现，对康有为的质疑甚至诋毁再次鹊起。直到如今，你来到网上，就会看到骂帖遍布，铺天盖地。不少史学研究者的质疑还算有分寸，而大量史学爱好者则无遮无拦："欺世骗子""名利之徒""假传圣意""抄袭越货""招摇撞骗"……

梳理了一下，对他最重要的质疑和争议的焦点，大约如下：

康有为的《新学伪经考》是不是抄袭廖平的成果？

究竟有没有"公车上书"？

康有为是百日维新的领袖吗？

戊戌政变真实的起因是否是"围园弑后"？

既然《戊戌奏稿》被康篡改，《康南海自编年谱》还可信吗？

保皇会是爱国组织吗？

康有为为何深深隐藏了刺杀孙中山的秘密？

……

失去真相的历史，是欺世自欺的伪史。

就戊戌变法事件来说，客观地分析，舆论之所以形成这样的局面，有两个原因。

一个是在于对戊戌变法的表述上。康、梁是戊戌变法的当事者、亲历者，所以康有为的《戊戌奏稿》、梁启超的《戊戌政变记》、康有为的《我史》（《康南海自编年谱》），被称为"戊戌变法最重要的三大史料"。一直以来，现有的主流看法和结论，很大程度上是从这三种史料上得出来的。而这样一场震惊中外、对中国历史产生巨大影响的变法，由于当时特殊的混乱背景，除清廷的政治高层外，几乎没有人真正清楚全部过程与原因。于是，这三大史料自然在不同程度上强化了康、梁的话语权，而来自清政府方面的解释又几乎一直没有。当事者的一面之词，很难作为最准确的信史，也是必然。所以，当康、梁当年被隐瞒的事实一经发现和披露后，很多人自然会有一种"上当"之嫌的不满，甚至愤怒。

一个是与康有为自身的性格有关。他的狂妄、自负、唯我独尊、虚骄甚至不尊重事实，最为人们诟病。他的自负、武断、教条的倾向，使他从不愿去考虑不同见解，也使他成为一个从来不懂自省和具有反思意识的人。同时，自负武断的他又是一个不设防的人。如"伪诏事件""改篡《戊戌奏稿》"等等，最能体现他的这些错误。

但是，当我们将康有为的所有"错误"挖掘出来，真实的（哪怕疑似的）也好，曾引发激烈争议尚未有结论的也罢，我们会突然惊奇地发现，在近代中国历史上的重要人物中，康有为渐渐成为了一个"相对真实透明"的人了。可以说，近代史上还很少有这样一个两面都真实而丰满的形象。

曾经被遮蔽的历史，清晰起来了，已经回归其本来的面目。

康有为敢冒杀头之险所推动的变法维新运动，是历史的本来面貌。他急切地要"补天"，改变中国愚昧落后的现状。对于这个千疮百孔的国家，他的心是热的，并有敢于担当的强烈责任感。他对人类命运、中国命运的思考和求索，即便是戊戌变法之后对辛亥革命的反对和批评，也是有其真知灼见的。

这场震惊中国的变法，付出的代价惊人。假设康有为当年不犯或少犯错误，这场变法会如何？会成功吗？难说。可惜历史不能假设。但他的错误，与变法失败又确实是深有干系的。这场变法以及后来的保救光绪，仅就牺牲者来说，除了血染北京菜市口的戊戌六君子外，还有唐才常等人以及自立军的近千名冤魂！那是一曲无比壮烈的悲歌。如今，当我们祭奠这些为了变法和进步献出生命的前行者的时候，是否也应当反思以康有为为首的维新者自身的种种局限与错误？因为同样，这也是负面的复调悲歌——目的，是总结，是警示后来者。这个意义同样格外重大。

康有为给我们留下了一个课题：一个走在众人前面的领路者，其自身的错误与局限，将会给事业带来多大的危害？还有，对于犯过错误和过失的领导者，后人该如何总结与评价？

而作家出版社来组织、出版这本（套）传记，对文学性的要求应当更高。

但历史与文学，在最高意义上，是同一的。一位前辈学者说过："诗具史笔，史具诗心。"写传自然离不开写史，只是应当通过人物命运与历史间的必然联系，揭示出一种深广的精神内涵，一种当代人对历史的理解和感悟。

在忠实于史料和前人研究的基础上，写出一个有血有肉的人物，不回避他的局限、缺陷、缺点和错误，让"这一个"地位重大的近代思想家向我们走来。

知道很难很难。

2015 年 2 月 13 日初稿

10 月二稿修改于北京旧宫秀水花园

12 月 3 日，修改定第三稿

第一章 『此书生为何如此颠狂？』

人和人的相识，有时是很奇异的邂逅。

光绪五年，即一八七九年的春天，来自京城的翰林院编修张鼎华，返梓广东番禺省亲。这天，他约了几个文人学士的好友，来西樵山游玩。

"南粤名山数二樵"，东樵为罗浮山，西樵就是西樵山。此山位于广州西南六十八公里，方圆四十多华里，有七十二峰、三十六洞，多处泉水和瀑布。春来，古树参天，桃李争妍，繁花似锦。西樵的胜景为西北麓的白云洞。洞边不远就是应潮湖、鉴湖和会龙湖，附近的建于乾隆年间的三湖书院，即因此而得名。

这张鼎华是个奇人，小时候就以神童闻名；十三岁登科，后入值军机处参与国家大事；三十二岁入翰林院，现任翰林院编修之职。这翰林院是皇帝的一个秘书机构，又是清廷"入政人才的后备库"。他"神识绝人，学问极博"，奇在哪里？终身未娶，生前不留任何文字。

一行人边说边走边看风景，不觉来到白云古寺旁。只见白云洞边的一块巨石上，躺卧着一个二十来岁的青年后生。这后生披头散发，衣衫不整，自歌、自笑、自哭，把张鼎华吓了一跳。

作为一个京官，看到这一幕，张鼎华顶多会好奇地问问"这位后生，你是哪里来的？在这里干什么？有什么事这样想不开啊"之类。而这后生，竟一语不合，与其顶撞争论起来，实是狂诞无理！

张鼎华气坏了，大声斥责，拂衣而去。

本来上山是为散散心情，没想到让这位狂生给搅了，怎么说，这也是件扫兴的事吧。

但回到广州后，这狂生的身影又总是在张鼎华面前浮现。阅历太丰富的张鼎华慢慢意识到了什么，转而"盛称之"，对人说："来西樵但见一土山，惟遇一异人。"他很想知道这个"异人"是谁，为何如此癫狂？

不久，有人打听到了：此人叫康有为，南海人，二十二岁。

"康有为……"张鼎华念着这个陌生的名字。

他当然不会知道，此时的康有为，正经历着一场重大的"精神危机"。

康有为也不会知道：就是如此的一场邂逅与龃龉，竟使自己得到了一生中最重要的两位恩师中的一位。

这个家族的鼎盛，靠的是武人

一八五八年三月十九日（清咸丰八年二月初五），康有为诞生于广东省南海县苏村。

南海县位于珠江三角洲的中南部，距省城一百一十里。苏村不大不小，百十户人家。村东为丘陵土岗，村西有几个很大的池塘，所以村庄也叫"银塘乡"。他的家在村北敦仁里深处的一座两层楼的老屋，为康氏四代祖传的"延香老屋"。一厅两房，坐东朝西，青砖墙，木楼板，为硬山式镬耳建筑。厅堂前是天井，西墙正中镶嵌着的花岗岩石条上刻着"天官赐福"，为当地农村典型的格局。

"延香老屋"是康有为的曾祖父康云衢的宅第，经过高祖康炳堂、祖父康赞修、父亲康达初，到康有为已是第五代世居于此。

康氏家族，自宋代末年，由始祖康建元自广东韶州府南雄州的珠玑里村，迁来南海县苏村。七百年来，前八世没有留下记载，应该都是普通农民。到了建元后第九代的康惟卿，才开始成为"读书人"，他算是康家的第一个学者。到了第十七代的康辉（又名康文耀），于嘉庆九年（1804）通过乡试，有了文名，后来成为很有影响的教师，前后有生徒千人。他为康家建立了第一个祖庙，纪念惟卿公通过读书，改变了整个家族的命运。康有为曾说"吾宗以孝悌为礼学，昌自公始"。正是康辉，不仅使家族的后人中读书的越来越多，而且不少人进入仕途，或走上教授之路。

到了第十九至二十一世，这个康氏家族鼎盛起来，达四十余户，成为"书香门第"了。梁启超在《南海康先生传》中说，这是个"世以理学传家"的名门望族；而康有为也十分得意地说了八个字"从戎仕宦，朱紫盈门"。

这话说得有些大了，但也有一定的道理。

这三世，大官小官，达三十一人之多。

真正使这个家族突然昌盛的，却不是文人，而是武人。

这两位武人，是康有为的叔祖康国熹、康国器。

康国熹，又名康懿修。咸丰年间，广东发生了红巾起义。康国熹当时仅仅为一布衣，他连夜杀牛祭旗，招募壮士，创办了七县"同人团练局"，人丁五万，统领三十二乡。有了武装，在地方势力渐大，平定了南海、高明、三水、高要四县的起义者，以军功受知于左宗棠。康懿修不是读书人，却自小饱览群集，藏书万卷。他以布衣之身，在政局危机的时刻，能毅然出手左右地方时局，这一点，深深影响了康有为。

康懿修最直接影响的人是幼弟康国器。康国器于道光年间从军，太平军于咸丰初入侵江西时，康国器已任江西赣县巡检。他配合左宗棠所部转战于江西、浙西、福建，最后进入广东作战。"百战克名城十余"，战功赫赫。一八六六年一月，太平天国康王汪海洋在嘉应州作战受伤，于二月一日伤重去世。康有为说汪海洋是被叔祖康国器射杀的，历史上并无记载。但查《清史稿·列传》中，确有《康国器传》："国器治军能以少击众，常伤足而跛，军中号康拐子。"他身先士卒，亲临战场杀敌英勇，当是无疑的。清廷对他连连加升，由广西布政使升至护理巡抚，成为二品封疆大吏。后来，一八八四年康国器在故乡去世的时候，左宗棠高度评价他："综其平生，大小百战，克复坚城十余处。历任江、浙、闽、粤，廉正朴诚，无所缘附。"曾请求清廷破格"照军营积劳病故例议恤，并将事迹宣付史馆立传"。

二品封疆大吏，这是赫赫高官了。于是康氏家族遂成"旺族"。

这是族人中唯一的显荣者。康有为说"吾宗光大自公为之"。

一八六六年，也就是康有为九岁的时候，康国器新授福建按察使后，衣锦还乡。

康有为亲眼目睹了这一"繁华"。这位堂堂的叔祖拿出大量的银子修筑祠堂，建造园林，带回和新购了共约两万卷书，藏于澹如楼和"二万卷书楼"。两楼相峙，亭台楼阁，碧水环绕。内有古桧七株，这里也叫"七松轩"。

康有为的青少年，就是在这样美丽的园林庭院度过的，澹如楼也是他读书的地方。

"吾少读书于此十余年，七桧为数百年物矣。"康有为说。

很有意味的是，康氏家族这兄弟两位"武人"，都对族内后生的读书格外关心。他们是武人，但都不约而同地认识到知识对整个家族命运与繁衍的重要。"藏书万卷，为童冠涉猎，得博群集。"——也可以说，他们放下读书而去征战，就是为了家族后人"书香"的烟火不熄。

以上是祖辈。在父辈中，也有一些族人在国家危亡的时刻，出于义愤奔赴边疆沙场。一八七四年日本出兵侵犯台湾，清廷派船政大臣沈葆桢率军赴台，部署防务。康有为的叔父康达行当时任福建候补知府，马上随沈葆桢去了台湾前线。一年后，左宗棠率三路清军进新疆平阿古柏叛乱，他又随左宗棠参加了收复新疆的战斗。当法国开始对越南侵略的时候，康达腾（康懿修之子）、康达迁（康赞修之子，康有为亲叔叔）领兵数千，勇敢跟随冯子材参加了抗法战争。

这些胆识过人、从武的前辈，自战争和沙场里滚了过来，对康有为潜移默化的影响是巨大的。可以想象，前辈们在战场自身亲历的故事，一定会流传在他们这些后代之中。而父辈在反抗日本、法国等侵略者时的爱国热情、救国决心，对康有为的影响，也会更为深远。

康有为的高祖康云衢这一支，以"文"显世，是教育世家。他讲学于乡里，被封资政大夫，官至福建按察使。四子中，康赞修是最小的儿子。康赞修为道光年间举人，为岭南醇儒和导师，做儒官四十年。康赞修的儿子，也就是康有为的父亲康达初，是岭南大儒朱次琦的门徒，博通古今，聪明好学，"多深思新意之论"，"考天下古今治乱义理之学"，自然成为康有为治学的楷模。只因身体多病，后在家乡教书。

所以，康有为，是注定一生要走"文"这条路的了。

戊戌变法后，康有为在自传《康南海自编年谱》中说："吾家自九世祖惟卿公为士人，至于吾为二十一世，凡为士人十三世矣。"

这十三世都是读书的士人吗？

他为什么要这么说？

很有意思的是，美国已故华裔学者萧公权先生，在研究了上世纪四十年代康有为之女康同璧交来的一批康家的资料后，不太同意康有为的这个说法了。他指出：自康文耀之后的七十个康家后裔中，仅有十一人为士人，占的是少数。康有为之所以这样说，是"对其家族做学者式之尊重，反映了他自身的志愿，以及自我激励"。

童年，一直到开蒙读书，康有为的生活是幸运、幸福和快乐的。随着康氏家族因康国熹、康国器等人带来的鼎盛，不能说钟鸣鼎食，也算过上了富足的日子。这里有一个很重要的原因是，家族祖辈、父辈们都非常喜爱这个聪慧的孩子，自他的身上，似乎看到了后人不可限量的希望。在他降生后，大伯祖学修甚至不等赞修为孩子起名的信件到来，就决定叫他"有为"。六岁，堂伯父达棻竟然连夸他："此子非池中物也！"

但这样的时间并不长。

十一岁，突然之间，家道就开始中落了。数年后，穷得"不能出游，不能购书，乃至无笔墨……"原因是父亲的病逝。

家变，由富裕变为贫寒与穷苦，对这个孩子的未来，意味着什么？

一生蹭蹬，起自始也？

父亲的遗训

康有为是家中的第三个孩子，前两个孩子都是女儿，一个还夭折了，所以全家都希望这是个男孩。生下来一看，果然！父亲康达初马上给远在钦州学政任上的父亲康赞修写信，告知这一喜讯。康达初也是在外地为官，这年因母亲去世在家丁忧。

五十二岁的康赞修正因夫人去世而伤感，盼孙盼得急切，得到喜讯后，马上给长孙起名"有钦"，为在钦州任上喜得长孙的纪念。欣喜中的他，写下了《闻长孙有钦生》：

> 久切孙谋望眼穿，震雷未发巽风先。
> 漫将璋瓦猜三索，忽报桑弧画一乾。
> 画省孤灯官独冷，书香再世汝应延。
> 可怜大母含朝露，空话含饴慰九泉。

按理说，给长孙起名，祖父是最有资格的人。但这封信到家的时候，大伯祖学修已经给孩子起了"有为"，也就没有再改用祖父起的"有钦"。这件事，说明了康氏家族内部的和睦，也证明了整个家族对康有为的期望。

对此，康有为无比感念，那是非常温馨的童年。四岁，伯祖开始教他认字，抱着他看洋人的镜画。孩童的他亲眼见到：种芝公（伯祖康懿修）任团练御贼有功，去世时仪仗极盛，送者万人。五岁，叔伯教他背诵唐诗，看他聪敏，都很喜爱他。六岁开蒙，跟番禺的简凤仪先生读《大学》《论语》《中庸》。叔伯们出对考他，出的是"柳成絮"，他答出了"鱼化龙"来，让叔伯们很惊喜，马上赏给纸笔。

九岁，伯祖康国器和从军的叔伯们凯旋归乡，酒宴觥筹，棋咏之乐，他和同辈的小伙伴嬉戏其间。诸叔伯出行游宴，也都爱把他带在身边。祖父康赞修修《南海县志》，居南海学宫志局中，把康有为接去，专门为其请了两个老师，一个教他读经，一个教他其他的知识。

十岁这年，祖父补任连州训导，连州距南海太远，无法带着这个长孙，就让其回乡再次求教于简凤仪先生。此时，母亲在康有为之前生下两个女儿后，再生下了二儿子，祖父康赞修为其起名"有溥"，又名康广仁，字幼博。这个四个孩子的家，使父亲康达初负担加重。正是雪上加霜，不料他又患上了严重的肺病。康有为后来在回忆父亲的病时说："连年频拟听鼓，而病咳殊甚。"

一年后，三十八岁的康达初去世。弥留之际，十一岁的康有为跪在父亲床边，聆听父亲最后的嘱托："立志勉学，教以孝亲，友爱姊弟。"葬礼上，他流泪执丧走在最前面，如一个成人，被乡里人感慨称异。

这个十一岁的少年，突然觉得自己长大了。

家道中落，"家计骤绌，仅用一婢，老母寡居，手挽幼弟，与诸姊妹治井灶之事，为平生未有之劳焉。"（康有为《康南海自编年谱》）

守丧三个月后，他跟随祖父到了连州。

这十一年里，康有为和父亲相处的时间很少，因康达初一直在福建、江西供职，归家也是时间很少，来去匆匆。所以自小，康有为和祖父的感情很深。而祖父之格外疼爱，除了长孙与隔辈之亲外，更是对他期望过深。康赞修早已看出，这是棵读书的"好苗子"。其实不止康赞修，康氏家族中的祖伯和叔伯们也早就看到这一点，也就对他倾力助学。

如今儿子早逝，康赞修对这个长孙更为疼爱，将他带到了连州身边。

到连州后不久，康赞修欣喜地发现这个孩子读书很用功。祖父为他选定《通鉴》《大清会典》《东华录》等历代史事和掌故，还有《明史》《三国志》等。这些选本具备较强的可读性，很对他的胃口，他读书已痴迷到不知晨昏，废寝忘食了。祖父一次次提醒他不能这样熬夜，他口中答应，离开书房，躲开祖父后，点上油灯，躲进蚊帐还是在读书。

一方面，是他记住了父亲的遗训；另一方面，是这些书他太喜欢。

祖父为官，官舍内自然有一份邸报，上面多为朝廷传知朝政的文书和一些政治情报的新闻文抄。祖父吃惊地发现，连这样的东西，有为也爱读，并不时发问朝中的人事，如曾国藩、左宗棠等。——这实是有些奇特了。这类文抄，多枯燥无趣，这样年龄的孩子，本不会对此有兴趣的，而这个孩子却相反。

康赞修开始教他写作诗文。

他学着写好一首，就给祖父看，祖父点点头，细细指点。

很快，有些模样了。

他十二岁这年的端午，祖父带他去观看龙舟，一些当地的官宦也来了。祖父让他细心看，用诗的文体来试写试写。他点点头开始写，竟一连写了二十韵。对他，这本是一种训练而已，但围来的连州官绅和诸生非常惊异，争看这十二岁孩子作诗。一个姓金的吏目连称"神童"，赠送来漆砚和笔盒数件，让一旁的祖父难掩心中的得意和高兴。

十几岁了，这样好的家学，自己又喜欢，写出一些诗的习作来，也是不足为奇的。来看这一时期他的一首诗：

> 万松乱石著仙居，绝好青山画不如。
> 我爱登楼最高处，日看云气夜看书。

这是一首较为纪实的诗，祖父暇日爱带他去当地的名胜游玩，如北山寺、大云岩、"画不如楼"等。此诗叙写的是"画不如楼"。"画不如楼"位于连州城北，登楼远眺，松柏连天，万山磅礴。此楼也叫"刘梦得画不如楼"，以纪念唐代这位著名的文学家、哲学家曾在连州任刺史。这里有一段掌故和佳话。刘禹锡，字梦得，唐顺宗时因与王叔文、柳宗元等人倡导改革一起被贬。刘禹锡被贬播州（今贵州遵义），柳宗元被贬柳州（也被贬过永州）。柳宗元与刘禹锡交谊甚笃，知道刘禹锡高堂老母多病，播州地处荒僻，便向朝廷哭求请改换刘禹锡去条件较好的柳州，让自己去播州。后朝廷感动，也就将刘禹锡改贬连州。

祖父在此楼前，是定然要对康有为提到这段佳话的。或康有为在读书时也早已知道这件事。作诗，这是一个最能引发感触的"诗眼"，是无疑的。但你看此诗，不仅没有提及此事，表述也很直白，"我爱登楼最高处"简直是大白话了。但是，注意——这恰恰真实符合一个十几岁少年的观察与表述。这样的表述，不必过誉称奇，也是相当的不错了。不错在最后一句，洒脱蕴藉，诗意葱茏，真实展示了这个少年开始具备的学养。

祖父是位名儒，最大的嗜好与雅兴，是遍览名胜。无论在何处，性喜游览。他任官多地，去的地方也多。同治九年（1870），康赞修调省城任羊城书院监院。繁华的广州，让康有为第一次走进并看到大都市的样子，使他目不暇接。离开连州，乘船去广州的途中，站在船上，他感到南国的山河原来这样大，这样美丽。祖父带他去了镇海楼、五羊观、蒲涧寺……指点形胜，教以道义，康有为的视野慢慢阔大起来。

无形之中，祖父喜游览的爱好，传给了康有为。之后，这成为了他的财富之一。大自然和名胜古迹，浓缩的是人类最壮阔灿烂的文化，一个喜爱大自然和名胜古迹的人，才会具备超然的胸怀吧。

广州距东莞不远，在读到《明史·袁崇焕传》的时候，康有为知道明代这位威武的军人，就是从自己身边不远走向国家的。读到袁崇焕修筑关外重镇宁远，向皇帝提出五年破金的建议，他很感动，觉得自己成了袁崇焕。读苏东坡，自己是苏东坡，读丘处机，自己成了丘长春……

少年毕竟是少年，到广州后，祖父一忙，当然有些顾及不了他。康有为也贪玩，爱去四处闲逛，对这新鲜的、光怪陆离的街市，"目不暇接"也是必然的。

十四岁，他回到故乡苏村，从叔叔康达节学文，读书于澹如楼，览先秦诸子以及宋儒学说，喜爱孟子和荀子。

这年，第一次童子试，不售。

十五岁，再试童子试，仍不售。

两次落榜，祖父和叔伯们开始"督责"，必须学"制艺"，也就是八股文。

学了两年，"两年费日力于试事及八股，进学最寡矣。"几乎油盐不进。

十六岁这一年，家中给他换了两个老师。他还是极度厌弃八股，所喜爱读的，仍为经说、史学、考据书一类，常常打着学八股的幌子，读自己喜爱的书。"于时益吐弃八股，名为学文，绝不一作，诸父极责，大诘之先祖前。"

看看，"绝不一作"，决心真的很大，就是不写。

祖父急了，专门从广州一次次赶回来，就是来督促他学八股这件事。叔伯们恨不得把他揪到祠堂，让他在先祖面前罚跪。

第一次，康有为的性格在我们面前如此突出地显现了。

这样的家学，父亲、祖父又都是士人，他不知道所有人读书的目的就是奔科举吗？科举是天梯，是命！

起码，他这是要了祖父的命。

但就是不喜欢，不喜欢的事就不做。"绝不一作"。

八股文有极为刻板的要求：题目一律用《五经》《四书》中的原文，内容必须以程朱学派的注释为准，体裁结构有一套固定的格式。全文由破题、承题、起讲、入题、起股、中股、后股、束股、大结等部分组成。在这八个部分中，句子的长短、声调高低等都要相对成文。立言必须用古人的语气，议论必须根据宋代理学家朱熹写的《四书章句集注》，绝对不允许自由发挥，字数也有限定，清康熙时要求五百五十字，乾隆以后一律以七百字为准。书写亦有格式。

明清两代，八股文几乎是所有官私学校的必修课。从童试到乡试、会试都要用它。不会写八股文，就无法通过科举考试，就难以做官。这种文体极大地束缚了人们的思想。

八股文在中国终结于何时？就是戊戌变法，就是康有为一再向光绪提出的变法内容之一。这是后话。

正因为他从少年学子时，就感同身受了八股文的戕害。

一次，祖父狠狠斥责之后，当场出题"君子有九思，至忿思难"，让他就在自己的眼皮子底下马上写。这个题目有些意思，他提笔写成十六小讲，各有警语，祖父看了很吃惊，这小子可以嘛！这年年底，他参加了社学考试，百份考卷，取前十五名，他所做的六篇全部中选，前三名都是他的答卷。这还不算，又替别人做了五篇。次年新正开课，又夺了第一，祖父大喜。只是，这仅是考试，不是童子试。祖父又很是遗憾。

他喜欢的是"于时读书园中，纵观说部集部，昆弟聚学，有诗酒之欢……涉猎群书为多，始见《瀛寰志略》《地球图》，知万国之故、地球之理"。

据康有为弟弟康广仁说康："从小就很用功读书，每天早上拿五六本书放在桌上，右手拿一把很尖利的铁锥，用力向下一锥，锥穿两本书，今天就读两本书；锥穿三本书，今天就读三本书。每日，必定要读'一锥书'，他有时要完成一锥书的任务，看书看得上眼皮闭不下来。"书用锥读，有些怪异，康某不爱惜书乎？

一次，他偶然发现了一本《红楼梦》的残本，如饥似渴地读完，犹如黄粱一梦，好似要看破红尘，抛却人间富贵声色，"惘然作出世意"。

这可都是与八股无关的闲书啊。

一八七六年，康有为十九岁。这一年，祖父为他办了一件事，按清廷的相关制度和规定，品官的嫡子孙可以不再通过童子试，直接获荫监生。康赞修的官位达到了，康有为也就自然获荫监生的资格。有了这一资格，可以直接参加乡试，去考举人。

祖父马上送他去应乡试。

康有为在参加这次乡试的时候，第一次用了"康祖诒"这个名字。之后，历次参加乡试，用的都是此名，寄托着对祖德的恩念。

这次乡试落榜。

他有些无所谓，但祖父很着急。祖父觉得自己官职在身，无暇对他进行系统的教育，之前给他请的几位老师也多为平庸之辈。这个孙子呢，"窥书甚多，见闻杂博，而无师承门径，惟凭好学而妄行，东捃西扯，苦无向导"。

祖父决定了，给他请一位"高人"。

痛哭礼山草堂

这个高人，是朱次琦，即康有为的另一位最重要的恩师。

朱何许人也？

他是声名赫赫的粤中大儒，理学大师。

朱次琦（1807—1881）字子襄，号稚圭，广东南海县九江堡人，人称"朱九江""九江先生"。道光进士。这是位"奇人高士"。咸丰初年，清廷让他去山西任山西省襄陵知县。据说他去赴任的时候，就备好了"打道回府"的旅费，在任仅一百九十天就辞官而归，走的时候，不带走一文山西的钱。一路上兵荒马乱，走到江西赣州生病，不名一文，只好把随身的一件毛裘典当了，才返回故乡。

辞官的原因，很简单，巡抚授意，要他重用一位亲王的亲信。他坚决不与贪官污吏同流合污，这需要多大的勇气！清朝的官场腐败，那是最严重的时期，"三年清知府，十万雪花银"。多少士人举子自一登龙门后，很快熟悉了官场门径，良心一昧，只贪一己之利。所以忍辱含诟，战战兢兢也要如命一般保住自己的官位。而像九江先生这样"昭昭日月之明"的人，宁愤然弃官而去者，凤毛麟角也！此时，他才刚刚出仕，多么年轻！抛却一世功名，甘于厮守清贫的教书生涯。

看穿了这世道，只能寄希望于后来者。

先生之心，"通明如烛"，也是苦涩的。

朱次琦回乡创办了礼山草堂，开始收徒讲学，一晃三十年了。三十年间，粤之大吏多次聘他为广州学海堂山长，他坚辞不就；同治元年（1862），清廷再次下诏要重用他，他更是严辞相拒。所以，四面八方的远近学子，来到礼山草堂拜他为师。

康赞修自青年时，就与朱次琦是莫逆之交。九江先生在给康赞修的一封信中，称他们是"性命之交，肺腑之语"，可见两人交谊之深。当年康有为的父亲康达初，就是九江先生的弟子。康赞修还曾把侄儿达棻、达节，侄孙有霖等送到礼山草堂，如今，又把长孙康有为送来了。

此实为康有为一生之幸。康有为多次说过，正统的学习，自随先生始。

刚进礼山草堂，九江先生就给他出了一道试题考他，是想摸摸这个后生学业的底。题目为《五代史史裁论》，康有为接过，认认真真作答，仿照《史通》的体裁，一连写了二十多页。九江先生看后颔首微笑，提笔批给他四个字"赅博雅洽"。对一位年轻后生，先生是如此鼓励，让康有为很惊异。这给了他求学的自信和决心。他喜爱这位先生。

九江先生硕德高行，著书甚富。他的学说，根柢于宋明理学，以程朱为主，合汉宋之长，探源于孔学，形成一套完整的学术体系。他对中国史学历代政治沿革的得失，深有研究。尤其是，他提出做学问以经世致用为主，不为无用之空谈。先生的教学宗旨和内容，概括为"四行五学"，四行为：敦行孝悌、崇尚名节、变化气质、检摄威仪。五学为：经学、文学、掌故之学、性理之学、辞章之学。

这些，日后都极大地影响了康有为，为其打下了深厚的基础。

在老师的悉心指导下，他开始攻读《周礼》《汉书》《仪礼》《尔雅》《楚辞》、杜诗等，几乎可以背诵，又深入研读春秋诸子、历朝经说，还有天文、地理、算学、乐律等。"穷奥洞微"，老师时时启发传授，他随时请教。

一次，或许是读书有些累了，他正伏案闭目，九江先生来了，看他的案头倒放着一卷《三国志》，就用手指轻敲书案，风趣地说："你这是在闭目倒看三国啊！"康有为连忙站起，答："是。"将翻开的那页背诵出来。先生很满意，拍拍他的肩而去。

一次，先生带领弟子们过江，去瞻仰苏东坡当年被贬时的"遇风泊舟之处"，此处已为一古迹。别人都去了，可是他不去。同学问为何？他说："逆流之舟，何用瞻仰？我想看的是王荆公的改制台。"王荆公，王安石啊，他佩服王安石变法的勇气。

一次，他竟然与恩师相左，真有些大逆不道之嫌：九江先生很推崇韩愈，尤其对他的《原道》篇，所以向弟子们推荐必看必学。康有为看了之后，就向九江先生说，韩愈的道术浅薄流于空疏，他的《原道》也很肤浅，是浪得大名。这其实是在向老师挑战，一帮同窗学子都觉得他狂妄至极，纷纷斥责他。九江先生听了，仅仅是"乃笑责其狂"。

先生笑什么？足见先生宽容的气度，毕竟是自己的学生啊。而"责"里，也含有称赞的成分。或许，他已经窥视到这个骨子里狂气十足的弟子身上，有一种他所盼望的东西了。

不迷信权威，不盲从尊长，敢想敢说，康有为已经有了独立思考的能力。

只是，他当时是不会明白九江先生笑和责的含义的。

一年多后，他已经跟随先生受恩泽三年。这时突然明白，但悔之晚矣……

这年初冬，他开始醒悟并第一次感受到巨大的精神危机：尊崇先生的经世致用的原则，所读的这些书，最终的用处在哪里？连学问渊博的九江先生，都视仕途如草芥，那自己的路又在哪里呢？先生给了他风骨，给了他学问，盼他走出去，但走出去，去向何方？

人一钻牛角尖，就很难拔出来了。康有为深深地钻了进去。

极度的苦闷和矛盾中，他觉得自己几近崩溃。

是他自己，把自己逼上了近似疯狂的程度。

把自己关在屋里，谁都不见。

日夜不睡。闭目坐着。

喝酒，拼命喝酒。

不想再读书了。

谢绝一切亲朋。

忽而放歌，"放歌始愁绝"。

忽而悲声痛哭。

哭声震动了礼山草堂。

人人都说，这个狂妄的青年，疯了。正常人不会这样的。

他辞别了九江先生，回到苏村，马上去了西樵山，沉入禅藏之学。

他几近癫狂。他不知道的是，就在他走后几个月的时间里，九江先生也癫狂，也疯了——先生病重后，觉大期不远矣，将自己一生心血著述的《国朝名臣言行录》《五史实征录》《晋乘》等全部七部书稿，统统焚毁付之一炬。先生真是质本还洁，连一生所凝之心血，也带走了。

先生为何焚全部书稿，让其不存于世？这是一个谜了。

在先生的坟前，康有为放悲声大哭。或许，是后悔与先生的那次"相左"？还是突然明白了先生留下的、看不见的许许多多？

去问禅道吗？

张鼎华惺惺相惜

一八七九年初春，二十二岁的康有为，在西樵山白云洞参禅学道。

这白云洞，三面绝壁，景色幽然，处西樵山西北麓。初春满山杜鹃盛开，红云一般把白云洞缠裹其间，由于山高，白云常缭绕洞边，更使它异常幽美。此洞是有些来历的。明朝嘉靖年间，广东顺德人何中行，入山修行，开凿了此洞。其子何亮，又名何白云，继承父志继续开修此洞，在内读书，著有《白云洞志》，人称"白云先生"。

康有为少年时曾随祖父来此游玩，极为喜爱此洞。如今，他随白云先生来了。

> 高士祠中曾小住，扪萝日上妙高台。
> 白云无尽先生去，洞口云飞我又来。

与其说来读禅道之书，不如说是来找个幽静之处，梳理和排解心中的苦闷。他要好好静一静，清一清心中的"渣滓"，悟一悟前边的路。

二十二岁，开始理解这世界之初始，作为一个青年学子，也正是人生最敏感之时。就家世来说，也是他痛苦的原因之一。

自十一岁父亲去世后，家境逐渐开始拮据。虽有祖父和叔父们接济帮助，但家中姊弟多，生活大不如前。康有为一生都很感谢母亲。母亲叫劳莲枝，家道殷实。她的父亲劳以迪曾任候补知府，曾修广东贡院，办科场，在乡里设立书院。康有为孩童时期见过这位外祖父，对自己特别疼爱，但很早就过世了。所以，母亲劳莲枝在丈夫去世后，一个女人带着四个孩子支撑门户，很是艰难。她用自己的私房钱作为家庭开支，再艰难，也不让大儿子康有为操心，支持他全力读书。康有为回忆母亲时说："为少读书无宦情，不欲就科举。母强之曰：'汝祖以科第望汝，汝不可违。'及光绪乙未成进士，则曰：'官途多危，吾欲常见汝，不可仕也。'"可见慈母之心。

但作为长子，他心中的压力是巨大的。自己已经成年，让年迈的寡母一人来支撑这个家，而自己的学业又如此，愧对全家，更愧对母亲。

更大的不幸接踵而至。一八七七年六月，康有为在礼山草堂正读书的时候，连州洪水暴涨，祖父在前去视察的途中，被狂涛吞没，溺水而死。噩耗传来，康有为悲痛欲绝，即刻归家奔丧，结苦庐于棺前守孝，三日内水浆不入口，百日内吃咸菜，终年内不食肉，孝不离身。祖父的突然去世，使本来就紧张的家庭生活水准，再次下降。

在他十九岁的时候，家中让他和一个比他大三岁的姑娘张妙华结婚。大喜之日，本当高兴，但他和同族的叔伯弟兄闹翻了脸，大不愉快。因为按当地风俗，新婚之夜，同辈的叔伯兄弟们可以来"闹房"，尤其是对新娘子，行为、语言、举止都很放肆。看到新娘子痛苦的样子，康有为急了，把他们斥责一顿赶出门去。这使家族的弟兄们很为扫兴，骂他"木头""憨为"。他为故乡的此类恶习非常痛苦。

还有，就是恩师九江先生的故去。

种种痛苦加在一起，他来到西樵山。

潜心佛道，昼夜苦读。

"专讲道佛之书，养神明，弃渣滓。"

于是，种种超乎常人的癫狂行为，再次出现：

登上妙高台，如接上天。

独步湖边，啸歌诗文。

夜仰星月，俯听泉溪。

坐对林莽。

卧枕石窟。

夜坐弥月不睡。

恣意游思，天上人间。

极苦极乐，现身试之……

这段经历和学习，对康有为后来的思想与著述影响很大。据梁启超说，康氏的进入佛门之学，是受了阳明哲学的影响。康有为也说过："佛学如药能医人。"

萧公权先生说：

> 康氏半入佛教必在一八七九年，当时他正全力研读佛道之书，他对佛教的兴趣仅是选择性的，不过是学者用功的途径之一……他能洞悉大千苦难也很可能来自佛中"五苦"之说。但有一不同之处，康氏并不如佛家将苦难之源归之于人欲，以及寻求去人欲、得解救之途，而将苦源全归之于错误的制度，故求改制以求人类解放，满足人欲。因此，康氏并不拒斥世俗，而求革新，使成为人们安居之地。

（萧公权:《近代中国与新世界:康有为变法与大同思想研究》）

康有为最重要的一部著作《大同书》，可以说与他的这一段经历关系很大。这当然是后话。

也就在这时、这里，康有为与京官张鼎华上演了那出很不愉快的"邂逅之遇"。

张鼎华的呵诋与"拂衣而去"，康有为并没有放在心上。

但张鼎华放在了心上。

居京多年为官，对京城的官场黑暗，深谙其详。尤其在天子脚下为官，尔虞我诈、盗名欺世的太多，心极反感。回乡来，一是省亲，二是散心，把在京城的憋闷之气好好放放，所以约了几个好友来游西樵山。对这位狂生的冒犯和顶撞，他尽管生气，却也没在意。但往山下走的时候，他突然觉得这位狂生和自己求学时的性格有些相似。再说，这也是自己故乡的一个读书人啊，他一定遇到了什么难处？

他请人打听，这个狂生是谁。

恰恰有人认识这个康赞修之孙康有为，几日前在西樵山见过康有为。

此人也是苏村人，回乡后就对康有为说了这件事，提到张鼎华不仅没有指责，还有几分赏识的意思。

康有为听了很吃惊，对张先生肃然起敬。他马上给张鼎华写了一封很真诚的信，对自己的莽撞无礼很后悔，深深感激他的雅量，也简单诉说了自己求学中的苦闷。

张鼎华接信后，很高兴，对着这封信赞赏道"粤中无此文"，马上回信，请他来广州一晤。

康有为很快"造庐相访，一见倾心"。

他没有想到，自己的人生，竟是从结交张鼎华起，悄然发生了重大转变。两人的密切交往，达九年之久，一直到一八八八年张鼎华去世。

康说与张"过从累年，谈学最多，博闻妙解，相得至深也"。"自友延秋先生而得博中原文献之传"。延秋，就是张鼎华。

张鼎华给康有为推开了一扇门、一扇窗。

"一扇门"，是最初的维新思想。张鼎华向康有为尽数了京朝风气，清廷当时所用的各路人才，以及道光、咸丰、同治的三朝掌故，格外提到以李鸿章、左宗棠、张之洞为主要代表人物的"洋务运动"。尽管康有为后来对"洋务运动"的评价并不高，但恰恰是"洋务运动"这批先行者"求强、求富"的新的治国理念，给康有为带来重大影响。这是一股清新的"京朝风气"。

之后，正是张鼎华的提携和引荐，康有为才结识了梁鼎芬、邓承修甚至两广总督张之洞等人。

"一扇窗"，就是西学新书。

康有为的人生，在这里，悄然完成"重大转折"。

九年后，张鼎华突然病逝，康有为伤心至极。但那时，康有为已经是"康有为"了。这也是命，康有为的命中，该出现恩师张鼎华。

第二章

『布衣何处
不王侯？』

在西樵山学禅不到一年，他就下山回村了。

下山还有一个原因，是一八七九年秋季，叔父要他回乡应试。这个时候，康家生活拮据到了只得依靠叔父们接济的地步。叔父很严厉地责令他必须下山去应试，否则将断绝资粮与供给。

但他并没有马上去应试，他太有主意。此后四年，他基本上钻入七桧园的"两万卷书楼"和"澹如楼"潜心读书，一边教胞弟广仁和几个堂弟读经。

他所读的书，却悄悄发生了变化。

读书的目的性、针对性，越来越清晰。接触张鼎华后，他的视野洞开，身在小小的苏村，心已经越来越关注这个不成样子的国家。其时，日本已经夺取了琉球，法国夺走了安南，英国夺去了缅甸，中国面临的边疆危机越来越严重。而腐败无能的清政府对外一直软弱妥协，对内治国无方。如何挽救国家的危亡，拯救国人于水火中的痛苦？康有为清楚地意识到必须改变国家的政治经济，也必须从历代的政治经济方面去找"救世良方"。于是，他再次把《周礼》《王制》《太平经国书》《文献通考》《经世文编》《天下郡国利病书》《读史方舆纪要》等历史书籍找出来，精心阅读，并把书中涉及到改变国家管理的名言一条条摘录了下来。

他要从古人那里得到启示。

最潜心读的是两部书：《天下郡国利病书》和《读史方舆纪要》。

《天下郡国利病书》的作者，是明末清初的大思想家顾炎武。此书先叙舆地山川总论，次叙南北直隶、十三布政使司。除记载舆地沿革外，所载赋役、屯垦、水利、漕运等资料相当丰富，是研究明代社会政治经济的重要史籍。梁启超称这本书是"政治地理学"。

顾炎武生于明万历年间，卒于清康熙年间，入清后为表示不与清合作，改名"炎武"。他曾加入"复社"，与宦官弊政誓不两立。为救世，他涉猎群书，探求国计民生的学问，寻找改造社会拯救国家之道。从发愤读书，到发愤著书，他给后世写下了《天下郡国利病书》。

顾炎武人格的骨气、提倡经世致用的学风与救国的志气，深深打动了康有为。使他觉得中国不是没有"明白人"，顾炎武这样有真才实学的杰出之士，就是可以救天下的"明白人"。大清又到了内忧外患、已被列强包围的危急时刻，所以该出现顾炎武这样的人了。

《读史方舆纪要》看上去是一本地理书。由明末清初的地理学家顾祖禹撰写。全书共一百三十卷，以全国的政区分类，叙述了各省、州、县的疆域沿革、山川形势、关隘、古迹，着重于山川险要及战守得失、地理变迁等，具有浓厚的军事地理特色。康有为觉得，这是太实用的一部重要典籍了，俯读仰思，做了大量的笔记。

还有，这一时期，康有为又苦心攻读了唐、宋、辽、金、元、明史，《东华录》《大清会典则例》及国朝掌故等书。

他在做着怎样的准备？

结识张鼎华等人后，康有为经常往来于苏村与广州。广州是鸦片战争的最前哨，正是英国等外国列强挑起的这两次鸦片战争，将偌大的中国开始一步步推向黑暗的深渊。广州最痛，当年留下的历史遗迹历历在目。祖父从小就带着他在广州城四处游历，他对于这种国家之痛，早有感受。而和张鼎华等人谈论的时候，最重要的话题无非一个：国家的腐败越来越厉害，几乎所有的官吏颟顸、封闭无能不说，对内的横征暴敛与欺压早已到了无以复加的地步。同样也是广东人的洪秀全的太平天国起义，就在昨天。受家族与父辈的影响，他是憎恨这次农民起义的，但太平天国被剿灭后，大清不仅没有吸取教训，一切如旧。

这时，他作过一首很重要的诗，《登粤秀山顶五层楼》：

> 登山缥缈又登楼，风气云飞揽九州。
> 沧海有时经烬劫，布衣何处不王侯！
> 袖中纳纳乾坤易，眼底茫茫星汉浮。
> 云水此身频出入，珠江花发又扁舟。

"布衣何处不王侯"，足见他的抱负。
更重要的，是他已开始转向西学。

游香港带给他的刺激

康有为，本是一个程朱理学的后继者，是如何转向西学的？
这过程，引人深思。
一八七九年，二十二岁的康有为还在苏村自学读书。
但就在两年前的一八七七年，中国发生了一件事。
一八七七年一月十七日，一个叫李圭的中国人做了一件大事，从美国费城举办的"万国博览会"归来。他也就成为第一位环游地球的中国人。他是江宁（今南京）人，生于一八四二年的一个世家望族。二十三岁，受聘任宁波海关副税务司霍博逊的文牍，也就是秘书。一八七六年，美国费城举办建国百周年的"万国博览会"，上司委派他作为工作人员前往，他还有一个身份，也就是代表清政府。这对于一个中国人，是千载难逢的了。李圭乘日本轮船从上海出发，经日本长崎东渡太平洋到了美国。博览会结束后，这年十月，李圭乘英国轮船横渡大西洋去了欧洲，先后抵达英国、法国、意大利、埃及、斯里兰卡、新加坡、越南、香港等地，最后返回上海。全程跑了四万余公里，大开眼界。

后来，李圭依据沿途的经历、考察见闻撰写了一部叫《环游地球新录》的书。李圭是近代中国邮政的倡导者之一，曾得到李鸿章的赞许，卒于一九〇三年。

一八七九年，这本书出版不久，就被康有为得到，通读后如获至宝。他对书中所介绍的西方文化、政治、经济、教育都十分感兴趣，使他面前出现了全新的世界。李圭还在书中提到在容闳的陪同下去哈佛看望清廷派出的一百一十三个留美小学生的事。李圭指出，西方的教育"不尚虚文，专务实效"，我们不能再闭关锁国，"取长补短，原不以彼此自域。则今日翊赞宏图，有不当置西人之事为而弗取也。"

世界原来如此之大之神奇，康有为甚至强烈地萌发了走出国门，也去看看外面世界的念头。

当时，就年轻的读书人来说，看到这部书的人会很多。但唯有康有为，马上做出了一个决定：周游世界不可行，按书中的描述去看看香港，是可行的。

于是，有了香港之行。

行程，就在一八七九年这年的年底。

好在，香港就在自己身边不远，距广州仅一百三十公里。

香港在历史上一直为广东辖地。由香港岛、九龙半岛、新界、离岛组成，面积为一千零六十二平方公里。它位于南海之滨，优越的地理位置和天然的良港，一直被英国殖民主义者觊觎。到道光二十一年，也就是一八四一年，岛上从事渔业生产活动和耕种的内地迁来的开发者仅两千多人。鸦片战争后，昏庸的清政府被迫与英军签署了丧权辱国的《南京条约》，英国实现了夺取香港的野心，将这里变成对华和对亚洲的贸易基地，三十多年间，也使香港成为了一座颇具规模的现代城市。

康有为对于这次的游历，心情很复杂。他知道这块土地是被"外夷"生生掠夺而去的。使他大为震撼和刺激的是，英国人为何占领了仅仅三十多年，香港就变成了一座如此繁华的城市？

他写下了一首七律，《初游香港睹欧亚各洲俗》：

灵岛神皋聚百旗，别峰通电线单微。

半空楼阁凌云起，大海艨艟破浪飞。

夹道红尘驰骠褭，沿山绿圃闹芳菲。

伤心信美非吾土，锦帕蛮靴满目非。

"聚百旗"，说明岛上欧亚各国来此聚集贸易的频繁。"别峰通电线单微"，香港自咸丰十年，即一八六〇年第一个煤气、照明和供水工程宣布启用，到同治十年，即一八七一年已经建成电报系统。光绪四年（1878），创办了第一家炼糖厂，而银行和保险业务也发展起来。著名的英国汇丰银行在同治四年（1865）就开办了，它的借贷业务，广及我国各通商口岸，并在日本、新加坡设立了分行。汇丰在向清政府提供的各种贷款中，源源获取暴利。

"夹道红尘驰骠褭"，说明香港此时还没有通汽车，港督、商人进出用的是漂亮的马车。"半山楼阁凌云起"，风景最好的半山区以上，洋人的楼阁、花园洋房鳞次栉比。"锦帕蛮靴满目非"，华丽的衣着让人目不暇接。

面前这一切，对二十二岁的康有为刺激很大。"伤心信美非吾土"，这伤心，对每一个中国人，都是难言的剧痛。一场鸦片战争，美丽的香港就割让给了别人，任由别人在自己家园的土地上耀武扬威红红火火地建设。他们建设得越好，越令人伤心。这伤心既有被人欺凌的耻辱，又有自己多方无能的悔恨。

他是数次去过广州的，对于中国开埠最早的广东、广州是什么样子，他最清楚。

谁不渴望自己的家园繁荣？同样是人，为何西人能如此？

康有为写道："览西人宫室之瑰丽，道路之整洁，巡捕之严密，乃始知西人治国有法度，不得以古旧之狄夷视之。"（《康有为自编年谱》）

治国有法度。

要救国，要改变，必须去学习人家的方法啊！就是这么简单。

因为距离不远，几年后的仲秋，康有为再一次来游香港。《八月十四夜香港观灯》：

空濛海月上金绳，又看秋霄香港灯。
曼衍鱼龙陈百戏，参差楼阁倚高层。
怕闻清曲何堪客，便绕群花也似僧。
欢来独惜非吾土，看剑高歌醉得曾。

这次，康有为的心情好了一些，但仍旧耿耿于怀的，还是"欢来独惜非吾土"。两首诗，都一再用了"非吾土"，足见其"亡土之愤"。再欢乐的时刻，也难忘"救国与治国"。而心情转好、"看剑高歌"的原因之一，是自己已经走在攻读西学的路上。

这次在香港，康有为遇到了一个同乡叫陈焕鸣。陈焕鸣曾任中国驻日公使馆的英文翻译，归国后辞官定居香港。他很喜爱康有为的字，请康有为写几幅扇面。康有为来到他家，吃惊地发现他的藏书很多，以日本书为主。康有为很高兴，向他请教了西学、日本明治维新的很多事。后来，康有为在回忆中写道："吾于君所见日本书目，乃惊日本之治学，而托买群书。自开译局后，请译日本书，派游学，因缘实自君来也。"

此时，他向外国、西方学习的决心越来越强烈。

看看魏源等前人怎么说

初游香港后，康有为又回到故乡苏村。

他急切地翻出了一部百卷本的大书，这就是魏源最著名的《海国图志》。

这是一部他早已经浏览过的书，但那时年纪仅十七岁，读得囫囵吞枣。

如今，他要好好研究一下前人对于西人和西学的介绍、分析和看法。

提到这本《海国图志》，首先该说的是林则徐。

鸦片战争爆发前，林则徐被任命为钦差大臣去广东禁烟，他为了了解外国的情况，组织了一个班子翻译外国的报纸和书籍，他主持汇编的《四洲志》一书，记述了世界五大洲三十多个国家的地理和历史。后来，林则徐把《四洲志》的全部资料送给好友魏源。魏源在《四洲志》的基础上写成《海国图志》。

梁启超赞誉此书说："治域外地理者，（魏）源实为先驱。"

"师夷之长技以制夷"这句最著名的话，就来自魏源于此书中的序言。

什么是"夷之长技"呢？魏源说："夷之长技有三，一战舰；二火器；三养兵练兵之法。"鸦片战争中国之所以失败，就是在军事装备上太落后，而清军中的腐败又太厉害，焉能不败？同时，中国要变，要富强，必须学习外国先进的科学技术，使用机器生产，发展工商业。"西洋器械借风力、水力、火力，夺造化，通神明，无非竭耳目心思之力，以前民用。"西方之强，不仅拥有一支精锐的军队，更重要的是现代化的工业。魏源提出必须设立造船厂和火器局，制造各种轮船和机器，并允许民间办厂。只有这样，才会"风气日开，智慧日出，方见东海之民，犹西海之民，云集而鹜赴"，"中国智慧，无所不有"。

让康有为震惊的是，魏源在这本书里，讲述西方政治沿革和政治经济时，已经较早提到了英美等国的议会制，比中国的封建君主专制优越，魏源非常称赞美国通过选举而产生总统，"匪惟不世及，且不四载即受代，一变古今官家之局，而人心翕然。"西方国家的政治制度也是合理的，"议事听讼，选官举贤，皆自下始，众可可之，众否否之，众好好之，众恶恶之，三占从二，舍独徇同。即在下预议之人，亦先由公举。"

魏源这样称赞和分析英国的上下两院制："都城有公会所，内分两所：一曰爵房，一曰乡绅房。爵房者，有爵位贵人，及耶苏教师处之；乡绅房者，由庶民推择有才识学术者处之。国有大事，王谕相，相告爵房，聚众公议，参与例条，决其可否，复转告乡绅房，必乡绅大众允诺而后行，否则寝其事勿论。"

看起来，这部书是在客观介绍西方各国。其实，魏源明明白白地提出了中国要强，要变，必须抛弃千年形成的传统落后观念，向西方学习。

书中的这些提法，在当时是非常大胆的。魏源也在一八五七年，即康有为出生的前一年，就辞世而去了。如今，康有为捧着这部前辈的书，作何感想？

这说明，中国确有很多独具慧眼的仁人志士，为救国图强，已经艰难地在开掘这条尚在雏形中的变法之路了。

中国的确并不缺少人才啊！

《海国图志》给封闭的中国带来全新的近代世界概念。一直到鸦片战争前，妄自尊大的清廷皇帝和达官显贵们，连英国在世界的地理位置都不知道，能不挨打？魏源"师夷"的思想，是那个时代的高峰。它直接推动了洋务运动的发起和发展，魏源盼望的造船厂、火器局等也第一次在中国出现。

此时，对康有为产生重要影响的，还有一本书，是徐继畬的《瀛寰志略》。此书也是介绍世界地理和各国概况、风土人情、史地沿革及社会变迁的。此书附有世界地图，使康有为大开眼界。还有《西国近事汇编》《环游地球新录》、明末来华传教的利玛窦所翻译的译著等等。只要是介绍西方的书，康有为都千方百计找来，潜心研读。

落榜归来，经上海大购西书

一八八二年春，一直在书斋生活的康有为病了一场。由于读书太多，久坐成疾，臀部患了"核刺"。不是要命的大病，但疼痛得必须卧床，深受其苦。父亲和祖父去世后，全家的生计日绌。次女同璧的出生，让他很开心，但全家经济的压力又使他郁闷。二十五岁了，百无一用是书生，连个谋生的职业都没有，七尺男儿，尚不能谋求个人的温饱。

母亲和叔父们，对他也很不满意。一心让他静心温书应考，他却几乎再不沾帖括之学，心全放在自己喜爱的杂书上。读书不向仕途而进，前程何在？母亲就和家族老者频频相劝，让他去参加乡试。

这年春，乡试近了，康有为答应了母亲和叔父的要求，同意参加。但他提出了一个要求，要去北京参加乡试。在一般人的眼中，这有些没有道理：近在身边的广州就可以，为何舍近求远？但母亲答应了他。

他想出去看看外面的世界。广东之外的天有多大，他还没有见过。

隐隐的愿望，是去看看这个国家。

最重要的，是去看看皇城北京。

北京和他有什么样的联系呢？不知道。好像很近，却又很远。

康有为去了北京。乡试落选。但这一次，也是第一次，他游览了北京、扬州、镇江、南京、上海。

这些城市的文化、历史、气息也就活生生地生长在了他的心中。北京自不必说，那是天朝和天子之所，他不久便会归来的。扬州的兵燹蒙难，南京的六朝古都、太平天国，上海的十里洋场。透过这些重要的城市，康有为会觉得"中国"这两个字有了声色。

在上海，他获取了超乎意料的丰收。

康有为看到，上海真的是内地一个"太特殊的繁华都市"，现代的气息远远超过北京。这自然是外国租界之地的原因。这个东海之滨的城市以其长江三角洲独特的地理位置，人口之众多、经济之发达，是在中国找不到的。道光二十三年，即一八四三年十一月鸦片战争失败之后开埠，是英国强迫清廷签订下《南京条约》后第一批对外开放的通商口岸。这是一个民族的耻辱，但也催生了一个让天朝瞠目结舌的繁华之都。开埠不久，英法等国在上海租界内设立了工部局、公董局、巡捕房、万国商团、会审公堂等机构，独立于中国政府之外，成为"国中之国"。大批外商涌入，不到十年，上海的商行就达一百二十多家。这使上海马上成为世界资本主义市场在东方的一个重镇、中国对外贸易的中心。到一八七六年，外国洋行达二百多家，上海人口也比开埠前翻了一倍，达六十多万人。城市面积扩展了数倍。大量外国人来此经商、传教等等，带来了西方的物质条件和生活方式，使上海成为近代中国接受西方物质文明的一个窗口。

他说："见彼族宫室桥梁道路之整，巡役狱囚之肃，舟车器艺之精，而我首善之区一切乃相反"，"道经上海之繁盛，益知西人治术之有本"。

这次最大的收获，是他大购西书。"舟车行路，大购西书以归讲求焉。十一月还家，自是大讲西学，始尽释故见。"

这一次购了多少书？没有记载，加上之后几年，他所新购的西书、新书达三千余册。上海江南制造局译书局三十年间出版的新书，也才一万两千册。他所购的书达到四分之一了。回家后，遂开始大读大讲西学。

这个时候的西书，是较简单的。江南制造局和外国教会翻译的书籍，主要是一些初级的工艺、圣经、医学、兵法和教会所用的宗教宣传品。对这些所能寻到的西书，康有为也格外珍惜。正是这些较浅显的读物，在他面前展开了一个全新的世界。转年，他订购了一份基督教会在上海创办的《万国公报》，这是本以时事为主的综合性刊物，编辑和撰稿者多为外国来华的传教士，如：林乐知、李提摩太、丁韪良、艾约瑟等人。此报办得很聪明，说是教会所办，但有关教会的内容却很少登载，宗旨在于"传播知识"。封面印有"万事知为先"，每期的扉页上都申明"本刊是为推广与泰西各国的地理、历史、文明、政治、宗教、科学、艺术、工业及一般进步知识的期刊"。所介绍的西学，以政治、历史、地理等社会科学为主，非常迎合当时在摸索救国之路的中国资产阶级先进分子的兴趣。这本刊物先后出版了四十年，累计达千期，是外国传教士所办的中文报刊中，历时最长、发行最广、影响最大的一家。康有为对这本刊物不仅仅是阅读，连如何办报办刊都精心学习。之后，他和梁启超宣传维新的一个最重要的做法，就是办报和办刊。

很有意思的是，阅读这些西书，康有为不仅仅只对介绍西方各国的政治经济方面感兴趣，连自然科学方面的书，也感兴趣。他又购买了一些天津、福建、广东等地编译的有关声、光、电的自然科学方面的书籍。天文、物理、化学、古地质学、音乐、诗歌……他的兴趣和胃口很大，真是博览群书。这里还有一个原因，是他准备编缉一部巨大的书：《万国文献通考》，后来由于规模太大，耗时耗力太多，终未有编成。

没有记载他从哪里购得了一架倍数很高的显微镜。这架"洋玩意儿"使他万分惊奇西人的先进和聪明。闭上左眼，凑上右眼去看显微镜下，虱如轮，蚁如象，是何等神奇。为微观再到宏观，他对宇宙的起源和奥秘，以及哥白尼的"日心说"、牛顿的天体力学、康德的星云说，都发生了浓厚的兴趣。

他是要从西学中，寻找救国的真理。在探究中，又把西方的自然科学进化论与中国传统学说相结合，初步形成了自己的历史进化观和变法理论。

就读书范围之广阔来说，康有为也是个奇人。

这样的人，对中国，是太少太少了。

仅仅是一个广东苏村的读书人，一介布衣。

他在积蓄。

第三章

上清帝第一书

光绪十年，即一八八四年，法国发动了侵略越南和中国的中法战争。康有为此时住在广州城南板箱巷，战争爆发后，广州全城戒严，他被迫返乡避难。

自一八八四年开始，二十七岁的康有为迎来了一个"著述的丰收期"。至一八八七年，三年间撰写了《人类公理》《康子内外篇》《实理公法全书》《教学通义》。

这里最重要的，是《人类公理》和《实理公法全书》。因为，这几部书和论著其实都是《大同书》的前身。《大同书》的孕育，自这里开始。

到一八八八年，他开始叩响北京皇城的城门。

比死还重，留给后世的《人类公理》

一八八五年初，张鼎华邀康有为赴京一聚。康有为答应了，决定二月成行。

但他突然感到身体不适。二月二十三日起，头痛大作，痛得连书也看不了了。他感觉非常不好，头痛之剧之苦，绵延不绝数月，竟使他想到了死。

那就准备赴死吧。

至死，他挂念的是这部《人类公理》。于病中"裹头行吟于室，数月不出"，整理好这部书稿后，他才释然，"从容待死"。这本书的分量之重，甚至超越了他的生命。此书写作于去年，即一八八四年。

这部《人类公理》，应当说是后来那部石破天惊之作《大同书》的前身。《大同书》为一九〇二年康有为在《人类公理》的基础上，重新写成的。可以说，没有《人类公理》，也不会有《大同书》。

很长一段时间，有一种误解：《大同书》就是《人类公理》。也就是说，康有为在一八八四年写成了《大同书》。

误解的产生，源于康有为自己的说法不一。他在《康南海自编年谱》中提及的，一八八四年至一八八五年"手定大同之制"。这里只提《人类公理》。但是在民国八年（1919）首次发表《大同书》的序中，说："光绪甲申（1884—1885）年廿七岁。法军侵羊城，避居西樵山北之银塘乡。痛国难民困而作《大同书》，初意大同百年难见实行，而不意三十五年后国联成立，遂亲见大同。《大同书》计十部，甲乙两部今始印行，余部则犹需待之异日。"

康有为的女儿康同璧说法也有两种："迄光绪十年（1884），先君结合宋元明学案、佛典，旁收四教，兼及西学，悟齐同之理，以三统论诸圣，以三世推将来。注《礼运》，旋著《万身公法》，后著《大同书》，初秘不敢示人……"（《追忆康有为》，康同璧《回忆康南海史实》）

这里说得比较含糊，注明了是一八八四年，"后著大同书"，好像是说撰写了《礼运注》和《万身公法》后，写作了《大同书》。

但后来，康同璧在《补康南海先生自编年谱》中说："同时演礼运大同之义……自甲申（1884，先君时年二十七岁）属稿，初以几何原理著《人身公法》，旋改为《万年公法》，又改为《实理公法》。十余年来……数易其稿，而卒成《大同书》十部。"

这便证明了《大同书》是"十余年"后的一九〇二年，经"数易其稿"而成。

据美国学者萧功权先生在《近代中国与新世界：康有为变法与大同思想研究》一书中说，是著名学者钱穆最早就《大同书》的写作时间提出质疑。质疑的理由是：康有为早期在长兴里讲学时所用的讲学大纲《长兴学记》，没有提及"大同""小康"。如果康已于一八八四年就已经发表了这一重要学说，而不列入讲学的课程中，是不可思议的事。钱穆的结论是：康有为不太可能在一八八四年到一八八七年完成《大同书》，《人类公理》很可能是《大同书》的初稿。康有为最得意的弟子梁启超，最有资格知道此事，他也认为："彼时尚未成书也。至辛丑壬寅（1901—1902）之间，先生避地印度时，始著成之。"

为何会出现这样的"误差"？

只有一个原因：康有为将其早期的《人类公理》与后期的《大同书》，看作"同一部"著作。尽管，这是"两部书"。《大同书》是从《人类公理》"数易其稿"脱胎而来。

萧功权指出：《人身公法》《人类公理》《公理书》和《实法公理》，很可能都是同一著作的不同名称。"康有为自称于光绪十年（1884）写成'大同书'，并非完全无据；事实上，在那几年，他确已谱成这一著作的中心概念，并完成初稿。"

但遗憾的是，《人类公理》和《公理书》都没有刊布于世，至今也没有发现原稿。但《实法公理全书》手稿的抄件流传了下来。《实法公理全书》过去也一直秘不示人。此书的微缩胶卷为美国斯坦福大学哈佛图书馆收藏，后收入康有为的弟子蒋贵麟主编的《万木草堂遗稿外编》一书。

这是康有为这几年读书和思考的成果，也是他惊人的"发现"。

算学、物理、天文、地理、生物，他都很感兴趣，专心学习。近代西方在自然科学上的任何一项成就，都使他心悦诚服。在后来的一部关于天文学的读书笔记里，他极其生动地写下自己对哥白尼、牛顿这两位天文学和物理学巨子的崇拜和倾心："吾之于哥白尼也，尸祝而馨香之；鼓歌而侑享之，……至康熙时，西一八八六年，英人奈端（牛顿）发明重力相引，游星公转互引，皆由吸拒力。自是天文益易明而有所入焉。奈端之功以配享哥白尼可也。故吾最敬哥奈二子。"（康有为《诸天讲》）

对西方自然科学的学习，目的很清楚，就是寻求他一直苦苦寻求的"道"。

"合经子之奥言，探儒佛之微旨，考中西之新理，穷天地之赜变，搜合诸教，披析大地，剖析古今，穷察后来……"（《康南海自编年谱》）

《实理公法全书》包括十六部分，为凡例、实字解、公字解、人类门、夫妇门、父母子女门、师弟门、君臣门、长幼门、朋友门、礼仪门、刑罚门、教事门、治事门、论人公法、地球书籍目录公论。写法上，康有为采用了几何学的"定义""公式""证明"来作为编写形式。这在当时，不仅新鲜也很大胆。他把自己认定的人类必须遵守的公共关系道理，分门别类，归结为若干"实理"（定义）；又把自己设计的为保障各种道理得以遵守的社会生活守则，名为"公法"（公式）；与之做对照的各国现行、曾行、将行的信条，作为"比例"（证明）。

康有为认为，"人类平等"是最大的公理。"人有自主之权"，"以平等之义，用人立之法"，人类该"兴爱去恶"。这一准则贯穿在人类社会的夫妇、父母子女、师弟、君臣、长幼、朋友等各种关系之中。

当今社会，"人不尽有自主之权"，"君主威权无限"是"大背几何公理"的。（《君臣门》）

"男为女纲，妇受制于其夫。又一夫可娶数妇，一妇不能配数夫。此更与几何公理不合，无益人道。"（《夫妇门》）

"弟子之从师者，身为其师所有，不能自立，按：此法大背公理，无益人道，其弊甚大。"（《师弟门》）

"长幼二者，既均无可以偏重之实理，则不必加以人立之法。以平等行之，正几何公理所出之法矣。"（《长幼门》）

朱维铮先生在《东西方文化交融的道路与选择》中谓此书："……全书展示的未来图景，都是康有为以为西方已有而中国没有的，或者他以为中国和西方都没有而全人类都应有的。"

这部书，在当时写出，实在令人惊奇，也理解了康有为"以死相托"

的原因。这里的确是处处埋着"地火"的，他在向千年的君权、父权、夫权、一切不平等的权力挑战。既然这些不合理，与人类公法相违背，无益人道，怎么办？改革封建君主专制，改变以三纲五常为核心的封建道德观念！

一介布衣，在光绪年间敢有这样大胆的想法，并写作了这样一本书，真的是一个奇迹。

更称奇的是，他选择了从人类学的角度去论述。"人类"，这是一个何等庞大的称呼，那些周游了四海的人，都不敢用，但他用了。他见过外面的天吗？他知道地球上所有的世界吗？他不就是去了一次香港，看了些西书吗？这就是康有为！他身居中国广东一个小小的苏村，在考虑人类的大事，难怪一般的人们觉得他有些狂妄，有些"不可思议"。

承认也好，不承认也罢，一个思想者的康有为，就这样悄然出现在中国的南部小村。

一八八六年春天，康有为正居广州。一天，张鼎华来看望他。两个人在聊到西学的时候，康有为说：中国翻译过来的好的西书太少，英国传教士傅兰雅尽管翻译过西书一百四十余种，但多为军事、医学等科学技术之书，介绍西方政治理论的书太少。"中国西书太少，傅兰雅所译西书，皆兵医不切之学，其政书甚要，西学甚多新理，皆中国所无，宜开局译之，为最要事。"

康有为说着说着，突然萌生了一个想法，张鼎华熟识张之洞，为何不请他把这一意见转告呢？张鼎华很认真地听取了这建议，很快就把建议转达给了张之洞。

张之洞此时正在两广总督任上，他是洋务派的代表人物，找他真是找对了人。

张之洞对这一建议非常认可，并声称要聘请康有为来主持开办译书局事宜。康有为很惊喜。可惜此事由于种种原因，牵扯到经费、运作很多环节，后来没有了下文。但康有为明白了一条路：要做成事，必须结识这些朝廷大员。后来，在康有为办强学会、创办《时务报》时，果然受到张之洞的大力支持。

以好友张鼎华的御史身份，今后想结识更多的朝廷命官，是没有问题的。

张鼎华在，康有为觉得和京城很近了。

一八八八年这一年，康有为三十一岁。

春天，张鼎华来信再次让他进京。这年恰是顺天乡试。康有为决定再次赴京。不知为何，此时，他的感觉出奇得好。"是时学有所得，超然物表，而游于人中，倜傥自喜"，话说得太有些自夸自信了。朦胧之中，跃跃欲试，他像一个武士，急切地要刀剑出鞘。

他的预感并没有错。他打定的主意是，此行的重心，是通过张鼎华，叩一叩紫禁城这黝黑沉重的铁门。

梁鼎芬一八八八年的"康有为事实"真也假也？

一八八八年，康有为第二次进京。这次在京的时间较长，一年有半。主要做了五件事：参加顺天乡试、拜访京官、写上清帝第一书、替屠仁守撰写奏折、写作《广艺舟双楫》。

最重要的，当然是上清帝第一书，这是他变法的发轫之作，也可以说是"源头"。

后人提及戊戌变法，都会提及这个"源头"。

但对于他这次进京的"所作所为"，始终多有争议。远说，当年很多人就对他的行为认为"逆行"，大怪不祥，掩耳远遁。一些官吏和士民纷纷对他进行人身攻击，要求对其惩罚。而旅京的同乡为免受牵连，提出将他驱逐出京。近说，一直到今天，很多学者也认为康的首次上书活动"意在乞恩"和"求得富贵"。

后人和学者所提出的证据，首推梁鼎芬的《康有为事实》。

梁鼎芬是什么人？

他和康有为是什么关系？

他说的是真是假？

他曾是康有为的好友，过往甚密。所以，他的"揭发"更易被人认正。

梁鼎芬（1859—1920），字星海，号节庵，广东番禺人。他是张鼎华的外甥。康有为一八七九年在西樵山与张鼎华相识后，很快结识了梁鼎芬。梁鼎芬小康有为一岁，年龄相近，自然谈得来。康有为屡次去张鼎华处，梁鼎芬见舅舅很看重康有为，诗文唱和，自然也看重康有为。他少年得志，仕途比康有为顺利得多。与康相识的第二年，即光绪六年（1880）获进士，他同舅舅同任翰林院编修。梁也是个"奇人"，博学多才，诗文的功底很深，但性格怪异，常常做出一些超乎常人的举动，让人匪夷所思。如年轻轻地留起了"大胡子"，密髯如戟。最出奇的是，光绪十年（1884），也就是他在任仅仅四年时，突然上疏光绪帝，弹劾直隶总督兼北洋大臣李鸿章，理由是李在中法战争中一味主和，明明战胜了，却与法国签订《中法条约》，指责李有"六大可杀之罪，请明正典刑，以谢天下"。一个小小的编修，胆敢弹劾权倾朝野的北洋大臣，连呼非杀不可，顿时震惊朝野！好事者究其原因，一个传说在京传遍，让人哭笑不得——说一日梁鼎芬和几个同僚聚会，侍郎李文田说自己会看相，非要给梁鼎芬看看。二人是同乡，梁鼎芬又十分迷信，就请李文田给好好看看。李是逗他，还是害他，谁也说不清。李说看出他短寿，活不过二十七岁，也就是说只有两年的阳寿。梁大惊，急讨破解之法。李文田送给他四个字"自寻大厄"。也就是说，非得让他招惹出巨祸方可。梁鼎芬听后信以为真，就有了弹劾李鸿章之举。传说归传说，这大祸果然惹下，此疏触怒慈禧太后，被斥"妄劾，交部严议，降五级调用"。一个翰林院编修被连降五级免官，绝无仅有。梁鼎芬自朝归来，自镌一方"年二十七罢官"小印，收拾包袱行李返乡去了。

在故乡，康有为与梁鼎芬相会，康对他敢于直谏李鸿章很敬佩，对他的遭遇也很同情，特赋诗安慰梁鼎芬："一别三年京国秋，冬残相见慰离忧。伏陈北阙有封事，醉卧西风剩酒楼。芍药翻红春欲老，杜鹃啼碧涧之幽。繁花零落故人往，惆怅当时旧辈流。"人在倒了大霉后，有朋友如此安慰，梁鼎芬自是感激不尽的吧。他对康有为的"通中西学之识，谋强国之志"也很是欣赏。一八八六年十月，与康有为同在朱九江先生之门的学友简朝亮因事被诬，被顺德知县逮入狱中，押解广州。康有为找到梁鼎芬诉说冤情，梁鼎芬马上去找广东按察使于荫霖，经查简朝亮确是被冤，经过交涉简朝亮马上就被释放了。

不久，对李鸿章深有芥蒂的两广总督张之洞慕其学问，请梁鼎芬出山主讲惠州丰湖书院，一八八七年夏又调任肇庆端溪书院山长。后来，待张之洞任湖广总督后，梁鼎芬随其入鄂开始参与幕府事，长期入幕追随左右。

一八八八年康有为入京，梁鼎芬时在肇庆端溪书院，他如何得知康有为在京所为？说起来，梁鼎芬应当好好感谢康有为：康到京不久，梁的舅舅张鼎华重病垂危，康"遂视其殁，营其丧"。康有为与张鼎华的忘年深交之谊自不必说，张鼎华的病逝让康有为悲痛欲绝，以至康有为亲眼目送张离世并亲营其丧事，梁鼎芬能有不感谢之理？所以说这期间，两人的友谊还很深，书信往来频繁。一八八九年康有为回粤后创办万木草堂，广收门徒，梁鼎芬还给康有为赠诗《赠康长素布衣》：

> 牛女星文夜放光，樵山云气郁青苍。
> 九流混混谁真派，万木森森一草堂。
> 岂有疏才尊北海，空思三顾起南阳。
> 搴兰揽芷夫君意，蕉萃行吟太自伤。

此诗对康有为办学的评价极高，甚至夸赞康有为是诸葛孔明。因两人相知，梁知道之前康去京上书的失望，诗中顺便还安慰康：你有如此大志向的事业，就不必再提之前的"伤往事"了。

一八八八年康有为入京，就他自己来说，大事当然是顺天会试，求取仕途之路。这对当时的所有读书人，几乎是唯一的通道。但康有为在顺天会试不售后，要做一件更大的事，那就是给朝廷上书。其时康有为已经三十一岁，他明白这件事会有巨大风险。上书不成，得罪朝廷，被抓甚至被杀，他都清楚想到，并做了充分的准备。一旦祸降，全家怎么办？康有为在《与幼博书》中这样告诉弟弟：此事很可能遭祸，如这样，"计公卿自翁、潘、御史屠皆爱我，必相救也。我已打算定，心一毫不动，但不必令老母知。若有他事，星海太史必能料理，汝可照料嫂侄女一切便是。"又谓："星海信汝可抄起……汝将奏稿赶紧速起印，送星海，中朝有意明年亲政，特召星海及朱一新矣。"

这里提及的"若有他事，星海太史必能料理"，"星海"即梁鼎芬。这有些生死之托的味道了。足见康有为此时和梁鼎芬非同一般的关系。也透露出"上书"这件事，他在与梁鼎芬通信中早已提及，并受到梁的支持。

能够生死相托的朋友，能够将家人相托的知己，梁鼎芬如何会"出卖"康有为？

这足以说明晚清世情的复杂和吊诡。一八九五年，梁鼎芬还欣赏康有为的维新活动，曾将康推荐给张之洞。康在上海成立强学会的时候，张之洞还捐资支持。但在戊戌变法后期，梁鼎芬在张之洞幕下已经看出"康有为和梁启超事必败"，所以当戊戌政变后，在清廷追捕康梁的时候，不仅来了个一百八十度大转弯，还干出了落井下石的勾当。梁鼎芬此时的态度大变，认为康"灭圣、欺君，神人共愤，贤益绝之"。

一八九八年九月二十一日，慈禧政变，捕杀惩处维新人士，凡与康梁有瓜葛的人都惶恐起来，纷纷急忙表态与其划清界限，以图自保。黄遵宪给梁鼎芬一诗道："怜君胆小累君惊，抄蔓何曾到友生？终识绝交非恶意，为曾代押党碑名。"梁鼎芬马上给黄遵宪写了一封绝交信，表示与维新党人无涉。胆小是可以理解的，但梁鼎芬突然站了出来，以一个与维新派是死敌的姿态，大张挞伐。十月十四日，他致函汪康年说："朝廷罚大刑，天下快心。乃逆为、超逃，逆恒拿而不斩，逆宪不拿而免，逆铸不忠不孝罪大恶极，不斩不拿，不免学政如故也，数日后当有后命，逆宪尚巍然在洋务局否？或已逃，复即。"

这是一封私信，从这里可以清清楚楚看出梁鼎芬刷清自己之后，便站在惩治者的位置上幸灾乐祸不说，对维新派充满了仇恨和杀机，恨不能连黄遵宪也要拿杀。

十月二十七日，梁鼎芬在申报刊出《驳叛犯康有为逆书》："……贼心但有官职，但有货财，但有矛戈，但有徒党，乘我皇上锐意求治之日，又为翁师傅造膝密荐之人，于是逞其奸谋，夹以危论，依张荫桓为羽翼，结内监为腹心，阳托变法之名，阴行僭逆之事，欺侮我圣主，贻害我百姓。得罪之后，逃在外洋，与逆犯孙文联为一气，无所不至，无所不言。"

是月，再撰写《康有为事实》，署名"中国士民公启"。

这篇《康有为事实》以六千余字的长文，逐条罗列，历数康有为三十二条罪状。冠以"事实"，流播甚广，猛一看好像很具杀伤力。但细一分析，多为道听途说，捕风捉影。从康有为的学术思想、政治野心到个人私德，逐条揭露。文中最后说："以上三十二条，皆康有为实在事迹，共见共闻，都有根据，可以考查。其实康不过一贪鄙狂悖、苟图富贵之人耳，而为其所愚者，竟误以为此人乃变新法、强中国之人才，真中国之耻矣。大清光绪二十四年十月中国士民公启。"

值得格外注意的是，此材料被日本驻沪总领馆收集，报告给日本外务省，作为档案保存下来。

在康有为被清廷追杀之际，《康有为事实》的出笼深有意味。这里列举的"事实"林林总总，多数难辨真伪。梁鼎芬说这些是"实在事迹"，又说"共见共闻"，足见其中的"心虚"。因为他早就知道康有为的性格和树敌太多，关于对康的诋毁攻击太多了。关键是，对昨日的好友、如今遭难的朋友，不惜恶言相加，不留余地，欲置之死地而后快，梁鼎芬过毒过狠。

梁鼎芬一八八八年不在京城，在《康有为事实》中揭发康有为该年在京活动的情况，"遍谒朝贵""上书诔颂"，何处而来？两个出处，一是康有为在通信和之后会面时说过其中的一些过程，是肯定的；二是梁鼎芬听他人所述。

实情，究竟是怎样的？

一切全为"上清帝第一书"

"遍谒朝贵",算是。康有为毕竟一次次上书求见,甚至登门求见工部尚书潘祖荫、大学士徐桐、户部尚书翁同龢、户部左侍郎曾纪泽等高官。

"上书谀颂",也有。有人从康有为一八八八年至一八八九年的遗稿、函札内,找到了若干康有为给这些人的信札抄件。这是一九六一年康有为之女康同凝捐赠给上海市文物保管委员会的康有为遗稿、函札。这些信件已收入上海文物保管委员会编的《康有为遗稿·戊戌变法前后》。其中,康至潘祖荫函云:"恭闻明公雄略柱天,真气惊膻,胸中有纵横九流之学,眼底有纬画八表之思,好士若渴,而能容度外之说,诚可谓魁垒耆艾之大臣也……诚许进之于门下,望赐时日,野人不文,谨猎缨束带以待,不胜鹤立悚息之至。"

康至祁世长函云:"恭闻明公以大儒总台纲,有直亮刚介之节、清忠廉正之德,此真陈蕃、李膺之俦,鲍宣所谓骨鲠者艾,忧国如家,议论通古今,嗃然动众心之大臣。……窃以为公必身任之,宏谟亮节,必有可闻焉……无所求于公,若辱收之,俾瞻扬休山立之容,固所愿也。倘赐阶前尺寸之地,俾伸其说,非所愿也。诚许进之门下,望赐退食之暇,告以时日。野人不文,谨猎缨束带以待命,不胜鹤立悚息之至。"

从所读的此两函看,康有为确有"谀颂"。

这有什么稀奇呢?一个小小的来京赶考的学子,要给堂堂在朝的高官上书,写信,必然要分外谦恭吧?作为那个时代的读书人,连这点道理还不懂?这些朝官,都是德高望重的前辈了,给他们上书,是有求于人。求人者,理当矮人三分,何况自己还只是一个刚刚"出道"的荫监生。

但依此,就能够得出"夤缘在朝大官,求得富贵""躁进无品""托名西学,希图利禄"吗?妄断了。

关键还是在于，康有为为什么"遍谒朝贵"？

他有求于他们的究竟是什么？

一切全是为"上清帝第一书"。

说"遍谒朝贵"也不确，康有为就没有拜谒同乡官员李文田、许应骙。

有必要把这两件事分清。一个是科举应试，一个是"上清帝第一书"。

清代考生赴京会试，规矩极多。到京后，第一件事，就是必须去拜见"同乡官"。广东籍在京官位最高、最有权势的，为侍郎李文田和许应骙。康有为不去拜谒，必有原因。一是对他们的为人为官听到了一些非议，不愿攀附；二是性格使然，对自己看不上的人，官再大也不愿理会。这就大大得罪了李、许。李文田很生气，斥责康有为太狂妄。有朋友赶快去找康有为，劝他快快前去拜谒，或可补救。康有为的回答更绝："他们如果认为我是贤士，就应该来拜访我，我只是一介书生，到京师来，不去拜访的人多了，他们为何独独怪我？"

康有为不是不谙京城习俗，但确有自负自傲的狂气。他不知道得罪同乡官，会给自己带来多大的被动。果然，待他去拜谒了潘祖荫等其他一些高官的消息传出后，他便陷入了被无数同乡责骂的地步，甚至有人提出要将其赶出京城。

相反，考生拜谒同乡官的目的，才大多是"攀附"，希图"会试得中，求得富贵"。

"同乡官"在这里，简直就是得中考生的"代言人"和"再造父母"了。也并不是就如上所说的所有同乡官都对考生如此关照，而是考生要花钱联络同乡官的。这代价心知肚明。待考生得中入仕，当然会与同乡官结成死党，相互关照。若说"富贵之路"，这确是明明白白的富贵之路，而康有为偏偏不拜谒同乡官，意味着什么？

这是一条康有为不热衷于走，而又必须不断去走的路。

清末的科举考试，内容更为空疏、形式更加僵化。因为八股取士圈定了以"四书"为考试范围，以"程朱学问"为考取标准。它的结果也就是"自考官及多士，多有不识汉唐为何朝，贞观为何号？至于中国之舆地不知，外国之名形不识，更不足责也"。于是舞弊成风，贿赂公行。

严复说的几种"怪像泛滥"——"通关节"（买通考官）、"顶替"（冒名顶替）、"倩枪"（花钱请人代考）、"联号"（买通编号人，将自己的号与雇佣的人编成同一号，以行作弊）等等，屡见不鲜。

对于这样的一种考试制度，康有为早就非常厌恶痛恨，但又不得已而为之。他也是一名读书人，他没有别的路。

一八八八年这年，他五月到京，七月参加会试不售。

八月，谒明十三陵，出居庸关，抵八达岭，登万里长城。

站在长城上，他自己说——"登高极望，辄有山河人民之感"。

每一个站在八达岭长城上的人，都会有古国千年烽烟迎面飘来，历史的血火如在目前之感吧！

他写诗道：

秦时楼堞汉家营，匹马高秋抚旧城。

鞭石千峰上云汉，连天万里压幽并。

东穷碧海群山立，西带黄河落日明。

且勿却胡论功绩，英雄造事令人惊。

"英雄造事令人惊"！康有为的"造事"之念，早已开始酝酿心底了。

是的，就是"上清帝第一书"。

一介布衣，为何要给皇帝上书？

这念头本身就足以"令人惊"。

康有为认为，自一八八四年马尾海战福建水师惨败以来，国势面临危机越来越明显。外夷交迫，看看我中国的四周，就明白已经被外强包围。琉球被灭，安南（越南）失去，缅甸亡国，日本、法国、俄国、英国自鸦片战争后，再次对中国成瓜分之势。这不是危言耸听，国家面临的将会是灭顶之灾。挽救这场灾难，只有一条出路，那就是变法。康有为还提出，时间和机会还有，只要变法，还来得及。但如果错过了这一机会，大清完矣。

如今回头看看康有为的判断，十分准确。没有几年，甲午战争就来临了。

为图存，为自强。变也得变，不变也得变。

一介布衣，他在考虑国家安危的大事。而且，他第一次提出了必须"变法"。朝野间，预料到国家面临危机的人绝不在少数，但又有谁能未雨绸缪，在此时率先大声疾呼"变法"？

该设身处地为康有为想一想，一个广东来的学子，进京来会试，连考试都没有通过，就该快快回家补习才是。会试不中不说，在京城突然提出要"变祖宗的章程"，你提得着吗？如同后来恭亲王说的，我大清朝官还没死绝，轮不到你一个布衣小子出来说话。

但这就是康有为，他就是要做做这件"不可能之事"。

从史料中看到，这个"上清帝第一书"，应当分为两步。第一步，是口头；第二步才是康有为亲自起草的上书。可以清晰地看到这样一个过程：最开始，康有为可能自己也觉得亲自给光绪上书并不合适。那怎么着呢？找几位自己信得着的、有影响、有可能支持的朝官，请他们向皇上转述自己的主张。所以，这就有了所谓的"遍谒朝贵"。

这也充分证明了此次上书的艰难。因为他并不认识这些朝官。

他所选中的这几位，确是京城很有权势、而与光绪最接近的、口碑较好的大臣。选人，他是做过功课的。

第一位，是工部尚书、军机大臣潘祖荫。

这潘公和康有为康家不能说有"通家之好"，但也沾一点儿边。康有为的叔祖康国器咸丰时曾任广西巡抚，与潘祖荫交好，所以与康家也算世交。康有为在给潘公的信中，顺便提及求潘祖荫为叔祖写一篇墓志铭。潘很爽快地答应了，约他前来相见。

潘祖荫，晚清重臣，儒雅多才。字在钟，号伯寅，咸丰二年（1852）进士，江苏吴县人。他曾向咸丰帝直言进谏，提出"勤圣学，求人才，整军务，裕仓储，通钱法"，大胆变通康熙帝的旧制，深受咸丰帝器重。他后半生主要在京为官，提携了很多对国家有用的干才，如左宗棠等。

康有为在京多次居住的南海会馆，位于宣武门南部。清朝汉族官员和士大夫大都住在外城的这一区域，如潘祖荫、李鸿藻、孙毓汶等大臣。康有为所处的米市胡同，距潘宅很近。康之前在给潘祖荫的信中，已经申明希望对方"赐阶前寸尺之地，俾申其说"。康登门后，两人是如何会面交谈的，记述不详，按康在年谱中说，他直言陈述了自己的变法主张，希望潘公能利用自己的身份，劝谏太后、皇帝变法。潘祖荫是很对得起这位"世侄"的，一、劝其熟读大清律例，不要贸然造次鼓动变法。应当说，这是出于关心和保护角度的规劝。二、同意给康有为叔祖写一篇墓志铭。三、给了康有为白银八两，让他返乡时做路费。

对于潘祖荫来说，劝谏太后皇上变法，这怎么可能呢？但执着的康有为回到南海会馆后，觉得还有话要说，提笔又给潘写去一信。信中再次强调了必须否定成例旧法："窃谓成例者，承平之事耳，若欲起衰微，振废滞，造皇极，晖万象，非摧陷廓清、斟酌古今不能也。"他希望潘公等元老重臣向皇上直陈国事败坏，外夷逼近，非卧薪尝胆式尽快变法，无以图存。甚至请潘向皇上"反复言之，牵裾痛哭"。——这实是有不理不敬之嫌。

这是康有为和潘祖荫唯一的一次，也是最后的会面。不到两年后的一八九〇年，顺天水灾，潘授命前去筹放义赈，累病之后仍不忘上奏请拨银米以备灾民过冬，积劳病故，时年六十一岁。

康有为选中的第二个目标，是体仁阁大学士徐桐。

康有为选定徐桐，确是"误撞"。说明他还是对京城朝贵不太熟悉。徐桐为道光进士，曾做过同治皇帝的老师，以治宋明理学负盛名。康有为看重他是汉人，又做过帝师，被慈禧器重，说话有分量，该是个正义、忠君爱国之士。所以，想请求他向太后和皇上进言动员变法。说起来，确实有些让人辛酸，康有为曾三次来到徐桐府上求见，具片拜访，一次也不得入。连徐府的门槛都不得碰，就被拒之门外。他只好给徐桐上书，求他向光绪帝"面陈祸乱之由，牵裾痛哭，感悟圣意，此莫大之功也。不听则以去争之，以皇太后之明，未有不感动也"。

徐桐接信后，斥骂"大胆狂生！"遣人将原书信抛还。

两人自此也就结下了梁子。康有为后来在《康南海自编年谱》中还提及说，一八八八年这次进京乡试，"大学士徐桐衔吾前书，乃谓'如此狂生，不可中！'"查史籍，这年乡试的主考官并不是徐桐，所以此为康误记。由此也说明两人关系确如冰火。

第三个目标，是帝师翁同龢。

康有为给翁同龢上书后，同样没有结果。翁同龢拒绝与他见面。查翁同龢日记这样记载："南海布衣康祖诒上书于我，意欲一见，拒之。"

"借嘴上书"的目的没有达到。

康有为这时清醒了，他回到南海会馆，这才写了《上清帝第一书》。

翁同龢对《第一书》的态度

一介布衣，给皇帝写的这《上清帝第一书》，是什么样子？

为引起皇太后、皇上的重视，"第一书"以一半多的篇幅，大胆分析了清廷的外患和内忧。"强邻四逼于外，教民蓄乱于内""大厦将倾而处堂为安，积火将然而寝薪为乐"，这还不是最令人担忧的，最令人担忧的是皇太后、皇上"拂天变而不畏，蓄大乱而不知，忘祖宗艰大之托，国家神器之重"。怎么办？康有为提出了三条谏言：变成法、通下情、慎左右。

他说所谓的祖宗成法，都是六朝唐宋元明的弊政，清入关以来采用明朝遗制又结合了满洲的法典，证明世祖就是变了太祖太宗之法。如果他仍旧沿用八贝勒旧制，我朝不可能统一久安至今。因时变法，才是最对得起祖宗。日本小小岛国，变法仅仅十余年，百废俱兴。如今"上下否塞"已到极点，应仿汉代议郎设议院，起用忠诚敢言之士，人人得其尽言，防止那些"承颜顺意者的佞臣"阻断变法，贻害国家。如果皇太后、皇上真的能这样做了，可预言"岁月之间，纪纲已振，十年之内，富强可致，至二十年，久道化成，以恢属地而雪仇耻不难矣"。

康实在是"敢言、会言"，言之凿凿、之恳切、之大胆、之有理有据，如在目前。一个清晰的康有为，穿过百年晚清走近来了，站在我们面前。

"第一书"字字托悲愤爱国之心。康有为其胸怀、其眼光、其笔力、其心诚，无法不让人敬佩。一介寒士，笔底光芒四射。尤其是他对国事对政治的敏感和预料，让人足足吃惊。难怪只见过康有为一面的潘祖荫有一次对其弟潘祖年说："此人若生战国时，可立谈致卿相。"

我们可以想象，康有为在南海会馆写作此文的日夜了。（按："南海会馆"如今在京残存，地处宣武门南部距菜市口很近的米市胡同四十三号，大门外如今可以看到有很醒目的标识"康有为故居"。到民国后里面最初八户人家，如今是八十多户。它系一八二四年道光时广东南海县籍京官集资所建，原来是乾隆时工部尚书董邦达的故第。扩建成会馆后，内有十三个院，可见是一个较大的会馆。）康有为所居住的小院，在北侧，三面住房，有回廊相通，名"七树堂"，七株老槐树郁郁葱葱，围着一座丈余高的假山，山有凉亭，幽雅别致。康有为在这里北望，可见隔壁老便宜坊小二楼如舫。既然这是南海会馆，与海有关，康有为就称自己的住处为"汗漫舫"，自题匾额悬挂院中。康后来在《汗漫舫诗集》中说："别院回廊，有老树巨石，小室如舟，吾名之为汗漫舫。爱其幽胜，与野人之质为宜，频岁居之，读碑洗石。"后来他五次旅京，七次上书，到戊戌变法期间大多居住在这里。"第一书"写作的时间，不会很长，但思考的时间，一定很多。给皇太后、皇上上书，对他这个"草野之人"，是破天荒的事。而最难的事，是他明白这样一个上书，很可能给自己招来横祸。有清以来，历代的"文字狱"之厉害，作为读书人，他最清楚。

还有，清制科道及四品以上的官员才可以专折奏事，四品以下小京官如有条陈，须交所在部门堂官代奏，或呈请都察院代奏。如康有为这样的布衣，按例是不许向皇帝上书的。连上书的资格都并不具备的康有为，这封上书甚至还会招祸，这实在是左右为难的事了。

权衡再三，他"上书"的决心已定，并做好了各种准备。

可以看看此时他给弟弟康广仁的信，信中说："我近见公卿大夫感愤时事，又睹友朋凋丧，感不可言，顷遇永陵大哭，我上一奏折……事已行矣，乃一感悟天意，如天之福，不然，则或以言事得罪。本朝待臣下至厚，不患有他，至重不过下狱，或出戍而已……我已打算定，心一毫不动，但不必令老母知，若有他事，星海太史必能料理，汝可照料嫂侄女便是。"

一直到翁同龢拒绝递"第一书"后，康有为又经盛昱介绍去见御史祁世长代奏，祁同意了，相约十二月十日到都察院递书。这天早上，康有为准备好了刚要出门，仆人谭柏从外面急匆匆回来，告诉他菜市口今天要杀人，聚人太多，马车无法通行。康有为听到这消息一惊，觉得很不祥，早不杀晚不杀，今天我要去上书，杀起人来了，这是否意味着什么呢。那个时代的人都有些信命，康有为尤其很信这一点。这真的是一个不吉利的征兆，自己上有老母，下有妻女，岂可冒杀头的危险轻易赴死？但继而又想：生死有命，我既然决定了要为天下苍生上书，不能再顾忌一切啦。于是慷慨登车，从南绕道而行。可惜的是，祁世长突然患病流鼻血不止，后来连差事都停了，告假在家养病，上书事终未成。

所以，对于"第一书"可能招祸，康有为是有一定的心理准备的。梁鼎芬所说康上书"其尊颂皇太后之词，联行累句，斑斑耀目，名为论事，意在乞恩……盖时求富贵，则但有颂扬"（梁鼎芬《驳逆犯康有为书》）一说，不攻自破。

这里，该说说翁同龢了。因为翁是帝师，又是户部尚书，并分管翰林院，康有为开始最想拜见的，就是翁同龢。这当然也与翁学问渊博、为官清正很有关系。给翁师傅写的信，被拒绝后，康有为很失望，万般无奈，回来才写了"第一书"。"第一书"写好后，康有为给了新结识的好友国子监祭酒盛昱。盛昱说，最合适的人该给翁同龢，于是，交到了翁的手里。一直的说法是，翁同龢看了之后，"盛伯羲以康祖诒封事一件来，欲成均代递，然语太讦直，只生衅耳，决计覆谢之。"

翁同龢第二次回绝了。但是，事情不是这么简单。

据康有为自己猜测，翁同龢未接"第一书"的原因，是上书中有"马江败后，不复登用人才"。这种提法有些"过敏"，因为中法战争中，就是因为起用了文人张佩纶，造成这一战致命失败。张佩纶之前说得滔滔不绝，但战事一起，兵败不说，临阵脱逃。实践证明这是用错了人，所以之后朝廷降罪张佩纶。现在康有为又提马江一战，还说要登用人才，翁同龢怕会激怒皇太后和皇上，所以就没有去递上书。康有为说，这是翁同龢怕康获罪的一种保护之策。康说，还有一个原因是，当时正是冬至，翁同龢与李文田、许应骙共同侍祠天坛，翁本来就与他们交恶，怕此时上书引起矛盾冲突。

实际的情况是什么呢？据新发现的翁同龢光绪十四年（1888）《杂记册》中，对翁没递上书又有新的说法："南海布衣康祖诒，拟上封事，由成均代递，同乡京官无结，未递。其人初称布衣，继称荫监，乃康国器侄孙也。"这就透露出两个信息，一是未递的直接原因是康有为在上书前没有取得同乡京官的印结。清代，只有四品以上的官职方有资格上书，无资格的人要向朝廷进言，需交验同乡京官出具的上书人的身世证明。还有一个信息是，翁同龢对康有为在介绍自己身份的时候前后有别，一说布衣，一说荫监，翁有些不太放心。

上世纪九十年代，史学家孔祥吉在美国见到了翁同龢的后人翁万戈先生，有了重大的发现。孔在翁家看到了家藏的翁同龢未刊史料，其中竟然有一份"翁同龢对康有为《上清帝第一书》的摘抄本"。一九九八年八月，专门研究戊戌变法的著名史家汤志钧先生，到北京大学参加戊戌变法一百周年学术讨论会，也从前来开会的翁万戈先生处，得到了"摘抄本"的影印件。这份重要的史料，又揭开了两个谜。

其一是，翁同龢被《上清帝第一书》深深打动。

孔祥吉在《翁同龢与上清帝第一书》中说："翁同龢虽然未递康氏《第一书》，然而，并不等于康氏的《第一书》对翁氏并未造成什么影响，实际上恰恰相反，康有为深刻的思想、犀利的文笔，以及他改革朝政的计划都深深打动了翁同龢。尽管现今传世的翁氏《日记》以及此次新发现的史料，都没有直接记载康有为的《第一书》在翁氏心目中留下了何种深刻印象。但是，一个无法抹掉的事实是：翁同龢作为帝师之尊，却能花很大力气，将康氏撰写的《第一书》做了详细的摘抄，有不少段落都是一字不少地照录。试想，如果翁氏认为康有为的上书无足轻重的话，他能花这么大气力去抄录吗？"

对孔先生的判断，我认为入情入理。"第一书"原文六千字，十五页。翁同龢用松竹斋十行纸，每页十行，每行约二十八字，共抄录一千五百字。

汤志均则在《康有为〈上清帝第一书〉新探——翁同龢摘抄手迹读后》说："'翁抄'的发现，预示着翁同龢对康有为留下深刻印象，并为日后帝党和维新派的结合准备了条件……中法战时，李鸿藻、张之洞、张佩纶、黄体芳、陈宝琛等'清流'指斥时政，震动朝野。但随后张佩纶在中法战争中以'失败'被谴责，'清流'随之被解散。一八八七年，光绪亲政，一些官僚、文人、名士不满后党腐朽，以拥帝相标榜，其中有过去的'清流'，也有'清流'游移观望，主张'旧学为体'的。'清流'有升沉，人员有变迁，翁同龢极力接纳以清议见长的士大夫，发展为帝党。帝党中的沈曾植、黄绍箕、盛昱对'第一书'或者手批，或者代递，'实左右其事'，自然对翁同龢发生过影响而心仪其人，加以垂青。"

其二是，康有为在写"第一书"的时候，得到了几个中级官员的帮助。他们就是上面提到帝党，编修黄绍箕、刑部沈曾植、侍御屠仁守、国子监祭酒盛昱等人。沈曾植甚至亲自帮助"批改"。康有为最初的"初稿本"，就是翁同龢抄录"摘抄本"的原本。后来，康有为准备随祁世长去都察院上书的一稿，之后收入出版在《南海先生遗稿》中，封面下有"沈寐叟手批"字样。"沈寐叟"是沈曾植的晚号（按：沈曾植，字子培，浙江嘉兴人，光绪六年进士，曾任钦用主事，观察刑部，签分贵州司行走）。因沈曾植旅京日久，任职刑部，对官场习俗和掌故熟悉，也清楚上书建言的禁忌，所以，帮助康有为做了很细心的批改。如原稿的"上有土木之工，下盛赏花之宴"改为"上兴土木之工，下习宴游之乐"；如原稿的"诚以自古立国，未有四邻皆强敌，而能晏然保全者"眉批是"此意太说烈，与本旨不甚相应"改为"诚以自古立国，未有四邻皆强敌，不自强政治，而能晏然保全者"；原稿的"京师大风，拔木百余，甚至地震山崩，皆非常之大灾也"改"地震山全倾"，"非常"改"未有"。皇上辞世才叫"崩"，这是很禁忌的。

"沈批"说明了朝中的一些年轻的中层官员对康有为变法思想的认可,对革故鼎新的渴望,也说明了他们相互的信任和友谊。他们帮助了康有为,康有为也帮助他们,康曾经亲笔帮御史屠仁守代写《请开言路折》《请开清江浦铁路折》《请筹银钱折》《门灾告警,请行实政而答天戒折》等等奏折。这些奏折也是康有为在吐露变革的心声。

连连碰壁,上书又不成,康有为的失望和伤心难以言表。京城又连连传来关于他的各种谣言,尤其是一些广东在京京官和同乡,如李文田等人的讥讽斥骂。听到这些谣言和讥讽,康有为愤怒至极。此时,他很感谢身边常来往的一些朋友,如沈曾植、黄绍箕、盛昱等人对他的安慰。他们常常在城南陶然亭相聚,诗赋深谈。看他静了下来,沈曾植对他直言相劝,"规其气质之偏,而启之以中和"。沈曾植实在是康有为的知己,一针见血地直言相告,康有为的性格中,有很偏执的一面。这性格的好处,是处事决断,有大气魄,存做大事之心;但往往又不够理性和冷静,过于刚愎自用,将反受其害。——若干年之后,再看沈曾植的提醒,确实为忠告和箴言。康有为听到好友这样劝说,真的动了心,回到南海会馆,给沈曾植写了一封很长的信,辩解自己何以有一些常人不理解的作为,反过来,他也劝说沈别太软弱,该抗争必须抗争。但是,康有为在此时,还是听从了沈的劝告,静下心来一坐十七天,写下了著名的《广艺舟双楫》。

康有为诗道:"上书惊阙下,闭户隐城南。洗石为僮课,摊碑与客谈。著书销日月,忧国自江潭。日步回廊曲,应从面壁参。"

还该提一下康有为曾经的好友,后来的政敌梁鼎芬。世事和人生,真的如同梦幻。戊戌变法后,两人视若仇敌,梁鼎芬更是恨不得将康有为啖肉饮血。但到了清廷退位、张勋复辟的时候,经陈宝琛的说项,这两个"保皇党"竟然抛却前嫌走到了一起。梁鼎芬成为溥仪的帝师,康有为也成为弼德院副院长。梁鼎芬还是那样,"死都死在怪异"上——光绪下葬时,梁鼎芬随同下了地宫,痛哭着说死不上来,非要给光绪殉葬,是被人强行拖出地宫的。后来他就在这陵墓旁的梁各庄买了间小屋,给光绪守陵,最后死在那里。康有为还亲自来到梁鼎芬的墓前,酹酒祭奠这位比自己小一岁的"贤弟"。

站在梁鼎芬的坟前，康有为想到的是什么？

这一幕，算是前人的胸怀吗？五味杂陈，复杂矣。

第四章

梁启超拜师与奇特的万木草堂

一八八九年九月九日，决定离京南归的前两天，康有为乘了一辆车，依依惜别，再转京城。他停车大清门前，"瞻望宫阙，徘徊久之"。

十日，黄绍箕、沈曾植等一些好友，为他饯行陶然亭。席间琵琶声声，令他无限感伤。对自己之后的打算，他在给沈曾植的留信中写道："我无土地，无人民，无统绪，无事权，为之奈何？或者其托于教乎？"——只有教书生涯这最后一条路了吧。

十一日，还粤。

他当然不会知道，恰恰就在这"最后的一条路"上，他很快将结识一个人，一个十年后也将与他一起震惊整个中国的"天纵之才"——梁启超。

此时的梁启超，仅十六岁，还未到弱冠之年。

征服梁启超的是什么？

出京后，康有为并没有直接回家，而是去游历了上海、杭州、苏州、庐山、九江、武汉。一八九〇年初春抵故乡苏村，与家人团聚。春节后，合家搬到广州，住在布政司前惠爱街的"云衢书屋"，这是曾祖父康云衢传下来的老屋。

查《康南海自编年谱》，他是在一八九一年春，也就是到广州一年后，方租赁长兴里邱氏书室，正式设立学堂的。筹备的时间不短，足足一年。

办学的开始，很不顺。

民国时期著名的哲学家吴敬轩（按：吴康，1895—1976，著名哲学家。字敬轩，别号锡园，广东省平远县人）幼年从乡里传闻中，听到了一些康有为最初办学的故事。虽为传闻，但也说明康有为最初办学之难。吴在《康圣人的故事》一文中说，康有为初居广州时只是一个监生，那时一个监生，名不出里巷，很有些被人瞧不起。康有为想办学，一日贴出了"广告"，有人嗤之以鼻，竟以淡墨在这张广告上写道："监生亦居然出而教馆乎？"因为那时教馆的，非举人就是进士翰林，不然，在学术上甚负资望。广告悬贴了半个月，不见一个学生光顾。当时教馆最红的，是一个叫石星巢的人，学生在百人以上。康有为与其相识，便给石写了一封信，请求这位石兄帮助，能否分一些学生过来。石笑曰："吾门生尚不足，安有余数分与他人邪？"康有为很是失望，但也没有办法。一日，石星巢因事外出无法授课，请康有为来临时代代课。康有为无意间得到了这一机会，欣然前往，于是"逞其海涵地负之才，悬河不竭之口，旁征博引，独出新解。一席既终，学生咸互相骇愕，以为闻所未闻"。于是逐渐有学生找到他来上门求教了，慢慢地，康有为觉得时机成熟了，遂在长兴里开馆招收学生。梁启超等一些学生，也就是在这时从石门投奔了康门。

由于吴敬轩出生较晚，并不是当事人，他的这"传闻"说，只能参考。多数的说法和康有为自己的说法是，办学之因是"应陈千秋和梁启超两人之请"。

教馆先生石星巢，当时所执教的书院，是广州著名的五大书院之一学海堂。梁启超、陈千秋等人，都是学海堂的高才生。

而第一个来向康有为求教的，是陈千秋。

陈千秋较梁启超年长，是学海堂的尖子学生。在此读书的他，已经成名，十八岁即写出了《广经传释词》一书，开始匡正前辈大家的谬失了。所以他听了康有为的课后，非常震惊，很快，就在这一年的三月，自己找上门"问惑"来了。

查《康南海自编年谱》，与吴敬轩所说有一点出入的是，石星巢请康有为上课，是九月冬学之际。在此之前，康氏也当有可能去"临时代课"。否则陈千秋如何认识康有为是在三月？

这是来见康有为的第一个学生，竟然如此高才，康有为非常真诚又感动。所以，他没有把陈千秋当成"上门求教的学子"，而是当成了一个好友与同道，无遮无掩倾心深谈。心与心的交融与碰撞，即刻深深打动了陈千秋。陈千秋竟然向这位"监生老师"，流着泪谈起自己的身世与家难。这是非常感人的相识了。康有为也很喜欢这个年轻人，对他的评价非常之高："天才亮特，闻一知二，志宏而思沉，气刚而力毅，学者之所未见也。"

古往今来，天上地下，从《诗》《礼》到孔子改制，又到三世大同，康和陈所谈的真是"今古天下奇伟之论"，而陈千秋又是正处在渴望视野洞开的时候。这一切，在当时再有名望的书院，也是不可能获闻的。陈千秋顶礼折服。六月，他毅然离开学海堂拜在康有为门下为徒。

康有为在年谱中，对此时梁启超的到来，只提了半句："八月，梁启超来学。"梁启超是在陈千秋离开学海堂两月之后，被陈千秋带着来到康门的。

梁启超呢，对于如何投奔康门，在自己的《三十自述》中特记了一番。他说原来还为自己的少年科第沾沾自喜，待见到康先生后，先生以"大海潮音，作狮子吼"，让我冷水浇背，当头一棒，夜不能寐，才毅然退出学海堂，舍弃旧学，请业南海之门，追随先生学习陆王心学、史学、西学概论等……

梁启超初见康有为的覆地翻天般的"震撼"，五体投地也。

自此，梁有了康，康有了梁。"康梁"如血肉相存相依相助，成了

"一个人"，这个"人"必将在十年后搅翻清廷。

康梁之会，也留给我们丰满的想象和空间。一个深有意味的话题是：康有为能如此震惊、征服梁启超、陈千秋的，究竟是什么？

一八八九年，正当康有为顺天应试不中，在京写下《上清帝第一书》的时候，十六岁的梁启超参加了广东恩科乡试，一试中举，而且在录取的一百零八人中名列第八，实是少年得志。像那时的每个读书人一样，他感到一条仕途之路就在眼前，踌躇满志，鸿图大展。第二年信心十足地进京参加会试，这一次未中，于是在学海堂继续读书，"埋头钻研，顾颇喜词章"。他的成绩在学海堂格外突出，"季课大考，四季皆第一。自有学海堂以来，自文廷式外，卓如（梁启超）一人而已"。

如果没有遇到康有为，梁启超将会沿着传统读书人的希望，安然地走上求功名、求仕进的仕途之路，这是很自然的。梁家，这个"十世为农"的家族，好不容易在他这一代"千倾地里才出了这一棵读书苗子"啊。然而也正是因为出身在这样淳朴艰难的家境，使他终生勤奋，总能为底层人思考，具有深深的爱国情怀与民族大义。这是梁启超的底色。

这底色，使他马上走近了康有为。

一个举人身份的他，向一个监生身份的康称师求学，说明梁启超的谦逊、虚怀若谷。他明白，面前的这位监生老师，其学识与胸怀，早已大大超过了很多号称硕儒名师的人。

这里有一个深深的原因，即梁启超很早就看透了旧教育的腐败和无望，后来他在文章中说："中国学风之坏，至本朝而极，而距今十年前，又末流也。学者一无所志，一无所知，唯利禄之是慕，唯帖括之是学。先生初接见一学者，必以严重迅厉之语大棒大喝，打破其顽旧卑劣之根性。"就教师而言，梁启超认识得更清楚，很多学究都是"蠢陋野悍、迂谬猥贱"之人。

旧教育与科举学风之坏，梁启超说"至本朝而极"，说明晚清的教育早已病入膏肓，无法救治了。

其实，学子对导师折服，所求的无非两条，一是学识，二是人格。两者缺一不可。"一日为师，终身为父"，不过是一种说法，真能遇到这样的恩师，太少太少了。梁启超和陈千秋没有看错。

此后，他们两人又分头引荐学海堂的学友和自己亲友中的青年，又有徐勤等多人来到康有为门下求学。到年底，学生已经多到二十多人了。陈、梁两人请康有为考虑正式开办学堂。

经过一番筹备，一八九一年春，康有为租赁了长兴里邱氏书屋，唤作"长兴学舍"，正式办学开始。书屋深藏巷内，是一座三进的大院落，中院两棵木兰树亭亭玉立，正堂大厅宽敞明亮，为讲堂。清初，广州城内有数百家类似这样的姓氏书院，大部分不是"课艺之所"，因为当时广州的民间组织保留着强烈的反清意识。清朝统治者发现了这一点，严禁建合族宗祠。这里即为广东邱氏家族嘉靖年间所建的宗祠，便改为了书院、书屋，名义上专为家族士子到广州考科举所用。因其闲置，被康有为租下。开讲这一年，康有为写了首七律给十个弟子，即《门人陈千秋、曹泰、梁启超、韩文举、徐勤、梁朝杰、陈和泽、林奎、王觉任、麦孟华初来草堂问学，示诸子》：

> 圣统已为刘秀篡，政家并受李斯殃。
> 大同道隐礼经在，未济占成易说亡。
> 良史莫如两司马，传经只有一公羊。
> 群龙无首谁知吉，自有乾元大统长。

这里托出的自然是康有为的抱负。"大同道隐""群龙无首"，圣统谁继？我和你们。

一个革故鼎新的"万木草堂"

一八九二年，讲堂移到了卫边街邝氏祠，后来学生人数多起来，又于一八九三年冬，再迁至广府学宫仰高祠，在这里，正式挂上了"万木草堂"的匾额。据说这"万木草堂"的来历，是取自翰林梁鼎芬《赠康长素布衣》一诗中的诗句"万木森森一草堂"。之后，众人将这三处讲堂统称为"万木草堂"。从一八九一年至一八九八年十月万木草堂因戊戌变法失败被封（焚毁藏书三百余箱），康有为办学的时间，长达七年。

在长兴里的时候，学生二十余人。到卫边街，已经有四十多人。到广府学宫，已经多达一百多人。由此，可以看出办学的成效。

学堂，当然要有"学规"。康有为参照先师朱次琦礼山草堂的成规，手撰了《长兴学记》，以为学规。在德育方面，提出格物、励节、慎独、养心、习礼、检摄威仪、敦行孝悌、崇尚任恤、同体饥溺等中国传统的道德训诲。在智育方面，提出义理、经世、考据、词章以及礼、乐、书、图、枪等方面的知识要求。毕竟在那个时代，康有为不可能完全摆脱科举考试的影响，完全取消时文帖试的内容，但却大大增加和新辟了西学、孔子改制、大同之世诸说。这和当时所有的学堂都不一样，"卓然而立，惊动四方"。

回忆起这七年的时光，梁启超对万木草堂的总结，是目光独具的："其教旨专在激励气节，发扬精神，广求智慧。中国数千年无学校，至长兴学舍，虽其组织之完备，万不逮泰西之一，而其精神，则未多让之……教育之所重，曰个人精神，曰世界的理想……其为教也，德育居十之七，智育居十之三，而体育亦特重焉……至其重精神，贵德育，善察中国历史之习惯，对治中国社会之病源，则后有起者，皆不可不师其意也。"

可以先看看康有为给学生开设的学科。

义理：孔学、佛学、周秦诸子学、宋明学、泰西哲学。

考据：中国经学史学、万国史学、地理学、数学、格致学。

经世：政治学原理、中国政治沿革得失、万国政治沿革得失、政治实用学、群学。

文字：中国辞章学、外国语言文字学。

科外学科：校中：演说（每月朔望课之）、札记（每日课之）；校外：体操（每间一日课之）、游历（每年假时课之）。

这样的学校，出在晚清，谁能说不是一个奇迹？这里所授、所学、所执行的内容，只要看看其他学馆的学科，就马上明白。这里可以充分看出康有为的政治理念和教育理念。泰西哲学、万国政治沿革得失、外国语言文字学、数学、格致学以及体操的引进，在当时不能说"独创、绝无仅有"，也是非常罕见的。引进的这些教育内容，与考科举无涉，但对当时守旧落后的中国，不是最最需要的吗？

康有为给学生的，不仅仅是推开一扇窗子，而是一个全新的天地。所以，说他在为变法为维新运动培养人才，救国图强，也实在是并不为过。直到今天，一些学者对这样的结论仍持反对意见，认为"万木草堂"就是个准备参加科举考试的"补习班"而已，根本谈不上"培养维新人才"。康有为的很多弟子的说法其实有些"拔高"。客观地说，当时康有为办学的最大目的，的确是和弟子们准备赴京会试。但是，又由于康有为对时局与中国未来的变化和危机有了自己的看法（尽管看法朦胧），这看法就是中国必须维新，维新就是"千年之变"！——这一点，也是事实！否则，如果仅仅去准备参加科举考试，用得着学习泰西哲学、万国政治沿革得失、数学、格致学、地理、外国语言文字学、体操吗？

学堂连年三迁，由最初的二十多名学生，三年后便发展到近百人，深受青年学子的欢迎，这也标志着他教育的成功，这所新型学堂的成功。

很有趣的是，讲课的时间到了之后，先由一个学生"击鼓三通"，鼓声里学生齐集面对讲堂站好，康先生到了，向学生"左右点首，乃升坐"。当时一般学馆是敲木梆，这梆子声一响，有些"守夜"的感觉。唯独万木草堂是三通鼓声，令人为之一震。这做法来自《礼记》《论语》，"入学鼓徵""鸣鼓而攻"。这种"鸣鼓集众，行古之道"，带给学生的是一种很郑重的仪式与氛围，很是"检摄威仪"。先生讲课，不带书本，面前的讲桌上只有茶壶茶杯。一般讲上两个多小时，休息片刻，馆童送来点心、粉面等，他用一些，喝点茶，继续讲。两三个小时，耗气不少，也累了，学生也累了，休息片刻正好。学生条案桌上也只有纸笔，边听边做笔记。

开堂授课这一年，康有为才三十四岁，精力旺盛，已是教书最好的时候。"康先生中等身材，眼不大而有神，三十岁以前即留胡须，肤色黑，有武人气。他是荫生中举，是个世家子弟，但他的生活朴实。先生不住在万木草堂，他家住在云衢书屋，在惠爱街，距离广府学宫相当远，每日往返都是步行……康先生的精神很好。讲课时总是挺着脊背坐几个钟头。同学们坐了四五个小时无靠背的硬板凳，下课后即回宿舍倒在床上了，但康先生回到他的屋子即批阅功课簿。若有些非面谈不可的问题，随即传见。倒在床上的同学，最怕被传。"（梁启勋《万木草堂回忆》）

康有为讲学重今文学，内容涉及孔学、佛学、汉、唐、两宋、世界大势、列强历史沿革等等，每论一学，论一事，必上下古今，并引泰西（欧美）事例来证明。他最爱讲、学生也最爱听的，是"学术源流"课。他把儒、墨、道、法等所谓九流，以及汉代的考证学、宋代的理学等，历举其渊源派别。又如文学中的书、画、诗词等也是这样。书法，如晋之羲、献以前如何成立，羲、献以后如何变化；诗格如唐之李杜，李杜之前如何发展，李杜以后如何变化，都讲得原原本本，列举其纲要。每个月讲三四次不等，先贴出通告，"今日讲学术源流"。

梁启勋是一八九三年进"万木草堂"学习的。他说："戊戌以前，政府无干涉之事。社会人士初以我们为怪物。康先生中举以后，才知道康有为主张废科举不是因为他不会作八股。而且每年草堂弟子中举人、中秀才的也不少，舆论就转变了。万木草堂从一八九一年开办，至一八九八戊戌，共八年。草堂学生连同康先生往桂林讲学之后的两广学生以及在上海、北京来拜门的约千人。"

先说招生的办法。他不举行一般形式的入学考试，也不拘泥于文化高低，年龄大小，只对学生逐个进行一次"面试谈话"。在谈话中，先了解学生的大体情况，然后直率地谈起自己的办学观点和办学方法。他直言旧教育的种种弊端，向被试者诉说自己的政治学术思想，这就是梁启超所说的"当头棒喝"。接受这些观点的，自然愿意前来；不接受的，认为会耽误自己科举之途的，任其自去。一定会有不接受者，也有观望的，都正常。该去则去，当留则留。这样的办学理念，在最初是难以被接受的，所以开始的学生并不多。一些乡绅、教馆和私塾先生更会耻笑和抨击。曾在万木草堂学习的卢湘父回忆说："万木草堂之教法，志在培养有用之人才。其所讲授，非当时学者之所愿听，亦非读书不多者之所能听。草堂来学者，大都读书颇多，而志趣稍异者，故人才之萃于一门，非偶然也。"可见学堂随之后来的影响越来越大的原因，是通过了这样一番"选才"。

卢湘父还提到康先生的两件"特异"之事。一件说先生博闻强记："迥异寻常，然亦非全恃天资，其学力实有大过人者。"很为特异的是，他有一次看到先生将自己的资料和书稿足足有两大圆箩，竟然全部烧掉了。这可是先生自己的心血啊，说明先生早已将这两大圆箩的资料和书稿牢牢记在心中了。《聊斋志异》中就有书生将读过的书化成灰，反而记得牢的故事。还有一件，是一次他正在凝神习字，康先生从后面走来，他发现后急忙想要站起来，被先生按下，然后先生手把着他的手，示范教他如何习好字。于是，他发现了康先生的手掌非常绵软，觉得这是特异的，因为相士说过"掌软如绵，一生衣食无亏"。这本是两件很正常的事，但卢湘父觉得有些特异与神奇，只说明学生对康先生的万分敬重吧。卢还说："康师举动严重，未尝见其交足叠股。上堂讲授，历时甚久，而八字着脚，到底仍不懈也。"

学生设有听课笔记和读书笔记两种，如在读书和听课时遇到问题，就在笔记上标出。隔十天半月，这些笔记会送到康先生那里，他将逐一批阅。学生十几个字的问题，他会批注上百字。遇到重要的问题，他会随时传学生来面授。学生平时以自学为主，由康先生给每人定下该读的书目。一般学生入学后，最先要求读的是《公羊传》和董仲舒的《春秋繁露》。除了读经典古书外，还要读很多西书，如江南制造局编译的关于声、光、化、电等译著百十种。还有容闳、严复等翻译的译本，外国传教士傅兰雅、李提摩太等的译本。

这些笔记写满之后，康有为就挑出最优秀者，命存入"书藏"，就是图书阅览室。新来的学生，可以通过阅读这些笔记，等于听先生的讲义了。笔记中自然有不少"非常异义可怪之论"，后来在戊戌后查抄万木草堂，均被付之一炬。"书藏"的书，都是康有为所藏的书，同学们家藏的书，也可以自由捐献，"捐入书藏"，是当时草堂学生的一句口头语了。这些书在戊戌后也被焚毁，多达三百多箱。

草堂还设有一本厚簿，叫"蓄德录"。每天顺着宿舍的房间依次传递，周而复始。这是让学生个人每天摘录一段古人的格言、名句，写在上边。如"学而时习之，不亦乐乎"等等均可。摘出的名句除写在"蓄德录"上外，还要用一张小纸写出，贴在大堂的壁板上，使大家随时可以看见，受到激励。每隔三五个月，康有为也拿出翻阅一遍，从中可以看到学生们的思想倾向和动态。

学生们除用功读书外，还要做一件特殊的事情，就是协助老师编书。比如康有为要写一部《孔子改制考》，就先选定一二十个同学，把上自秦汉、下至宋明各学者的著述找来一一检阅。凡是有孔子改制的言论，简单录出，注明见于某书第几卷第几篇，写书用的时候翻检就方便了。参加编书的学生定好时间，会合在大堂，一起查阅图书和做简单注明。这些记录下的稿件，统存于书藏，备先生随时调用。康有为最著名的《新学伪经考》《孔子改制考》，都是如此编撰而成的。

草堂竟然还设有一个"礼乐器库"，有钟、鼓、磬、铎、干、戚、羽、旄以及投壶所用的竹箭等。每月一次习礼，这是尊孔的仪式。康有为自编了一套"文成舞"。到时钟磬齐奏，干戚杂陈，礼容甚盛。能想象出学生们跳此舞的样子，一定很庄重，想来动作不会太难，难在学习这些礼仪乐器的学生吧。

还有每日的体操，是跑步还是做操？没有记录。记录下的是康有为每年都要带学生们去大自然和名胜古迹游览。这是康有为自己和学生都格外喜欢的。带着一群青年（学生中也有竟然比康有为年龄大的）跃然于峻岭山河之间，很美的画面了。

康有为鼓励同学之间要友爱，相濡以沫，那时的一个词叫"同体饥溺"，集体也应当像一个人，休戚与共。学生的书籍、用具、衣着都是彼此不分的。草堂当时规定学生都要穿蓝夏布长衫，在街上如果看到有穿蓝夏布长衫的，就是万木草堂的弟子。入学的学生每人每年要交学堂十两银子，这数目和其他书馆一样。但家境贫穷的学生可免。如曹箸伟是个穷秀才，康有为不受他的脩金。徐勤的家较宽裕，诸事可以自己做主，每年就交来三四十两脩金。教师就康有为一人，算作总教授了，这么多学生，主要是自己管理自己。草堂不分年级和班次，学生就推举出两到三位同学为"学长"，带领同学们读书。康先生如果有事外出，学长竟然可以升堂讲学。陈千秋、梁启超当时都是"学长"。

康有为替学生想得很细。尽管是同门学生，也会有人情交际往来，朋友往还、庆吊自然是不可少的。但每个学生的家境差距很大，随礼的钱数成了问题，不随不好，随吧你多他少也不好看。这件细小的事，康有为知道后，做了明文规定：庆事每人半角；吊事每人一角。这样，一些家境贫寒的学生也不太吃力，没有了压力，因为大家都一样了。学生很感动地说："有心世道者，其亦有同情欤！"

在这样的教育思想和教育条件、环境下，学生们在一天天成长。一直到六十年之后，当年的学生回忆起来，对康先生、对万木草堂无不充满深深的眷恋之情。

陈千秋是康有为最喜爱的学生，读书非常努力，做事很有条理，最爱惜书籍。他看书，如果是在房中走着看，必用长袖垫托在书上；如果是坐在桌边看书，必先用长袖将书桌的尘土拂净，才肯把书放在桌上。梁朝杰异样聪明，十二岁就中了举人，是梁启超把他引入康门的，他听了学术源流的印度哲学后，心仪佛法，有时间就静坐，他把一张藤椅放进自己的蚊帐内，读书打坐都在帐内。一天他请教康先生该读什么书，康先生说："经书你已经读过了，读司马温公的《通鉴》吧。"仅仅二十多天后，他把二百九十四卷的《通鉴》读完，又去问先生该读什么书。康有为觉得有些稀奇，将书中的人物和事迹问他，对答如流，被同学称为"小怪物"。曹箸伟，名泰，也是绝顶聪明，读了道家学说后，有些痴迷玄学。他听说有个叫林太平的道人能飞行，竟几次去外地寻找此人。他很幽默。一次，看到康先生因生病写了一张客约贴在会客室，他也写了一张，贴在自己的卧室，请人别叫醒他，让他多睡一会儿。其中有两句"五更未睡不能起，木虱咬伤不能起"。徐勤为先生编书最积极，到宿舍来叫曹泰，一进门看到这张奇怪的客约，一时不知如何是好。梁启超在这时钻研墨子，竟然写了一部《墨经校释》，一部《墨子学案》。有一年梁启超入京应试，就由同学王镜如代学长。学长是要给学生讲课的，王镜如口吃，说话有点拌蒜，越急越说不清了。下一堂课的时候，又该王镜如出讲了，同学们逃避不到，讥说"王莽篡位"，成为笑谈。

学堂迁到广府仰高祠，祠堂内供奉着广东历代很多名宦的排位，如晋朝的刺史吴隐之，唐代的名相、曾任广州都督的宋璟等数十位。一天，梁启超和几个同学课间在祠堂聊天，他突然发现神龛内的排位上，竟然有张弘范的名字，对同学说："张弘范的神主牌怎么能在这里？"张弘范原为南宋大将，后投降元朝，在新会崖门迫宋帝昺跳海而死。梁启超就是新会人，小时就听祖父讲过这件事。张弘范还在逼宋帝跳海的地方，勒石纪功，上书"张弘范灭宋于此"。明代著名的思想家陈白沙也是新会人，在此石上加了个"宋"字，此石上成了"宋张弘范灭宋于此"，一字之贬，严于斧钺。大家议论起来，都说此叛贼不配在此。梁启超的弟弟梁启勋跑到厨房找了把菜刀来，扯下张弘范的神牌举刀要砍，旁边的同学陈子褒叫道："等等，他还不知罪，待我宣布其罪状再行刑不迟！"提笔写道："尔张弘范，以汉族之子孙，作胡奴之爪牙，欺赵氏之孤寡，促宋室之灭亡；尤复勒石崖门，妄夸已绩。陈白沙曾以一字之贬，严斧钺之诛。乃复窃位仰高，滥膺祀典；若非加以显戮，何以明正典刑？尔肉体幸免天诛，尔木主难逃重劈。尔奸魂其飞于九万里之外，毋污中土。"

写完，宣读完之后，梁启勋挥刀将牌位砍劈成两段，送到厨房的锅底烧掉，以示焚骨扬灰。尽管此事近似儿戏，但可以见到在康有为"激励气节，发扬精神"的教育下，给学生"正义报国"的影响。正如卢湘父所说："万木草堂不过私人讲学之所，在两年同学中，其人数又不满五十，似乎无足轻重。但当时能转移风气，与戊戌之百日维新，为中国之一大转机，实基于万木草堂之学风，与万木草堂之人物，有以致之，是不可不一述也。"

这些弟子，除陈千秋、曹泰英年早夭外，后来果然都多有建树。梁启超成为康有为之后变法最得力的助手，几与老师齐名，称为"康梁"。梁是个中国历史上少见的通才，史学、政治学、经济学、法学、哲学、宗教学、民族学、农学、小说、政论、诗词、戏剧、书法……无不涉猎并有所建树，所著《饮冰室合集》计一千四百万言。冯玉祥称他"矢志移山亦艰苦，大才如海更纵横"。梁朝杰也是"天才绝特"，参加"公车上书"时年仅十七岁，后留学美国，曾任《世界日报》主笔。韩文举后曾任长沙时务学堂教习，澳门《新知报》撰述，一九〇〇年参加自立军起义。麦孟华也参加了"公车上书"、保国会和强学会，后流亡日本，曾代理大同学校校长。民国初，袁世凯复辟帝制，曾请他担任教育部长，但遭其断然拒绝。王镜如后任澳门《知新报》撰述，一九〇〇年参加自立军起义，后避居港澳，民国初任东莞知县。杜奎曾东渡日本任教，后回国任律师。陈和泽和杜奎一起去日本任教，回国后任广州南强公学校长。

梁启超这样评价康有为的教育实践："先生不徒有教育家之精神而已，又备教育家之资格。其品行方峻，其威仪严整，其授业也，循循善诱，至诚恳恳，殆孔子所谓诲人不倦者焉；其讲演也，如大海潮，如狮子吼，善能震荡学者之脑气，使之悚息感动，终身不能忘，又常反复说明，使听者涣然冰释，怡然理顺，心悦而诚服。"

凡有读书求学经历的人，在若干年后回忆求学往事，其感情都是最真实、真切和自然的，因为那是自己人生最重要的启蒙阶段，它勾连着今后到终生。如同父兄般教育过自己的恩师，其人其事，如在目前，孰能忘却？

《新学伪经考》是不是抄袭之作

《新学伪经考》是本什么样的书？为何在一八九四年八月险些闹出文字狱？湖北给事余联沅为何上奏光绪要求焚毁此书不说，甚至请皇上降旨杀掉康有为？这还不说，此书在一八九四、一八九五、一九〇〇年三遭毁版，屡印屡毁，可见深遭当局之忌。

一八九四年八月，余联沅呈递《广东南海县举人康祖诒刊有＜新学伪经考＞一书请饬查禁片》，说康有为自号长素，狂妄地以为长于素王，以此书煽惑后进，号召生徒，罪不可赦。

这份奏折引起朝廷的重视。光绪批复："谕军机大臣等：有人奏，广东南海县举人康祖诒，刊有《新学伪经考》一书，诋毁前人，煽惑后进，于士习文教，大有关系，请饬查禁严办等语，著李瀚章查明，如果康祖诒所刊《新学伪经考》一书实系离经叛道，即行销毁，以崇正学而端士习。"

皇上严明查办，可见其祸之大。

这部书十四章，约二十万字，是一八九一年康有为办学后，在陈千秋、梁启超等学生的协助下完成的，刊行于当年。写这部书的时候，康有为还是一个"草野之人"，未中举人。

此书一问世，就有四种翻刻和石印的本子流传，风行一时，连台湾都有版本。

这本书与后来的《孔子改制考》的产生，与今文经学家廖平有关。一八九〇年，康有为在京时曾经在沈曾桐处，看到廖平的《今古学考》。廖平是四川井研人，是一位经学思想家，早年入成都尊经书院从师学习公羊学说，一八八六年作《今古学考》。康有为当年自京师回到广州后，住在安徽会馆，此时廖平受张之洞之请正好来到广州广雅书局，康有为便和好友黄绍宪一起来看廖平。廖平很高兴与康的会见，将自己的新作《辟刘篇》和《知圣篇》赠送给了康有为。康有为读过之后，给廖平写了一封很长的信，批评廖的新作"好名骛外，轻变前说"，提出应当毁掉。廖平倒是很平和，来到安徽会馆与康有为长谈。他谈到秦始皇焚书坑儒后，很多证据显示先秦的"六经"并未消亡。康有为原是治古文经学的，自几年前就对古文经学产生了怀疑，此时大为惊叹，幡然醒悟，深受启发。于是，他吸取了廖平以及嘉道以来的今文经学的成果，编著成《新学伪经考》。

廖平的书，是学术之作；而康有为的《新学伪经考》，不仅仅是考辨的学术之作，更是一部维新变法改革的重要的理论著作。他运用今文经学的"致用"，将学术研究和维新变革的主张相结合，具有鲜明的政治意义。所以，廖平的书仅在学术界有反响而在社会上没有什么反响，而《新学伪经考》问世之后，引起巨大震动，连皇上光绪都下令查办。

这是一部什么内容的书？

康有为说，自汉武帝"罢黜百家，独尊儒术"之后的两千年间，孔夫子的"六经"，不但是历朝历代读书人必修的课目，也成为共认的神圣不可更动的经典。但这"六经"中，很多是被后人篡改的，此人就是西汉的刘歆。刘歆这样做，目的是帮助王莽篡位，建立新朝。他有了开国之功，被封了国师后，他推崇的古文经学，被称为"新学"，成为了官学。《新学伪经考》的"新学"，就是古文经学。

汉代初期，人们相信当年秦始皇焚书坑儒已经烧尽了六国典籍和民间藏书，于是便四处搜求誉宿老儒，硬是靠着他们的记忆读诵，口耳相传，复原了孔子的六经，并以当时通行的汉隶记载传世，以为圣典。这些用隶书记载的文字，因为用的是"今文"，也就成为"今文经学"派。今文经学崇尚孔子，以孔子为"托古改制"的政治家，受命"素王"，其经典以《公羊学》为主。到了武帝末年，有人从山崖、墙壁等处发现了前辈人埋藏的古书，这些书是用先秦的古文字篆文书写的，所以称为"古文经学"。古文经学派尊奉的不是孔子，而是周公，将孔子仅仅看成一个史家，以六经为史料，所制以《周礼》为主。

这就是两千年来的今古经学之争。一直到清代的乾隆嘉庆时期，古文经学还在鼎盛时期，而今文经学毁灭殆尽。

康有为谈到写作这本书的原因时说，他在翻阅《史记》时，书中司马迁并未记载发现古文经，这样重大的事件太史公是万万不会遗漏的。康有为根据《史记》考证出，秦始皇焚书只是毁掉了民间的书，保存了博士官管理使用的《诗》《书》以及百家。坑儒也没杀尽儒生，一些有专攻的儒生生存了下来，而秦国有博士官七十人，教授的弟子百位，儒家经典并未断绝。刘歆推崇的几种古文经典中，《周礼》《逸礼》《毛诗》《左氏春秋》等书，都是刘歆等篡改捏造的伪经。古文经学从源头就是错的，两千年来历代王朝和学者为了巩固自己的统治，将伪经奉为圣统，无人敢违背，真正的圣人之道就无法发扬广大，所以要撕掉这伪装，还孔子之说的本来面目。

康有为撼动的是千年无人敢疑的圣学经典。所以梁启超说此说"刮起了思想界的一大飓风"。

但奇怪的是，在康有为的各种著作里，对于他与廖平的这段交往史，却始终绝口不提，讳莫如深。不能不说，在这里，康有为犯了一个错误，那就是不应当回避自己的著作受到廖平的启发和影响。所以，之后这成为一段"公案"，不断有人提到康有为"剽窃廖平说"。如钱穆等，至今也有一些学者这样认为。梁漱溟在一九二一年的口述《东西文化及其哲学》序言时说，他在著作中直言批评了很多人，"却是除康南海外，其余的人我都极尊重"。

对于古今文经学的看法，自道光以来，龚自珍、魏源等人也都曾提过，廖平在他的那两部著作中也确有著述，康有为曾经仔细研读过廖氏的两本著作。他本人自礼山草堂以来素攻古文经学，而在此后突然改弦更张，"尽弃其旧说"，很显然，他的《新学伪经考》是受到了廖平两书的影响。学术观点上的继承乃至借用，原也算不得是一件多么尴尬的事。同样是关于"新学伪经"的考订，廖平所着眼的是经学正统的学术问题，而康有为则考虑为变法改制、救亡图存寻找理论依据的政治问题。

梁启超在《论中国学术思想变迁大势》中，就没有因为尊者讳而违心地掩盖这一事实："……康先生之治《公羊》，治今文也，其渊源颇出于井研（廖平），不可诬也！"

对于《新学伪经考》中的武断失误之处，梁启超也没有回避："……《伪经考》之书，乃至谓《史记》《楚辞》经刘歆羼入者数十条，出土之钟鼎彝器，皆刘歆私铸埋藏以欺后世，此实为事理之万不可通者。而有为必力持之，实则其主张之要点，并不必借此等枝词强辩而始成立。而有为以好博好异之故，往往不惜抹杀证据或曲解证据，以犯科学家之大忌。此其所短也。"（梁启超：《清代学术概论》）在此可有两种结论。其一，康独自得出与廖相似的见解；其二，康袭用廖说，但用之于极不相同的目的。假如后说为是，康应该受到采用别人之说而不申明的批评。但康氏在书中提及的仅少数人，如孔子、董仲舒和朱次琦——这些人的见解他几可完全接受。他很少提及其他的人，虽用他们之说，但仅赞同一部分，如张载、王守仁，以及一些清代的公羊学者，特别是龚自珍和魏源二人……假如这是抄袭，则康不仅冒犯了廖平，而且冒犯了所有他未提及的学者。（萧功权《近代中国与新世界：康有为变法与大同思想研究》）

《新学伪经考》的实质仅在于其政治性。它并不应该被看成是一本纯学术性的著作。当康有为在酝酿一场中国新的政治运动时，他迫切地需要从中国几千年来已被人们普遍接受的传统中来寻找自己的理论依据。果然，《新学伪经考》以其少有的离经叛道在中国的政学两界产生了很大影响：第一，清学正统之立足点根本动摇；第二，一切古书均需重新检查估计。它重重触及了封建统治的理论基础，所以这本书出版不久，海内风行，翻印四五版之多，还有人将它赠送英、美和日本图书馆，流传海外。国内一些人也开始诋毁、谩骂、群起攻之。"朝野哗然"，"为一世所排，几构奇祸"（谭嗣同）。三年后，此事惊动了京师，给事余联沅上奏弹劾该书，光绪下令速查。

追究《新学伪经考》一案的差使落到了两广总督李瀚章的身上。在京应考的梁启超为老师的这件官司多方奔走，在他的活动下，京中康有为的一些旧交纷纷出面，当时正任广东学政的徐琪为其说项。刑部侍郎沈曾植、国子监祭酒盛昱、翰林院编修黄绍箕、大学士文廷式等人也都先后参与了营救运动。

李瀚章觉得这件事有些棘手，就派对经学很熟悉的准补电白知县李滋然具体查办。李滋然是四川人，光绪十五年（1889）的进士，来广东任职后作为同考官参与恩科乡试，梁启超就是这年中的举人，所以也算是选拔出梁启超的老师。听到这件查办的案件是梁启超的老师康有为，自有几分同情，他不熟悉地方，深知地方官府盘根错节，如何办理此事一时有些两难。这天，他的好友林舜琴在家宴上对他说："康有为学问很好，跟他读书的学生很多，如果没有离经叛道之迹，就请保全其功名，亦为珍惜读书种子。"李滋然深以为是。他亲自细读了《新学伪经考》后，对全书独特的见解深感震惊和佩服，决定冒丢掉乌纱帽的危险为康有为辩护。他在呈送李瀚章的禀复中说，虽然《新学伪经考》一书的立论在诋毁汉儒，但康有为并没有离经叛道，其中心还是尊孔的。如果以离经叛道论处，"则全书并无实证"，并请免于销毁。

梁启超在给老师康有为的信中，说已通过沈曾植等分别向徐琪和李瀚章疏通，还准备通过张謇请翁同龢再给李瀚章发电报求情。由于皇上已经下令查办此事，他不同意将此书进呈皇上，也不同意请人"驳奏"，劝老师不要太在意一副书版，情况紧急时可以先行毁之。

这些疏通，对李瀚章定是有一定影响的，李瀚章果然据李滋然之说复奏朝廷称："查明《新学伪经考》，乃辨刘歆之增篡圣经，以尊孔子，并非离经，既经奏参，即饬其自行抽毁。"这是在保全康有为了。

至此，这桩差一点形成的"文字狱"案，得以消解。此前风声最紧的时候，康有为不得不以去广西桂林讲学为由而"远走避难"。

此案未酿成祸，康有为实在该好好感谢李滋然和学生梁启超。梁是自己的弟子，而李滋然与自己非亲非故，实为难得了。这样说，是因为余联沅在弹劾这部书的同时，还提到了康的一件"十恶不赦"又"似是似非"的大罪——说康自称"长于素王"，并封弟子陈千秋梁启超"超回轶赐"。这件事如果真的坐实，在当时也将会有杀头之罪的。这件事有没有？有。康有为又名"长素"，他自己辩称是"取《文选·陶徵士诔》'弱不好弄，长实素心'之意"。素王是人们对孔子的尊称，那是万世定法统的无冕之王。康有为确实在早期有不把孔子放在眼中的狂妄，在弟子们跟前，也有些教父教主的意味。至于说他的学生陈千秋号"超回"是超过颜回；梁启超号"轶赐"，超子贡；麦孟华号"驾孟"，凌驾孟子之上；曹泰号"越伋"，超越孔子之孙……这也可以算是青年学子们之间的开玩笑，将老师尊为孔子，自己当然就是孔子的诸多弟子。老师长于孔子，弟子自然超于孔子的弟子了。

但非要小看这件事，直到今天，不少人也将此作为攻击康之"野心"的证据，成了康有为及其弟子的一条"小辫子"。蔑视孔子的人历史上就大有人在，何以此非康？在晚清当时，这确可被看成是"狂妄以极""大逆不道"的，但今天再如此非议，实在不妥。只是，这一条罪证，也被爱惜读书人的李滋然大胆否掉了——"'长实素心'之语，非谓长于素王也。又遍查全书，录称门人姓字者不一，实无'超回''轶赐'等语，确系外间诋毁哗笑之言……"今人，还不如当年的李滋然之胸怀？

李滋然晚年回故乡隐居，自号"采薇僧"，已出红尘。

《孔子改制考》与陈千秋之死

《孔子改制考》的命运也和《新学伪经考》类似多舛，一八九八年春在上海刊行后即被清廷下令毁版。两书是姊妹篇，一脉相承之作。一八九一年康有为在完成了《新学伪经考》后，即开始在陈千秋、梁启超、曹泰、韩文举、梁朝杰等学生的协助下撰著此书。康有为说此书"朝夕钩撢，八年于兹，删除繁芜，就成简要"。历时八年的艰辛，终于成书，全书二十一卷，三十四万字。

此书刚一问世就被毁版，说明它依旧被当局不容。它对当时思想界的震动，大大超过了《新学伪经考》，对维新变法的呼唤更直接，梁启超称它是"火山大喷发"。

在此书中，康有为将"大同"思想设定为孔子改制的最终目的。孔子就是一个"托古改制"的圣人。康在书中论道，"托古改制"由来已久，是先秦诸子都用过的方法。春秋战国时思想自由，百家争鸣，"凡大地教主，无不改制立法"。康有为一一考证墨子、管子、晏子、老子、韩非子、公孙龙等创教改制。从道家的"小国寡民"，到孔子的"小康大同"都是在改制。康有为认为"六经中之尧、舜、文王，皆孔子民主、君主之所寄托，所谓尽君道，尽臣道，事君治民，止孝止慈，以为轨则，不必其为尧、舜、文王之事实也"。中国的义理制度都创立于孔子，"春秋变周"，就是孔子改制的明证。孔子是上天为救百姓而生的"改制立法之教主圣王"，他改制的著作，就是六经。六经是孔子提出的一整套治理国家的政教礼法。

这里，康有为推翻了孔子"述而不作"的传统观点，确立六经为孔子所作这一点，才可以来论证孔子的"托古改制"。这是无比大胆的"言论"了。这样做的目的，更多的是从政治上的需求，而不是学术上。梁启超说此说是"对于数千年经籍谋一突飞的大解放，以开自由研究之门"。王森然在《康有为先生评传》中说康"以为不抉开此自由思想之藩篱，则中国终不可得救。所以毅然与二千年之学者，四万万之时流，挑战决斗"。

在《孔子改制考》里，康有为还极力宣扬了兴民权、限君权的思想。

康有为其心之大之深，他是在利用孔子为其维新改革的意图寻求庇护，从而奠定维新之路的舆论基础。

从还没有成书之前到成书，关于孔子改制的理论就引起了很大反响和激烈的斗争。被认为比较开明的洋务派代表人之一的两江总督张之洞，非常痛恨这一理论。一八九五年秋康有为到南京游说他支持创办强学会，张之洞很热情地接待他，甚至提出一个条件，只要康有为放弃孔子改制的理论，他会从经济上给以支持。康有为马上回绝了，并在强学报上坚持以孔子纪年。张之洞马上与之反目。梁启超在湖南时务学堂宣传孔子改制的理论，苏舆等顽固派马上嗅出异味，攻击康有为及其弟子"伪六籍，灭圣经也；托改制，乱成宪也；倡平等，堕纲常也；伸民权，无君上也；孔子纪年，欲人不知有本朝也"。就连大学士孙家鼐也上折攻击《孔子改制考》，"窃恐以此为教，人人存改制之心，人人谓素王可作"，将"导天下于乱"。

《孔子改制考》冲决和打破的是封建统治的秩序，激起人们的变法思想。孔子以布衣身份改制，其民主思想托之于"天"，"人人为天所生，人人皆为天之子""能合人者皆君王哉！此孔子之大义也"（康有为《春秋董氏学》）。而民权思想，是维新变法的核心。这样的思想和理论，在当时确是"春雷"，被顽固分子视为"异端"，太正常了，所以这本书再次遭到了被毁版的命运，也就不奇怪了。

从《新学伪经考》到《孔子改制考》，我们知道了康有为其"先进"所在。确实如梁启超所言，它们是"飓风"，是"火山大喷发"。

范文澜在提到戊戌变法的历史意义时，说"戊戌变法的进步意义，主要表现在知识分子得到一次思想的解放，中国的封建制度相沿几千年，流毒无限……以康有为为首的思想家们，公然对清朝用惯了的毒品大摇其头，拿陆王来对抗程朱，拿今文来对抗古文，拿学校和策论来对抗科举和八股，所有资产阶级所需要的措施，也一概挂上孔圣人的招牌，把述而不作改变成托古改制，拿孔子来对抗孔子，因此减轻了非圣无法的压力。当时一整套毒品，受到了巨大的冲荡，知识分子从此在封建思想界添加一些资本主义思想，比起完全封建思想来，应该说，前进了一步。"

一八九三年，康有为再次被母亲和家人要求参加科考，再应乡试，考中了举人。他的考卷本来中第二名，因为引用了"孔子改制"的说法，降为第八名。不久，家乡的一件事让他卷入了一场很大的纷争，甚至两次几乎丧命。而他最得意的大弟子陈千秋，也在这场纷争后患病去世，给康有为的打击甚重。

康有为的家乡，有个团练局，为咸丰年间康有为伯叔祖所创，原来一直控制在康氏家族手中。团练局辖三十二乡，人丁五万人，一直是地方势利争夺的目标。康有为的伯祖去世后，当地的风气坏了，知府张嵩芬凭借手中权力，退职后还一直把持着团练局。乡里盗贼风起，他们和张氏家族勾结，竟常常出劫分赃，老百姓知道也不敢说。后来盗贼抢劫得越发厉害，康有为的叔叔、侄子、侄婿都遭到劫掠。康氏家族的一些老人就找到康有为，让他想想办法制止家族的人再受伤害。康有为在广州教书，本无暇管这件事，就是管也很难管，因为张嵩芬的权势不小。

大弟子陈千秋也是故乡人，听到了这件事，觉得该管。他对老师康有为说："我们穷天下之理，光读书而不去在实践中尝试是不对的。行仁施爱，可以从处理这件事做起。我们控制了团练局后，办学校、养桑蚕、修道路，一年多的时间就可以成事，再交给有能力有威望的人去管理，我们还是回去做我们的学问。"康有为是举人，在当地很有影响，就出面联络了三十二乡的乡绅，共同迫使张嵩芬交出团练局的大印。张嵩芬自然不甘，乘春祭先贤之机，让族人身藏利刃在祠堂内聚集，伺机行事。到春祭的这一天，康有为到祠堂门前的时候，见到张嵩芬等人鬼鬼祟祟，知道张可能有名堂。进入祠堂后，果然发现张的族人数百人早已聚集在此，他们个个神情诡异，望着康有为虎视眈眈。康有为随行的人员早已发现异常，率几百名乡人带着武器赶来。张一看自己人少，不敢动作，带着队伍悻悻而去。

张的阴谋还在继续，几次派人暗杀康有为。康有为乘船去给老师朱次琦扫墓，途中险遭伏击。他只好报请官兵前来剿匪，终于惩办了几个土匪头领，其余四散逃亡。康有为控制了团练局后，改名同人局，由陈千秋管理。陈千秋拟定了规划，先筹款购书，成立了图书馆，实施禁赌，又准备办学校、修路、养蚕经商等。不料禁赌和办学触犯了一些乡绅的利益，陈千秋在处理一件杀人案件时得罪了人。张嵩芬乘机上下打点，买通县令，又把团练局夺回手中。陈千秋早有肺病，此时愤病交加，吐血而死，年仅二十六岁。

陈千秋之死，让康有为伤心至极。

后来，康有为在回忆这段往事时说："十里之地，与万里之地，五万之民与四万万之民，相去万倍，而欲矫而易，救而治之，其谤议同，其险难同，其几死同，而伤我良人同，小有成功而倾覆同。呜呼！任事之难如此，宜人争讲老氏学，保身家妻子，坐视生民之倾覆颠连而不恤也……局一极小之事，即成功何足劳我，费我心血，老我岁月，伤我礼吉（陈千秋）哉？"

第五章

公车上书

　　一八九四年春，即光绪二十年甲午，康有为和弟子梁启超一起入京参加会试。六月九日，在京下车时不慎伤脚，行动艰难，为了养伤，他只得南归。刚刚回到万木草堂不久，震惊全国和世界的一场战争爆发了。七月二十五日，日本海军袭击了清政府运载援兵赴朝鲜的"高升"号轮船。八月一日，甲午中日战争爆发。

　　还是在京的时候，有人问他："国朝可百年乎？"他断然回答："祸在眉睫，何言百年？"

　　他的话应验了。

　　六年前，写《上清帝第一书》的时候，他就曾预言过日本的野心。

　　年底，大连、旅顺相继被日本侵略军占领。转年初，北洋舰队在威海卫全军覆没。

　　兵临城下。日本逼迫清廷签署城下之盟，这就是近代史上最耻辱的《马关条约》。

　　年初，康有为又偕梁启超、梁小山匆匆进京参加会试。

　　《马关条约》传到了北京。

　　这是中华民族的奇耻大辱。

陈少白之访

一八九五年初春，康有为从广西回到广州不久，决定再去京参加会试。这大半年，他蹭蹬多事又感伤连着感伤。先是去年十月，最聪明的弟子曹泰去罗浮山求道染瘴疫竟然不治病逝，他率同门吊其家。十一月，为避《新学伪经考》之祸和家乡之祸再去广西讲学。正月刚回广东，二月，自己最得意的大弟子陈千秋病重，半个多月后去世，年仅二十六岁。"礼吉聪明绝人，而气魄刚毅，大道完成，为负荷第一人，竟天，年仅二十六，痛哉！"

而此时正是甲午战争期间，清军屡屡战败的消息传来，据说京师已是一片混乱，连朝廷都准备了五百辆马车准备迁都逃亡。

给陈千秋办了丧事后，他偕梁启超、梁小山去京，至上海再由海路取道天津进京。

在上海等船，他们下榻在洋泾浜的全安栈。这里是广东客人的落脚之地，住店的客人中，也有一些是从广东来准备进京去参加会试的举子。有人认出了康有为。

下榻在这里的，还有一位极特殊的广东客人，陈少白。

陈少白，原名闻韶，号夔石，广东江门人，慕先贤陈白沙，改名少白。这一年，陈少白二十六岁，风华正茂。他受叔叔影响读了很多西书，一八九〇年二十一岁入香港西医书院与孙中山拜盟兄弟，与孙中山、尤列、杨鹤龄四人后被清廷称为"四大寇"。两年后，他毅然辍学投身反清革命。一八九四年，孙中山在檀香山建立了第一个反清团体"兴中会"，之后返香港和陈少白一起建立了兴中会总机关，马上在省港澳地区秘密串联发动革命志士，为武装起义做准备。

还是在一八九三年的时候，孙中山迁至广州行医。康有为在万木草堂讲学时，经常出入广州双门底的一家圣教书楼去购买西学译本书，也就认识了书楼的老板左斗山。左斗山是基督徒，和孙中山是好朋友。孙中山借了这书楼的一间房屋开设了一个小诊所做掩护，暗地里却在物色革命同道。此时康有为已经在广州办学有了一些名气，孙中山从侧面了解了康有为之后，托人帮忙想结识一下康有为。孙中山所找的这个介绍人是否是左斗山，资料中没有明确记载，可能性是很大的。康有为此时对孙中山还不了解，只听说是一个学医的，就有些"摆谱"，提出"如欲订交，宜先具门生帖拜师乃可"。这一要求说明康并不知道孙中山的底细，只认为又是一个来向他求学的。孙中山有些生气，觉得康有为妄自尊大，也就没有和康有为见面，"卒不往见"。两人的会面，也就很遗憾地错过。但是，一年多之后，孙中山和陈少白在香港建立了"兴中会"总部，开始筹备广州起义的时候，他再次想起了康有为。他和陈少白两人竟亲自去了万木草堂，想说服康有为和陈千秋入伙加入"兴中会"。由此，也可以看出康有为在孙中山心中的分量。遗憾的是，两人来到学堂的时候，万木草堂正放假，康有为和学生都不在，这有些阴错阳差。

此时在上海，陈少白恰也住在全安栈，听有人议论说康有为也住在这里，觉得是一个机会。孙中山和他正急切要发动广州起义的"兴中会"，缺的正是同人。所以，他敲响了康有为的房门。

可以说，这是孙中山的兴中会，对康有为的第三次"来访"。

一会儿，门开了。康有为开门探出头来，问对方找谁？陈少白答："找康有为先生。"康说："我就是康某，请进来吧。"两人寒暄后，康有为问陈有何事，陈少白开门见山地说："现在中国的情况已很危急，清政府实在不行了，非改变不可！"康有为答："很对。"他起身走过去关上了房门。两人刚入座，又有人敲门。康开门一看，是梁启超回来了，于是他给陈少白介绍了梁启超。然后，三人入座，一起谈了几个小时。康问了陈关于长江一带的情况，人有多少等等。陈少白后来回忆说，康始终"正襟危坐，一话一拱手"，让陈少白不由得"肃然起敬"。

这是"维新派"与"革命派"的第一次接头会面。不久之后，康梁发动了"公车上书"，而孙中山和陈少白的"兴中会"发动了广州起义（未遂逃往日本）。那么，在上海的这家旅社里，他们谈了些什么呢？资料未有记载。

陈少白深受孙中山的影响，所以孙中山一定对陈提到康其人的"妄自尊大"。陈少白这次的贸然来会，心里一定是有准备的。但见到康有为之后，发现康并不像孙说的那样，不仅不小看自己这个年轻人，还非常谦和认真，所以，他"肃然起敬"。于是，陈少白相信康有为是真诚的，他一定在谈起了清廷的腐败无救之时提及了"反清"之事。只是，准备广州起义这样绝密的内容不会透露而已。最重要的，他是在试探康梁的态度。这对康有为来说，震撼也是巨大的。但此时，他仅仅是一个小小的举人，一个教书先生，对于此事的如何抉择，客观来说他也是茫然的。所以这次谈话的重心，一定是分析清廷在国难之中的无能、腐败已到不可救药的地步等等。而这一点，会更加增添康梁的救国救亡之心。

这是救国救亡的两条路而已，但都直指中国明天的命运。

孙中山的路，此时正"筚路蓝缕"，更其艰难。他最难的是"找人"，找推翻清廷的掘墓者。很有意味的是，不久，也就是陈、康的这次会面后，一八九五年三月，孙中山多次找到日本驻香港领事中川恒次郎，请其援助广州起义。他竟然说手下已经有康有为等四个统领。甚至，他将原洪秀全部下的慧真和尚也拉入了"兴中会"。这有些"很不靠谱"，是为了夸大宣传，还是不得已而为之？

假设说，孙中山在初次想结识康有为的时候，能大度地排除误会等等，两人坦诚相见相诉，会有如何的结局呢？以孙康两人的性格，也定是两条无法合拢的路吧？历史是没有假设的。

孙中山如此看重康有为，从一个侧面说明了康有为在此时的影响。

之后，孙中山和"兴中会"都一直没有忘记康梁，多次联系希望合作。那是后话了。而梁启超之后的态度倾向同盟会和国民党，与这次和陈少白的会面，都有渊源。

"公车上书"

对于一百二十三年前的这场战争，这个《马关条约》，如今，每一个中国人都还有深深的刺心锥骨之痛。这哪里是一场"战争"？是被一个阴毒的小骗子欺骗之后，又被它闯进家门残忍地狂屠滥杀不说；又开始对中国的财富和领土大肆抢掠。而这样的抢掠，它们身不动膀不摇，只逼迫中国写下字据，让中国自己乖乖送上门来。

该永远记住这个日子，一八九五年四月十七日，清政府派李鸿章于日本马关（今下关）与日本内阁总理大臣伊藤博文和外务省大臣陆奥宗光签订了《中日讲和条约十一款》，又称中日《马关条约》。其中规定：

一、中国割让辽东半岛、台湾全岛及附属岛屿和澎湖列岛与日本。

二、中国赔偿日本军费白银二万万两。

三、中国增开沙市、重庆、苏州、杭州四个通商口岸。

四、允许日本在中国通商口岸开设办厂。

一场明火执仗的抢掠。

"中国"，竟然就签约、照办了。这是一个什么样的"中国"？

就是这个条约，改变了中国的历史，使它成为中国近代历史的分水岭。这不仅是清朝历史上的奇耻大辱，也使中华民族遭受了五千年文明史上从未有过的浩劫和灾难。中国在东亚的大国地位被深深动摇了。辽东半岛、台湾和澎湖列岛这一北一南两大重要门户的割让，使日本扼住了中国南北两大咽喉，让中国处于被包围和控制之中，既成为日本可以侵略中国的桥头堡，又可以随心所欲地掠夺这些地方的资源和财富。而两亿两白银的战争赔款，相当于中国全年财政收入的两倍多，相当于日本四年半的财政收入。这等于中国四万万人含辛茹苦两年多所创造的财富，被日本转瞬之间席卷一空。

"四万万人齐下泪，天涯何处是神州？"（谭嗣同）上海《申报》发出"君可欺，而我民不可欺！""官可玩，而我不可玩！"等愤懑的呼声。

是，该问问，这是一个什么样的"中国"，这是一个什么样的"政府"？

这样的政府，不变法，不变革，还有半点希望吗？

梁启超在甲午战败后写过一阕《水调歌头》，词中写道："千金剑，万言策，两蹉跎！醉中呵壁自语，醒后一滂沱！"悲愤地倾诉这场战争带来的家国情仇。他还说："吾国四千余年大梦之唤醒，实自甲午战败割台湾偿二百兆以后始也！"

康有为惊呼："呜呼噫嘻，万里之广土，四万万之众民，而可有此约哉！"

这就是"公车上书"的背景。

公车上书的过程并不复杂。

康有为师生一行人自上海北上，船行至天津的大沽时，发生了一件让人愤怒的事。日本军队竟然在中国土地和领海上，将轮船拦截，公然上船搜查。这不仅是对乘客的人身侵犯，更是对中国主权的践踏。康有为非常气愤，"当颇愤，以早用吾言，必无此辱也。"

抵达北京后，他们寓居在东城三条胡同金顶庙。在战争的氛围里，整个北京显得阴沉凋蔽。辽东不断传来战败的消息，越来越急迫，越战越败，溃不成军，丧师失地。国难当头，中国的命运会是如何呢？堂堂大清，真要上了人家的刀俎成为鱼肉？康有为带梁启超去参加了会试之后，又听到一个消息：清廷派去日本请和的户部左侍郎张荫桓、湖南巡抚邵友濂被日方以"全权不足"为借口，强行送往长崎驱逐出境。

清政府只好听命于日本，再派文华殿大学士李鸿章为"钦差头等全权大臣"赴日本马关。

于是，丧权辱国的《马关条约》在四月十七日签订。中国人民千百年来世代相承、辛勤开发的宝岛台湾被清政府葬送，割让领土之大、赔款之重，开创了《南京条约》以来的最高纪录。消息传来，全国各阶层痛心疾首，万分震惊。

最先得到消息、最先被震怒的是清廷的各级官员。

在他们中间，礼部主事罗凤华、兵部主事何藻翔、宗室侍郎会章、礼科给事中丁立瀛、侍读奎华等一百五十六人，广西巡抚张联桂、广西监察史高燮曾、湖北巡抚谭继洵、两江总督张之洞、福州将军庆裕、署理台湾巡抚唐景崧、河南候补道易顺鼎等人的疏言都较有代表性，并提出一些切实可行之策，如迁都再战，凭险据守，相持既久，敌必困败，等等。

《马关条约》将签约的消息传到台湾，"台人骤闻之，若夜午暴闻轰雷，惊骇无人色，奔走相告，聚哭于市中，夜以继日，哭声达于四野。是时，风云变色，若无天地，澎湖之水为之不流。"（江山渊《徐骧传》）台湾巡抚唐景崧在电奏稿中证实"有割台一条，台民汹汹，势将哗变""万民愤骇，势不可遏！"三月二十六日，"台民不服闭市，绅民蜂拥入署，哭声震天"，强烈抗议割让台湾。是日，台北人民"万众一心""鸣锣罢市"（《台湾唐维卿中丞电奏稿》），宣布饷银不准运出，制造局不准停工，所有税收留归抗日之用。为了保卫世代辛勤耕耘的家园，为了保卫神圣不可侵犯的国土，他们抱定"桑梓之地，义与存亡"的决心，每天都有千数百名群众自愿加入抗击日寇的队伍，他们坚决表示："愿人人战死而失台，决不愿拱手而让台！"

在各省应试的举人中，台湾省举人和台籍官员非常引人注目。康有为等人曾亲眼看到"台湾举人垂涕而请命，莫不哀之"（《康南海自编年谱》）。台湾安平县举人汪春源、嘉义县举人罗秀惠、淡水县举人黄宗鼎同台籍官员、户部主事叶题雁，翰林院庶吉士李清琦等联名呈文，疾言："与其生为降虏，不如死为义民。""闻诸道路，有割弃全台予倭之说，不胜悲愤！""今者闻朝廷割弃台地以与倭人，数千百万生灵皆北向恸哭，闾巷妇孺莫不欲食倭人之肉，各怀一不共戴天之仇，谁肯甘心降敌？！纵使倭人胁以兵力，而全台赤子誓不与倭人俱生！"（《清光绪朝中日交涉史料》）对于故乡，他们满怀深情，"祖宗坟墓，岂忍舍之而去？田园庐舍，谁能挈之而奔？纵使子身内渡，而数千里户口又将何地以处之？"

在这样一场可歌可泣的民族自卫运动中，最激愤并最大规模做出反应的，是刚好在北京应试的各省举人。康有为和弟子梁启超、麦孟华四月十日考完了三场会试后，于十五日，康有为从一个渠道得到了《马关条约》就要签署的消息，"电到北京，吾先知消息"。康有为悲愤之极，拍案而起，令梁启超、麦孟华、江孔殷、赖际熙等弟子分头鼓动各省举人，上书呼吁，吁请清廷拒绝和约。

四月二十二日，梁启超领衔率先集八十一名广东举人，联名上书清廷。

上书中说："台湾全岛为东南门户，连地千里，山海险峻"，岂能"一矢未加而遽以千余里之岩疆、千余万之苍黎"拱手让与日本入侵者？其严重后果则是：一、"外夷久存觊觎之心，而吾又以台鼓舞之，诱召之"，"是吾割肉而自毙也"。二、"欲割台以全内地、保都城而地更瓦裂、都亦必惊。"他们坚决主张"激励忠义，犹可为战，众志成城""严饬李鸿章，订正和款，勿割让台湾"。

请注意，这是公车上书的源头，也是"康梁"走上政治舞台成为"康梁"之始。如果说，康有为此时在举人中尚没有什么太大的影响的话，很对。但他"令"弟子梁启超等人带头发起公车上书，是有这一资格的。而梁启超率先带领八十一名广东举人上书，也是引发各省举人之后纷纷响应、上书的起点。

当日，湖南三批举人文俊铎、任锡纯、谭绍堂等共一百二十人带头响应，跟进上书。

按大清清律，举人是没有权利给皇帝上书的。所以四月二十二日的上书，都察院收下呈文，不予代递。四月二十七日，侍读学士文廷式联合戴鸿慈向光绪上折，"各省会试举人呈请都察院代递，拒与日本议和，至有痛哭流涕者"，光绪知道了举人上书一事后，都察院才于四月三十日开始代递。

正是在梁启超等人上书的影响下，四月三十日后，奉天、江苏、山东、湖北、江西、四川、贵州、广西、福建、河南、浙江、山西、直隶、陕西等十六省和京师举人分别上书三十多次，总人次约三千人次。加上十八省"联合上书"一千三百人，上书人次共达四千多人次。一时，举人们纷纷来到都察院上书,"章满察院,衣冠塞途","车马阗溢,冠衽杂沓,言论谤积者,殆无虚晷","中国泰否通塞之机,或决于是"。

这是晚清知识分子反投降、反卖国的最伟大的一次壮举。于四千年的漫漫帝王专制统治中,第一次站起身为民族的救亡图存呼吁和呐喊。这声音对于清廷,自然是微弱的,但这是地火,它宣告着一个爱国运动的到来,其后,便是维新运动的高潮。而这个腐败王朝的"不治"终将迎来的末日,也不会久远了。所以,梁启超说:"吾国四千余年大梦之唤醒,实自甲午战败割台湾偿二百兆以后始也。"

五月一日起,康有为登场前台。

从年龄到阅历,从思考到决断,这是康有为人生最成熟的时候。赴京后,从接触到的一些清廷中层官员朋友对甲午战败的态度,到眼见参加会试的举人们纷纷响应上书,他很激动,觉得一个时机终于成熟了,"士气可用",不可错过。他即刻做出一个更大的决定。从五月一日起,他带领弟子多方奔走联络,召集十八省举人会议于松筠庵的谏草堂,要策划一个更大规模的公车上书。

这就是"联省公车上书"。

各省举人各自单打独斗的上书,毕竟过于分散,对清廷的压力也小得多。但是将这股股洪流聚集在一起,阵势和影响必然巨大。清廷再昏庸,也不会"视而不见"了。

五月一日的松筠庵会议,通报了最新的情况,讨论了将要上书的原则,会议委托康有为执笔起草,然后再讨论修改,征集签名。大家一致同意康有为起草,既因康是本次重要会议的组织者,又因康曾经上过"上清帝第一书"。康此时虽然只是一个小小的举人,但在北京官场和读书人中间影响已经很有一些了。我们可以说,他在此时的影响,还够不上"领袖"的地位,但也就是这次松筠庵会议之后,已经将康有为有意无意之间推上了振臂一呼的"潮头"。

康有为用了一天两夜,为各省举人联名上书起草了一份一万八千言的上皇帝书,即《上清帝第二书》。上书提出拒和、迁都、练兵、变法四项主张。上书的文稿脱稿后,他让梁启超、麦孟华等弟子赶抄缮写出一千多份，到举人中传阅。

康有为在"万言书"中痛陈割弃台湾等地，将失去全国民心，列强会进一步接踵瓜分中国，将招亡国大祸。为解救国家危亡，他提出请"皇上下诏鼓天下之气，迁都定天下之本，练兵强天下之势，变法成天下之治"四项主张，而以变法为最根本的"立国自强之策"。强调"非变通旧法，无以为治"。他提出具体变法建议：一、"富国之法"：印行钞票，兴修铁路，发展机器轮舟，开矿，铸银，设立邮政；二、"养民之法"：务农，劝工，惠商，恤贫；三、"教民之法"：大办学校，普及教育，改革科举制度，废除八股取士，派遣游学，吸取西方科学文化知识。又建议改革官制和外交；召开议会，民选议员"随时请对，上驳诏书，下达民词"，凡内外兴革大政，由议会议决，三分之二通过后下部施行。等等。尤其是，他提出了"议郎"制，实际上是要求建立西方近代国家普遍实行的代议制，最终达到"君民同体，情谊交孚，中国一家，休戚与共"的政治局面。它具有了浓厚政治改革的意味，是一套资产阶级民主改革的完整方案了。

这份近两万字的上书，在一天两夜内完成，既要代表十八省的举人呼喊的心声，文中又涉及到诸多方面的内容和主张，非大手笔是无法完成的。康有为在写作中，是如何度过这一天两夜的？暂时居京，身边又没有什么资料，他写作要用资料怎么办？他写前和弟子商议过吗？……没有记载。但这犀利如火慷慨陈词的一万八千言，首先是他自己的心声这些都无疑。纸上的每一笔，都记载着晚清这个前行者、思想者对这个国家的拳拳之心。

还有一件事，是他选择了松筠庵谏草堂来与各省举子聚会策划上书之事，深有意味。松筠庵坐落在宣武门外达智桥胡同，原为明代爱国忠臣杨继盛故居。杨继盛（1516—1555）是直隶保定府容城县人，少时家贫，曾放牛，三十二岁才中进士，任过南京吏部主事、兵部武选司员外郎等职，家住达智桥胡同。明嘉靖三十二年（1553），杨继盛毅然上书《请诛贼臣疏》，弹劾权倾一时的奸臣严嵩"五奸十大罪"，被投下"诏狱"酷刑折磨监禁三年，后被严嵩罗织罪名"秋审立斩"。杨继盛大义凛然，临刑赋诗"浩气还太虚，丹心照万古……生平未报恩，留作忠魂补"。嘉靖三十四年（1555）秋被杀，年仅四十岁。他的夫人在丈夫被斩前伏阙上书请一同被斩，后自缢殉夫。他孤忠斗奸，满门忠烈之死震撼朝野，"天下相与涕泣传颂之"。后世有人写了一出叫《鸣凤记》的戏剧，歌颂这对忠烈夫妇。杨氏夫妇死后，故居成为松筠庵。乾隆时，杨继盛居住过的大堂改为他的祠堂，称为"景贤堂"，供奉他的画像和牌位，后堂也供奉着杨夫人的牌位。道光年间，僧人们募款修整松筠庵，将杨继盛当年书写弹劾严嵩奏疏的三间书房扩大为五间，成为可以容纳多人的大堂，称为"谏草堂"，并将杨当年弹劾严嵩的谏言刻石八幅镶嵌在东西墙上。谏草堂四周筑起回廊，并修建了花园和假山。这里清净高雅，成为士大夫们喜爱的地方，他们常到这里来集会，议论时政，游宴吟赋。

杨继盛曾撰写过一副很著名的对联："铁肩担道义，辣手著文章"（按：后被李大钊喜爱，将"辣手"改为"妙手"，多次转引书赠友人同志，也使很多人认为这是李大钊之作）。康有为和很多举子在此聚会时，面对"铁肩担道义"之联，恰暗合了匡扶正义、敢于担当的含义吧。五月一、二、三日，连续三天康有为和十八省一千三百举人在此聚会传观讨论上书，到会举人都在上书后签了名，预定于四日投递都察院。后来有人怀疑地指出谏草堂的地方较小，聚百人都难，可能聚会一千三百人吗？由于是三天时间，各省举人分头聚来的可能性较大，有的很可能来的是各省的代表。但原定四日的去都察院上书一事终于流产。原因是清政府把本来定于五月八日在烟台换约的时间提前到了五月二日，即匆忙地在《马关条约》上盖用了"御宝"，并派使臣去烟台换约。这就形成了签约的"既成事实"。消息传来，不少举人大失所望，认为换约已成，上书已经没有用了，数百人"取回知单"。所以，这份"公车上书记"附录的题名录仅存六百零二人。连同康有为，共六百零三人。

皇帝在《马关条约》上盖上了"御印"，木已成舟，无法挽回了。上书的目的是拒和，拒绝与日本签约。现在清廷已经"用宝"了，上书的目的付诸东流。"联省公车上书"就这样流产了。

康有为和所有举人们的愤怒和无奈，是可以想象的。"然此时举人车马集于都察院，长五里，阗塞院门，台湾举人涕泪哭诉，院长长揖引过，中国数千年未闻有此大举也。"（陆乃翔等《新镌康南海先生传》）很多举人将怒火集中在了军机大臣、兵部尚书孙毓汶身上，有人主张抬着棺材去将其杀死解恨。孙毓汶确实一直主和，并主张签约。他曾派出亲信连夜到各会馆和松筠庵遍贴匿名帖子恫吓举人们，阻止上书。

"公车上书"虽然没有上达皇上，但很快引起了外国公使和传教士的注意。美国公使田贝马上得到了公车上书的抄件。英国传教士李提摩太受过康有为的访问，他在看了这份上书后，给妻子写信道："我惊奇地发现，几乎我以前所作的种种建议，全都概括和凝聚在他那份具体而微的计划中了。无怪乎他来访问我时，我们有那么多共同之处。虽然如此，他的上皇帝书还缺少一件东西，那就是宽宏，上皇帝书是民族的、地方的，而不是国际的、普世的。"（苏慧廉《李提摩太传》）

公车上书流产，康有为悲愤地写道："……抗章伏阙公车多，连名三千毂相摩，联轸五里塞巷过。台人号泣秦桧歌，九城谣谍遍网罗。扛棺摩拳，击鼓三挝。桧避不朝，辞位畏诃。美使田贝，惊士气则那！索稿传钞，天下墨争磨。呜呼，椎秦不成奈若何！"

关于"公车上书"的争议

对于公车上书，康有为在一八九八年末所写的自传《康南海自编年谱》，即《我史》中，有详细的记载。这一年距离一八九四年公车上书的发生，仅仅四年，又是一件极其重大的政治事件，按说，在康有为的记忆中，是不该出现差错的。之后各种论著对于公车上书的描述，也都将此作为最重要而基本的史料。

也就是因为康有为在这里的叙述，自一九七〇年起，八十年代、九十年代，二〇〇〇年，一直到今天，均大起波澜。有人甚至声称这是康有为自导的一场"骗局"。而其中最为关键的证据，是年谱中的"至四月八日投递，则察院以既已用宝，无法挽回，却不收"这二十一个字。

康有为说，四月八日去都察院上书万言书，都察院以皇上已经在《马关条约》上盖了玉玺（用宝），无法挽回了，所以拒收万言书。

康有为究竟去没去都察院上书？都察院是否拒收？成为争议的关键。

茅海建在二〇一一年出版的《戊戌变法史事考二集》中，第一章《"公车上书"考证补》回述了多年来争议的过程。最早提出质疑的是台北学者黄彰健，他在一九七〇年出版的《戊戌变法史研究》中，提出《公车上书记》和《南海先生四上书记》两书中，都提及康有为原定在光绪二十一年（1895）四月初七至初九日"大集"，四月初十至都察院上书，由于条约已经于初八日被批准，所以上书一事"议竟中寝"。"议竟中寝"，意思是此事流产了，没有去递万言书，因为此时皇上已经用宝，没有这个必要了。黄还引用《清光绪朝交涉史料》《闻尘偶记》，认定当时并无阻止上书的行动。他还提出了两点质疑：一、"公车上书"的内容，签名者是否都看过？有无假借他人名义的事情？二、松筠庵谏草堂能否容下一千三百人？

一九八八年，孔祥吉发表《康有为变法奏议研究》，与黄彰健的结论大体一致。他引用了中国第一历史档案馆所藏档案，证明了当时并无阻碍上书的政治背景，官员举子上书的途径是通畅的。

一九八七年、一九九〇年，汪叔子、王凡发表了《康有为领导"公车上书"说辨伪》《"公车上书记"刊销真相》。他们提出康有为所称上书人数是不确切的，康有为及其党人前后有着不同的说法，渐次增加，并对上书过程的许多细节进行了修改，如集会时间、改"知单"为签名等等。

一九九六年，姜鸣发表了一部历史散文集《被调整的目光》，其中的一篇《莫谈时事呈英雄：康有为"公车上书"的真相》，文章指出当时反对和约的，主要是官员，而举人的上书也未受到阻碍，康有为写此上书的目的，很可能从一开始就准备在上海发表，由此而制造一个大骗局。一九九九年七月，《光明日报》根据姜鸣的文章，发表了《真有一次"公车上书"吗？》，引起众多议论。

这篇文章在《光明日报》发表后，影响较大。姜鸣得出这样的结论："事实是，康有为的'万言书'根本没有去递。"他在文中引用了一八九五年夏上海出版的《公车上书记》书前所刊的署名为"沪上哀时老人未还氏"于五月二十四日作的序，提出此序中提到四月初八（5月2日）上书已经流产夭折，地点是松筠庵，而不是都察院。这与康有为后来的年谱中的提法大相径庭。

姜鸣在文中指出，康在"公车上书"事件上的记载中弄虚作假、自相矛盾的地方比比皆是。"公车上书"是他对历史的一次成功的大欺骗，"但几乎所有的教科书、通史类著作、辞书以及绝大多数研究专著论文，却都陈陈相因，重复着错误的说法，并加以大量定性的评论……"

需要注意的是，姜鸣在文中对康有为也有客观的肯定："他（康有为）到北京后，双管齐下，一面入仕，一面从政，办媒体，兴学会，开拓出官场以外极为活跃的政治舞台，成为不依附自己官员身份的职业政治家。这是晚清政治出现的前所未有的变化，显示着一种新生力量的兴起。毕竟时代在变。腐朽沉闷的中国社会快要走上尽头，确实需要冲击一下了。康有为应运而生，是个天才的宣传鼓动家。尽管未曾上书，他所写的那篇文字，仍然是当时所有反对和约的文件中最精彩最有分量的……我们今天可以不从道德角度去评论康有为在宣传'公车上书'时的所作所为，但不能不对中国资产阶级政治家登台亮相的第一幕演出刮目相看……"

那么，上海刊行的《公车上书记》，作序署名为"沪上哀时老人未还氏"的这个人，似乎为"当事者"，他究竟是谁呢？有人猜测是康有为本人，有人提出可能是梁启超，也有人提出可能是"古香阁主人"沈善登，但一直未有定论。

茅海建在对当年的大量清史资料精心检视后，认为姜鸣的"'公车上书'是康有为对历史的一次成功的大欺骗"以及欧阳跃峰的"'公车上书'是康梁编造的历史神话"等结论很不"科学"，也容易引起诸多误解。他的结论是：一、有两个不同概念的公车上书。其一是由政治高层发动、京官组织操作、各省公车参加的公车上书，即"广义的公车上书"。其二是康有为组织的各省公车在松筠庵的"集众"，最终形成十八省举人超过千人的联名上书，即"联省公车上书"。由于四月初九日来松筠庵的人数甚少，且条约已用宝，这一活动中途流产。二、康有为《我史》中关于公车上书的记录，多处有误，可以十分明显地看出其牵强与张扬，许多戏剧性的情节，似为其想象。若加引用，需处处小心。

然而，也有一些学者并不同意上面的一些结论和看法。

一九九九年十二月十七日，汤志钧在《光明日报》上发表了《"公车上书"答客问》，反驳了姜鸣的观点。汤志钧利用《汪康年师友书札》《直报》等史料，证明历史上确曾发生过康有为领衔十八省举人发动"公车上书"一事。

二〇〇二年九月二十六日房德邻在《近代史研究》上发表了《是学术创新，还是歪曲历史？——评历史报告〈温故戊戌年〉》。对张建伟所著此书中的一节"康梁未上书"，房德邻认为说"未上书"不妥。理由有二：一、"都察院拒收"的说法仅见于《康南海自编年谱》，而这部年谱在康有为生前并未出版，外间并不知晓有这种说法。外间知道的，就是"议而未上"，始于一八九五年七月在上海出版的《公车上书记》。房德邻在此提出"沪上哀时老人未还氏"，是上海的出版者，他根据参加会试的举人所述，记述了松筠庵议而未上的经过，并表示惋惜。他明知"议而未上"，为何不写成《康梁未上书记》，而写成《公车上书记》？是着眼于上书活动本身及其意义，而不在于是否递上。时人谈此事也都称为"公车上书"。二、康有为是松筠庵集会的发起人和万言书的起草人，他所说的上书经过理应受到重视，从情理上说他没有必要撒谎说都察院拒收。孔祥吉的考证虽言之有据，但不是确证。都察院五月二日代递的条陈并非是当日所上，而是以前上的，至此尚未将四月三十日以前举人的上书代递完，还差五个省的。所以五月二日都察院的代递，并不能证明这一天它没有拒收康有为的上书。而这一天都察院门前发生大规模的"学潮"，由当时情形看，拒收上书是很可能的。从现在的史料来看，要推到"都察院拒收"一说证据不足，将它与"议而未上"两说并存为好。

房德邻还对于茅海建"公车上书是由政治高层发动、京官组织操作、各省公车参加"的这一结论提出疑义，认为"并没有证据能够证明翁同龢等政治高层在三月二十一日有意向外泄露消息，以鼓动京官和举人们反对议和"。

二〇一二年十月，谢玺璋在新作《梁启超传》一书中的"康梁与公车上书"一节中提出，近年来，一些研究者试图证明康梁并不是"公车上书"的唯一发动者和领导者，一些研究成果也让我们看到了曾经被遮蔽的某些历史真相，看到了康梁故意夸大自己作用、篡改历史叙事以美化自己的"丑态"。但是，也要看到这种做法同时也可能遮蔽了另外一些真相。也许康梁不是这场运动直接的发动者和领导者，这个运动也许有某种自发的性质，那么，显然和所谓高层的幕后操纵说又是自相矛盾。一些当年的"过来人"在记述中倒往往将康梁称为"运动主持"。为何当时的人会有这样的印象？只能说康梁在那场运动中实际上处于领头的地位，站在时代浪潮的潮头上。

对于多年来，尤其是近年来围绕"公车上书"的争论，大体如此。这些争论虽然有的并不是确论，却在学界和社会上反响不小。"一说即出，原来如此"式的判定比比皆是。尤其是网上，八成人开始谩骂和攻击康梁是"骗子""盗名欺世"等等，甚至连某些虚构的影视文学作品中，也出现了一些对康有为人品、人格诋毁的细节。

这里，有一个重要的原因，是对"正统"著作内多年来一直的说法存在反感。晚清史确实有大量的"处女地"尚待开发，对近代历史重要人物的各方面的发掘检视，让真实的历史面目归来，自然是历史学者和文化学者的责任。所以，我们不能再如同若干年前一样，凡遇相左的说法统统打入冷宫。以上这些所有的学者，对历史的研究和考证，都是认真、令人敬佩的。学术之争，也是极正常和不可或缺的。这些研究和争论开阔了我们的思路，更加逼近了真实的昨天。我感到，在今天研究康有为，必须先研究这些诸多的争议。

而对于那些一时尚未有定论的历史事件，只能暂时搁置，期望新的最真实的史料来证明。

就"公车上书"来说，我很同意谢玺璋的看法。康梁在此时，仅仅是一介书生，他们再有性格上的毛病，面对《马关条约》的作为，都是令人敬佩和惊叹的。也正是因为如此，当时从官场到读书人，都将"公车上书"的"代表者"的帽子，戴在了他们头上。万言书的起草是康有为，松筠庵集会的召集人是康有为，最先让梁启超带头上书的，也是康有为。这样一场震惊全国和世界的政治事件，总得有"代表"吧，不是康梁，又能是谁呢？说"代表"，不说"领袖"还是可以的吧？

对于康有为在《康南海自编年谱》等一些著作中的"将真迹放大"（梁启超语）或者篡改，有若干证据在，也就不用多说了。这和他的性格有关。或者也可以说，不是这样的性格，也难以做出这样的事和更大的事。就此他性格的两面性以及所导致的事件的成败，下文会不断提到。

第六章 翁同龢何故来访

清廷自入关之后，每位皇帝对士子文人的"动向"一直是十分警惕和层层监视的，尤其不允许"士人干政"。任何私涉政治的言论和出版都是"违法"，受到严密监视，这是一条禁令，也是清代文字狱之多的原因。世祖顺治皇帝爱新觉罗·福临，曾颁发上谕规定：不许生员纠党多人，立盟结社，把持官府，武断乡曲；所作文字，不许妄行刊刻；违者听提调官治罪。这条上谕，曾被镌刻于明伦堂左侧所立的一卧碑之上，大有"祖宗家法"的味道。

而"公车上书"，洪水烈焰般勇猛冲决了这道禁令，七子们在祖国危亡的时刻，终于毅然置功名利禄和身家性命于不顾，发起救亡图存的呐喊。这是一次"我以我血荐轩辕"式的爱国壮举。

时代毕竟发生了巨变。

甲午之痛，痛彻朝野。

就连光绪帝，也毅然将祖宗的遗训抛掷一边。这一年，通过会试者，要面临殿试和朝考，面对这些入围的考生，皇上光绪出题的制策为："时事多艰，人才孔亟，期与海内贤能，力矢自强，殚心图治，上无负慈闱之训迪，下克措四海于乂安。""尔多士来自田间，夙怀忠悃，其各直言无隐，朕得亲览焉。"——你们自民间而来，接着地气，有何救国治国之议之见，你们放胆直言就是啦！我要亲自阅读的。

这是一个"不一样的皇帝"。

这是清帝光绪悄然又急切发出的一个信号。

很快，向他走来的，是一个"不一样的举子"。

"举子"这年已经三十八岁了。

这一个"新科进士"

上苍真的有时格外奇崛，冥冥之中的巧合，让人感叹。

五月二日，光绪万般无奈，在《马关条约》上盖了玉玺。

五月三日，康有为在"公车上书"失败的第二天，却荣登龙门，成了新科进士。五日，他被引见，成了工部主事。终于，突然之间，他的身份发生了变化。紫禁城的城门"吱扭"一声，向他洞开。

这一年会试，典试总裁为徐桐，考官为李文田。徐李二人，都是一直十分痛恨康有为的人。也就是说，从他们的意愿，是万不会放康有为入围的。

徐桐更是明目张胆地给康有为设了"路障"，事先就告诫各位考官："粤省卷有才气者必为康祖诒（康有为），即勿取。"考生的名字，是被封死在卷内的，谁也不会见到。那就从答卷的才气和内容上来判断吧。很巧，考官很快发现了一份"疑似康有为的答卷"，没想到这是梁启超的答卷。徐桐看过之后，大大松了口气，真让我给抓着啦！他马上致书给其他考官，说此卷"文字皆背绳尺，必非佳士，不可取"。李文田与康有为本是同乡，更是痛恨康有为每次来京均不拜见，并在写的一部关于书法的书中，对其书法不敬，此时正好乘机挟私报复，他在这份梁启超考卷的卷尾，阴柔戏谑地批了这样一行字："还君明珠双泪垂，恨不相逢未嫁时，惜哉，惜哉！"

到发榜时，照例是遴选出的前五名最后"展卷"。除了这前五，所有名次都展开了，未见到"康祖诒"三字，徐桐很高兴和得意，以为康有为终被淘汰了。翁同龢深知徐心，说：尚有五名，安知无康祖诒？将这前五名上方的封部一份一份打开，果然竟有"康祖诒"！而且为拟第一名，会元！徐桐如雷击顶，恼羞成怒，眼看木已成舟，又没有办法，只能凭借总裁之权将康有为降为第五名。

梁启超没有想到，自己竟然会成了老师的"替罪羊"。这真是晚清科举史上的一桩"奇冤之案"！

清朝的科举制度沿袭明朝，经乡试考中举人后，再经会试考中贡生，最后再由当朝皇帝在紫禁城太和殿（或保和殿）亲自主考，所以称之为"殿试"。殿试主要是"对策"。皇上提出问题，为"制策"，考生根据制策作文来回答皇上提出的问题，叫"对策"。"殿试策"外，还附有"朝考卷"，均做出才算殿试完毕。这是读书人被皇家遴选的"决定性的最后一试"。皇上和考官遴选的标准有两个，一是文章做得好，二是字体的书法要好，二者均十分重要，不可偏门。随着八股取士的文题越来越重复，皇家的要求又所禁过多，从大量考卷中选出文章内容的"出类拔萃者"越来越难，后来也就演化成主要看"书法"而定乾坤了。文章写得再好，没有一笔好字，要入选那是做梦和妄想。所以，所有开科所取的进士的字都写得很好。客观上，这也使中国的书法艺术越发博大精深，成为一绝。皇上选定的前三名为一甲，依次称状元、榜眼、探花；然后是二甲、三甲若干名，均称进士。

康有为是在保和殿参加的殿试。

七年前，康有为来京会试，写了《上清帝第一书》，在京四处碰壁屡屡被拒，凄然南归前曾经专门在紫禁城前站了许久。七年后，"前度刘郎今又来"，他身在保和殿参加殿试时，会是些什么感慨呢？

光绪帝的"制策"下来了：

"时事多艰，人才孔亟，期与海内贤能，力矢自强，殚心图治，上无负慈闱之训迪，下克措四海于乂安"。"……尔多士来自田间，夙怀忠说，其各直言无隐，朕得亲览焉。"（康有为《殿试策》）

还有一道诗题："赋得大厦须异材"。

制策分明透出了八个字："救国图治，求贤若渴"。

康有为的眼前一亮。

光绪帝所出的殿试、朝考的题目，恰恰均与变法有关。

这是一种暗合吗？是。

仅仅就在几天前，"公车上书"因主和派的阻挠未能实现，如今光绪帝似乎知道他的想法一样，在制策中竟然出了这样的题目。这说明了什么呢？——光绪帝原来也在关注着中国的时局啊，说明朝廷内部汲取了甲午战败的教训，已经有了必须变革、变法的意愿，开始在考虑中国的未来。

那么，何不借这样的一个求也求不来的机会，向光绪帝直陈自己的变法主张呢？光绪帝很可能会看到自己这份答卷的。

康有为知道，这样的想法自然有些天真。一是皇上真意何在，制策孰真孰假？二是徐桐、李文田等把持着殿试，他们若看到自己的主张，将会如何？若判定自己是忤逆之罪也未可知。三是若被顽固派指责，这答卷还能让光绪帝看到吗？看不到，还不是如同公车上书的万言书下场一样？

最后的决定是：不去想这么多了，抛开个人的前程，生死有命，他要直陈变法，直抒胸臆。

他在"殿试策"的"对策"中提出："……方今时事艰难，宜明仇恨雪耻之风，共图蹈厉发扬之治，寻百度败坏，在于泄沓，有司以奉行故事为贤，对策以楷法颂祷塞责，若不亟变，不可振救……变之之道，在辨取舍，取日新以图自强，去因循以厉天下而已……慎选左右，无使大权旁落；刚明独断，无使众说之动摇。达聪明目，通下情而无使少壅；求贤审官，尽人才而无使或遗，则自强可致矣……发愤为雄，乾纲独揽，整肃纪纲，破除积习，日亲贤士，日闻谠言，日讲治体，日求新政……"（康有为《殿试策》）

这哪里是在答卷？听这口气，简直是一位重臣在向圣上谏言。"无使大权旁落、刚明独断"，康有为也真敢说！但句句又准确地说在了光绪的心中。尽管，最终因考官的作梗光绪帝可能并未见到这份答卷。

朝考卷为两篇,《变则通通则久论》和《汰冗兵疏》。谁说皇宫中尽为昏聩而无人？这两道题就出得太准太好了！

《变则通通则久论》,就是在呼吁变法啊。康有为卷中答道:"……三代之文明不得不变太古,秦汉之郡县不得不变三代……累朝律例典礼,未有数十年不修改者,……若泥守不变,非独久而生弊,亦且滞而难行……当变不变,鲜不为害。法《易》之变通,观《春秋》之改制,百王之变法,日日为新,治道其在是矣……"

这是在有力回击"天不变道亦不变"的顽固守旧思想。

《汰冗兵疏》,"汰冗兵"恰是康有为早已提出的主张,他在答卷中列举历代史实,阐明兵不在多而在精。他指出八旗、绿营"名虽百万,无一可用","今兵制极弊,必在更变,更变之始,在汰冗兵"。是缓慢的淘汰,还是尽快淘汰？必须尽快。每省练兵万人,沿边加倍,并学习西方的练兵方法。

看看康有为的这几份答卷,确无半句考生惯有的颂谀之词,赤心直谏,力扬变法图强,来挽救这已经破败加腐败的大清江山。他是在给光绪帝开了一服变法维新的药方。

就连一些阅卷大臣,也被他的答卷深深打动。殿试阅卷大臣徐树铭挥笔将康有为列为第一名,其余阅卷大臣均画圈赞同。但李文田坚决反对,不仅不画圈,还加了黄签,指责"冒"字下缺一字,将他降至二甲四十六名。朝考,翁同龢认为康有为是第一名,李文田依旧不饶,在"闷""症""炼"等字上再加黄签,指为误笔,降为二等。按常规,阅卷大臣们要从一等中选出十名考生的答卷,来呈交皇上亲览,由皇上阅后钦定名次。康有为的答卷自然无法入选,也就失去了被光绪帝看到的机会。

但这份答卷光绪的老师翁同龢不仅看到了,且心中拍案叫好。于是,他转而开始关注这位三十八岁的新科进士。

秀才考了三次,举人考了七次,三十八岁才得进士,作为一个读书人,康有为终于在坎坷的科举之路上取得了功名。应当说这是他人生中最重大的事情了。他该是非常欣喜的。一则终于还了母亲和家人之愿，算是光宗耀祖了；二则身份发生了变化，这会给他将来的发展创造条件。他重视这个得来不易的"功名"，后来，故乡苏村康氏祠堂前的广场上，高高树立起了旗杆，下面夹旗杆的青石上，镌刻着他写的五十一字楷书："光绪二十一年乙未科会试中式第五名贡士，保和殿殿试二甲第四十六名，赐进士出身，朝考二等，钦点工部主事。臣康有为恭承。""工部主事"，也算开始在朝廷谋得一官半职了。

"一朝登龙榜，天子脚下官"，他是朝廷的"命官"了。

按读书人得中进士后的轨迹，他该殚精竭虑，先好好守着官衔，再去投机、去钻营、去混迹官场以图步步升迁。

但那是别人，绝对不可能是他。

至今有人还在指责他"贪图功名之心亟切"，嘴上说厌恶科举，却连连奔赴考场；弃置工部主事一职而浪荡京城，是野心太大之故，等等。

公允地说，看一个人，评价一个人，最重要的是"听其言、观其行"。或者，只"观其行"就可以。

康有为做了什么？公车上书，撰万言书提出救国变法；在考场对殿试策，依旧呼吁朝廷变法；如今，他没有把这个工部主事放在眼中，依旧在设法推进变法。大清科举开科一百一十二次，获进士者计二万六千余人。这二万六千人中，出过一个如此爱国的变法者吗？

他说："十一日引见，授工部主事，自知非吏才，不能供奔走。又平生讲学著书，自分以布衣终，以迫于母命，屈折就试，原无意于科第，况仕宦乎？未能为五斗折腰，故不到署。"（康有为《康南海自编年谱》）

如果说"无意于科第"，似乎还有些吹夸之嫌的话，"自知非吏才，不能供奔走……故不到署"，连得中后获取的新官都放弃了，何谈功名？

他很忙。他有很多事要做。

可以看看他五至六月的时间表：

五月二日，起草成联省"公车上书"万言书（《上清帝第二书》）。

五月三日，会试中试。

五月二十二日，完成殿试策和朝考卷。

五月二十三日开始修改万言书，成一万三千言《上清帝第三书》。

五月二十九日"第三书"递达都察院。

六月三日由户部引见钦点工部虞衡司主事。不到署。

六月三日"第三书"终被光绪帝御览。

六月三十日，撰《上清帝第四书》。

两个月之内，康有为连上三书，并终于将"第三书"上达光绪。

他殚精竭虑、孜孜以求的维新运动，在这里形成了一个高潮。他已经成为了一个名副其实的维新之士。

因为，从殿试开始，他就觉得已经按到了光绪皇帝的脉了。

这一感觉，大体是准确的。

"第三书"上达天庭

四月十四日（5月8日），中日双方就《马关条约》，在烟台换约。对于大清，这是一个锥心刺骨的惨痛之日。

换约两天后，即四月十六日（5月10日），悲痛欲绝的光绪写下了一道"朱谕"，这是皇上亲笔用血红的朱笔写下的谕旨，为御旨中的最高形式了。光绪批道："交内阁。本日发下朱谕一道，军机大臣面奉谕旨：交大学士、六部九卿、翰詹科道于十七日同赴内阁阅看。"

这是一份皇上亲自写定，并布置内部最高级别的大臣何时、在哪里阅看的最高级别的机密文件了。

它源于翁同龢的建议："今者御押已签，条约已定，皇上当下哀痛之诏，作舍旧之谋，奋发有关，以雪耻斯。"

这是一份"哀痛之诏"。

光绪没有将它写成"官样文章"，还真情实露地道出了签约的"难言之隐"，以求臣工"深解内心，发愤自强雪耻"。故此，此谕旨显得更加"机密"。

所以，翁同龢日记中记载："……由领班军机赍往内阁，交侍读等，并传不得抄录携出。"

对这份谕旨，只能看，不得抄录，更不许携出。

可以看看光绪帝亲笔留下的这篇文字："近自和约定议以后，廷臣交章论奏，谓地不可割，费不可偿，仍应废约决战，以期维系人心，支撑危局。其言固皆发于忠愤，而于朕办理此事兼权审处万不获已之苦衷，有未能深悉者。自去岁仓猝开衅，征兵调饷，不遗余力，而将少宿选，兵非素练，纷纷召集，不殊乌合，以致水陆交绥，战无一胜。至今日而关内外情势更迫，北则竟逼辽沈，南则直进京畿，皆现前意中之事。陪都为陵寝重地，京师则宗社攸关，况廿年来，慈闱颐养，备极尊荣，设一朝徒御有惊，则藐躬何堪自问。加以天心示警，海啸成灾，沿海防营，多被冲没，战守更难措手，用是宵旰彷徨，临朝痛哭，将一和一战，两害熟权，而后幡然定计，此中万分为难情事，乃言者章奏所未详，而天下臣民皆应共谅者也。兹当批准定约，特将前后办理缘由明白宣示。嗣后，我君臣上下，惟当坚苦一心，痛除积弊，于练兵、筹饷两大端，尽力研求，详筹兴革，勿存懈志，无骛空名，勿忽远图，勿沿故习，务期事事核实，以收自强之效。朕于中外臣工有厚望焉。"（军机处《洋务档》，录自茅海建《从甲午到戊戌——康有为"我史"鉴注》）

在这份并不长的"哀痛之诏"里，可以看到的东西很丰富，透露了光绪在战和两难之中的"难言之隐"。他坦诚承认了清廷已是"危局"：将少，兵是乌合之众，战无一胜；陪都陵寝、京师宗社、慈闱颐养，都受到了外敌的威胁，加上海啸成灾，作为一国之君，他只能"宵旰彷徨，临朝痛哭"，真是"万分为难"。所以，他请求"天下臣民皆应共谅之"。厚望"君臣上下坚苦一心，以收自强之效"。

光绪在提及慈禧太后的时候，用了"备极尊荣"四个字，深有用心。这是任何人都看得出来的。

看罢这道朱谕的高官们，会是如何呢？深深震动。

不知何种原因，这道绝密的朱谕还是很快就在京城流传了起来。康有为看到了这份"哀痛之诏"。他是从哪里看到的，未知。

自五月八日中日《马关条约》换约后，日本首相伊藤博文致电李鸿章，表示日本政府愿意接受德国、俄国和法国的建议，可以考虑放弃辽东半岛。德国、俄国、法国出于自身利益的考虑，正式联合向日本提出拒绝日本索取中国辽东半岛，日本得罪不起这三国，再加上在甲午一战中占的便宜太大了，获取的利益"没敢想如此之大"，遂同意了放弃辽东。五月二十二日，日军退出了奉天、鞍山。这样一来，使朝廷中的一部分苟安的官僚顿时觉得甲午危机已然过去了，"和议既定，肉食衮衮，举若无事"。在一场巨大的国难面前，朝野上下苟且偷安的气息，深深刺激了康有为。正是光绪帝的清醒，使他又看到了希望。

朝考一结束，他就在"万言书"的基础上，开始修改。将前书中的拒和、迁都、再战的内容抽去，重新充实了改革变法的内容，很快拟出了《为安危大计，乞及时变法，富国、养民、教士、治兵、求人才而慎左右，通下情而图自强，以雪国耻而保疆圉呈》，一万五千言，即《上清帝第三书》。

这是一份改革方案。

对于光绪来说，不能不说它来得正逢其时。

《上清帝第三书》提出的具体改革建策内容是什么？大体三部分内容：其一为富国之法六项：钞法，铁路，机器轮舟，开矿，铸银币，邮政。其二为养民之法四项：务农，提倡西方农业科技，设立农学会，丝茶局；劝工，各州县设立考工院，学习西方技术，设立功牌专利制度；惠商，设立通商院，并在直省设立商会、商学，以开辟国际贸易；恤穷，实行移民垦荒，设立禁惰院以教游民无赖，收养穷人。其三为社会改革，包括科举与新教育、设立道学一科以崇孔子教、培养人才、军事体制改革和设立"议郎"。

关于军事体制改革，康有为有六项内容：一曰汰冗兵而合营勇，二曰起民兵而立团练，三曰练旗兵以振满蒙，四曰募新制以精器械，五曰广学堂而练将才，六曰厚海军以威海外。皆是较大的题目。

关于新教育，康有为提议：令各省州县设立艺学书院，选学童十五岁以上入堂学习，试以经题策论与专门之学，半数中选，荐于省学，谓之秀才，五年不成者出学；省学每岁考其专门之学，并试经、史、掌故，半数中选，贡于京师，谓之举人，五年不成者出学；京师之法与省学相同，半数中选，谓之进士，三年不成者出学。

林克光指出，《上清帝第三书》后来流传较广泛，因未见呈本原件，有人怀疑事后篡改。台湾学者黄彰健等曾推测原本不会有设"议郎"的内容，认为这种建议都察院不敢抄录代呈。一九八五年孔祥吉将进呈原本从中国第一历史档案馆的档案中发现，全文刊登在《历史档案》一九八六年第一期，使真相大白。原本不但有设"议郎"的内容，而且其全部内容均与坊间刻本相同，仅少数文字略有差异。

"议郎"之说，虽为汉制就有，却极像西方议会制度的"议员"。这也是康有为"变法"建言中最大最重的亮点。从十万户中推选出一人，此人要"博古今、通中外、明政体、方正直言"，他来自民间，所以从某种意义上说代表着民意。为了防止这部分人都由"仕者阶层"把控，"未仕者"也可被选举而产生。他们甚至可以"上驳诏书"，目的是"下达民词"。逢国家重大的内外大政，他们都有权出席会议，表达意愿。最后在表决中，少数人来服从多数人的意见。会议通过的决议，由政府各部门去执行。也为了防止这些人的意见"固化"，每年重选。

在几千年的封建专制中，提出"议郎"这样的建议，确是对封建皇权的挑战，确有着要从皇帝这里分权和夺权的意味。但"议郎"代表着民意去参政议政，又是保证国家大事直通民心的关键。若民心尽失，国将不国。康有为这是在大胆为民权争一席之地。

康有为的"胆识"，我们清清楚楚看到了。看到了，就没有理由否认它。

谢玺璋在《梁启超传》中说：

　　这桩公案虽已了结，但近年又有人提出，康有为对西方议会制度并非真的了解，"议郎"更像皇帝的咨询机构，而非民主参政。但这已经不是对于事实的考察，而近乎价值评判了。而且，这种评判带有非历史的性质。当时对康有为来说，只有两种可能：或者还不懂什么是议会民主；或者他有了一些了解，但还不能对皇上说。在这种场合他把话说到这种程度，已经非常难得了。朝内高官，无论是翁同龢还是孙毓汶，恐怕都说不出来……

《第三书》五月二十九日递交都察院。都察院代奏时折子上说："据广东进士康有为条陈善后事宜一件，赴臣衙门呈请代奏。臣等共同阅看，该条陈尚无违碍之处，既具该进士取具同乡京官印结呈递前来，臣等未敢壅于上闻。"六月三日，都察院代递军机处，军机处大臣翁同龢当天呈光绪御览。

这就是说，《第三书》在经过都察院和翁同龢审查之后，呈给了皇上。——这一次，竟然如此顺利。

这时，光绪帝才第一次见到康有为的奏折。这也是康有为戊戌变法前五次上书中，唯一上达御览的一次。

上书终达天庭。

我们已经知道，《第三书》的变法建言中，是很有些"格外突破的言论"的，比如"议郎"之策等等。光绪帝不会看不到。他看了之后，是什么反应呢？

光绪帝很高兴，很满意。"上览而喜之"，光绪在召见都察院左部御史史裕德时，"面谕以康某人条陈，深通洋务，惟钞法一条不可行"。梁启超说："康有为之初承宸眷，实自此始。"如果说这些话由康有为师徒来说"不太合适"的话，光绪的态度却是最明白无误的——他很快破格令军机处抄录三份，一份存召见官员处理政务的乾清宫，一份存皇上办公的勤政殿，以便随时阅览，一份存军机处并抄发各省督抚将军会议奏复。另外，将原呈和都察院奏片于七日当天送颐和园呈慈禧太后懿览。

这充分说明光绪对《第三书》的极端重视。

光绪要求军机处抄发往"各省将军督抚议"的上书奏折共九件，康有为的《第三书》为其中一件。这些十分重要的奏折，都是关于甲午战后的改革建言。

各省的督抚将军们，通过学习和讨论这九件"重要的改革文件"，

也"使得刚中进士、分发工部学习的康有为，一下子获得了极大的政治名声"。(茅海建语)

这是光绪发出的一个强力的改革"信号"。

这九折是四百里加急传送，又限各直省将军督抚一月内筹划办法复奏，不准"畏难苟安、空言塞责"，因为这"正我君臣卧薪尝胆之时"。

自强救国，变法图强，光绪帝决心已下。

康有为的《第三书》是六月三日由军机处翁同龢呈递光绪的。

就在前两天，翁同龢悄悄去见了康有为……

翁同龢何故来访

但翁同龢扑空了，康有为有事外出了。

翁同龢是看到了康有为五月二十九日所上的《第三书》后，于六月二日，由户部主事、康有为的同乡陈炽陪同，不惜屈尊来到康有为下榻的粤东会馆的。

以两代帝师、堂堂军机大臣、户部尚书、协办大学士之身的一品大员翁同龢，来会访一个小小的工部主事，这事情有些稀奇。

翁在毓庆宫行走，是唯一能与光绪帝朝夕相处"造膝独对"的近臣，权倾朝野。

翁同龢当然还记得七年前的事情。一八八八年，康有为来京会试，最想见的人就是翁同龢。他给翁同龢的信被回绝后，写下了《上清帝第一书》，仍然托人求到了翁同龢请为代递。翁在日记上写道："语太讦直，无益，只生衅耳，决计覆谢之。"尽管再次回绝了，但康有为给他留下了并不错的印象。《第一书》中很有真知灼见，所以他悄悄抄录了一千多字留存了起来。这是康有为并不知道的。

这一次的来访，有些"悄然暗访"的性质。否则，他完全可以预先通知康有为，更可以约康有为在一个合适的场合一见。没有通知，让陈炽悄悄陪同径自来访，也颇符合翁的性格。去信，或让人通知，总有些兴师动众了。率性顺便来访，在就见见，不在再说。依他的身份，亲自前来拜访，又是谁也不会想到的。他也可能就是希望谁也不知道最好。但有一点是最真实的，那就是从殿试起，到看罢康有为的《第三书》，翁同龢"坐不住"了。

这深层的原因，康有为更不会知道。

这与一个人有关，天津海关道、招商局督办、官办商人盛宣怀。

还在《马关条约》尚未签署的时候，一八九五年四月和五月，盛宣怀就敏锐地意识到战败后的大清，不能再沿袭旧有的老路走下去了，必须尽快调整内外政策，实行变法，方可能扭转局面变弱为强。他又是一直经商办洋务的"老官商"，知道此时找谁最合适。于是，他分别郑重地给直隶总督王文韶、户部尚书翁同龢、大学士李鸿章致函。他认为，此时唯有这三个人会明白理解他的用意并对光绪帝产生影响。四月三十日，他在写给翁同龢的信中，强调所谓自强之道，不外作人才、储国用、饬武备三大端而已，力劝翁同龢要利用与光绪帝的特殊关系，敦促光绪帝毅然变法，振兴国家。

盛宣怀的话，深深触动了翁同龢。作为在光绪帝身边近二十年的老师，他深知自己对皇上的影响，满朝皆无第二人。但这也使他诚惶诚恐。甲午一战，他和光绪帝极力主战，没想到败得如此之惨。这使他明白"不变法，不大举，吾知无成耳"。他同意盛宣怀的看法，早已在与他和别人的通信中，开始商讨具体的变法大计。对于他来说，这是一次难得的转身。尤其是对于西方国家的态度，他一变过去保守顽固（他曾仇视在中国修铁路）的立场，开始与英国传教士李提摩太、美国传教士李加白等人探讨过有关聘请西人，效法西方近代国家实行变法等问题。他请李提摩太拟定了一份变法维新的计划书，交给光绪参考。他的目的，是想请李提摩太担任中国政府的新政顾问。

光绪帝对培养自己二十年的这位老师，自是非常倚重，"每事必问同龢，眷倚尤重"。甲午战败后，年轻的光绪帝开始"知西法不能不用，大搜时务书而考求之，见康之书大惊服"。

翁同龢更太想帮助自己的学生光绪帝变法图强。光绪帝在《马关条约》签约前的悲痛欲绝，深深刺激他抛开了自己的各种顾虑，决心竭力相助。

身处朝廷中枢，他最明白两点：一是清廷真正的政治权力，并不在光绪帝手里，还在慈禧太后处；二是要想变法图强，清廷内部还没有一支值得信赖的力量。

正是这支已悄然崛起的以康有为为主的变法维新的力量，让翁同龢看到了希望。

而光绪帝目前最忧心的事情之一，就是缺少推动变法的人才。康有为在《第三书》中疾呼，建议光绪帝要不拘一格地选拔人才，正中翁同龢与光绪帝的下怀。

康有为的身影，在他面前越来越清晰。

这就是翁同龢来访康有为的原因。

他到粤东会馆的这天，恰逢康有为外出了。

康有为回来一听，立即前往东单翁舍回访。这一天，他已经足足等了七年。

两人就国家面临的困境及其可能的解决办法，交换了意见。翁对康的一些见解表示赞同。

这是一个标记。帝党领袖翁同龢与康梁等维新派人物的结盟，从此开始。

也就是在这一次的会面之后，康有为对翁同龢的印象和评价很好很高了，称翁为"中国维新第一导师"。

梁启超说："自是翁议论专主变法，比前若两人焉……备以康之言达皇上，又日以万国之故，西法之良，启沃皇上，于是皇上毅然有改革之志矣。"

这个时候，翁同龢还在"毓庆宫行走"，这是翁得天独厚的特权和便利。毓庆宫是光绪帝的学宫，翁于光绪二年（1876）四月起，即在毓庆宫行走，授学光绪帝前后已长达二十年。二十年的朝夕相处，翁同龢简直如同看着一个儿子在自己的教诲下成长了起来，已经成为一个充满了英气的皇上。这种君臣之间特殊的关系，使他人生的天平不得不靠向光绪。他很骄傲皇上开始有了自己的主见，并倾向开明与自强。在教学过程中，光绪帝自然常常在书房与翁同龢"独对"，只有他们师徒两人一坐，屈膝静静深入地商讨国事。甲午之战，他坚定地支持光绪帝主战，与主和派形成了两个阵容，后人称为"帝党"与"后党"。本指望甲午一战能胜，光绪受制于太后的处境必然得以宽松甚至解脱，不料一败涂地不说，清帝国的损失如此惨重。在两难之中，光绪是极不愿意在《马关条约》上签字用宝的，"台割则天下人心皆去，朕何以为天下主？"无奈在太后等人的逼迫下，只能违心地在条约上签字用宝。当时的一幕甚惨，翁同龢呈旨时"战栗哽咽"，进入毓庆宫书房时，两人"君臣相顾挥涕"。那么，当光绪帝看了康有为的《第三书》"览而喜之""嘉许"的时候，一定在毓庆宫与翁同龢"独对"时和翁讨论过康有为和他的《第三书》无疑。而且，康有为在翁宅和翁的这第一次会面后，翁同龢一定将这次会见的详情转告了光绪帝。

康有为也就真的第一次向光绪帝"走近"了。

六月三十日，康有为再撰"为变通善后，讲求体要，乞速行乾断，以图自强呈"，即《上清帝第四书》。

《第四书》提出要讲明国是，实行全面根本的变革。"尽弃旧习，再立堂构"，并第一次提出设立报馆、学会。

简单地说，《第四书》的具体办法为五条：一、"下诏求言"，在午门设上书处，许天下言事之人到这里递折。二、"开门集议"，令天下十万户而推一人（议郎），凡有政事，皇上则御令之会议，三占从二，立即实行。各省府州县咸令开设。三、"辟馆顾问"，大开便殿，广陈图书，令天下人才皆在左右，上以启圣聪，广所未闻，下以观人才。四、"设报达聪"，令直省要郡设立报馆，州县乡镇也令续开，购取各国著名报纸，令总署择要翻译其政艺，"俾百僚咸同悉敌情，皇上可周知四海"。五、"开府辟士"，从中央到督抚、县令都开幕府，收罗人才，"合天下之知以为知，取天下之才以为才。""兴举新法，经营百度。"

这五项措施的实行，康有为建议先由皇上下诏罪己，收天下之心；次赏功罚罪，以伸天下之气；然后举逸起废，求言广听，广顾问以尽人才，置议郎以通天下，数诏一发，天下雷动，变法维新运动自然推动起来。

《第四书》没有《第三书》的运气，康有为和《第三书》一样先呈都察院请求代递，都察院以康有为已被任命工部主事为由拒绝接受，转给了工部。工部尚书孙家鼐对《第四书》很称道，许为代递，五堂皆画押，但李文田适置工部，他不肯画押。最后袁世凯同意帮忙，代递给了督办处，但荣禄不肯收，《第四书》终于不能上达。

康有为《第四书》的没有上达，说明尽管在清廷的官场中有了一席之地的康有为，仍然很难上书。层层官吏在为变革和维新设障。梁启超等几个弟子不甘心，又去都察院请求再递，仍然被拒绝。

别说康有为的变革和维新被设层层障碍，就连光绪帝变革和维新的谕令，结果又如何？

七月十九日，光绪帝发布令各省举办十四项新政的上谕。这是光绪从胡燏棻、陈炽、康有为等人的奏折中提取了他认为是当前切实可行的十四项新政，计有修铁路、铸钞币、造机器、开矿产、折南漕、减兵额、创邮政、练陆军、整海军、立学堂、整厘金、核关税、稽荒田、汰冗员等。上谕依旧是四百里快马传递，要求各省"皆应立时举办，悉心筹划，酌度办法……限文到一月内，分晰复奏"。全国各省，仅除西藏、蒙古情况特殊未递。

这可是皇上下的圣令啊。

力行新政，因时变法，破除积习，以期国家振兴富强。

其实，这十四项新政并没有什么大的突破内容，如康有为所提出的"设议郎"等敏感的内容就没有被采纳。这十四项新政变革，大多也是过去洋务派提出过并局部实行过的，只是这一次光绪帝把它们集中提了出来而已。

结果如何？按期复奏者寥寥数省，绝大部分省超过了期限，山西巡抚竟然拖到转年春天。这说明各省地方大吏对光绪帝在拖延观望、敷衍塞责。还有，福建等五省竟然未见复奏，这完全是置之不理之态度了。

复奏的意见，更让人啼笑皆非。赞成其中某几项新政的不乏其人，表示反对的是多数，更多的是观望不表态。顽固派大部分持反对意见。山东、广东、湖北巡抚反对变法。"自来贤圣之君，承帝王之薪传，守祖宗之法度……弗肯轻事纷更"（广东巡抚马丕瑶《遵旨筹议时务各条，酌度办法，据实复陈折》）。这是暗示光绪帝在背叛祖宗。反对者尤其反对学习西方，污蔑主张学习西方的人是"贼子、奸民、奸细"，认为引进西方技术和文明是"光天化日清明世界之中，又杂一魑魅魍魉之世界……泰西之法，只可行之泰西诸国，若用于中国，是乱天下之道也"（河南布政使额勒精额《铁路万不可开等事折》）。

光绪帝原想再下诏敕十二道，布维新之令，大行变法之事。十二道诏书都拟好了。

但慈禧太后反对。十四项新政被扼杀在摇篮中，尚未颁布的十二道诏书也流产了。帝党中的一批官员志锐、汪鸣銮、长麟、文廷式等先后遭谪戍、革职、赶出京城。帝师翁同龢也被革去毓庆宫的差事。

警觉的慈禧太后嗅到了什么。

否则，她如此何来？

有一些研究者提出慈禧最初并不是变法的阻止者，那么，此时距一八九八年真正开始变法还有三年的时间，这阻止者是谁？也可以说是朝廷从上到各省的顽固派在极力阻止。但哪个顽固派能有如此大的胆量和能量，将皇上的上谕当耳旁风？事情已经再明白不过，满朝中唯有慈禧死死掌握着朝政大权，光绪帝只是前台摆设。晚清这个最大的不是秘密的秘密，封建专制制度下的黑暗和残酷，再次暴露无疑。不是慈禧，又是谁能让这刚刚有些苗头的变法很快流产？

"宫廷政治"，这个帝制下的毒瘤和怪胎，几千年来都在行走着，始终如此。连对皇家始终肝脑涂地尽忠的翁同龢，也被同僚好友荣禄指为"奸狡性成……其误国之处，有胜于济宁（按：指孙毓汶），与合肥（按：指李鸿章）可并论也，合肥甘为小人，而常熟（翁）则仍作伪君子……"终被慈禧下令撤了翁的毓庆宫之差。

光绪帝，此时在毓庆宫连"独对"的人，也没有了。

变法，十四项新政，不得不被"冰冻"起来。

康有为这才觉得浑身很冷。

对有的维新者来说，远不止"很冷"。

陈炽之疯、之死

这个时候，怎么办？

通过与翁同龢和京师一些官吏的接触，康有为开始对面前的清廷，有了更深的了解。原以为只要光绪帝下诏求变法，天下各省自会无不响应。如今明白，不是了。

再次回乡，回万木草堂教书去？他在犹豫。

两个朋友，帮助他打消了此念，继续留在京城筹划新的维新举措。这两个人，一是户部郎中陈炽，一个是刑部员外郎兼总理衙门章京沈曾植。

这两个举措后来对康有为在京城以及全国的影响很大，一个是办报；一个是成立学会，即"强学会"。

陈炽，即陈次亮。查康有为的《康南海自编年谱》，多次提及此人。康有为，作为一个"狂士"，甚为自负，最善好大喜功，一般不会把谁放在眼里。即便是他从七年前写《上清帝第一书》时就渴望拜谒的帝师翁同龢，他在《年谱》的记述中，都甚为责难，口气"居高临下"，况陈炽一个小小的户部郎中乎？所以对陈的记述，也很惜墨如金。

但历史的事实，康有为却是尊重的。他在《年谱》中记述道："陈次亮谓办事有先后，当以报先通其耳目而后可举会。"

这就准确记录了是陈炽提出，先办报，"以通耳目"，然后成立"强学会"。说明办报、成立学会这两件在当时十分领先和有"犯忌之嫌"的大事，他们一起讨论了多次。也可以说，这是当时热心变革的维新党人的共识。那最核心的主将是谁？是陈炽。然后，是康有为。

从两件事的落实中，也可以充分证明这一点。强学会七月成立，举陈炽为"提调"，也就是会长，副会长是张巽之。很有可能的是，陈康两人根据当时情势有侧重分工，陈具体负责办强学会，康具体负责办报。办报，是在六月，最初由康有为独自捐款出版，不久盘缠将尽只好典衣付款，最终得到陈次亮的资助后，才办了下去。

陈炽，早就该走进我们的视野了。

再一查史料，我们发现光绪帝准备变革时，最为器重的，也恰是陈炽。因为翁同龢与皇上决议，拟下诏敕十二道，布维新之令大行变法之事，这十二道诏令的起草者，就是陈炽。此事只是被后党阻止，最后流产而已。康有为在《年谱》中也提及此事："时常熟日读变法之书，锐意变法，吾说以先变科举，决意欲行，令陈次亮草定十二道新政意旨，将次第行之。"

翁同龢称康有为为"策士"，称陈炽"国士、通才、纵横家"。

梁启超结识陈炽后，惊喜不已。他在给夏穗卿的信中这样说："弟在此新交陈次亮炽，此君由西学人，气魄绝伦，能任事，甚聪明，与之言，无不悬解，洵异才也。"（丁文江等编《梁启超年谱长编》）

翁同龢的"国士"，梁启超的"气魄绝伦"，绝对不是随意而说的。

学者孔祥吉在一篇研究陈炽的文章中说："陈炽的西学水平与维新派相比，实有过之而无不及。实际上康有为在百日维新中所提出的所谓派游学、设商部、办译书、修铁路等诸多新政措施，都可以原封不动地在陈炽的条陈中找到。而且，在康有为的《自编年谱》中，亦有许多与陈炽此折有关系之记载。"

可惜的是，康陈的交往与友谊，在康有为《自编年谱》中记载得并不多。康有为与翁同龢有了来往后，因翁位高权重不便与康往还，正是陈炽成为了康有为与翁同龢的联络人。两人的一些意见，都通过陈炽来表达。康陈之间，这时已经建立了一种非常信任和友好的关系。又由于很多政见相近，他们常在一起探讨是肯定的。所以，当康有为因光绪帝的改革受挫后，陈炽建议康不要南归，共同办报和成立强学会，康有为马上答应了下来。

他们的胆识和智慧，自然也凝结在了一起，"你中有我，我中有你"。

在陈炽向光绪帝呈递了《万言书》后的几个月里，他相当活跃。在新办的强学会任会长，和康梁一起创刊出版《中外纪闻》，组织译书，购买仪器，等等。

但是，时间很短，陈炽的态度突然起了变化。

当年年底，强学会遭一些人的嫉恨，不得不改为强学书局，杨崇伊仍然不饶，上书弹劾强学会和强学书局"私立会党""植党营私"，请求清政府下令查封。陈炽是会长，其压力自然首当其冲。

关于杨崇伊的弹劾，康有为在《年谱》中也提到和李鸿章有关。强学会成立后，一些朝中重臣纷纷捐款加入。李鸿章捐款两千也提出加入，但被拒绝。拒绝李鸿章的，恰是陈炽。（按：有不少人将此账算在了康有为的身上，其实第一个提出拒绝的，是陈炽。）有一种说法说李鸿章非常气愤，李奉命出使俄国前扬言说："若辈与我过不去，我归，看他们还能做得成官吗？"这有些"小说家言"，但李鸿章的不满是肯定的。不久，李鸿章的儿女亲家杨崇伊便开始对强学会发难。而清廷在收到了杨崇伊的奏折后，即着都察院查明封禁。

也就是从杨崇伊弹劾的事件开始，陈炽害怕了。很可能还有别的原因，有一种说法是荣禄也非常嫉恨陈炽等。这使陈炽很快消沉，对原来建言设立议院的态度大变。他战战兢兢地不止一次给朋友写信称"议院民权之不可再说耳"。他知道"中国君权太重，都中一事不办，外间遂欲办一事而不能，自上下无一不揣摩迎合也"。

一个曾勇于向西方探求真理的陈炽，一个曾说过为了变法宁愿"退就斧锧，更无所恨"的陈炽，令人痛心地消失了。他此时不仅不敢再提议院，还劝说别人也别再提了。

不久，他疯了。

连曾经最赏识他的翁同龢，也在日记中写道：光绪二十三年（1897）六月十三日："陈次亮以折示我，全是风（疯）话，内有涉余名者一句，以墨笔捺出，还之，不如此不能断此妖也。"

光绪二十三年八月二十七日："陈次亮炽竟得心疾，奉其母来，迫其母去，颠倒昏聩，旋即奉讳，本拟赙助，今送十金耳。"

"心疾"，是精神病了。那是无比凄惨的一幕，孤独悲愤的他，酒前灯下，时高歌，时痛哭，若痴若狂。

康有为有过这一幕，那是在青少年。

陈炽之疯，无法逆转了。

几年后的一九〇〇年，他孤愤地死在京都赣宁新馆，后被葬回故乡。

有人说，最后的时刻，他死于荣禄给他的一杯毒酒。

他死的时候，戊戌政变已过，康有为已逃亡国外，正在被追杀。

对于他的疯和死，有人分析说除了清廷顽固派的迫害外，还有与翁同龢的分手有关，他发现翁同龢也越来越保守，在各种压力下不支持他的变法主张不说，还生怕自己受牵连，两人终于分道扬镳。

还有一点自身的原因，即知识分子的摇摆与脆弱。

陈炽所面临的困境，康有为都完全一样遇到了，甚至比陈炽的压力要大得多，后来的艰险和风浪更大。但康有为如何就挺了过来呢？

这位"国士"，恰缺少康有为的顽强与坚韧。

第七章 『从最初就是一个灿烂的胜利』

听从了陈炽的意见，康有为率领弟子们要做三件事：兴学，办报，成立一个具有政党萌芽的团体——强学会。

三件事的想法，都很大胆。

第一件，兴学，不是一般的办个学堂或书院，而是效仿洋务运动之初，向外国派遣"游学"，也就是留学生。这些留学生出国的目的，不是学习外国先进的科学技术，而主要是考察西方的政治经济等等，为变法"培养人才"。从中，可以看到康有为的目光之远。但此需要若干条件，后终于由于强学会的被禁，此计划泡汤搁浅。

另两件事是办报和成立强学会，都做成了。这是很了不起的！

从这里开始，"康梁"成为"晚清人物数康梁"的"康梁"。

正如英国传教士李提摩太对康梁办报的称赞："从最初就是一个灿烂的胜利。"

从《万国公报》到《时务报》

"日日知新，日日摩厉，故民日以益智也。日本之强，盖在报馆"，康有为这样的提法，有些偏颇。他在这里提到的"民智"，首先是官僚士大夫阶层，非为民间。这是说以报馆来宣传维新思想，积蓄变法的力量。

办报的决心已下，他对弟子梁启超说了。梁启超深以为然。梁说"欲开会，非有报馆不可，报馆之议论，既侵渍于人心，则风气之成不远矣"。

经过具体筹划，光绪二十一年，一八九五年八月十七日，第一份维新的报纸创刊，取名《万国公报》。这也是北京第一份近代报刊。梁启超、麦孟华任编辑，为双日刊。

这是康有为第一次摸索着办报，所以先依葫芦画瓢套仿别人。这时，已经有了一份洋人办的《万国公报》，是上海的英美传教士创办的，为广学会的机关报，在清政府的官僚们之中有一定的影响。借用这个名字，也有些借用此影响的意思。康有为看中了"万国"这两个字。他让梁启超和麦孟华从上海购来几十种译书，还有外国人在华办的各种报纸做资料。每日，根据这些资料写成一些短文，在报上发表。分别介绍西方各国的政治、经济、社会、文化、军事、历史、地理、风土人情和各种消息。梁、麦每期撰写和刊登政论性文章一篇。这种形式，和北京的《京报》很相似。

《京报》是种什么报？

《京报》的内容和信息来源是出自清政府的官报《邸报》，它实为《邸报》的翻版。

《邸报》是封建王朝的官报。最初由朝廷内部传抄，后张贴于宫门，公诸传抄，又称"宫门抄""辕门抄"。它是最早的一种新闻发布的形式。两千多年前的西汉时期，由于西汉实行郡县制，全国分为若干个郡。各郡在京都长安设立驻京办事处，这个住处叫"邸"。到了宋代，出现了专门抄录邸报以售卖的牟利商人。官员们为求省事，愿意花钱去购买，不用再派人缮抄了。于是，到了清末，《邸报》之外，又有了《京报》。《京报》，也就是抄录《邸报》的商人所办。清朝内阁在北京东华门外设有一个专门的机构叫"抄写房"，每天由报房派人去抄取当天发布的新闻。《京报》有专门报房管理经营，已经是一个有一定规模的发行部门。这种印成对折双页装在一起的《京报》，很像现在发行的日报了。

所以说，两千多年前的《邸报》，到这时还只得以《京报》的形式成为清末的传媒。

两千年未有的变化，康有为的《万国公报》要来"变一变"。

此举，使康有为好似无意之间，成为了清末民初中国资产阶级报业的先驱，在中国近代报业史上占据了重要的地位。自此开始，康有为的办报活动和经历，历时竟然长达了二十三年之久。

在中国近代新闻史上占据奠基地位的，是另一个人，王韬。

对于这位"前辈"，康有为在自传中没有提及，但康有为和王韬是确有过来往的，甚至非常敬佩这位前辈。他读过王韬编译的西书，看过王韬所办的报纸。只是无法查实是在哪一年，他曾赠送给王韬一副对联，为"结想在霄汉，即事高华嵩"。这应该是在王韬晚年回到上海定居之后。——如今，康有为的这副对联还挂在甪直王韬纪念馆的大厅。

王韬曾经的变法主张和在内地办报的理想，一直到一八九五年才在康有为和梁启超身上实现。此时，距离王韬辞世仅仅只有两年。所以说，是无数像王韬这样的前行者，为戊戌变法做了舆论准备。王韬的办报思想，"广见闻、通上下、通内外、辅教化"，当然也对"康梁"深有影响。王韬办报所开创的"以社论取胜"的方法，之后在梁启超的手上笔下，终达"登峰造极"。

就办报来说，康有为的办报思想，不及王韬。这与康有为是以一个政治家的身份来办报有关。王韬的"广见闻、通上下、通内外、辅教化"，重点在扩充读者的见识，切到了新闻与民众的关系和影响的命脉上，而康有为的重点在宣传新政。康有为注意到了新闻与政治的密切关系，强调新闻在政府事务中的重要作用，这也是他的"党报思维"。办报纸，是为政党的活动而服务的。所办的《万国公报》就是强学会的机关报。所以，在新闻与民众的关系和影响上，他的思想不及王韬。

但这个时候，办一份这样全新的机关报，也实属大胆冒险和罕见。"以士大夫不通外国政事风俗，而京师无人敢创报以开知识，变法本原，非自京师始，非自王公大臣始不可。"

这是说：无人敢做的事，今天我来做做。

该敬佩康有为的，不仅仅是其舍身为维新、为变法的"救国于水火"，还应当有他的倾其所有。后来有人说他所想所做其中之一是为了"捞钱"。此时的康有为是个有钱人吗？但办《万国公报》，最初就是他自己出钱来干这"赔本赚吆喝"的事。《万国公报》创刊后，由于经费有限，只能借《京报》印制处用木板雕印。逢双日出版，一期印千余份，最多印三千份。发行，也是委托送《京报》的人在送《京报》的时候，将《万国公报》分赠各个官宅。最初由康有为独自捐款，每期需金二两。很快，康有为的积蓄将尽，只好典当衣物来补亏空。陈炽、徐勤等人知道此事后，马上前来资助，方解燃眉之急。私人出钱办报，免费送人，还要请人送达官贵人阅读，这在办报史上，也是破天荒的事。

《万国公报》每期刊论文一篇，长篇则分期连载，除转录相关的教会报刊外，撰写重要文章有《地球万国说》《地球万国兵制》《通商情形考》《各国学校考》《学校说》《铁路情形考》《铁路通商说》《铁路工程说略》《佃渔养民说》《农学略论》《铸银说》《西国兵制考》《印俄工艺兴新富国说》等等，这些文章未署名，均出自梁启超和麦孟华之手。三个月后，报出满四十五期时，英国传教士李提摩太向康有为提出此报与自己教会所办的报纸重名问题，康有为觉得有理，《万国公报》遂于年底，在强学会成立后，改为《中外纪闻》，影响渐大起来。

办报的收获是很大的。一些达官贵人从最初的惊骇与观望，渐渐开始愿意从中了解西方的国情与政治经济。康有为满意地说："报开两月，舆论渐明，初则骇之，继则渐知新法之益。"（《康南海自编年谱》）

康有为见时机成熟，开始筹备成立强学会。

《中外纪闻》成为强学会的喉舌和会刊。此时的梁启超，对编这张报有了新的想法和尝试。除社论之外，梳理后形成阁抄、照译路透电、选译西报、摘录各省报及世界各国情况论介等五个相对固定的栏目。这就越来越像一份真正的报纸了。加上梁启超在文字上的精心，越来越有可读性，居然有人上门来肯出钱购买。这说明它的影响渐渐增大。于是，《中外纪闻》由赠阅改为订售和零售。

但《中外纪闻》只发刊了一个月零五日后，于一八九六年一月二十三日，和强学会一起即遭封禁。

年方二十多岁的毛头小子梁启超，却在这不足半年的办报实践中，得到了长足的进步。这真是一位天生的报人，他的"天纵之才"使他面对一张报纸如骑手跃马踏进无边的草原，纵横驰骋。在《中外纪闻》被封禁后，梁启超"流浪于萧寺中者数月"。可以想见，那是一种何等的苦闷和无奈！

梁启超在苦闷中，反而静下心来，在积蓄力量。

也就仅仅三个月后，一个机会突然出现了。上海强学会的发起人之一黄遵宪，愤怒于学会被停办，准备以办报再次振作起来。他与汪康年说了这个想法之后，得到了汪的支持。于是，黄、汪两人正式邀请梁启超南下，筹备新办一份报纸，叫《时务报》。

梁启超的机会来了。

康有为此时有"改办报以续会务"的想法。他十分鼓励和支持，让梁启超接受这一邀请。一八九六年四月，梁启超抵沪。

黄、汪、梁三人开始日夜"谋议"。

不久，原强学会会员邹凌瀚由江西到沪，知县吴德潇自京去浙江上任途经上海，他们两人都支持办报，于是在两月后，决定五人为创办人，也就宣告了《时务报》报馆成立，推举汪康年为经理，梁启超为主笔。他们还先后特邀了一批很有影响和实力的撰稿者，有章太炎、康有为、麦孟华、徐勤、欧榘甲等。

光绪二十二年七月初一（1896年8月9日），《时务报》创刊。馆址在上海福州路福建路路口。定为旬报，每期二十余页。分为"论说""谕折""京外近事""域外报译"几个栏目。其中"域外报译"占全册的二分之一。专门设了英、法、日文翻译和编辑。这次办《时务报》的时间较长，到一八九八年八月八日终刊，正好两年，共出版六十九期。

两年，对当时的一张报纸来说，时间不短。加上上海是风气领先的大都市，一批才华横溢、通晓西学的读书人的存在，与政治空气保守的北京正好相反。这样的小气候，使得梁启超心情舒畅，才思泉涌。这时他才二十出头，才气锐气正旺，加上他的早慧和对西学的领悟，以及对社会观察的敏锐，使他如鱼得水。很快，他如一颗耀眼的明星腾然而起，划破了千年沉寂的夜空。

更重要的，是他的那支笔。这样年轻，但又这样成熟老成、笔力雄健、气势恢弘，"笔端常带感情"。

今天我们一提起梁启超来，已经有些淡然和模糊了。但这确是一段不可忘却的历史与辉煌。他真是个一支笔搅动天下的英雄。每期，他都要写不止一篇政论文章，他留下的最著名的《变法通议》，就是分若干期最先刊于《时务报》上的，竟有二十一篇。从《变法通论自序》开始，涉及到"不变法之害"、科举、学校、学会、师范学校、女学、幼学、译书、金银涨落等等。这是戊戌变法的先声，是救亡图存的呐喊，是暗夜中的火把，是飞鸣在林中的响箭。

汤志钧先生曾遍查了当年的六十九期《时务报》，梁启超所写的论文六十余篇文章，其中除二十一篇为"变法通议"外，主要的还有《波兰灭亡记》《西学提要农学总叙》《古议院考》《论君政民政相嬗之理》《论中国积弱由于防弊》《戒缠足会叙》《日本国志后叙》《记自强军》《中国工艺商业考提要》等等。

这正是梁启超的目的："大声疾呼，哀哀长鸣，实为支那革新之萌蘖焉。"

更令人吃惊的是，博学而深有思考的梁启超，对千年的帝王封建统治进行了无情的揭破与解剖。他大胆提出，中国在政治上无能，是因为政治体制上出了问题。自秦朝以来的两千年间，君主专制的政治体制越发严密，君王的个人权力越来越大，越来越没有制约，历代帝王为了权力独揽，对人民实行愚民政策，最后的结果就是举国上下人人自危，没有声息。民不敢言，官亦不敢言，"万马齐喑"。这样的局面，就是封建君主制一手造成的。而西方近代则不同，高度注意兴民权、开议院，人人才能有爱国之心。目前的中国，尽管民智未开，不宜骤设议院，但由君权向民权过渡，是人类发展的大趋势，也是中国解决当前困境的唯一出路。

向封建君权挑战、"君轻民重"的思想，是康梁留给我们最大的贡献。梁启超在那时就喊出这样的先声，振耳发聩，实为中国之幸了。

所以，这些宏文一出，梁启超和《时务报》声名鹊起，很快名扬四海。而康有为的变法理论也因此得到广泛传播。《时务报》成为了宣传变法维新的主阵地。

当时，《时务报》代销处遍布全国七十个县市，多达一百零九所。从最初的四千份，半年后达到了七千份，不久突破了万份，最高时销售到了一万七千份！创造了当时国内发行报刊的最高纪录。"为中国有报以来前所未有"。顽固派中的江西道监察御史熙麟惊呼："两年以来，内而京曹，外而大吏，以及府县几于人人日手一编。"

一八九六年十一月，康有为在澳门与开明人士何穗田商定又创办了《知新报》，正式创刊的日子是一八九七年二月。以康广仁、何穗田任经理。这是维新派在华南的又一个重要的宣传阵地。此报开办长达四年之久。还有天津的《国闻报》、湖南长沙的《湘报》，都是这一时期报刊的佼佼者。

何必得罪李鸿章？

作为一个政治家，康有为此时最想做的，还是"办会"，成立一个组织。《万国公报》创刊不久，他就和陈炽等人开始筹划，连会名都议好了，就叫"强学会"。

国家羸弱，弱不禁风。甲午间，小小的日本岛吹来的一阵邪风，就几乎要了这个老大帝国的命。不救，行吗？救国于水火，唯有自强。

但这个帝国，何时有过"会"的概念？会，是什么？是政治组织，是结党。结党之名，历来国之大禁，凡触者，有好下场的吗？

但如此羸弱的国家，又必须要变。人们已经有了这种共识，包括其中最重要的官吏和士绅，这就是机会。

经《万国公报》的宣传，康有为觉得时机成熟了。

最开始，康有为还是用官僚士大夫们习以为常的"游宴"的方式，分三次约了一些京官和士绅来参加聚会活动。为聚会，陈炽、沈曾植等人不仅积极支持并约请来人，还一再提出该多听听康有为的意见。康有为陈词滔滔，号召大家必须团结组织起来，办学会。梁启超更是"日攘臂奋舌，与士大夫痛陈中国危亡，朝不及夕之故"，宣讲组织学会的重要性。但最开始并不成功，很多人有些"惊恐"，怕惹祸上身。但经过两个多月的努力，再加上《万国公报》的宣传（有人传出宫里的消息，连光绪帝也在看《万国公报》啦），慢慢地，他们感到实行改革和变法确是唯一出路，于是逐步认同了康梁的呼吁。

经过数月的酝酿，康有为得到了翁同龢与工部尚书孙家鼐的暗中支持。而陈炽、沈曾植、沈曾桐、文廷式等积极参加聚会的这些中坚，都是翁同龢的门人。正像是城头燃起的烽烟，风从北方来，烟必然向南方飘一样，康有为此时必然选择的是和帝党结盟。强学会的发起，出自维新派与帝党的合作。梁启超说："盖强学会之性质，实兼学校和政党而一之焉。"

九月中，康有为和陈炽召集了强学会的筹备会。这时，阵容已经扩大了。他们为壮声势，又拉入了军机大臣李鸿藻的得意门生张孝谦，张孝谦又引入了袁世凯和徐世昌。张之洞则派亲信丁立钧、儿子张权等人加入。还有内阁中书杨锐、王鹏运等人，已经二十多人。会上选陈炽为提调（会长），张孝谦为助理，梁启超为书记员，推举康有为起草强学会序和章程。

这样，强学会才算初步成立。

强学会的会所，由孙家鼐将后孙公园胡同安徽会馆的一部分贡献出来，宣武门外达智桥胡同五十五号嵩云草堂为集会场所。每十日集会一次，多由康有为等人发表演说。"士夫云从"，"来者日众"。

超乎康有为意料的是，很多朝中大员都对其很支持。孙家鼐提供办公地点；户部尚书翁同龢应下每年从户部拨出若干经费；直隶总督北洋大臣王文韶、两江总督张之洞和刘坤一各捐五千金。提督宋庆、聂士成捐数千金。袁世凯捐五百金。各会员也纷纷捐款，经费已达数万。

英美公使愿意提供西书及图器，英美传教士李提摩太、李加白也插手了强学会。

一切，看上去顺风顺水。

这时，发生了两件事，与后来强学会的被禁，多少有些关联。

一件事是，李鸿章听到强学会成立，很兴奋，也提出自捐两千金加入。会长陈炽首先表态，坚决抵制拒绝。康有为也同意陈炽的意见。陈炽的拒绝，有两层因素，一是李鸿章是甲午战争的罪人，与日本和谈《马关条约》的卖国者，这样的人加入强学会，对强学会的名声不利；第二个因素是无法说出来的，即陈炽是翁同龢的亲信，关系十分密切，而翁与李在官场上是死对头。康有为对这里的奥秘并不十分清楚，但也一直认定李鸿章是甲午风云中的卖国贼。

李鸿章此时正被"闲置"，人在"落难"之中。他听到被拒绝的消息，其心情不好，是肯定的。一种说法是他听到消息后暴跳如雷，在去俄国参加尼古拉二世加冕典礼的前夕，凶相毕露地扬言："若辈与我过不去，我归，看他们尚做得成官否？"有人考证这话传自于汪大燮，汪是一个很自重的人，所以大多数人相信这话是真实的。但也有人认为这有些如"小说家言"，以李鸿章的身份和气度，说不出这样的话来。

此事是陈炽回绝的，所以陈炽听到这传言，非常紧张。

事情也巧，三个多月后，恰恰因为是李鸿章的亲家杨崇伊的弹劾，造成了强学会的被禁，致使陈炽在惊吓中政治态度大变并不久精神出了问题，最终"疯了"。有人便认为杨崇伊此举是受了李鸿章的指使。有学者指出这纯属巧合。李鸿章与这位杨亲家关系并不好，李曾因杨借贷不还而查处过杨，两人来往很少。李鸿章不会"下作"到前脚刚想加入强学会，后脚就来拆强学会这座庙。

李鸿章对维新派的很多观点是赞成的。他在晚清的几十年中，是最有权势的洋务派重臣。他代表大清去日本谈判，所签署的《马关条约》非是心甘情愿，明眼人都可以看出来。所以他被称为"卖国贼"，是无能的清政府抛出的替罪羊而已。尽管被"闲置"，他的影响仍旧"足以左右朝野"。

有人查到，李鸿章确实参加了一次这样的公钱。他敬佩康有为变法的想法。回来后，他摇摇头说了一句话："无权，无钱，变法谈何容易？"但很快，他就让人送来了两千金，提出加入强学会。

可他被拒绝了。

对他，这是一种极大的羞辱。

这里有一个极大的悖论。专制制度下，任何人都无法逃脱这一悖论。按说，政治经验十足老到的李鸿章，一眼就看清了康梁难以成事，关键在无权、钱。他深知大清的变法如果没有权力来支撑，一切都是枉然的。在他老辣的眼中，康梁是"小儿科"，是书生的莽撞和幼稚。但是，康梁推行的变法，确是大清必须要走的唯一一条路。不走，死路一条；走，困难重重。从心里，他无法不佩服康梁的远见和气魄。所以，以他的身份，捐款并要求加入强学会，是太难得的了。这也充分说明了李鸿章的远见和为人。按一条正常的轨道运行的话，他会支持他们，推行变法。对康梁，这真是一个最最难得的机会。

很可惜的是，康有为、梁启超等维新派错过了这个机会。李鸿章的这股力量，如果能被利用，变法的进行将有利得多，起码在慈禧那里。李鸿章在慈禧心中的分量，满朝无人能及。

这番羞辱后，李鸿章的态度会如何呢？他会反手指使他人来弹劾强学会吗？以他的性格，是会的。他没有老师曾国藩的气度，他是以实用和"痞气"行事的人。起码，你让我不好过，我也难放过你。下这样的狠手，他做得出来。比如他的"狠"。一八六三年太平军被困苏州城，李鸿章承诺郜永宽等"八大王"只要投降，加官封爵不说，还不解散他们的武装，整体划归自己的淮军。但当"八大王"真的归降后，他马上在酒宴上血腥地诱杀了他们，一个不留。此事连曾国藩都非常生气，认为他过于"心狠手辣"。但他又很讲义气，皇上调他去围困天京（今南京），他一拖再拖，就是为了让曾国荃拿下首先攻破天京的头功。所以，陈炽和康梁拒绝他加入强学会，定然勾起了他被国人痛骂"卖国贼"的"委屈"。他不会再忍。之后，指使杨崇伊弹劾强学会，可能性不仅存在，而且很大。也正因为他做了这件事，心底还是觉得有些对不起康梁，后来在戊戌政变后，康梁被追杀的时候，他的态度很消极，只是应付而已。甚至，他之前还几次暗示康有为，一定要小心慈禧和荣禄的暗算。

说到底，这是专制制度下必然产生的悖论和悲剧了。

还有一件事，是强学会的筹备刚刚有点谱，明眼人应当谨慎才是。康有为却有些大意。九月的一天夜里，康有为和陈炽、沈曾植、丁立钧、王鹏运、袁世凯、文廷式、杨锐、张权等强学会的会员一起公饯观戏。舞台上演出的是"十二道金牌召还岳武穆事"。这几天传来顽固派徐桐和御史褚成博"恶而议劾"，"夜走告劝解散者"。席间，康有为很可能是喝多了，赋诗一首并当堂呈诸公。在这首诗的序中，竟然出现了"……开强学会于京师，以为政党嚆矢，士夫云从……"。再看这首诗：

> 山河已割国抢攘，忧国诸公欲自强。
> 复社东林开大会，甘陵北部预飞章。
> 鸿飞冥冥天将黑，龙战沉沉血又黄。
> 一曲唏嘘挥涕别，金牌召岳最堪伤。

这有些"夫子自道"，得意忘形。明明在天子脚下，又知道徐桐、褚成博正在"鸡蛋里面找骨头"般搜寻强学会的"劣迹"与"居心叵测"，康有为偏偏就给了对方把柄和口实。你看，又是"强学会为政党嚆矢"，承认强学会就是政党，还是政党的第一支响箭；更惊人的是，又述"复社东林开大会"，复社东林是什么意思？任何人都知道那是犯忌之言，回避还回避不及的呀！

这里明明白白承认强学会就是东林党和复社的翻版！

明晚期，天启五年（1625），明熹宗下诏烧毁全国的书院，东林书院被毁。以宦官魏忠贤为首的阉党集团对东林党血腥镇压，杨涟、左光斗、周顺昌等很多东林党人被杀害。齐楚浙党又趁势加东林党以恶名，列"党人榜"于全国，每榜少则百人，多为五百人，生者销籍，死者追夺。一直到崇祯上台执政时，才为东林党人恢复名誉，修复东林书院。

清代官方对于东林党人和复社的评价很低，甚至非常警惕。说东林党和复社"祸延宗社"。

康有为的这首大提强学会是"政党嚆矢"与"复社东林"的诗，不知后来传到了徐桐等人的手中没有。但从另外一个角度看，却恰恰证明了康有为为变法图强所具有的一种"舍得一身剐"的豪气。说是政治家，他却有着与政治家完全相反的坦然和赤诚、可爱。康梁真的是书生啊！

徐桐他们反扑的脚步加快了。他们如有鹰眼，看准了强学会背后最大的"祸害"是康有为，放出风来，必置其死地而后快。

强学会从刚刚开始组织筹备起，内部的各种利益之争就没有停止过。几方争权夺势，矛盾重重。这样复杂的内争，是康有为没有想到的。这与三个派系的不同利益和人员不纯有关。康有为、梁启超、麦孟华等维新派是发起者，汪大燮、王鹏运等是他们较坚定的支持者。第二种力量是陈炽、沈曾植、沈曾桐、文廷式等人，他们的后台是翁同龢，也可以称为帝党派。第三种力量是张孝谦、丁立钧、袁世凯、徐世昌、张权等人，他们各自带有明显的投机目的，又有李鸿藻、张之洞等大员的幕后背景，官场的政争自然也在强学会这里形成。最开始，为了"强学会"的名称，就意见不合，在康有为的一再坚持下才勉强维持。之后，张孝谦和丁立钧对强学会的序和章程不同意，认为政治主张太鲜明，怕惹火烧身。后来，在筹备开办图书馆和强学书局的时候，张、丁又百般挑剔，坚持办成渔利挣钱的书店。张孝谦还暗地里勾结丁立钧，要从陈炽手中夺得强学会的会长之权，开始大肆排挤陈炽和沈曾植。胆小的陈炽一时焦头烂额。朝廷中，传来徐桐等人抓住《万国公报》的激烈文章，放言收拾康有为。一是好心，怕康有为被害；二也是看康有为总放厥词惹祸，生怕惹火烧身，陈炽请康有为先外出躲避躲避，避过风头再说。

严格地说，这时强学会还不算正式成立啊。

十月底，康有为离京南下，二十九日抵上海。然后，转道去了南京。

康有为胸中，还装着一步他认为的高棋。

是一步高棋吗？

张之洞为何突然反目？

康有为此行，是去拜会两江总督张之洞的。

京都强学会刚刚筹备成立的时候，张之洞不仅大力支持，带头捐五千金，还让儿子张权和亲信杨锐参加。一个权倾朝野的封疆大吏，站出来如此支持，这态度让康有为很吃惊和感动。翁同龢、李鸿藻等人，也仅仅在幕后暗中支持，也就算很不错了。张之洞的做法，很出人意料。这使康有为看到了一个希望，那就是趁势尽快扩大强学会的力量和影响，说服张之洞在南方也建立强学会。此愿如成功，全国将形成南唱北和之势。

借此机会，正好。

康有为二十九日到上海后，有一个人正在上海等他，这个人是张之洞派来的幕僚，梁鼎芬。他跟康有为说，张香帅正等着你呢，让我前来接你。两人三日内就抵达了南京。

这说明康有为和梁鼎芬早有书信联络。之前说过，梁鼎芬是康有为的同乡，两人此时的关系很好。

张之洞为何好像比康有为还急？

这有两个原因。一是张之洞的一个儿子突然溺水身亡，使他连日伤心欲绝，梁鼎芬促使康有为尽快与他见面，实有"排遣分忧"、转移一下他的注意力之意。还有一个重要的原因，是他早就渴望朝廷必须变一变。对康梁提出的向西方学习的"救国之变"，不仅赞同，而是积极支持。

张之洞盛情迎接康有为的到来，两人一见如故，春风熙熙。康有为在此住了二十多天，与张之洞"隔日一谈，每至夜深"。再亲密的故友之会，也难能如此，何况康有为仅仅是一个小小的六品工部主事。

在这二十多天的十余次深谈中，他们究竟谈了些什么？有哪些重要的话题？双方因后来决裂，都没有留下文字，或留下的文字在戊戌之变后也匆忙销毁了。除商议上海强学会的成立、办《强学报》之外，话题一定很宽很广，甚至联系到中国未来的走向与设想。这实在是一件非常可惜的事。

从某种角度上说，此时张与康真有些"英雄所见略同"之感。他和康有为深谈了十多个夜晚，我有些怀疑此时张之洞是为自己写作的一部书在做准备。在这部书里，他将从梳理洋务运动这三十年的成败起，辅以诸国富强之术的"中体西用"思想，到清政府如今的改革走向，尽揽其中。这将代表着他一生的思想成就。不要忘记，这一年张之洞近六十岁了。——这本书是在与康有为这次深谈的次年，一八九七年开始写作的，此书即《劝学篇》。

张之洞同意在沪成立强学会，在给北京强学会捐五千金外，又给上海强学会自捐五百金，拨款一千金，成为当时捐款最多的一个。他还同意《上海强学会序》署他的名字。在他的带动下，江南乡绅纷纷响应并捐款支持。十一月下旬，康有为偕梁鼎芬、黄绍箕等返沪，筹备成立强学会。会所设在跑马场西的王家沙一号。十二月，康有为撰写出《上海强学会序》，以张之洞的名义先后登载在《申报》《中外纪闻》和新筹办的《强学报》上。

不久，上海强学会成员黄体芳、黄绍箕、屠仁守、汪康年、康有为、邹代钧、梁鼎芬、黄遵宪、黄绍第、左孝同、蒯光典、志钧、张謇、沈瑜庆、乔树楠、龙泽厚等十六人公启，公布了《上海强学会章程》。章程规定："本会专为中国自强而立，……鉴万国强盛弱亡之故，以求中国自强之学……专为联人心，讲学术，以保卫中国。"揭示了该会的爱国性质。

同时，公布了目前要做的四件事：译印图书、刊布报纸、开大书藏（图书馆）、开博物院。此外，视集款多寡，还将"立学（堂）以教人才，创讲堂以传孔教，派游历以查地舆、矿务、风俗，设养贫院以收乞丐教工艺"等。

《上海强学会序》是以张之洞之名发表的，意味着上海强学会的总负责人是张之洞，张的代理人是其幕僚汪康年。但不久双方的合作出现了分歧。

分歧和决裂的起因，却是由办上海强学会的机关报《强学报》引起的。办报，是早已说好的，康有为经过一番筹备，没有经过梁鼎芬和汪康年等人，直接邀来弟子徐勤、何树龄任主编，于一八九六年一月十二日创刊。可能康有为觉得这样具体的事情，自己做主也就行了。汪康年和梁鼎芬知道后会有些不满（汪康年到来得较晚，已经出刊），但也没有说什么。但报纸创刊后，出现了一件让汪、梁"大吃一惊的事"——在创刊号上，《强学报》在最醒目的报头位置印出了"孔子卒后二千三百七十三年"的字样，与光绪纪年并列。报内最主要的一篇论文，为《孔子纪年论》。在文中，康有为主张要像西方把耶稣出生之日作为纪年一样，把孔子的生卒作为中国的纪年。他不仅在理论上阐述了有关孔子纪年的依据，还付诸了实践，在报头位置大书"孔子卒后二千三百七十三年"的字样。所刊登的相关文章，也是打着尊孔的招牌，宣传托古改制思想，以此来旗帜鲜明地倡导变法维新。

这不能不说是一件"石破天惊"的事了。

在中国，历史纪年从来不是一个单纯的自然时间概念，而是与现实政治密切相联的，只有天子和王者，才有权力来确定用什么年号来纪年。而这都是在改朝换代之后。前一朝被推翻了，或传承到下一朝了，纪年方可改变。

张之洞早就对康有为的《孔子改制考》一书中的观点非常反对。他认为这是"邪说暴行，横流天下"。他曾让梁鼎芬说服康有为放弃这一"邪说"，只要康能做到这一点，可以请他来办书院等大事，所需经费悉数供给，张之洞可以做这个"供养"人。梁鼎芬对康有为转述了之后，康有为坚决拒绝："孔子改制，大道也，岂为一两江总督供养易之哉？"

双方在这个分歧的焦点上，各不相让。

康有为当然知道自己这样做的后果，但是，这恰恰是康有为桀骜不驯的性格。他认定的事，天王老子来说也不会回头。他认为这样做完全有理。孔子托古改制一说，是他变法维新思想的源头，他如放弃，就等于放弃了自己为之奋斗的目标。

所以，他利用在上海强学会刚一成立之机，大张旗鼓地把"孔子托古改制说"当招牌亮了出来，用这样的方式"登高一呼"，展示了自己变法维新的决心。

这是张之洞无法容忍的。这是一种"忤逆朝廷"的举动，弄不好包含着大祸，他岂能让这样的大祸惹身？是，他承认之前小看了康有为，以为一个书生文人，在他的感召下，会改弦易辙，放弃"孔子改制说"。他也确有想利用康有为的影响和才干，为自己所用之念。如今看来，这是做不到了。

另外，《强学报》还刊录了未经公开的"廷寄"。朝廷向下发送的上谕公文，分为"明发"和"廷寄"。"廷寄"是属于秘密的，不得向外公开。康有为觉得"因时制宜"与"蠲除积习，力行实政"的上谕，是为推行变革的，所以称此为"三百年之特诏"，为"中国自强之基，臣民讲求时事之本"。康有为亲加跋语后刊出。这样做，确实是不当的，上面不理则罢，真追查下来，后果十分严重。最熟悉朝廷相关制度的张之洞，岂能容得？

祸不单行，《强学报》创刊的八天后，一月二十日，御史杨崇伊上折弹劾强学会"私立会党、植党营私"，上谕著都察院查明封禁。有消息传出还要"拿人"，一时非常紧张。北京强学会内，此时陈炽已被排挤而出不再参与其事，张孝谦吓得失魂落魄，求人向李鸿章献好求情。丁立钧哭着躲起来。后经李鸿藻和翁同龢的上书解释，光绪帝令强学会改为官书局。原来负责办报的梁启超也被排挤出局。北京强学会的寿命也就到此为止了。

京师强学会被查封的消息传到张之洞处，他趁势在六天后的一月二十六日令人致电上海各报馆，声称："自强学会报章未经同人商议，遽行发刻，内有廷寄及孔子卒后一条，皆不合。现时各人星散，此报不

刊，此会不办。"(《申报·强学停报》)

《强学报》仅仅刊出三期，上海强学会也刚刚成立不久。终于，也烟消云散，寿终正寝了。

尽管，后来张之洞对《时务报》和梁启超大加赞扬，甚至请梁启超前去时高规格接待，但他与康梁的分歧越来越大，越来越深，最终到了冰火不容的地步。号称曾国藩后的又一个晚清重臣中的大儒，张之洞观风看势，很快与康梁断绝了关系不说，又马上将原来推行变法、定名为《强学篇》的著作，大加修改，易名《劝学篇》，内容也成了以忠君爱国、遵经守道为说教，隐示新法不可行、旧法不可变。他将此书精缮成册进呈慈禧御览，用以表示对变法的态度。慈禧果然未再追究他当年支持康梁的事，称还是他的这本书好。戊戌政变后，张之洞为表示对朝廷没有二心，竟然在一个黑夜诱捕了支持康梁的唐才常等人，抓捕后马上杀掉了这批知识精英。有人称他为迫害残杀知识分子的"儒屠"。他太了解知识精英，所以杀起他们来，也最有手段和凶狠，连眼睛也不眨。

强学会虽被扼杀，但其意义和作用是巨大的。

正如康有为所说："自强学会开后，海内移风，纷纷开会，各国瞩目。"

梁启超这样评价强学会："此幼稚之强学会，遂能战胜数千年旧习惯，而一新当时耳目，具革新中国社会之功，实亦不可轻视之也。"（梁启超《莅北京大学校欢迎会演说词》）

强学会是维新运动的起点。它冲破了封建专制统治者不许集会结社的禁令和士人不预国政的传统观念，对全社会起了极大的震动作用。它是一个新生的事物，开创了一代新风。如奔腾长江之决口，巨浪滔滔，一泻千里。自此，各地纷纷创建学会，学会"遍地并起"。如知耻学会、粤学会、闽学会、蜀学会、上海农学会、不缠足会、中国女学会、南学会、圣学会、兴浙会、保国会、保浙会、保滇会……遍及全国十多个省市，仅仅戊戌变法期间出现的学会，就达四十多个。

还有办报。据统计，自光绪二十一年至光绪二十四年（1895—1898）的三年间，继《中外纪闻》《强学报》《时务报》等先驱报刊创刊之后，湖南、天津、澳门、四川、桂林、杭州、广州等地出现了《湘报》《国闻报》《知新报》《富强报》《实学报》《女学报》《岭学报》《广仁报》《亚洲时事汇报》《经世报》等二十余种之多！全国报纸总数陡增三倍多，形成了近代中国人办报活动的第一个高潮。

第八章

无路处，方有路

一时，康有为又无路了。

真归去，回万木草堂教书?

他好像不甘。

一八九六年十一月，康有为来到澳门。澳门是葡萄牙租界地，脱离清廷管辖，比内地言论稍有自由。他和澳门赌商何廷光、何穗田商议，将办《强学报》的人马引入，加上弟弟康广仁，创办了一份《知新报》，要言《时务报》不敢言者，继续宣传变法维新。这张报，是维新派在华南地区的喉舌，一直办到戊戌变法失败后才停刊，共出刊一百三十三期。

《知新报》诞生不久的冬天，康有为就去了广西。在广西桂林，聚徒讲学、拜会名士。创办了广西的第一个学会——圣学会，创办了《广仁报》和广仁学堂。半年后，归乡，在万木草堂教书。

这时归乡，是母亲的心愿。对康家，这是一件大事。这一年，是一八九七年，康有为满四十岁。四十岁了，与夫人结婚二十年育有数女却无有一子。母亲为他纳妾梁随觉。梁随觉这年才十八岁，广东博罗县人，相貌端庄，略通诗书。

对于康有为，这是难得的一段时间不长却很平静的日子。

他的心并不平静，他在筹划另一件谁也想不到的"大事"。这件事如果真的做成了，就没有后来上演的戊戌变法了。历史恰恰不允许"如果"。

"君维持旧国，吾开辟新国"

他想在巴西，建立一个"国家"。

听上去，有些天方夜谭。

乙未年，是一八九五年。康有为最早是从朋友处得知巴西派人来招募华工一事的。这年秋，因强学会被弹劾，陈炽请康有为离京避一避。两人分手时，康有为说出"君维持旧国，吾开辟新国"的话。话说的"太大"依旧，"太狂"也依旧，但在当时的背景下，实有几分悲壮。朝廷的顽固派都要把你赶出京城了，你还惦记的是救国保种。康子其心其志，令人唏嘘。

他在年谱中说，中国人太多了，而巴西经纬度和我们相近，人口才八百万，"若吾迁民往，可以为新中国"，目的是"以存吾种"。这是一个"救国梦"——他对清廷极度失望后，对国家"救之不得，坐视不忍"，才萌发了此念。这件事如果还是做不成，"遂还粤，将教授著书以终焉"。

次年年底，康有为为给母亲祝寿回到广东。在与澳门何廷光商议办报一事时，两人再次提到巴西招募华工一事。何廷光，广东顺德人，澳门著名华商，捐纳广西补用道员，原名何连旺，录葡萄牙籍名廷光。他的父亲曾在闯荡澳门时当过苦力头，后在码头承包装卸生意发迹，又承包了澳门填海生意开始做大，兼理盐业、鸦片业和赌博。到何廷光手里，已经是澳门最著名的商人之一，被澳门政府赏基利斯督宝星。他在经商之余，对政治很感兴趣，曾邀请孙中山来澳门行医。一八九六年十月，又邀请康有为、梁启超来澳门商谈办《知新报》。双方合作很顺利，何廷光才提及巴西招工之事。原来何廷光因入葡萄牙籍，会葡萄牙语。

巴西原属葡萄牙，也使用葡萄牙语。巴西派来的特使来华招工时，与康有为结识的一个叫何东的人结触过。这件事，也就再次联上了。

作为商人的何廷光，对这一信息很敏感，他承诺可以具体运作此事。协商后他们的计划是先租四艘船，每艘一次运两千人，三月运一批，一批可以运八千人，一年就可以运三万二千人入巴西，若得其利，再视情增加船只。移民到那里的工作是种植甘蔗、咖啡、可可、烟草等。最初，他们想成立个百万殖民公司，那么，去巴西的华人移民也将会有百万人了。

康有为、梁启超也将这个移民巴西的计划在朋友中做了有限的宣传。总理衙门章京张元济、汪康年、沈曾植等人都知道和关注、关心此事。

这有些像一群士子的一个"梦想"。对康有为，却不是"灵光一现"就做起了以移民来救国之梦。这有几个因素。一是他们对清廷的不满，满腹韬略无处所施，干脆去外国再建一个"新中国"。二是广东、广西、福建所处的地理位置决定，人口太多，得风气之先又早有移民的传统。三是在巴西继续搞维新的各种尝试，少有人干预，会顺利得多。

这当然是一种"被逼无奈"。

康有为是那种认定了就马上付诸行动的人。是受何廷光所托也罢，他自己决定的也罢，他决定马上回京，去找主持外事的李鸿章打通关节，以使这一计划付诸实施。

一八九七年初冬，康有为取道上海进京。他通过李鸿章的幕僚于式枚，拜会了李鸿章。李鸿章见了康之后态度如何？两人商谈了些什么内容？未有记载。康有为在《康南海自编年谱》中仅简单记了这样一笔："与李合肥言巴西事，许办之，惟须巴西使来求乃可行。"

李合肥即李鸿章。对康有为的移民计划李鸿章"许办之"，可见两人谈得尚可。两人直面交谈，很有可能这是第一次。因为尽管李曾经参加过一次强学会筹备时的"游宴"，但人多，康有为不会与他有什么接触和交谈。李鸿章没有刁难他，表示同意，此计划"可办"。康也算是有了不错的收获。

"须巴西使来"，那是康有为无法左右的了。他能做的，也就是回去请何廷光通过相关渠道向巴西方面说明情况，如巴西能派来特使，这件事才可以向下进行。

他准备在京看看几个好友，马上返回广东再去澳门。

客观地说，康有为在巴西开辟"新中国"的梦想，是很难或无法实现的。何廷光是商人，他所想的是通过向外输送移民赚钱，和过去的"贩卖华工"差不多。何的家族就曾经做过贩卖苦力出洋做工，大赚"猪仔钱"的生意。巴西来华招募华工，其目的也是为种植园主找"打工者"，这些移民将沦为苦力的命运是注定的。康有为又没有亲自去巴西考察，巴西政府对其是什么态度和承诺，等等，都是未知。所以，希望在巴西的土地上建一个"新中国"，可行吗？这是异想天开。就算这百万人去了，就真的可以"保国保种"？

还是李鸿章曾经对康梁所评价的"书生之见"，希望很美好，但在现实中很难实现。

冥冥之中，历史却在这里突然拐了一个弯——山东巨野县教案发生后仅十二天，德国就突然派出兵舰强硬地抢占了胶州湾。

假如康有为巴西移民一事当时顺利成行的话，也就不会有了那场震惊全国、震动世界的戊戌变法的悲壮大戏了。

再上《上清帝第五书》

"巨野教案"是在一个不该发生的时候发生的。因为德国觊觎山东已久，正急切不知如何下手。

一八九七年十一月一日午夜，天降细雨。山东曹州府巨野县城东张家庄（即磨盘张庄）有十几个人手持短刀摸进了张庄德国教堂。这天也巧，在阳谷传教的神甫能方济和在郓城传教的神甫韩理迦略，因去兖州天主教总堂参加"诸圣瞻礼"，两人路此天晚而宿。主让客先，张庄教堂的神甫薛田资就请他们睡在自己的房间，自己宿在旁边的耳房。当夜，农民雷协身、惠二哑巴、张高妮等十几人原想是来抢劫些财物的，不料摸进正房后，被惊醒的能方济开枪打伤了一人，这些农民遂将能方济和韩理迦略两人杀害，抢了些财物逃去。薛田资听到动静知道不妙，仓皇逃到济宁，电告了德国驻华大使和德国政府。

教案发生后的第十二天，德国政府便派军舰强行占领了胶州湾。这就是著名的"胶州湾事件"。

谁能想到，这看似普通的一件教案，会引发了可怕的"蝴蝶效应"，竟然是外国列强又一轮瓜分中国的开始。

"胶州湾事件"再次引发的民族危机，清朝内部，最具有全局意识、最开始意识到问题严重性是两个人，一个是康有为，一个是袁世凯。

当时，康有为刚刚和李鸿章谈完移民巴西的事，突然听到了胶州湾事件的爆发，敏感的他马上放下一切，开始给光绪帝写作"外衅危迫宜及时发愤革旧图新呈"一折，即《上清帝第五书》。于十二月五日循例呈递工部主管当局，请求转奏皇上。工部堂官松溎看到上面有"职恐自尔之后，皇上与诸臣，虽欲苟安旦夕，歌舞湖山而不可得矣，且恐皇上与诸臣，求长安布衣而不可得矣"，觉得太敏感，任何官员也不敢冒此风险，他是为了保护康有为，还是怕皇上指责工部？最终，工部没有向光绪呈递此书。

其实，松溎的想法是多余的，他更多的是为了保身，也是不熟悉光绪其人。据梁启超说，康有为的《第五书》后来由总理衙门代呈了光绪，光绪"肃然动容"，指着篇中"求为长安布衣而不可得"及"不忍见煤山前事"等语对军机大臣说："非忠肝义胆，不顾生死之人，安敢以此直言陈于朕前乎？"叹息长久。但梁的这一说法没有得到有关档案的证明，查军机处等档案，无总理衙门代奏此书的记录。但汤志钧在其《戊戌变法史》中认为一八九八年一月二十四日总理衙门将此上书上达光绪帝。两种意见，也就只得在此存疑了。

十二月三十日，袁世凯的建议书递到了翁同龢处。袁世凯认为拯救中国的途径，还在变革之途。他希望在用人、理财和练兵三方面首先变革。翁同龢在这份建议书上批道："论各国情形甚当，变法，空。"他在称赞了袁世凯的从危机看到必须变革后，对这份建议觉得太空，不满。

清政府内部高层也已深切感到如果不进行整体性的变革，已经很难挽救中国的危机。所以，翁同龢急切想得到的是整体性的彻底的变革方案。也就是说，这是光绪的期望。

翁同龢何时看到康有为的《第五书》？不详。但不久他看到了。康有为誊抄了几份副本，转递给了一些朝廷内的官员传看。不久，《第五书》就又刊行出版，看到的人更多了。同时，康有为根据《第五书》的内容，又草三疏，分别请杨锐、王鹏运、高燮曾以他们自己的名义上奏光绪帝。

这份《上清帝第五书》，翁同龢很满意。康有为没有辜负清政府高层内部的期待。

《第五书》较过去的上书，最重要的内容是什么？

康有为清醒地预料到，列强再次瓜分中国的危机很快会到来："……（西方列强）专以分中国为说，报章议论，公托义声，其分割之国，传遍大地，擘画详明，绝无隐讳……（他们）如蚁慕膻，闻风并至，失鹿共逐，抚掌欢呼。其始壮夫动其食指，其后老稚亦分杯羹，诸国咸来，并思一脔……（此危局好比）地雷四伏，药线交通，一处火燃，四面皆应。胶警乃其借端，德国固其嚆矢耳。"

注意，这些文字，仅仅是在"胶州湾事件"刚刚发生的一八九七年十一月所写，康有为预料的是何其准确！在之后的几个月里，果然，德国与清政府签订了《胶澳租借条约》，将胶州湾"借走"九十九年！山东成为其势力范围。而俄国将旅顺、大连等租借二十五年，并将旅顺口辟为自己的军港，将大连湾辟为商港，将东北成为自己的势力范围。英国"租借"了威海卫和九龙半岛，以长江流域为势力范围。法国在云南、广东、广西获得控制权，并强行租借了广州湾，国旗在广州湾上空升起。日本则将福建省列为了自己的势力范围。

胶州湾事件不到五个月，中国从南至北即有五个重要港口沦为列强的租借地，成为它们的殖民地和对华侵略的军事基地。德、俄、英、法、日真的如狼似虎纷纷对中国狠狠下口，"诸国咸来，并思一脔"。一个有着几千年文明史的泱泱大国，就这样沦落到一次再次被列强"弱肉强食"。大清不亡，没有天理！大清不变，岂有活路？！

怎么办？康有为开出的药方是什么？"图保自存之策，舍变法外别无他图"。具体内容与办法为，上、中、下三策：

第一策：以俄国彼得大帝改革和日本明治维新为榜样，以定国是，进行变法。

第二策：广泛听取群臣意见，讨论变法的具体措施。

第三策：允许各省大臣自行变法，实行新政。坚决罢免那些守旧而不知变法的地方大员的官职。

康有为预料说，行第一策，则可以强；行第二策犹可以弱；仅行第三策则也不至于尽亡。

这三策，最惊人的是首策。

最重要、最有意义的是，他第一次提出了学习俄国和日本维新变法的经验，走日本明治维新的路；第一次提出了制定宪法的主张，这是在过去主张开议院的基础上，提出"自兹国事付国会议行"。这标志着他明确提出了实行君主立宪的政治纲领。

这才是真正的"中国三千年之巨变"。

效法俄国和日本，是因为他们是与中国的国情较类似的国家，并且已经有实践证明这是一条较成功的路。尽快开始变法，就必须从根本上铲除旧制度的根基，建立一套全新的政治制度，即建立俄国、日本式的君主立宪体制。只有如此，这套新的政治体制的建立，才会为未来中国的发展提供必要的保障，克服因胶州湾危机导致的困局。

对中国政局进行制度性的变革设想，是康有为一生中最大的贡献。尤其是在昏聩的晚清，由一个小小的工部主事，提出这样"惊世骇俗"的设想，任何人都难以想象。

其次，康有为提出大集群才，集思广益而谋变法。另外，听任疆臣各自变法，以局部试验为全国性的变法提供经验。这后一点，袁世凯在第二份建议书上也提出了，希望清廷同意督抚们在自己的辖区进行改革试验。可见袁世凯也曾是一个难得的以国事为重的"有心人"，这给后来康有为与其的"合作"，留下了伏笔。

《第五书》很快被一些爱国志士传抄，并在上海、天津的报纸上披露。当时有人曾记述道"康工部有为五次上书，为大僚所格，未达九重。原文传布，登沪报章，展阅一周，言有过于痛哭者"，可见此上书在当时的影响。

对于康有为的这样一份"上书"，在列强掀起瓜分中国狂潮、国内危机日益严重的时刻，一些有爱国思想的官员也对康有为表示了同情和支持。如原本很守旧的督察院御史徐寿蘅、刑部侍郎李端棻等人都曾有意为康有为代递上书，后因无人敢联名等种种原因，只好作罢。

对康有为在京的日常生活，记载得太少太少，一提起他来，好像除了上书就是开会、讲演、办报和办学了。可以想见，远离故乡，他过的还是一个旧式文人（尽管是工部主事这个六品小官，但他未有上任）在京寓居的生活。为鼓吹变法，集中精力写作所上的奏折，又要联络一些同人、拜见同僚等等，日夜忙碌、寝食难安是一定的。据和他有过接触的人说，他曾经在马车上放着卧具，这样可以趁乘车在途中小睡一会儿。一次湖南举人孙蔚林见他面黄肌瘦，非常疲惫的神态，问："先生何以如此？"康一笑答："吾已三日不治膳了。"三日没吃饭，可能有些夸张，也可以解释是连续几天没好好用餐，但忙于变法事务，其生活的无规律和敷衍对付是肯定的。现今也有人自个别资料中发现康有为常常并不是固定住在南海会馆等地，马车上放着卧具不说，还昼伏夜出，便认为其人涉嫌常做些白日见不得人的勾当等等。这实有些"无根无据"、太过"莫须有"了。康某的毛病诸多，但如此无端地诋毁一个前人，也似无必要吧？没必要吹捧，亦无必要诋毁才是。

进士、京官胡思敬在《戊戌履霜录》一书中，曾经对康有为这样描写："有为顾身修髯，目光炯炯射人，始学经生，继治名法，末乃变为纵横。见人长揖大笑，叩姓名毕，次询何郡邑、物产几何、里中长老豪杰，必再三研诘，取西洋铅笔，一一录其名，储夹袋中。是时天子方开特科，四方高视阔步之士，云集辇下，争暱交康先生；有为亦倾心结纳，终日怀刺，汲汲奔走若狂。"

胡思敬一八九五年中进士后在京城入仕。与康有为的接触不会很多，但印象很深。康一八九七年再入京后，自然和很多人有过往联系。胡这里说的康有为，应该是很可信的。康有为的豪爽、好学以及对士人学子的尊重和善于结交，使本来就很出名的他，在当时影响极大，是必然的。

如此为变法殚精竭虑，换来的是什么呢？天渐渐越来越冷了，友人建议他在港口冰封之前还是赶回广东为好。康有为同意了。定于光绪二十三年（1897）十二月十八日离京。行前，他给翁同龢留了一封信，致书告归。

十八日晨，仆人已经把行李装上车了。

匆忙走来的翁同龢突然来到南海会馆。他是在下了凌晨的早朝后，急忙赶来的。他劝说康有为别走，暗示皇上和朝廷对他将有大用。

翁同龢的挽留，康有为明白意义重大。

这是康有为一生中最大的转折。

所以，康有为之后一直很感念翁同龢，他后来在《怀翁常熟去国》一诗中写道：

胶州警近圣人居，伏阙忧危数上书。
已格九并空痛哭，但思吾党赋归欤。
早携书剑将行马，忽枉轩裳特执裾。
深惜追亡萧相国，天心存汉果何如？

他将翁同龢比喻成重才举荐的相国萧何，自己是被刘邦低看的韩信。

翁同龢确是有举荐康有为之意。

但一向谨慎的翁同龢在此时决定举荐康有为，又内有曲衷。据茅海建考证，"胶州湾事件"后，朝廷让翁同龢与张荫桓负责与德国公使谈判，翁、张提出同意惩办官员、赔款、立碑后，以附加上同意德国在山东有开办铁路、矿山的优先权和将胶州湾开放为通商口岸的前提条件，让德国撤出胶州湾。二人还认为这件事不用条约而用照会办理即可。狡诈的德国公使不仅不同意，还联合俄国向清政府施压。所以，十八日，也就是康有为准备南归的当天，翁同龢在早朝时，听光绪告诉他说，慈禧太后看了他们的"照会稿"后"甚屈"。事情没有办好，让太后不高兴了。下一步怎么办？翁同龢有可能看了康有为的《上清帝第五书》或康所称的联英、日以拒德的建议书后，才在下朝后来到南海会馆，挽留下了准备南归的康有为。

次日，真正举荐康有为的，却是兵部掌印给事高燮曾。

高燮曾，湖北武昌人，后官至顺天府丞、监察御史。他与康有为来往较多，曾代递奏章。他被康有为的远见卓识打动，很看重康的才学。他于十九日（1897年12月12日）呈上《请召对康有为片》：

> 臣见工部主事康有为，学问淹长，才气豪迈，熟谙西法，具有肝胆，若令相机入弭兵会中，遇事维持，于将来中外交涉为难处，不无裨益。可否特予召对，观其所长，饬令总理各国事务衙门厚给资斧，以游历为名，照会各国使臣，用示郑重，见在时事艰难，日甚一日，外洋狡谋已露，正宜破格用人为自存之计。所谓请自隗始者，不必待其自荐也。

这是一件清廷官员最早向光绪帝举荐康有为的奏章。它非常重要。高燮曾建议皇帝破格任用康有为。

很有意味的是，高并不是把康有为作为救国的变法人才，而是把康作为外交人才举荐的。奏请皇帝召见康有为，授以官衔出洋参加在瑞士举行的弭兵会。"弭兵"就是消减军力，缩军。这是国际上召开的第一次"保和平会议"。这样，康有为可以作为"游历使"的身份，访问各国，对处理好德国的"胶州湾事件"有利。

"特使"，是清朝所派出访问各国的官员，身份和责任不能说不重。但光绪帝并没有完全采纳高燮曾的建议，只下了御旨："总理各国事务衙门酌核办理。"这里有一个光绪帝在思考如何用康有为的问题。是真的做"特使"，还是将康留下来听取他变法的建议？

翁同龢此时起了关键作用，他在光绪面前称赞了康有为的才华，暗示皇上从国家大计来说，实在该起用此人。这也恰是光绪之意，这位年轻的执政者此时最想办的事，绝不是派人去参加"弭兵会"。

光绪帝决定召见康有为。

高燮曾此折成为康有为之后人生最关键的转折，所以是史家非常重视的"关键点"。有人认为高的这一折片，是经过翁同龢与康有为密谋的，甚至康有为有"买折"之嫌。这只能是一种推测了。但翁同龢在此时的态度，非常明朗，主张和支持光绪召见康有为，是无疑的。

恭亲王奕䜣就是在此时出场的。他和翁同龢在御前有了一番争论，他不同意翁提出的请皇上召见康有为，提出："本朝成例，非四品以上官不能召见。今康有为乃小臣，皇上若欲有所询问，命大臣传语可也。"（梁启超《戊戌政变记》）

于是，才有了光绪二十四年（1898）大年初三康有为在总理衙门"西花厅舌战"一幕。

继续留京后，康有为在北京同乡的支持下，于一八九八年一月在米市胡同南海会馆成立了"粤学会"，参加者有二十多人，主要任务是研究西方的先进经验。之后，他又与翰林院的编修夏虎臣等满汉学者想创办"经济学会"，请庆亲王来挂名主持。后有人认为"会"字有集会结社之嫌，意欲拿掉，康有为不同意，该会后来没有办成。他又支持学生丁叔雅等人成立"知耻会"。

初二（1898年1月23日）这天，总理衙门总办来书，通告康有为次日下午去总理衙门接受大臣约见。

"西花厅舌战"，不该树这个死敌

一八九八年一月二十四日，下午三点，总理衙门大臣在总署西花厅召见康有为。

总理衙门，是"总理各国事务衙门"的简称，又称总署。地点在东单东堂子胡同四十九号。为咸丰十年（1860）所设，是清政府办理洋务而设立的中央机关。其职责是办理外交事务，派出驻各国公使，兼管通商、海关、海防、订购军火，主办同文馆和派遣留学生等事务。具体负责的是恭亲王奕訢。

这天，恭亲王奕訢和庆亲王奕劻因陪英俄两国公使，参加问话的是北洋大臣李鸿章、总理衙门行走翁同龢、兵部尚书荣禄、刑部尚书廖寿恒、户部左侍郎张荫桓五人。

这五大臣，加上恭、庆亲王，是当时清朝最具实权的政治人物。

他们对康有为"待以宾礼"。

但问话一开始，荣禄就率先发难："祖宗之法不能变。"

这是质问康有为，变法就必须一定要变祖宗的成法吗？这是欺祖啊。

康答："祖宗之法，以治祖宗之地也。今祖宗之地不能守，何有于祖宗之法乎？即如此地为外交之署，亦非祖宗之法所有也。因时制宜，诚非得已。"

两人上来就交火，交火即刻就剑拔弩张。

"舌战西花厅"由此而来，不少后人和学者说，这是顽固守旧派与维新派的一场论战和较量。一下子，就把深有慈禧背景的荣禄支到顽固守旧派去了。

事情绝不如此简单。

以荣禄的身份和性格，他的这句首先发难的"祖宗之法不能变"，是大有可能的。

这该是荣禄和康有为的第一次接触，也该是他们的第一次会面交谈。作为兵部尚书和总理衙门大臣，这个满洲正白旗带兵的统领，面对一个广东来的整天喊变法的书生，有三种不屑与警惕，也是必然。一是他与恭亲王和慈禧很近，恭亲王对起用康有为的态度，他很清楚；二是这年他六十二岁，大康有为足足二十二岁，又经历宦海，自然要在康面前摆谱，说看不起对方也行；三是他的认识。他认为变法图强仅限于学习西方的练兵、制械、通商、开矿，"其他大经大法，自有祖宗遗制，岂容轻改？"他的这个"发难"，是实情，更是试探。他想探探这个表面上名动京城的书生，是个什么样的人？有些什么样的远见之才？

人之交往，这第一面的印象，太重要了。

面对这样一位当朝重臣，康有为太知道荣禄的背景。知道了，该如何应对，为何不走走脑子？假如康有为冷静些、谦恭些、客气些、迂回些阐述自己的观点，尽力发挥他那说服于人的能力，或许就会好得多了。岂知倘能征服和说服了荣禄，那意义和作用将会有多大？最起码，也是百利而无一害也。

但康有为就是康有为。这也是他让人无法不敬重的一点。你有脾气，我就不能有吗？你发难在先，我自然迎战于后。康有为的骨气，此时变成了针锋相对的狂妄反击。

失败的是谁？康有为。他无形之中树起了一个变法的"死敌"。

康有为有理有据的反击，让荣禄觉得其人如此狂妄，实为不可交往之人，他将这个名字狠狠记在心中。问话不久，荣禄就拂袖而去。

戊戌变法之后酿成的悲剧，此时深深埋下了。

谁之祸？

荣禄真的是徐桐、刚毅一样的顽固守旧派吗？荣禄真的是无法争取的吗？不是。

荣禄是具备一定的变法思想的，主要在军事上。他主张以西方国家训练军队的方法来训练各省绿营、勇营。早在西安任将军时，就上奏清廷添置洋枪部队。在戊戌年，他再次上折，请陆军"改练洋操"，这些措施，都起到了作用。袁世凯在小站操练新军成功，就是在他的主张下落实的。不仅如此，一个武人，他还重视抓教育。在天津、保定等地曾创立和改造学堂，中西并重，每所学堂都要学习西文。另外，他还支持兴办工商业。

如今，不仅没有争取到荣禄，相反树起了一个死敌，这不是康有为的败笔，又是什么？

原本，"西花厅问话"的这五大臣，对康有为是有利的。翁同龢、张荫桓，甚至廖寿恒，包括李鸿章，都对变法总体是支持的。但从康梁留下的记录看来，他们从一开始，就把荣禄和李鸿章推到反对者一方了。是书生的敏感多疑，还是置身外围不谙深宫内情无法有大局观？于是，后人在阐述这段历史的时候，也便都将李鸿章和荣禄认定是变法的大敌。如今看来，这是狭隘的，有失公允的。

西花厅问话其余的内容如下：

廖（廖寿恒）问宜如何变法。答以："宜变法律，官制为先。"

李（李鸿章）曰："然则六部尽撤，则例尽弃乎？"答之以："今为列国并立之时，非复一统之世，今之法律官制皆一统之法，弱亡中国皆此物也。诚宜尽撤。即一时不能尽去，亦当斟酌改定，新政乃可推行。"

翁（翁同龢）问筹款，则答以："日本之银行纸币，法国印花，印度田税，以中国之大，若制度既变，可比今十倍。"于是陈法律、度支、学校、农、商、工、矿政、铁路、邮信、社会、海军、陆军之法。并言："日本维新，仿效西法，法制甚备，与我相近，最易仿摹。近来编辑有《日本变政考》及《俄大彼得变政记》，可以采鉴焉。"

"至昏，乃散。荣禄先行。是日，恭、庆两邸不到。"（康有为《康南海自编年谱》）

问话近三个小时，到掌灯时候才散。

五位大臣与一个小小的工部主事来一起议政，无论如何也意味着清廷中枢已经开始把康有为"看在眼里"了。这是康有为盼望和意料之中的。

荣禄记仇记得好狠，对康有为，已到"非杀不可"的程度了。真是咬牙切齿。

不是冤家不聚头，待到六月十六日晨，康有为在颐和园东宫门朝房等候光绪帝召见的时候，再次遇到了升为直隶总督来谢恩的荣禄，两人同在朝房等候，有了一番对话：

荣禄："以子之槃槃大才，亦将有补救时局之术否？"

康有为："非变法不可。"

荣禄："固知法当变也，但一二百年之成法，一旦能遽变乎？"

康有为："杀几个一品大员，法即变矣。"

这段对话，很像影视剧的台词，剑拔弩张，杀气腾腾。引自苏继祖的《清廷戊戌朝变记》，影响很大，连很多史家也在不断引用。但两人的对话，苏继祖是如何知晓的？是当事者后来的叙述？还是有人在现场听到了披露出来？康有为能对一个新任的直隶总督说这样的话吗？抑或是有自我夸大习惯的康有为显示自己的大义凛然状故作涂脂抹粉？

有一点是真实的，两人冰炭不容，仇越结越深，双方都到了置对方于死地的程度。这，对变法，对大清朝政，对中国，幸也祸也？！

是"居心叵测"的"阴谋"吗？

翁同龢将西花厅问话的情况上报了光绪，光绪提出要召见康有为。

恭亲王奕䜣建议，不妨令康有为先将书面的意见呈报，如觉得有必要，再召见不迟。

五天后，一月二十九日，康有为将《请大誓臣工开制度局革旧图新以存国祚折》，即《上清帝第六书》，以及《日本变政考》《俄大彼得变政记》呈递总理衙门。这是"千载一时之机"，上书虽被恭亲王等人以审查为由扣压了约一个多月，还是呈至到了光绪帝手上。

《上清帝第六书》简称《应诏统筹全局折》，为最重要的上书。在奏折中，康有为给光绪帝和清廷最高决策层提出了三条纲领性的建议：

一、由光绪皇帝在天坛或太庙或乾清门大誓群臣，诏定国是，宣布变法维新正式开始。这可以坚定群臣革旧维新的信心与信念，表明要将变法进行到底的决心。宣布广采天下舆论，广取万国良法，重建全新的政治体制。

二、开制度局于内廷，征召天下通才十数人参与其事，统筹全局，下设法律、税计、学校、农商、工务、矿政、铁路、邮政、造币、游历、社会以及武备等十二个新政局，将一切政事制度重新商定，改革乃至重建中央行政体制，重建新的政治体制及其相适应的各项制度章程。

三、设侍诏所，允许天下人上书，无论是臣民还是民间草民百姓，都可以上书言事，对国家的政治发展、经济建设及所有方面提出建议。对这些上书，不得由堂官代递，设两名御史专司此事。凡上书中有可取之处者，可由皇帝或相关部门的主管予以召见，量才录用，人尽其能。这样，人人都可以为变法献计献策，朝廷也可以发现人才。

这三条建议，康有为说"取鉴于日本之维新"。后来光绪帝先部分采纳了第一、三条。

在最重要的第二条中，康有为为了能使皇上通过，将《第五书》中的"开国会、定宪法"两项较为激烈的政治主张，改为"开制度局"，采用了渐进的策略。

这是一份变法维新的纲领性文件。

"开制度局"的提法，是这三条纲领的核心。

他本着西方国家三权分立的原则，第一次明确提出必须实行议政和行政分离。

这就需要特设议政机构，专门议定新政，如果能开制度局，设专官进行讨论，变法才能进行下去。这等于说，原有的六部不可能推行新法，需要另设新政局，成为实行新政的行政机关。这个提法全新又大胆，撇开六部乃至军机处，否定了整个旧官制，重起炉灶，建立一套与旧官制相对立的、从中央到地方的新官制。

他说，对于地方官制，"其省直藩臬道府皆为冗员，州县守令，选举既经，习气极坏"；地方衙门也只管税收断狱。民间疾苦，无由上达，造成了国家政治生活死气沉沉，所以，要将变法推向全国，也必须改革地方官制。在全国范围内，每道设一新政局，督办不拘官阶，有权专折奏事，可以自辟参赞随员，办理农工商学事宜；每县设立民政局，会同地方绅士，共议新政。

总之，"开制度局"的目的，是想通过新的政权机构总揽新政大权，一方面排除守旧官僚对新政的抵制和干扰，另一方面提拔维新派进入新政机构，参与政权，以利新政的推行。

它马上受到极为强烈的批评、反对和质疑。因为这样一来，原有的行政体制将被全部废除，原有的官吏势必面临生存危机。于是，说康有为等人动机叵测，试图通过新设机构夺取枢府之权；康有为提出的各道设立民政局的建议，是以民政局夺取各省督抚之权。

据说，光绪帝看了《上清帝第六书》一折，"非常满意"，"置御案，日加披览，于万国之故更明，变法之志更决"。

三月十二日，康有为再向光绪呈递《上清帝第七书》，这是关于改革科举制度的一折，"易八股，以策论"。后来，它在读书人那里引起巨大波澜，甚至有人要进京刺杀他。

随同《第七书》呈上的，是《俄大彼得变政记》。

《俄大彼得变政记》是一部关于彼得大帝将俄国由弱国经改革而成强国的书。俄国最开始和中国的甲午一战相同，但因为有了彼得大帝，俄国一变成为世界最强大的国家之一。关键在哪里？在彼得大帝坚决、勇敢地摒弃一切旧的传统，大胆进行了一场前所未有的变革。

你看彼得："彼得知时从变，应天而作，奋其武勇，破弃千年自尊自愚之习，排却君臣阻扰大计之说，微服作隶，学工于英，遍历诸国，不耻师学，雷动霆震，万法并兴……凡强敌之长技，必通晓而摹仿之；凡万国之美法，必采择而变行之，此其神武独授，破尽格式，操纵自在……辟地万里，创霸大地。"

这番话，这番诱惑，这番变革的前景，如何能让光绪帝在龙椅上坐得住？

康有为接着提到了最重要的一点，那就是"以君权变法"。俄国就是榜样，彼得大帝就是榜样。俄国曾经被瑞典削弱而被西方各国鄙视，就是因为彼得大帝以君权变法，转弱为强，化衰为盛，其速度之快，世界上少有。

他劝光绪帝好好学学彼得大帝。彼得还有一个优点，是不疏远人民，深知民情。到这里，康有为开始直言不讳了——中国弊端丛生，一个重要的原因是皇帝太尊，脱离人民，"人主不患体制之不尊，而患太尊"，不接受自己的臣民，下情不通，就无法吸收臣民中的有才者参加国家政权管理。而目前守旧大臣充斥朝廷，面对这一巨大障碍，作为君主，要破除千年自尊自愚之习的同时，勇敢地"朝纲独断"，雷厉风行地推行变法。不这样，"一姓不再兴者，不变而逆天也"，他暗示清王朝必然将会面临灭亡的边缘。

康有为说的没有错。

不久，康有为又呈上了《日本变政考》。此书由总理衙门代呈光绪皇帝并送慈禧太后御览。

这本书是康有为以女儿康同薇所翻译的有关日本明治维新的资料为素材，加工编纂而成。它以编年史的方式，按时间顺序分条描述了日本明治维新的兴起和发展过程中的重大事件，重点介绍了明治政府实行的变法改革措施。

为何要"采鉴日本"？

答案很简单，一直被大清帝国瞧不起的东夷小国日本，正是由于明治维新的变革，才强盛起来。在甲午一战中，竟然以胜利者的狂态完全战胜了大清。中国与日本地理相近，文化风俗相似，原来所处的社会性质、制度、受外敌侵略的形势也与中国近似。所以康有为说"我朝变法，但采鉴日本，一切已足"。日本变法的措施提供了改革的途径和方法，变法中的利弊、曲折则提供了经验和教训。这样，可以"收日人已变之成功，而舍其错戾之过节"，少走弯路。

向日本学什么？

"其条理虽多，其大端则不外于：大誓群臣以定国是，立制度局以议宪法，超擢草茅以备顾问，纡尊降贵以通下情，多派游学以通新学，改朔易服以易人心数者，其余自令行若流水矣。"（康有为《日本变政考》）

最重要的，还是官制改革。这是日本骤强的最重要的原因，"日本变法所以能有成者，以其变官制也"，变官制，就要先开制度局，重修会典，大改律例。

《日本变政考》篇幅很长，共十二卷，是分为若干次进呈的。

据说，光绪帝"阅之甚喜"，一卷刚进，又催下卷。"日置左右，次第择而行之。"

李盛铎是卧底，还是叛徒？

不久，康有为的得意弟子麦孟华、梁启超等人和康有为之弟康广仁也来到北京。

先是梁启超在湖南办时务学堂，宣传维新变法。在一八九八年春，他突患重病，几乎到了生命垂危的地步，便到上海就医。在乘轮船顺长江而下去上海的途中，他和同行的友人谈起救国之事，说了一番慷慨激昂的话："吾国人不能舍身救国者，非以家累，即以身累，我辈从此相约，非破家不能救国，非杀身不能成仁，目的为救国为第一要义，同此意者皆为同志。吾辈不论成败是非，尽力作将去，万一失败，同志杀尽，只留自己一身，此志仍不可灰败，仍需尽力进行。然此时方为吾辈最艰苦之时，今日不能不先为筹画及之，人人当预备有此一日。万一到此时，不仍以为苦方是。"（梁启超《京中士大夫开保国会》）

这番话实在有些壮怀激烈。是他预感到了在这个特殊的戊戌之年，他和老师、同仁将会迎来那一场惊动天地的壮举吗？

三月，大病初愈，他接到老师的信决定立刻北上。行前，他来约正在上海办印书局的康广仁。康广仁有些为难，因为在上海的出版事业刚刚打开局面，不愿离去。但是，当他看到梁启超大病刚愈，身体非常虚弱时，又很不放心他一人上路，于是决定"护视其病，万里北来"。

他们的到来，让康有为非常欣喜。

这年正值会试，各省的万余名举人再次云集京城。三月下旬，康有为口授一折《乞力拒俄请众公车保疏》，抵制俄国向清廷强索旅顺和大连湾。在麦孟华、梁启超呼吁下，两广和云贵等百余举人来到都察院请求代递上书。

四月下旬，来京参加会试的山东举人带来一个消息。年初，一群德国兵擅自闯入山东即墨文庙，打毁了孔子神像，将子路像的双目挖去。康有为决意利用此事件来推动变法，命弟子四处活动，联络各省举人分头上书。由麦孟华、林旭、梁启超等十二人联合署名的一份《请联名上书查办圣像被毁公启》，很快被送到各省会馆。这份公启以保卫孔教为号召，立刻激起了各省举子的爱国热情，他们纷纷响应。林旭等三百六十七名福建举人，汪曾武等二百零四名江苏举人，麦孟华、梁启超等八百三十一名广东举人，以及湖北、湖南、安徽、广西等省一百一十名举人先后向都察院上书，请求清廷向德国政府抗议，查办破坏孔庙之人，赔偿损失。

千余名举人再现了又一场声势浩大的"公车上书"。

康有为还策动了御史、翰林院编修等一批中级官员向清廷上书。其中规模最大的一次为翰林院编修李桂林等一百五十六名中下级京官的联名上书。由京官上书，这样大的规模在清朝的历史上少有。

此时，在北京由年初康有为创办的"粤学会"的影响带动下，各省的知识分子也在京成立了"闽学会""陕学会""蜀学会"等学会组织。康有为有了一个想法，那就是成立一个总的学会机构，将这些分散的学会集中起来。这样，影响会更大，对推动变法有利。

恰好，这天，江南道监察御史李盛铎来拜访康有为，两人在交谈中，李盛铎也对成立一个大的学会态度非常积极，认为这样就可以团聚天下英才。一拍即合，康有为很高兴，当场约请李一起作为发起人。李盛铎当即应允。

这个学会的名称，叫"保国会"。

康有为却看错了人。

李盛铎是个什么人？

李盛铎，字椒微，号木斋，江西德化人。他出身于书香门第，受甲午战败的刺激，主张内政改革。他曾参与康有为发起的强学会，与京师主张维新的官僚汪鸣銮、文廷式、志锐等人多有交往。所以，一些倾向维新的官僚将他看成能够为光绪效力，辅助中兴力图振作的得力人才。他和康有为多有交往，曾经代递过奏章，所以也就取得了康有为的信任。

但他官瘾大，两面讨好，是个十足的两面派。看上去侧身帝党，却又百般取悦后党。他和后党的核心人物荣禄深有渊源，甲午一战时，曾被荣禄力荐充当督办军务处文案这一重要职位。所以，正是由于他的左右逢源、两面讨好，使保国会不久很快被弹劾解散。他是保国会的发起人，又是保国会的掘墓者。

按康有为的设想，保国会应该是一个全国性的政治团体。

经过一番筹备，一八九八年四月十七日，保国会第一次会议在北京宣武门外菜市口南横街的粤东会馆举行。到会的有各省应试举人、京城上至二三品大员、翰詹科道、各部员郎主事，下及于在京之行商坐贾，约二三百人。

粤东会馆的入口处，大书着保国会的标语。会场设在后院的戏楼，人声鼎沸，座无虚席。

康有为被公推为演说人。

这是我们今天所能查到的康有为留下来的，发表在当年《知新报》上的《三月二十七日保国会演说词》，现摘片段：

> 吾中国四万万人，无贵无贱，当今日在覆屋之下，漏舟之中；如笼中之鸟，牢中之囚；为奴隶，为牛马，为犬羊，听人驱使，听人宰割。此四千年中二十朝未有之奇变。加以圣教式微，种族沦亡，奇惨大痛，真有不能言者……
>
> 孟子曰"国必自伐然后人伐之"，故割地丧权之事，非洋人之来割胁也，亦不敢责在上者之为也，实吾辈甘为之卖地，甘为之输权。若使吾四万万人皆发忿，洋人岂敢正视乎？而乃安然耽乐，从容谈笑，不自奋励，非吾辈自卖地而何？故鄙人不责在上而责在下，而责我辈士大夫，责我辈士大夫义愤不振之心，故今日人人有亡天下之责，人人有救天下之权……
>
> 今日之会，欲救亡无他法，但激励其心力，增长其心力，念兹在兹，则爝火之微，自足以争光日月。基于滥觞，流为江河。果能四万万人人人热愤，则无不可为者，奚患于不能救……

尽管这份演说词经过在场记录，会有一定的修饰或加工，但仍然能清晰听到康有为的一腔激愤的爱国情怀。他"泪随声下",听众也"有泣下者"。之后,这份演说词在士大夫中不胫而走,传遍很多城市。

它马上就遭到了一些人的攻击。最先发难的是广东籍的许应骙和兵部左侍郎杨颐,他们的借口很荒诞,为"惑众敛财,行为不端",警告广东同乡不得再允许康梁的保国会在粤东会馆聚会。

保国会的第二次大会,改在宣武门外达智桥胡同河南会馆嵩云草堂举行,公推梁启超等人发表演说。之后,又在贵州会馆召开了第三次大会。一时,康有为再次震动京城,成为爱国保国的旗帜和中心人物。公车如云,频频前来拜访,他只得每日奔忙不暇,"分日夜之力,往各会宣讲"。连一些王公贵胄,也纷纷以能托人约见到他而为幸事。受他和保国会的影响,各省很快相继成立了保滇会、保浙会、保川会等。

但遗憾的是,保国会也就仅仅召开了这三次大会而已,不久烟消云散。这当然与它的另一个发起人李盛铎有关。

早在保国会召开第一次大会前的四月十六日晚,徐桐、荣禄便将李盛铎找去狠狠地训斥了一顿,不准他与康有为等大逆不道之人再有任何来往。据刘禺世的《世载堂杂忆》中说,当晚面对徐桐的痛斥,李盛铎以"不入虎穴,焉得虎子"来以媚徐氏,所以李加入和发起保国会的目的,是为了窃取康有为活动的情报。这样说,李盛铎就是荣禄派去的"卧底"了。有人对此种说法认为不合理,理由是既然是卧底,就用不着公开宣布退出保国会,应继续留在会内搜集情报才是。

荣禄的那番杀气腾腾的话,就是面对李盛铎说的。他说:"康有为立保国会,现放着许多大臣未死,即使亡国尚不劳他保也。其僭越妄为,非杀不可。你们如有相识入会者,令其小心首领可也。"

李盛铎这个"发起人之一"连保国会仅有的三次大会他均未参加,很快宣布退出。之后,一看事情不妙,马上掉转过身来上书《会党日盛,宜防流弊折》弹劾保国会和康有为。这不仅仅是叛变,甚至是急速出卖,恨不得将康有为推入狱中或杀掉,来保全自身。

而首先向保国会发起攻击的人,是吏部主事洪嘉与。这个人更是个心胸狭隘之徒。保国会成立之初,他欲趋新,想结识康有为,三次登门拜访，正赶上康有为在外忙碌不遇。洪不死心，给康有为留下了自己的地址。不料门房由于成天上门来访的人多，把此事忘记了。所以，这件事康有为并不知道。但洪嘉与心中却结下了仇恨，认为康瞧不起自己。一日，浙江一个叫孙浩的举人来拜访洪，想走洪的门路考经济特科。洪对他说："当今主考官很恨康有为，你如果能抨击康有为，必可取特科。"孙浩马上写了《驳保浙会折》，洪嘉与又代草了《驳保国会章程》，对保国会和康有为大肆攻击。骂康有为是"地方大光棍"，想做"民主教皇"，"邪说诬民、摇动人心、形同叛逆、辩言乱政"。洪将此两折印制千册，以孙浩的名义遍送京中大员。

五月二日，御史潘庆澜上《请饬查禁保国会片》，攻击保国会聚众不道。加上李盛铎的弹劾，守旧派大臣刚毅已经做好了查办的准备，只等皇上下令马上动手。

这个时候，光绪说话了。光绪对刚毅和别的大臣说："会能保国，岂不大善哉？何可查究耶？"

礼部尚书许应骙和御史文悌上奏参劾康有为，要求将其驱逐，文悌为激起满族统治者的不满，宣称康有为有"保中国不保大清"之嫌。

光绪斥责了许应骙，令其自省。

对文悌，光绪帝十分生气，痛斥其受人支使，结党攻讦。下令革掉了他的御史之职。

怕慈禧太后见了后追问，光绪帝将所有参劾保国会的奏折提出封存。

康有为就是从这时开始，突然发现和认识了光绪帝。

他看到了变法的希望。

他说："突遭许、文狂噬，即拂衣欲去，不意刘整弹章，反成祢衡荐表。"

他在一首诗中写道：

八表离披割痛伤，群贤保国走彷徨。
从知天下为公产，应合民权救我疆。
八俊三君自钩党，周钳来网巧飞章。
书门幸免诛罪臣，明圣如天赖我皇。

第九章

百日维新大幕

拉开就遇危机

恰在此时，清廷发生了一个非常重要的事件：五月二十九日，光绪二十四年（1898）四月十日，首席军机兼总理衙门领班大臣恭亲王奕䜣因病去世，享年六十六岁。

人亡政息。

一些有识之士，预言了朝廷将发生"大变"，如张謇。

恭亲王之死

恭亲王的地位，极其特殊。除慈禧太后和光绪外，他是"第一执政者"。

一八六一年，他建议设立总理各国事务衙门，打开了通往世界的大门。

也是在这一年，他提出了"自强"的口号，发起了对近代中国深有影响的洋务运动。深有远见的他重用曾国藩、左宗棠、李鸿章等汉臣，终于剿灭了太平天国。同时，他推行新式练兵，开办军事工业，编练近代陆军，筹建海军。更可贵的是，他创办了近代工业，福州船政局、江南制造局、开平煤矿、铁路……在教育上，开办京师学堂（聘洋人教西洋理工科学），力主第一批小留学生去美国等。大清历史上，近代历史上，一个全新的时代开创并到来了。"同治中兴"这赫赫功绩，第一个该记在他的头上。

但他终斗不过他的嫂子，惯用权谋、心计太深的慈禧太后。他干得越出色，慈禧越提防，将他看成皇权最大的威胁者。叔嫂双方整整斗了三十年。一八六五年三月，慈禧巧妙地利用编修蔡寿祺对他的弹劾"揽权纳贿，徇私骄盈"，说他目无君上，拟了一道错别字连篇的"懿旨"："恭亲王议政以来，妄自尊大，诸多狂傲"，要免去他议政王和军机大臣等职位。虽然遭到全体王公大臣的反对，最终还是撤去了议政王的头衔。一八七四年，恭亲王因反对重修圆明园，并劝戒同治不要微行私出，同治帝再次要撤奕訢，全体军机大臣再次抗命，同治与慈禧才不得不退让。光绪十年，一八八四年，慈禧再次垂帘听政后，终于又用"萎靡因循"四个字，罢黜了恭亲王的一切职务，令其"居家养疾"。

这一赋闲，就是长长的十年。这是他生命中最成熟、最能做大事的十年。

被罢黜后，奕訢只能在自己的王府里消磨自己的才华和生命，他曾集唐人的诗句为若干首诗，足见其郁郁难言之心绪：

> 纸窗灯焰照残更（齐已），半砚冷云吟未成（殷文圭）。
> 往事岂堪容易想（李珣），光阴催老苦无情（白居易）。
> 风含远思翛翛晚（高蟾），月挂虚弓霭霭明（陆龟蒙）。
> 千古是非输蝶梦（崔涂），到头难与运相争（徐夤）。

一直到一八九四年，甲午战争爆发，是和是战朝中纷争不决，在李鸿藻和翁同龢等人的一再要求下，慈禧太后才在不得已的情势下，起用了恭亲王主持大政。

恭亲王再次成为台前的"大清第一执政"。

但十年的消磨，人是心非。加之他确是老了，又患病，来日无多。随着甲午一战，他殚精竭虑让李鸿章建立起的北洋海军舰队灰飞烟灭，三十年的洋务之弊清晰显现。洋务新政"只变其末不变其本"，已被朝野各界认同。是旧体制严重束缚了中国的发展，大清向何处去，再次摆在人们面前。

对康有为的变法，恭亲王是何态度？

他极度矛盾。依他办了三十年洋务的经验和远见卓识，他明白大清不变，断无来日。所以，对于康梁办的强学会、保国会等等，在守旧派屡屡阻止的时候，他一直很低调，他是在观望吗？这也在客观上保护了年轻的维新力量。还有一点，遍查史料，发现他和康有为竟没有机会见面，也算缘吝一面吧。唯一的一个机会是总理衙门问话，那天他有要务和洋人商谈，也就将机会错过了。假如当面听听康有为对变法的设想和建议，也许他会是另外一番态度也未可知。所以也有学者断言，假如恭亲王无病，或没有十年赋闲的被折磨，他一定会支持康梁变法。

由于对外界的信息少知不说，对政事更早已看淡。这就使他的观念也在发生变化。他是不认同康有为变法的理念的，更不会主张对旧有体制的激变。认为康有为的做法，有"废我军机，毁我大清"之嫌。所以，他一再阻止光绪与康有为的见面和对话，搬出了"本朝成例，非四品以上大员不得召见"。

五月二十六、二十七日，恭亲王病重，已经到了垂危时刻。慈禧太后和光绪连日均来探望。

在生命的最后时刻，他向光绪和慈禧太后留下了最后的嘱托："闻有广东举人主张变法，当慎重，不可轻任小人也。"而对一八九四年建议起用康的翁同龢，他更是满腹非难，认为正是翁在甲午时主张开战影响了光绪帝，致十几年的教育和耗费数千万的海军覆于一旦。所以，他指责翁同龢"居心叵测，并及怙权"，"所谓聚九州之铁不能铸此错者"。

对这番忠告，光绪没往心里去。

往心里去的，是恭亲王的这位嫂子，这个和他斗了三十年的嫂子，慈禧。

两天后，恭亲王病逝。慈禧这时才对这位六弟极尽哀荣，赐谥号"忠"，配享太庙，入京师贤良祠，还下令"辍朝加两日"，皇帝素服十五日。

康有为等维新派，将恭亲王的去世，看成是一个立即推行变法的机遇。

清廷中枢失去了一股对各派都有牵制和威摄的特殊作用的力量。美国传教士明恩溥在《中国在激变中》一书中认为，恭亲王的去世，使中国这架"错综复杂的政府机器失去了一个重要的平衡轮"。

光绪帝拉开百日维新大幕

恭亲王五月二十九日去世。

六月一日，康有为代御史杨深秀拟定的《请定国是明赏罚以正趋向》一折，就递到了光绪帝的手中。

这是恳请皇帝尽快正式宣布变法。

杨深秀的这一折，实是请皇帝首先向守旧派宣战，以示变法决心。新旧两派，早已相互水火。守旧派畏惧新法，"乃上托法祖之名，下据攘夷之论，阳塞开新之口，阴阻身家之图"，他们必须受到严惩，然后，才能推行变政。

六月六日，康有为以自己的名义上书，促请光绪帝大誓群臣，推行变法。

六月八日，康有为再代侍读学士徐致靖拟《外侮方深，国是未定，守旧开新，两无所据，特请申乾断，明示从违折》。这是对杨折内容的推进和深化。在此折中，康有为甚至不惜用了反话来刺激和敦促皇上，先说天下在怀疑是皇上在守旧，致使政事摇摇未定，国家成一潭死水。

这些话有些很不客气了——"皇上，您真的是这样（守旧）的话，就干脆把我们法办了吧！"说明了康有为其心之急切。

康与徐致靖的交情很深。徐致靖，字子静，江苏宜兴人。光绪二年

（1876）进士，选庶吉士，授编修，累迁侍学士。他倾向维新，对康有为深有好感，曾上奏举荐康有为"堪大用"。他敢于上这样的奏折，也说明当时朝野对变法的积极态度。同时，他和杨深秀都明白这样做的风险。果然，后来两人都因此而遭遇不幸，一被罢黜流放，一被杀害。

该敬佩的还有光绪帝，他看过了杨徐两人的奏折后，不仅没有不满，还深深赞许。看来，康有为的激将法真的起了作用。光绪甚至在八日当天就将徐折送颐和园，呈给慈禧太后"慈览"。

光绪借着这两个奏折，对"亲爸爸"想说的话太多了。

他急切地不想再隐忍和回避，找来了庆亲王奕劻。

他对庆亲王说了一番从来没有说过的话，并且毫不隐讳地希望庆亲王转告慈禧太后。据苏继祖《清廷戊戌朝变记》有载：

> 乃谓庆王曰："太后若仍不给我事权，我愿退让此位，不甘作亡国之君。"
>
> 庆邸请于太后，（太后）始闻甚怒曰："他不愿坐此位，我早已不愿他坐之。"
>
> 庆力劝始允曰："由他去办，俟办不出模样再说。"
>
> 庆邸乃以太后不禁皇上办事复命。

对苏继祖在《清廷戊戌朝变记》中的这段话，多被学者和世人引用。但也有学者认为"不可靠"。理由是，此乃宫中绝密的对话，外人是如何知道的？苏继祖仅仅是戊戌六君子之一杨锐的女婿，非为当事者。所以，这段话很像作者依据戊戌变法的过程推断而出。

但为何很多学者仍然认可他的说法？苏毕竟是那个时代的人，其岳父又是真正的当事者，尽管杨锐已死，也将留下一些文字等等。苏在写书之时，也会从不同渠道得到一些资料。所以，他的说法，该受到一定的重视。起码作为一家之言，是可以的。历来皇家对这些绝密的内情都是死死封闭得密不透风，也就有理由让人去探究。

光绪不甘心没有实权，希望慈禧放权来推行变法，确是大家都认可的实情。

六月九日，光绪帝去颐和园。他在给慈禧请安后，向她正式提出诏定国是，实行变法的请求。

慈禧答应了，说："变法乃素志，苟可以致富强者，儿自为之，吾不内制也。"

次日，光绪就令师傅翁同龢草拟诏定国是的上谕，并呈太后审阅。

六月十一日，慈禧太后的"批示"下来了，不仅同意，态度还非常激进："上奉慈谕，以前日御史杨深秀、学士徐致靖言国是未定，良是。今宜专讲西学，明白宣示。"（翁同龢《翁文恭公日记》）

光绪帝接到"批示"后，当日还宫，他要召集军机大臣会议，颁发《明定国是诏》。

这样一件"千年未遇的变法大事"，决定大清命运的大事，马上就定了，顺利得让人没有想到。尤其是，慈禧太后称杨、徐两折"良是"，很同意他们两人的意见；更为让人吃惊的是后面的十个字："今宜专讲西学，明白宣示。"这话从太后的嘴中说出来，意义非凡。这是她明明白白表态：今天，就应当向西方学习，推行变法。连翁同龢都觉得"今宜专讲西学"的说法有些"过了"。

此时，慈禧太后，是同意、支持变法的。

没有她的同意，《明定国是诏》将无法颁布。

《明定国是诏》，是变法的号角。

一八九八年六月十一日，光绪皇帝穿过回廊，来到太和殿，坐上了宝座。他在接受了群臣三呼朝拜后，向群臣宣布：经太后同意，他决定从即日起，实行变法维新。

大学士孙家鼐从皇帝身旁的太监手中接过明定国是诏书后，双手捧着送到殿前，授予礼部尚书许应骙和塔怀布，二人跪受诏书，再将诏书置于云盘中，即捧诏出殿。王公大臣、六部公卿随他二人步出午门。许应骙再将放置诏书的云盘置入龙亭之中，然后，由八名太监抬着龙亭送到天安门外的黄案上。

此时，文武百官匍匐在地，恭听宣诏官代表皇帝宣读明定国是诏书。

晚清历史上，中华历史上，一次亘古未有的巨大变革，自此拉开了帷幕。

它是中国近代变革中最有价值的文献。

——谕内阁：

数年以来，中外臣工讲求时务，多主变法自强。迩者诏书数下，如开特科，裁冗兵，改武科制度，立大小学堂，皆经再三审定，筹之至熟，甫议施行。唯是风气，尚未大开，论说莫衷一是，或托于老成忧国，以为旧章，必应墨守，新法必当摈除，众喙哓哓，空言无补。试问今日时局如此，国势如此，若仍以不练之兵，有限之饷，士无实学，工无良师，强弱相形，贫富悬绝，岂真能制梃以挞坚甲利兵乎？

朕唯国是不定，则号令不行，极其流弊，必至门户纷争，互相水火，徒蹈宋明积习，于是政毫无裨益。即以中国大经大法而论，五帝三王，不相沿袭，譬之冬裘夏葛，势不两存。用特明白宣示，嗣后中外大小诸臣，自王公以及士庶，各宜努力向上，发愤为雄，以圣贤议理之学，植其根本，又须博采西学之切于时务者，实力讲求，以救空疏迂谬之弊。专心致志，精益求精，毋徒袭其皮毛，毋竞腾其口说，总期化无用为有用，以求通经济变之才。

京师大学堂为各行省之倡，尤应首先举办，著军机大臣、总理各国事务王大臣，会同妥速议奏，所有翰林院编检、各都院司员、大门侍卫、候补候选道、府、州、县以下各官及大员子弟、八旗世职、各武职后裔，自愿入学堂者，均准入学肄习，以期人才辈出，共济时艰，不得敷衍因循，徇私援引，致负朝廷谆谆告诫至意，将此通谕知之。

(《德宗景皇帝实录》)

此诏为翁同龢所拟，他为使慈禧太后能顺利通过，撰写得较温和，但言简意赅，十足用心。很有意思的是，翁在写作此诏时，一定是将杨、徐两折和康有为的一折放在旁边"参考"的。杨、徐两折也是康有为所拟，所以翁同龢这里将不少康言尽抄而入，甚至连一些词句都没有变化。如"老成忧国""空言无补""五帝三王，不相沿袭，譬之冬裘夏葛，势不两存""以为旧章必当墨守，新法必当摈除，众喙哓哓，空言无补"等等。这也可见康有为对当时变法的影响之深。

就是光绪帝的此诏，拉开了百日维新悲壮的大幕。

它庄严宣告变法维新开始，吹响了向守旧势力冲决的号角，在朝野引起巨大的震动。变法在全国大规模开始，很快深入人心。这在中国的千年历史上，是绝无仅有的。

翁同龢写诗说："四月廿三诏，维新第一辞。大号明国是，独立扫群疑。"

而梁启超阐述的是它重大的历史意义："斥墨守旧章之非，著托于老诚之谬，定水火门户之争，明夏葛冬裘之尚，以变法为号令之宗旨，以西学为臣民之讲求，著为国是，以定众向，然后变法之事乃决，人心乃一，趋向乃定。自是天下向风，上自朝廷，下至人士，纷纷言变法，盖为四千年拨旧开新之大举，圣谟洋洋，一切维新，基于此诏，新政之行，开于此日。"（梁启超《戊戌政变记》）

在封建独裁的君主制依旧称霸天下的晚清，这样的变法和诏书，是暗夜中的爝火。梁启超的话，真实剀切。

很快就明白，变法面对的是怎样一场血与火的决斗与厮杀。

慈禧为何阴阳两变？

《明定国是诏》颁布的当天，为百日维新第一天。

光绪帝来到颐和园，给"亲爸爸"慈禧太后请安后，将《明定国是诏》已经颁布的消息，报告给了慈禧。看慈禧如往常一样很平静祥和，光绪帝很高兴，递上来五本书。这五本书是：康有为写的《日本变政考》《各国兴昌记》《泰西新史揽要》《俄彼得变政记》和冯桂芬的《校邠庐抗议》。

《校邠庐抗议》，是咸丰时翰林院编修冯桂芬撰写的一部政论集。"校邠庐"为作者住处，"抗议"语出《后汉书》，即位卑言高之意。冯桂芬，江苏吴县人，于一八七四年去世。他针对咸丰朝之后社会的大变动，以及第二次鸦片战争后大清已远远落后于西方的现状，向朝廷提出的一系列改革方案。他提出"以中国之伦常名教为原本，辅以诸国富强之术"，但当时由于洋务的势利并未形成，反响不大。之后，才对洋务运动产生很大影响。到同治和光绪年间，终被深受重视。

这都是关于变法的书。

光绪帝在慈禧的榻前读着，慈禧斜倚在床上眯着眼睛听。她感叹道：过去朝廷也行了不少维新的事，但究竟不如今天这些书和奏折里说得透彻啊。

光绪看到慈禧高兴，主张把这些书大量印制，让大小臣工人手一册以习变法。

慈禧点头说，就这么办吧。

慈禧听到康有为的名字，看康有为的奏折和书，这不是第一次了。此前，她曾经说过：康有为的爱国之心，让她感动。

一切，顺风顺水。

变法可以顺畅通行了。

可以想见光绪的愉快心境和对变法的跃跃欲试与踌躇满志。

六月十二日，光绪又发布上谕，称商务为国家富强之要图，着各省督抚率员绅从速妥善筹备，总期联络商情，上下一气，勿得虚应故事。将选派宗室王公游历各国，考察各国政治体制，着宗人府察看保荐、听候有关部门的选派和统一安排。

六月十三日，光绪帝连下了几道上谕，宣布于三天后召见工部主事康有为、刑部主事张元济，令湖南盐法长宝道黄遵宪、江苏候补知府谭嗣同送部引见，广东举人梁启超着总理衙门察看具奏。

这是正式推行变法的第三天。

光绪帝在第三天所下的这几道上谕，与徐致靖当日所上的一折有关。当日，急不可待渴望参政变法的康有为，再次代徐致靖草拟了《国是既定，用人宜先，谨保维新救时之才，请特旨破格委任，以行新政而图自强折》，保荐康有为、黄遵宪、谭嗣同、张元济、梁启超五人参赞新政。折中强调说"非常之政，必待非常之才，……必广求湛深实学、博通时务之人而用之"，要求学习日本"日本维新之始，特拔下僚及草茅之士"，以备顾问。

专对康有为其人，徐折中非常突出地说康："忠肝热血，硕学通才，明历代因革之得失，知万国强弱之本原……其所论变法，皆有下手处，某事宜急，某事宜缓，先后次第，条理粲然，按日程功，确有把握。其才略足以肩艰钜，其忠诚可以托重任，并世人才实罕其比。若皇上置诸左右以备顾问，与之讨论新政，议先后缓急之序，以立措施之准，必能有条不紊，切实可行，宏济时艰，易若反掌……"

这实是康有为假他人手的毛遂自荐，希望皇上重用，破格提拔他为首席顾问，执掌变法的领导之权。从中，也可以看出康有为将变法看得过于乐观，对其艰难估计得非常不足。哪里可能"易若反掌"呢？

光绪帝在颁诏变法后，正焦急在用人上。周围的臣工不少，主张维新的人有，但用在这样一件决定国家命运的大事上的统盘设计维新大计的人才，还有谁最合适？舍康无人！所以，他早就有召见和擢用康有为之心，看到徐致靖的保荐折后，他马上将该折送呈"慈览"。按成例，大臣推荐人才，皇帝可以召见，慈禧太后也不便干涉。

于是，光绪帝在当天连下了这几道上谕。令康有为、张元济于四月二十八日（6月16日）预备召见。黄遵宪、谭嗣同送部引见，梁启超由总理衙门察看具奏。

光绪已经将变法"智囊班子"的人选，拟定了。

这个班子，将决定着变法的走向。

谁能想的到，六月十五日，维新的第五天，即风云突变！

十五日，光绪皇帝突然下了几道异常奇怪的上谕：

第一道：命王文韶立即来京陛见；令荣禄"暂置"直隶总督。（暂置，只是一个短暂的过渡，仅八天后，便实授荣禄为直隶总督兼充北洋大臣。）

第二道：嗣后在廷臣工如蒙慈禧太后赏加品级，及补授满汉侍郎以上各官，均著具折恭诣皇太后前谢恩。各省将军都统督抚等官，亦著一体具折奏谢。此规定在慈禧宣布光绪亲政之后，从未有过，它标志着慈禧又从后台走入前台，开始牢牢掌握了人事大权。

第三道：协办大学士户部尚书翁同龢，近来办事多未允协，以致众论不服，屡经有人参奏。且每于召对时，咨询事件，任意可否，喜怒见于辞色，渐露揽权狂悖情状，断难胜枢机之任，著即开缺回籍。光绪皇帝二十余年的帝师，就这么几句话的理由，说罢黜就罢黜，打发回原籍老家了。

同一天，与这三道上谕同时下发的，还有几道：四、本年秋间皇上要和太后一起去天津阅操，让荣禄预备一切；五、命新任刑部尚书崇礼兼署步军统领，把持京畿军权；六、嗣后只要皇上驻跸颐和园，遇有应行引见之员，也应一体带领向皇太后引见。

最奇怪的是，这前三道上谕都是"朱谕"，即皇帝亲笔下旨。清代上谕，皇上定了之后，多由军机处拟稿，再经皇帝审阅认可后下发。而非常重大的事项，为提高规格，引起重视，则由皇帝本人以朱笔亲自写好发布，所有的臣公一见到"朱谕"如同亲耳听到皇上的声音，自然诚惶诚恐，百般重视执行。

这样的三道"朱谕"，是光绪写的无疑了。

奇怪的是，光绪写下这样的朱谕，是要干什么？此三件都是绝大的事：授荣禄为直隶总督兼北洋大臣，这是将朝廷的军权交给了荣禄，是为变法保驾还是抑制？罢黜翁同龢更加怪异，几天前，还令翁草拟变法的动员令《明定国是诏》这样重要的文件，转眼就将其罢官赶回老家，实在让人不解。最莫名其妙的是第二道上谕——从今后，凡被授予文武二品以上暨满汉侍郎者，都应在向皇上谢恩后，还要"恭诣"，亲自到皇太后前谢恩。各省将军、都统、提督等官也一样要具折至皇太后前奏谢。这不明摆着是慈禧太后将朝廷的人事大权收回了吗？

这是光绪自己的意愿吗？

只有一个答案无疑：光绪皇帝是在慈禧的逼迫下，不得不为之。

几天前，慈禧还对光绪说："儿自为之，吾不内制。"转眼就收回了大权，开始内制。这不是在要阳奉阴违、阴阳两手，又是什么？

同意变法的是她不假；将变法死死捆起来让你动弹不得的是她也不假。

一个皇帝，军权、人事权都没了，成了"光杆"，叫他变什么法？

这是为什么？

这就叫封建帝制，这就叫垂死的大清。

慈禧太后对维新变法的态度，国内外学者一直分歧很大。一派认为慈禧是反对变法的顽固派，否则无法解释她后来亲手毒辣地扼杀了戊戌变法这场运动，酿成了后来的大倒退与"庚子国变"的大祸；一派则认为慈禧不是顽固派，而是洋务派，她是一直赞成和支持变法的，如果没有她的支持，光绪帝没有能力，也不敢发动这场变法。

后一种观点在近年颇为流行，是对长期以来的一种观点的反驳，也理应受到一定的重视和尊重。这些学者在对一些新的史料研究中提出不同看法，有助于理清历史本来的面目。

慈禧的内心究竟同不同意变法，看来似乎成为问题的焦点。

当年参与了戊戌变法的礼部主事王照对慈禧看得很清，说其"但知权力，绝无政见"，这句话说中了问题的要害。

作为一个晚清真正的皇权独裁者，这个女人执政了整整四十七年。"翻手为云，覆手为雨"，为的都是稳固自己的政权统治。她今天可以这样说，明天可以那样讲，任何人假如真的相信，都会陷入一种圈套。这才是慈禧太后对变法阳奉阴违、阴阳两变的所有秘密。

荣禄是她身边非常亲近的人了，连荣禄都说她："太后心狠，令人不测。"

皇家，宫廷里的皇权之术，她早早就无师自通地驾轻就熟。这是她超人的能力、才干，加上她惯用的常人不敢想的手段。一个未尝有学问而权力欲极强的无识女流，会用手段后，将极其可怕。她狠起来到什么程度？连亲娘都不认！——就因为她在小的时候父母喜爱她妹妹，不喜欢她，她恨自己的母亲。她成为懿贵妃后，她母亲入宫来见她按例要行大礼，换了任何一个人，母亲来对女儿行大礼都将"多不敢受"，而她不，就敢受，堂堂正正来受，这让她的母亲非常生气和伤心。

从肃顺、端王之死到戊戌六君子之死不说，仅说同治皇帝的皇后阿鲁特氏之死、慈安之死、珍妃之死、恭亲王被贬，甚至到光绪之死……虽没有证据，不能说都死在她的手下，但与她的关联千丝万缕。后人在谈起这些惊心动魄的往事，为何要首先怀疑是她下的毒手？因为她实在有手段让这些人生不如死。

权力欲，在某些时候就是杀人欲。

何谈她对变法来一个小小的阳奉阴违呢！

六月十一日，正是在她的同意下，光绪帝才下的《明定国是诏》，宣布变法。

但一天之前，六月十日，看看她背地里在做什么？

"四月二十二日太后召见庆邸、荣相、刚相，询及皇上近日任性乱为，要紧处汝等当阻之。同对曰：皇上天性，无人敢拦。刚伏地痛哭，言奴才婉谏，屡遭斥责。太后又问，难道他自己一人筹画，也不商之你等？荣、刚皆言：一切只有翁同龢能承皇上意旨。刚又哭求太后劝阻。太后言，俟到时候，我自有法。"（苏继祖《清廷戊戌朝变记》

她前脚答应光绪同意变法，后脚马上与庆王、荣禄、刚毅召开了这样的一个秘密会议。也就在这个秘密会议上，她做了精心安排：先提升亲信荣禄为大学士，管理户部；调刚毅为兵部尚书协办大学士，以崇礼为刑部尚书，朝廷的要害部门死死掌控在自己人手中。然后，荣禄又通过李莲英对慈禧放出了"翁同龢专横，且劝帝游历外洋"，慈禧大吃一惊，在光绪一再表白下，仍然不信。于是，翁同龢的命运，也就暗暗定了下来。

这还不够，她对荣禄"连天召见"，秘密协商，决定了罢免翁同龢后，调直隶总督兼北洋大臣王文韶入军机处取代翁，荣禄接任直隶总督兼北洋大臣。于是，也就有了六月十五日那几道奇怪的上谕。

这是太后的决定，光绪同意也罢，不同意也罢，必须以"朱谕"下发。

光绪提笔写下这三道朱谕的时候，心中是什么心情？

光绪这个皇帝，是她一手拥立的，还是自己亲妹妹的孩子，她为何要如此，这不是自己给自己下绊子，自己在打自己的脸吗？

是谁罢黜了翁同龢？

光绪二十四年（1898）四月二十七日，从午夜后一点多开始，京城就淅淅沥沥下起了雨。

"春雨贵如油"，对于少雨的北方来说，春旱已久，这自是一场"喜雨"。这一天，是翁同龢六十九岁的生日。凌晨，翁同龢起床后，听到窗外的雨声，有些欣喜。这些天他正在为春旱担忧，正是农作物盼水之时啊，真是好兆头，看来实是"好雨知时节"啊。

如同四十余年里京城为官，所走过的每一个普通的日子一样，凌晨四时，他就踏雨入值军机处，伏案看起了堆在案头的奏折。他知道，用不了一刻，皇上便会召集军机大臣议事，军机处的同僚们也已陆续到了，在等皇上。今天，皇上将会有如何的议题呢？

就在他和别人一起起身，准备去朝圣面见皇上的时候，有人突然向他走来，悄声知会他："翁师傅，皇上说您不用进来……"

半生纵横于官场的他，太明白这话的含义了，他不仅入值军机，可是堂堂相国、一品大员、两朝帝师、十年枢臣啊，他如雷击顶！

他只能木木地呆坐在那里，望着窗外的雨。檐前流落下来的雨水，击打在石阶上的声音很响，但他听不到了……

有一种可怕的预感，但他不相信。

足足一个多钟头，他就死死地如同被"钉"在那里，独坐看雨。

这一个多钟头，如同穿越了他在这熟悉的皇城内走过的四十多年。

雨中的脚步声、人声。朝会已散。

皇上与军机大臣们密议的结果出来了：

"协办大学士户部尚书翁同龢近来办事多未允协，以致众论不服，屡经有人参奏，且每于召对时，咨询事件，任意可否，喜怒见于辞色，渐露揽权狂悖情状，断难胜枢机之任。本应查明究办，予以重惩。姑念其在毓庆宫行走有年，不忍遽加严谴。翁同龢著即开缺回籍，以示保全。特谕。"

这道御旨，且是光绪皇帝亲手批下的"朱谕"。这尤其让翁同龢是"死都不会相信"的。

皇家幕后之事，历来隐晦不清。那么，力主罢黜翁同龢的，究竟是慈禧太后，还是光绪帝？翁同龢对戊戌变法的态度，究竟是支持还是中途起了变化转为反对？

众说纷纭，莫衷一是。

翁同龢出生在北京城内石驸马大街罗圈胡同，为名门望族。四岁，随祖母和母亲回故乡江苏常熟。他的父亲翁心存，官至体仁阁大学士，曾任上书房行走，授读咸丰、同治帝；翁同龢授读同治、光绪帝，父子二人同为帝师，还都授读了两个皇帝，这在中国历史上也是绝无仅有的。

翁同龢自一八五六年会试一举成名，到一八九八年被开缺回籍，足足有四十二年在京师任要职。历任户部侍郎，都察院左都御史，刑部、工部、户部尚书，总理衙门大臣，并两次入值军机大臣，直接参与了中法战争、中日甲午战争的决策。其权势地位，几乎仅在皇帝之下，真是首府之尊，荣宠又加，满朝瞩目。翁同龢哥哥的儿子也在同治年间高中状元，所以别人夸翁家："一门四进士，一门三巡抚；父子大学士、父子尚书、父子帝师。"

对他罢黜时，提到"姑念其在毓庆宫行走有年，不忍遽加严谴"，说的就是他当帝师时培养光绪帝以及同治帝的旧功。

一八六五年，同治四年十月十四，两宫皇太后谕令翁同龢弘德殿行走，同工部尚书倭仁、翰林院编修李鸿藻、实录馆协修徐桐四人，授读十岁的同治帝。三日后，翁、倭、徐三人面对一个十岁的小皇帝开授。

这也是翁同龢帝师生涯的开始。待天刚刚亮，三人早早来到弘德殿候驾，等同治帝驾到，立即上前行君臣大礼。同治帝喊一声"师傅"，君臣趋步进入书房，帝坐西面东，师傅们坐东面西，一天的授读开始。在之后的授读中，唯翁同龢"入值甚勤"，每天寅时即凌晨四时许入值，申时即下午五时左右回家。一年四季，除生病外天天如此。

同治十三年（1874）十二月，同治帝病逝。转年，光绪元年（1875），两宫皇太后降旨翁同龢与侍郎夏同善担任毓庆宫行走，为刚刚继任的四岁的光绪帝授读。要他"尽心竭力，济此艰难"。

正是甲午一战大清的惨败，使师徒二人的思想发生了非常大的变化。面对日本侵略者的挑衅，翁同龢与光绪帝奋起主战。在台前发布号令的是二十多岁的光绪，出谋划策的却是这位帝师。不少人指责正是翁同龢的主战立场影响了光绪帝，不懂局势，不懂战争才造成了甲午惨败而误国。这就很奇怪了，面对日本的无理挑衅，战火烧至家门口，难道只有妥协和逃避甚至投降才可以救得了大清？才是"爱国"？大清的战败，是由于这架国家机器太腐败、太无能，积弊难返无可救药了，战败的责任无论如何不能由主战者承担。两国开战后，翁同龢甚至不惜触怒慈禧，主张停办她大寿的点景，移作军费。战败后，面对丧权辱国的《马关条约》，师徒二人悲伤至极，"君臣相顾挥涕"。这时，他们才深刻认识到"非变法难以图存"。

所以，翁同龢开始大力支持维新派开强学会于京师，并亲自登门拜访康有为，并将康有为推荐给了光绪帝。从戊戌政变后，光绪帝在守旧派的压力下颁谕责翁的一句"今春力陈变法，密保康有为，谓其才胜伊百倍，意在举国以听"（《德宗景皇帝实录》）来看，准确地从反面证实了，给光绪帝保荐康有为并对康有为能力坚信不疑的，首推翁同龢无疑。康有为后来称他为"维新第一导师"，这话说得尽管有些"过"和"大"，但就影响了光绪选择起用康有为推行变法这一点来说，也自有几分道理。有学者就指出："翁同龢是最先向光绪帝推荐康有为的清廷大员，是早期维新派与光绪联系的搭桥人，说得再远些，光绪帝变法图强的火种，也是翁氏播种的……推荐康有为是件大事，对晚清历史产生

了深远影响，为百日维新的出现铺平了道路，难怪刚毅等顽固派要对翁恨之入骨。"（孔祥吉《晚清史探微》）

光绪帝委托翁同龢起草的《明定国是诏》刚刚颁布，也就是变法的宣言书、动员令刚刚下达，慈禧就急切地抛出了若干道匪夷所思的"御旨"，尤其逼迫光绪帝所下的三道朱谕，其中一条，就是无情罢黜翁同龢。有人指出这条朱谕是光绪帝的本意，有这种可能吗？刚刚让师傅起草了变法的动员令，颁布之后马上将其开缺？无论从光绪帝与翁同龢二十余年的师生之情，还是翁在光绪帝心中的位置，都是万不可能的。光绪帝再急于变法，也断不会做出这自断手臂的愚蠢举动。

只有一个答案，是慈禧太后的主意。

最主要的原因，是她看了光绪帝转送来的一些康有为的奏折和文章，比如康有为在《日本变政考》和《俄彼得变政记》中，就明明白白向光绪帝提出："要独断朝纲"。这，是扎在慈禧心中的一把快刀。

其实，罢免翁同龢，早在慈禧太后和光绪去探望临终前的恭亲王时，慈禧听了恭亲王所说要小心康有为等人，并对翁重重斥责之后，就有了此意。她深知光绪与翁"交谊最深，倚为生命，……其忠于皇上者惟翁而已"。对于罢黜翁的这道上谕，金梁的《四朝佚闻》中说这道上谕"所述皆翁对恭状，而引入严旨，乃成跋扈权臣矣，翁实不能负此重咎也……翁以忠恳结主知，能持大体，亦无愧良相"。

光绪帝所拟的三道朱谕，皆出太后之意。"是日谕旨三道，皆奉太后交下勒令上宣布者"，在下发这三道朱谕的同一天，还有三道上谕，为"本年秋间朕恭奉皇太后幸天津阅操，著荣禄预备一切"；即命新任刑部尚书崇礼兼署步兵统领，把持京畿军权（后成为政变时慈禧追捕维新派、杀害六君子的鹰犬）；嗣后驻跸颐和园，遇有应行引见之员，著一体带领引见。三件朱谕和这些上谕，形成一个慈禧太后预先撒下的大网，"西后与荣禄等既布此天罗地网，视皇上已同釜底游魂，任其跳跃，料其不能逃脱……废立之谋，全伏于此日矣……翁同龢一去，皇上之股肱顿时矣。"

光绪帝吓得"惊魂万里，涕泪千行，竟日不食"。

　　台湾有学者以及有的大陆学者也认定罢免翁同龢是光绪帝的主张。主要论据是戊戌政变后翁在清廷追查时为了保护自己留下的日记。这些日记已经过本人改篡，有他与康梁的矛盾以及反对变法等内容。在清廷严酷追查的条件下，翁的这种避祸做法可以理解，更反衬了清廷的黑暗，但这样的论据，是不足和难以令人信服的。既便是翁对康有为的某些著作和主张有看法也属正常，他因此与光绪帝即使产生矛盾和有争议，也是末节，与变法关系并不大。翁自然不是完人，他与李鸿章无情的"党争"曾使国家利益受损，这也是其不该原谅的污点。但那是封建旧官场的积弊，哪一个朝廷官宦不是如此？这与戊戌变法不能扯在一处。

　　确凿的证据是，慈禧在变法刚刚开始就如此出手，才是最大的阴谋。

　　这场如此大的阴谋，竟然毫不显山露水，使这位"四十余年的老官场"翁同龢无一丝察觉。前一日，慈禧太后见了翁同龢，还亲切地问："饭否？"被开缺的这一天，本来是他六十九岁的生日，可以在家祝寿不去的，但他惦记着变法刚开始，头绪繁多，还是去了。一早，在入值房看阅奏折，"治事如常"。当通知他不必入朝时，他还在"检点官事五匣，交苏拉英海"，最开始还不以为意。但坐下之后，突然才明白反常，久久望着窗外的春雨。待宣读罢黜他的朱谕时，才如雷击顶。

　　按大清例，官员被罢黜，必须返回原籍。几乎一生交给了大清的这位曾经显赫的帝师和相国，只能再最后望一眼他最熟悉的深宫，并来到光绪必然会出入的道旁，来向光绪帝告别。光绪帝过来了，他跪于道右，"上回顾无言，臣亦黯然如梦矣。"他明白，这是最后的诀别了。光绪帝看见了他，万千话语，却只能"回顾无言"了。

　　翁同龢贵为军机大臣领班，又是执掌财政大权多年的户部尚书，却只有一处坐落在北京东单牌楼二条的房子。但按慈禧圣意，罢官后不能在京居住，必须回原籍。他的家族在常熟有一幢祖宅，即著名的"彩衣堂"。但此宅为翁同龢父亲翁心存所建，翁有兄弟三人，所以老宅还不能算其名下。回原籍后，他只得卖掉自己心爱的一些字画，再靠门生故旧帮助筹银四百两，在郊区虞山脚下建了一所小院来容身。夫人汤孟淑早在咸丰八年（1858）离世，后娶了汤的侍婢陆氏为妾，不料陆氏又先于翁病逝，因为他一生没有子女，年逾古稀的翁同龢孑然一身孤苦伶仃地来打发最后的时光。

戊戌政变后，连这样孤苦的境遇，都不能维持了，他又被清廷追查，小院成了他被当地地方软禁的"看管地"。他知道朝廷有人是不会放过他的，随时准备降下血光之灾。果然，一八九八年年底，顽固派刚毅向慈禧多次进言，要诛杀翁同龢，或发配戍边，还以查办"康逆罪迹"为名，搜查了北京的原住处，收集进一步加害他的证据。

回乡原来也早已清静不得，他只得足不出户、终日沉默，给小院起了一个深有意味的名字——"瓶庐"，意即与世隔绝，守口如瓶，不留口实，不连累他人。他于门上贴五条规约示人：一不写荐信，二不受请托，三不赴宴请，四不见生客，五不纳僧道，取号曰"五不居士"。唯晨起，诵《法华经》，或临习碑帖，或绘画以及作两首小诗打发最后的残生。

他的担心并不多余，一八九九年，常熟一个名士沈鹏上疏弹劾三凶——荣禄、刚毅、李莲英，一时轰动朝野。刚毅一伙将沈鹏逮捕后，追查幕后的策划者，怀疑是翁同龢。翁做了最坏的准备：请人在小院里挖了一口深井，名"渫井"（取"渫"字的"除去、洗刷"之意）。当那必要的时刻到来的时候，他将用此井了断生命，用此井的水，来洗刷自己被诬枉的罪名。

之后，他神情呆滞，喜怒无常，不久双腿浮肿，半身麻木。一九〇四年七月四日，这位一代大儒、两朝帝师、官至相国的"清流"，凄凉地于昏然绝望中辞世，终年七十四岁。临终时留下的诗，依旧是清高的：

六十年中事，伤心到盖棺。
不将两行泪，轻向汝曹弹。

第十章

光绪帝召见康有为

事情到这里，就有些分外悲壮了。

该光绪帝出场了。

时代，毕竟发生了惊人变化，爱新觉罗的家族中，终于出现了一个与他任何一朝先祖都不同的，"脱世而出"的光绪皇帝。

他正面临着一个极大的、难以逾越的关隘。

他能像先祖康熙帝一样，闯过一道道险关而杀出重围？

此时有些灰心的，倒是康梁。梁启超天资聪慧，他最先感到了变法的前景无望。他在给友人的一封信中，说翁被罢黜，康能受大用，这样的局面有望吗？预料前景是很悲观的。

翁同龢启程离开京城的时候，"送者数百人，车马阗咽，有痛哭流涕者。"一位湖南士子含泪对翁同龢说："吾为天下，非为公也。"康有为对翁同龢的遭遇深深同情又心寒，"于是知常熟被逐，甚为灰冷。"他也油然萌生了离京返乡南去之念。翁嘱不可，"及常熟见斥，吾又决行。公谓上意拳拳，万不可行。"意思是劝康有为一定不要辜负光绪帝的圣意。

反而，在这样的时候，光绪帝变法的决心，却坚定了起来。六月十六日，他要召见慈禧太后最恨的康有为。

学者张鸣分析道："在这种知其不可为而强为的奋争中，光绪和维新派都做出了杰出的表现，其可歌可泣，不亚于近代史上任何一场重大事件中的志士仁人。维新派和支持他们的士大夫，造成了一种荡气回肠的气势，而这种气势是那些没落但人数众多的顽固派无论如何也没有的。"（张鸣《再说戊戌变法》）

康有为的"杀气"何处而来？

六月十六这天，因光绪帝驻跸颐和园玉澜堂，召见定在仁寿殿举行。

翁同龢被开缺回籍，按例还要来"谢恩"，光绪可能觉得这有些太"残酷"，没有让其来召见。荣禄是升擢，自然来谢恩。康有为、张元济，是召见。据张元济一九四二年的回忆，光绪帝召见的顺序，是荣禄、康有为、张元济。

康有为在《年谱》中对于这天召见之前的事，没有提。只简单说提前于前一日，即十五日来到颐和园外的西苑，当晚住在户部公所等候次日清晨的召见。十六日早，入东宫门的朝房，"荣禄下，吾入对。"两人见面后，康有为没有提的，是这时发生了一件事。这件事被很多史学家都重点渲染和提及，即康与荣见面之后的一番针锋相对、杀气腾腾的"舌战"。

披露此事的，是苏继祖的《清廷戊戌朝变记》：

> 康于召见日，遇荣相于朝房，荣顾而漫谓之曰："以子之樊樊大才，亦将有补救时局之术否？"盖轻薄之也。康以非变法不可对。荣相曰："固知法当变也，但一二百年之成法，一旦能遽变乎？"康忿然曰："杀几个一品大员，法即变矣。"荣深怒其狂悖，已有必杀之心……

　　两人真的是如此剑拔弩张吗？康有为焉能不知变法之难？焉能不知荣禄为何人？他能够如此答"杀几个一品大员，法即变矣"吗？无论如何，都觉得此话非常突兀，起码缺少前因后果，实在有些"断章取义"之嫌。

　　康有为这样说了吗？

　　可能真的说了，但原话不会是这样说的。

　　和康有为同一天分别被召见的张元济，也曾几次提起此事。张元济在《戊戌政变的会议》中这样说：

　　　　二十八日天还没有亮，我们来到西苑，坐在朝房等候。当日在朝房的有五人，荣禄、二位放到外省做知府的，康有为和我。荣禄架子十足，摆出很尊严的样子。康有为在朝房和他大谈变法，历时甚久，荣禄只是唯唯诺诺，不置可否……

　　"未几，荣禄踵至，盖亦奉诏入觐也，长素与荣谈，备言变法之要。荣意殊落寞，余已窥其志不在是矣。"（此为摘于张元济写于一九四一年的一文中）

　　张元济（1867—1959），字筱斋，号菊生，浙江海盐人。光绪十八年（1892）进士，入翰林院，后授刑部候补主事。光绪二十二年（1896）为总理衙门章京。他是当时京城中较为激进的改革派人士。

　　张元济是亲历者，当日早上和荣、康在一起等候光绪召见。他的回忆中，没有提及康有为口出那句"杀几个一品大员"的话，却一再提到当日康有为和荣在朝房"大谈变法，历时甚久"，"备言变法之要"。这说明两人在朝房的谈话没有到剑拔弩张的程度，否则谈话的时间不会"历时甚久"。这一点是符合历史真实的。尽管康有为利用一切机会，滔滔不绝对荣禄大谈变法，荣只是"唯唯诺诺"在敷衍应付，"不置可否"。这也符合康有为的性格，连谈话对象是谁都毫不顾忌，依旧畅言他的变法之道。

　　两人在这样长的谈话中，因为康有为早有罢免大臣的主张，所以冒出罢免或杀几个阻碍变法的大臣的话，是有可能的。但不会如苏继祖所写的，上来就说"杀几个一品大员，法即变矣"。

　　如果康有这样的话，或者没有，或者有类似的话，是谁最先传播出来的？只有荣禄。

　　果然。

　　《说林》的作者曹孟其在书中，点出了荣禄："组庵闻之荣相，荣相既被命为直隶总督，谒帝请训，适康有为奉旨召见，因问何辞奏对，有为第（答）曰：'杀二品以上阻挠新法大臣一、二人，则新法行矣。'荣相唯唯，循序伏舞。因问皇上视康有为何如人，帝叹息以为能也……"

　　据茅海建考证，"组庵闻之荣相"的"组庵"，为谭延闿，两广总督谭钟麟之子，光绪三十年（1904）中进士，入翰林院。证明了这一消息的来源是谭听荣禄说的。荣禄一直对康有为的变法不仅反对，还百般诋毁和阻拦。他自然要将事情说得越对自己的立场有利越好。但从这里又清清楚楚可以看出，康有为即便是说了，也是有一定前提的，即"阻碍新法大臣一、二人"。这与上来就嚷嚷"杀几个一品大员"，仍是有区别的。

　　梁启超曾经著文否定康曾有这一说法。他提到的是，戊戌政变后，日本中央报上披露了一个中国的邹姓"线人"之说：荣禄问康变法之方，康答变法不难，三日足矣，荣问其解，康说将二品以上官员都杀了就可以了。这位邹某其言的荒谬，是不值一辩的。这种说法，是要说明变法失败是因为新党急激自招。

　　再看苏继祖的《清廷戊戌朝变记》，发现"杀几个一品大员，法即变矣"这一说法，也是在文章最后，总结戊戌变法因何失败而出现的。（文中总结："荣深怒其狂悖，已有必杀之心，即其请训出京时，暗请太后留神，敦请太后训政者，已伏八月初六之祸萌也。"）可见苏继祖在写此文时，参考了邹某的这一说。苏继祖是杨锐的女婿，曾被总督张之洞派往日本考察财税，是一位幕僚，同情变法。杨锐遇难后，举家返乡闲居。戊戌政变后，他经数旬多方访问，反复考核，采京城来自各方消息而写成此书，直到一九三一年才被刊出。

揪其此一点而不放者，是荣禄。仅用他的话来说明康有为的无理与"狂悖"，不是仍然上了荣禄的当吗？荣禄当天被光绪召见后，马上就去慈禧处密报和拨弄去了——

"已而荣相赴颐和园谒皇太后，时李文忠放居贤良祠，谢太后赏食物，同被叫入。荣相奏'康有为乱法非制，皇上如过听，必害大事，奈何？'又顾文忠，谓'鸿章多历事故，宜为皇太后言之。'文忠即叩头，称'皇太后圣明。'太后复叹息，以为'儿子大了，哪里认得娘，其实我不管倒好，汝作总督，凭晓得做罢。'荣相即退出。康君告人，荣禄老辣，我非其敌也。"（曹孟其《说林》）

荣禄果然老辣，在慈禧这里不仅仅告了刁状，阴了康有为"乱法非制"，还用心凶险地故意拉着李鸿章让其帮腔。很有意味的是，李鸿章对变法的态度与荣禄不同，他是倾向变法的，所以含糊其辞了过去，对荣禄的话不置可否。前一天，四月二十七日，李鸿章在张荫桓家曾与康有为、张元济一起共进晚餐，两人谈了些什么不知，关系明显较过去好转是一定的。另据记载，就是从慈禧这里谢赏退出后，李鸿章遇到了康有为，李竟善意地暗示和提醒康要小心。

所以有人说，康如果在办强学会的时候，就联合李鸿章，对变法要有益得多。

现在自然无法澄清康有为说了那句充满了腾腾杀机的话没有，以康的"每放大言"，说了类似的话也是极有可能的。

康有为性格中强烈的自信心和"过于主观，甚至不顾现实"，且又缺乏经验和判断力，是其顽疾了。他的"领袖欲"又如此之强，在这波诡云集的官场，除了连连碰壁外，最终也难以成就大事。满腹热望与宏图，受阻击的有时往往是自己，这是性格的悲剧了。

还有一点是很有争议的，即这次康有为被光绪召见的时间究竟多长。康有为自己在《年谱》中说是"盖对逾十刻时矣，从来所少有也"，十刻，是两个多小时了。但据张元济一九四九年的回忆，却是"大约一刻钟光景"，"……太监传唤康有为进去，大约一刻钟光景，康先生出

来，我第四个进去，在勤政殿旁边的一个小屋子里召见……"（张元济述《戊戌政变的回忆》）

两人所说的从十刻钟，到一刻钟的出入太大。之后，所有攻击康有为的人，或非攻击但对康此说深无好感的人，都将此事作为了康"枉自大言，自吹自擂，不可听信"的铁的证据。这也是因为康在后来留下的很多文字上"动手篡改过多"所致，尽管有其原因，但也怨不得别人。

但是，对于康被召见的时间长短上，据茅海建考证记载上又存另外两说：

一是，康有为被光绪帝四月二十八日召见后，五月一日的《国闻报》就以"简在帝心"为题刊出了消息，其中说"闻是日在颐和园召见两君。康奏对至九刻钟之久，张奏对至二刻钟之久……"

这是当时最快、距召见一事时间最近的消息了。茅海建指出这消息自然是康、梁提供的。《国闻报》为当时著名的报纸，也确为康梁把持。很多朝廷大员，以至光绪帝都会看到。恰是变法伊始，正被朝野关注，假如此处所说的"九刻钟"本为"一刻钟"，那《国闻报》的失实也太大了吧？

二是，张元济在一九四九年的那篇回忆提到康有为被召见的时间为"大约一刻钟光景"后，对此篇回忆自己也"殊觉凌乱"，于一九五二年又作《追述戊戌政变杂咏》。其中的一首，为光绪帝召见事："微官幸得觐天颜，祖训常怀入告编。温语虚怀前席意，愧无良药进忠言。"张为此诗作注曰："余与长素同膺徐学士致靖之荐，四月二十八日预备召见。是日黎明至西苑门外朝房预候，长素已先在，未几荣禄亦至。膳牌下，长素先入，约历一小时，余继入，至勤政殿东偏室，内侍搴帘引入，余进至军机大臣垫前跪……约时不过三刻。"

在此，他将之前说的康的被召见时间"大约一刻钟光景"，改为了"约历一小时"，自己的觐见时间为"不过三刻"。但这次回忆，距离召见已经五十四年了。耄耋老人，半个多世纪前的事，记忆是否准确，已无法要求。但从他的改动来看，他也觉得之前的说法不够准确吧。

客观地说，从《明定国是诏》颁布起，再到戊戌变法之后的推进，以及采纳改革方案，康有为在光绪帝心中的位置极高，是无疑的。否则，戊戌政变后康也不会成为"祸乱之首"。那么，光绪帝在召见康有为的时候，问的问题多一些，或康答的问题多一些，是很自然的事。康又本来就是个演说家，他在这样千载难逢的时刻一定会去精心准备。所以，召见时间为"一刻钟光景"，确实太少了。但究竟是否如康所说是"十刻钟"，又无法查实。再说，作为当事者，大家当时只能是凭印象来"大约估计"。就连对康有为的文字一直持极为谨慎态度的台湾学者黄彰健，也提出应当以当时《国闻报》的报道为准，"九刻钟"。

康有为与光绪交谈了什么

一个帝王，一个六品主事。

这是一次将与晚清中国的走向有关的重要召见和谈话。

也是两人唯一的一次见面与对话。

康有为本人就这次召见，留下了两次书面回忆。一是距召见一百一十二天后，戊戌政变后的十月六日，他在逃到香港后，对香港《德臣报》记者发表的谈话中，详细回忆了这次召见。二是于香港的这次谈话后的四个月，在日本撰写的《康南海自编年谱》中，再次回忆了这次召见。

先看对香港《德臣报》的谈话原文：

> 六月十六日皇上曾召见我一次。这次召见是在宫内的仁寿宫，从清晨五时起，长达两小时之久。当时正是俄国人占领旅顺口与大连湾不久，因此皇上是面带忧色的……坐定之后，他命令一切侍候的人都退出。在我们整个的谈话中，他的眼睛时时留神窗户外面，好像防备人偷听一样……
>
> 皇上对我说，你的书是非常有用的，而且也是非常有益的。
>
> 我所说的，大致是把奏折中关于中国的积弱不振，是由

于没有进步等等，重复一次。

皇帝说，你所说的很对，这些保守成性的大臣们，简直把我害了。

我说，中国现在虽然贫弱，但挽救并不太迟。

我给他举出普法战后的法国为例。我说法国所付的赔款，要比我们付给日本的赔款大得多，而且法国所失掉的土地也比中国多。法国割去的是两个省，而中国仅割去一省（台湾）。我问皇上，为什么法国在这样很短的时间中便能恢复，而中国则停战已经三年了，事实上什么也没有做。

皇帝对我所说的话，很留神听，他转而问我原因何在？

我的答复是：法国总统泰尔曾向法国人民发布一个公告，促使他们废弃一切腐败的方法，要请他们合作来恢复国力，并且立即采用一些改革的步骤，以期收复失地。其结果是法国人民万众一心，为同一的目标奋斗。法国之所以能迅速复兴，其原因正在于此。至于在中国的情形则完全不同，我们仍旧是那些保守的旧官僚在执政。这些人都是维新道路上的障碍，中国其所以处于这种悲惨的情形中，这是主要的原因。实在说，中国目前的情形，较之三年前中日战争终了时更坏。

我请皇上看一看日本在采用近代方法来改革之前，曾克服了一些什么困难。日本封建军阀的权力，较之目前中国这些顽固的大臣们是大多了，但明治天皇采用了适当的政策，委任了一些年轻而精明强干的人以及下级军官来辅助他。他命令其中一部分人在国内做改革工作，另外一部分人则派赴西洋各国考察，因此他们回来之后，就把日本变的像今日这样富强。我也把彼得大帝致俄罗斯于富强的经过再讲给他听，并且向皇上说，希望他能放弃以前那种隐居的生活，勇敢地站到前面来，招致一班年轻而精干的官员们来协助自己，步我刚才所说的三个统治者的后尘，而你将发现到维新并不会像你现在想象的那样困难。假如中国没有足够的精干人物，可以使你的维新政策有效地推行，那么我坚决地主张聘请外国人来协助，特别是英国人和美国人。

我又向皇上说……假若皇上要盖一座宫殿，必定先有图样，然后购置材料按图建造。也许有人向你说，过去几年中国已经有一些改革了，不过根据我的意见，中国不仅没有改革，而且已经做的，恰恰是我所劝你不要做的那些事。他买了砖瓦，准备盖一所房子，但计划或图样什么也没有……我又向皇帝说，你现在的政府，就像一座漏顶的屋子，而且屋梁已经被白蚁腐蚀完了，再在里边待下去是非常危险的。因此，你不仅应当把屋顶拆掉，而且还必须把整个屋子，乃至于根基都全部去掉。你怎么能够把维新的期望寄托在那班旧官僚的身上？他们是一点西方教育也没有的。他们从没有仔细研究过西方文明是什么。就是你现在命令他们研究也是不可能的，因为实在说，他们所留下的精力也不多了……

皇上对这些话的答复是他非常着急，因为实际上他没有黜革这些高级官员的权力。他说，这个权力是握在太后自己手中。

我说，如果陛下没有权力黜革这些高级官吏，那么就至少也应当招致一班精明强干的官员在自己身边，协助自己，这样终较之毫无举动强得多。

皇帝说，我完全知道这些大臣们对于西洋思想是从没有给予过适当注意的，而且对于世界的进步也是漠不关心。

我说，也许他们对于西洋思想并不是不愿意知道，而是在现存制度之下，他们实在是太忙了。而且这些人都年龄衰老，精力不济，就是有心学习，也是不可能的。中国的主要学科是四书五经，这都是一些没有用的东西，因此我向皇上请求的第一件事是废止旧的开科取士的制度，另行依照西法建立一个新的考试制度。我问皇上，是不是你可以废除旧考试制度？

皇上说，我很知道西洋各国所学的都是有用的东西，而中国所学的是没有用的，因此我将实施你的建议。

……此外我又向他建议派遣宗室中的人员，到外国去考察游历，如此才可以有一些具有世界经验的人来为他服务。谈话总结时，我说我还有很多的话要说，但我可以随时用奏议的形式呈递。我坚决地劝告他，必须加强自己与外洋各国间的关系。

皇帝答复说，现在外洋各国是今非昔比的，都强了起来，他们好像都是具有高度文明的国家。可惜他的那些大臣不能像皇帝这样了解，因此大多数麻烦的事情，可以说都是由于缺乏这个了解所招致的。

去年十二月我曾经向皇上建议要他设法和英国缔结同盟。

临分别时，我又向皇上说，陛下不是曾经以勋章给予李鸿章和张荫桓吗？这就是西洋的一种办法，那么为什么你不下一道命令，实行西方的其他办法呢？

皇帝没有答复，仅仅笑了一笑。

这是一篇香港的英国记者的访谈，由记者所整理，当时自然是给英国等国外提供的稿件，又经过翻译，茅海建指出某些内容有误，"如康称中国的四书五经是'没有用的东西'，要废止'开科取士制度'，其实康只是要废八股改策论，对科举取士制度和四书五经是完全赞同的"，等等。

光绪二十四年（1898）年底，也就是在据这篇访谈四个月后，康有为在日本写了《康南海自编年谱》，这次是自己撰写了被光绪帝召见的回忆。这段回忆写得也较详尽，内容大体与上面的访谈近似，只是在谈到全面变法时，提到了"吾乃言：'今数十年诸臣所言变法者，率皆略变其一端，而未尝筹及全体。又所谓变法者，须自制度、法律先为改定，乃谓之变法。今所言变者，是变事耳，非变法也。臣请皇上变法，须先统筹全局而全变之。又请先开制度局而变法律，乃有益也。'上以为然。"——这是变法中最重要的部分。

这次召见与会面，有两个问题是重要的，它将极大影响之后变法的推行。一是光绪帝对康有为的印象；二是康有为对光绪帝的印象。

光绪帝因其皇帝的身份，还有当时宫内的特殊背景，心中有话，也不便与人说。我们从召见时与康有为谈话的时间，和后来的格外重视康有为的变法步骤来看，他对康是非常满意的。一是早就对康有越来越多的"所闻"，二是早就看了康的很多奏折和书，这次终于会面，亲自再听了康对变法的看法、建议，他对这位"高参"，是肯定的。

推行变法，所最倚重的人，就在眼前。

这一年，光绪帝二十七岁，康有为四十一岁。一个帝王，一个"高参"，都是他们人生最好最成熟的时候。两人都急切地想成就这番变法大业，令天翻地覆。这时，光绪心中最苦闷的，是满朝重臣中，几乎找不到一个胸中装着变法蓝图的人，这样的人哪怕再有一个，他都不会如此焦虑。他曾经非常信任对外洋熟悉的张荫桓，十几次单独召见，听了他无数的意见。但他发现张的人格和能力，都不具备承担这一重任。唯独康有为，是一个胸中装着变法蓝图的人。连张荫桓也主张重用康有为。在这样的情况下，不用康，还能用谁呢？

但怎么用？

让一个小小的工部六品主事来辅佐自己做这样一番大事？

不在其位，难谋其政，这还用说吗？

光绪帝十分两难。"西后与大臣忌康既甚，皇上深知之"，"上畏太后不容，下恐群臣猜忌"。给康较高的官职，已经被慈禧封死，非要这样做的后果，将陷自己与康有为于更大的困境，这条路是走不通的。于是，在召见康有为之后，他召集了军机大臣，想先听听他们的意见，如何安置康有为。廖寿恒提出可赏给五品卿衔。这已经是很低了。但荣禄早已和刚毅通气，"当予微差以折之"，刚毅抢先提出，让康有为在总理衙门章京上行走，这依旧是一个六品之位。光绪也只能先答应下来。

不在其位，不谋其政。康有为对这样的结果，极度失望是肯定的，曾想"一走了之"。

是什么让康有为看好光绪帝

康有为对这次召见，希望是很大的。按例，被皇上召见，即是被皇上看重的人，一般被召见后定会擢升。康和弟子们议论的时候，私下说，皇上起码也会封一个五品的，这还是留有了余地。但是，当天传旨的结果是"总理衙门章京"，仍然是一个小小的六品官，这又如何不让康梁失望？

大弟子梁启超马上愤愤不平。第二天，梁启超在给夏惠卿的信中说："西王母主持于上，它事不能有望也。总署行走，可笑之至，决意即行矣。"一周后又去信说："康先生从容度无所补救，亦将南下。"这说明康有为不仅失望和不满，而且和梁启超进行了商议，结果是准备返乡南下，一走了之。

不久朝中有人透露，让康有为任总理衙门章京一职，是刚毅提出来的，目的正是在于"羞辱"康有为。

康梁都是血气方刚的人，岂能受此侮辱？

但是，或许是到了真正要走的时刻，康有为却决定留了下来。

是什么让康有为在最后时刻，下了这样的决定呢？

是光绪帝的谦和与他对变法的态度。

光绪帝的这次召见，给康有为的印象非常好，极其深刻。他觉得光绪帝是一个圣主，英明通达。

首先，是皇上对他和蔼的态度。

当时，皇上坐在上边，显得有些清瘦，前面放着黄桌帏的一张书桌。康有为紧走几步，口称"南海小臣叩见皇上"。光绪帝微微一笑，轻轻把他扶起，亲切地询问年岁出身，见朱卷上有"十三世为士"等语，不觉抚掌而笑。

其次，是光绪帝对变法态度是坚定的，对旧党阻扰、八股之无用、部议之因循扞格、大臣之不明新学，都十分清楚（讲求西学的人太少，光绪言之三次），可见他对变法成竹在胸。

康有为在三年后《与赵曰生书》中，对光绪评价"英明通达、圣明英勇"，"皇上亲与吾言，满人皆糊涂。"

在这里，康有为用了"圣明英勇"四字。他被光绪帝在那样艰难的情势下，敢于执意变法，敬佩之心油然而生。于是，他决定留下来，甘愿与皇帝一起冒此艰难和风险，将变法的事业进行下去。

此时，变法已是康有为几乎所走过的半生中唯一的追求。他这些年为呼喊变法，颠颠簸簸风风雨雨都走过来了，从一八八八年呈《上清帝第一书》到这时的一八九八年，已经整整过去十年。他越来越认识到，两千年来古老中国的封建政体不发生质的变化，中国不可能走向真正的富强。这质变的前提，首推民权。封建专制下的政体和政府，是最低最坏的政府。哪一代封建帝王不是只求控制子民，而从不为民众的利益着想？封建专制，就是守旧野蛮和暴政，人民只能饱受疾苦和迫害。而专制者必然是愚昧者，愚昧者所治理的天下，能不江河日下，日暮途穷吗？

他在《礼运注》中曾提到了自己的政治理想："天下为公，一切皆本公理而已。公者，人人如一之谓。"这证明他早已接受了"自由""平等"的民主思想。他在四月里，保国会成立时的一首诗中陈述了自己的理论："八表离披割痛伤，群贤保国走彷徨。从知天下为公产，迎合民权救我疆。"

为保民权，一八九七年，他在《上清帝第五书》中，向光绪帝提出变法图强的办法中，提到了"自兹国事付国会议行"和"定宪法公私之分"。直到戊戌年初夏，他在代拟的《请定立宪开国会折》中，再提议院的性质和优点："东西各国之强，皆以立宪法、开国会之故。国会者，君与国民共议一国之政法也。盖自三权鼎立之说出，以国会立法，以法官司法，以政府行政，而人主总之，立定宪法，同受治焉。人主尊为神圣，不受责任，而政府代之。东西各国皆行此政体，故人君与千百万之国民合为一体，国安得不强？"

康有为这里说的"君主"，已经发生质变。这样的君主应自视为人民一员，他的政府，才能是大众的政府。这也是康有为"君主立宪"的来历。他盼望光绪帝成为这样的全新的君主。正因为中国受专制的统治太久太深，贸然讲民主时机不太成熟，只能慢慢过渡。

所以，梁启超说："中国创民权者以先生为首（知之者虽或多，而倡之者殆首先生）。然其言实施政策，则注重君权，以为中国积数千年之习惯，且民智未开，骤予以权，固自不易，况以君权积久，如许之势力，苟得贤君相，因而用之……故先生之议，谓当以君主之法，行民权之意。"

这就是康有为"君主立宪"和"虚君共和"的由来。

光绪帝有可能成为这样的"虚君"吗？

或者说，光绪帝当时具备这样先进的理念吗？作为大清的一个帝王，他的维新意识是如何而来的？

他四岁登基，到一八九八年锐意推行变法，已经顶着皇帝之名长达二十三年。固然在这二十三年中，即使之后，依然是"虽有亲裁大政之名，而无其实"，真正的皇权一直在慈禧之手，但在二十七岁这一年，他毕竟已经亲政了。正是甲午战败的国家悲剧，使这位年轻的皇帝痛下决心，不顾成例，选择了一条改天换地之路。这说明，他是具备维新意识的。这可以从他留下的一些文字中，找到源头。

在他写下的《读史随笔》中，他提出了"治世莫若爱民"的主张。在一篇文章中，他将《孔子家语》中的"君者舟也，庶人者水也。水所以载舟，亦所以覆舟"引为座右铭后，写道："为人上者，必先有爱民之心，而后有忧民之意。爱之深，故忧之切。忧之切，故一民饥，曰我之饥；一民寒，曰我寒之。凡民所能致者，故悉力以致之；即民所不能致者，亦竭诚尽敬以致之。"（乙酉年御制文《跋苏轼喜雨亭记》）

作为一个帝王，这真是难能可贵的。

他还把大臣敢于直谏视作国家兴旺发达、政治开明的标志。"兴隆之世，无所谓不敢言，至于有所不敢言则国事已坏矣。"提出人臣有三谏之义，"一谏不入则再之，再谏不入则三之。"他说："凡直谏之臣必遇明主，而后可触其忌讳。若夫昏主，则所言愈峭直而愈不见用，甚且加之以罪矣。"后来，在百日维新期间，这种虚怀纳谏的思想得到了进一步的发展。他勇敢地摒弃"祖宗成法"，多次颁布上谕，要求广开言路，鼓励士民上书，士民有上书言事者"不准稍有抑格，如敢抗违，或别经发觉，定将该省地方官严加惩处"。

亲身经历了戊戌变法的吴玉章曾在《辛亥革命》一书中回忆："当变法的诏书一道道地传来的时候，我们这些赞成变法的人，真是欢欣若狂。尤其是光绪帝三令五申地斥责守旧派阻挠上书言事，更使我们感到鼓舞，增长了我们的气势，迫使反对变法维新的守旧分子哑口无言。"

从光绪帝所留下的这些文字里，我们可以看到这是一个关注民生、政治开明的皇帝。人品好，有抱负，有很强的道德责任感。他如此希望能像先祖康熙大帝那样，建功立业，重新开拓属于自己的皇族大业。从四岁起，就被困在宫中这座围城里，学的又多是传统的四书五经与帝王之治，他竟然会有变法维新的思想，这本身是一个奇迹了。一是大清的垂败与积弱确是到了千疮百孔大厦将倾的时候，不变再无出路；二是时代使然。自国门洞开之后，间接地使他了解到世界是一个什么样子。洋务运动的铺垫，一些接触过西方、西学的大臣对他产生了深深的影响，尤其是康有为等人的上书、书籍、奏折，坚定了他变法的决心。

于是，一场壮烈的"百日维新"，在他的亲自率领之下，开始上演。

大学士孙家鼐曾经向他谏言："臣恐变法后，君权从此替矣。"

光绪帝说："吾变法但欲救民耳，苟能救民，君权之替不替何计焉！"

光绪帝真的说过这句话吗？说过，他真是一位历史上不曾有过的"千古一帝"。

康有为经过思想斗争，最后决定留了下来。

但总理衙门章京上行走的这个职务，他再次放弃。

五月初四，康有为的谢恩折即《请御门誓众开制度局以统筹大局折》由总理衙门大臣代奏。光绪帝说："何必代递。后此康有为有折，可令其直接递来。"于是，康有为从光绪帝那里获得了"具有专折奏事"的权力。这一点非常重要，按例像康这样级别的小官上折，必须由堂官代奏，但从这时起，不必堂官代奏，直接交军机大臣直递即可。光绪帝甚至指定让大臣廖寿恒来具体负责亲办此事，说明对康折"破格重视"。

也有人怀疑这一点。但据孔祥吉、茅海建考证，光绪二十四年（1898）六月，张之洞收到京内密报："康封奏皆径交军机大臣直上，不由堂官代奏，闻系上面谕如此。"密报的消息来源是相当可靠的。

这样，康有为就可以日夜潜心撰写专折和皇上要的专著，不必再去总理衙门奉职上班。皇上催要抄写进呈的专著有《日本变政考》《波兰分灭记》《法国变政考》《德国变政考》《英国变政考》等。

在百日维新期间，康有为除编撰著书外，上书十三次，以自己的名义呈递奏折十三件，代拟奏折三十六件，共计四十九件。

百余不眠的日夜，数量如此惊人。

康有为缘何"悄然转弯"？

尽管在三年前的一八九五年，康有为在《上清帝第三书》就提出了"设议郎"这样的仿西方"国会""议院"式的激进建议，但后来他发现在当时的条件下，这一点是无论如何也行不通的。

如何过渡和变通？

一八九八年三月，他上奏了《大誓群臣请开制度局折》（即《上清帝第六书》），建议"开制度局于宫中"。

六月十六日在被光绪帝召见之后，他的谢恩折即《请御门誓众开制度局以统筹大局折》，再提"制度局"。

这里有一个悄然的转弯——从曾经多次建议设议院，到这里突然放弃了设议院的主张，改为设制度局。百日维新中他也没有再提，并反对别人提。他的政治主张，发生了倒退。

对这种倒退，康有为是"不得已而为之"的，他有自己的理由。

先看何为"制度局"。

为了使朝廷能顺利接受，康有为先从前朝寻找根据，说开制度局是"用南书房、会典馆之例"。康熙当年曾选翰林入选南书房当值，即"南书房行走"，这些人秉承皇上旨意起草诏令，使南书房成为发布政令的核心机构。看上去，他们的权力很大，但原则上并不参与决策，其实只是皇帝的"书记员"。康有为用了这个"壳"，精心所设计的制度局与此完全不同，进入制度局的成员，可参与重大方针政策。

制度局，是立法机构。同时建议设立的法律局、税计局、学校局、农商局等十二个专局，为行政机构。

康有为建议，制度局设在宫中，其成员每日值内，共同讨论，将旧制新政经过斟酌草定章程，"审定全规，重立典法"，然后交十二局执行。

他在《日本变政考》中明确提出"立制度局以议宪法"。这里的宪法，指国家的重大法典，还不是君主立宪的宪法。但这里已经具有了某些资产阶级议院的性质和作用。

尽管如此，制度局又绝不是议院。议院的议员必须经选举产生，议院该是一个限制君权的民意机构。但制度局的成员却由皇帝"钦命"，在讨论政事的时候，"皇上亲临，折衷一是"，这些成员尽管可以和皇上一起讨论议事，甚至参与决策，但无权力限制君权，只能是皇帝的一个咨询机构。

它只能是皇帝的"御用智囊团"。

这确是一种倒退。

但只有这样退一步，才能得到光绪皇帝的支持。更重要的是，开制度局的做法和目的本身，是要夺守旧顽固派所掌握的议政权和立法权。

这是康有为为能顺利推行维新而设计的一条路。他深知这条路与自己之前的呼吁有悖，但退是为了进。他后来就明白地说过："伸民权平等自由之风，协乎公理，顺乎人心……将来全世界推行之，乃必然之事……须有所待，乃可为也……"按他所用的公羊三世说，由"据乱世"转向"升平世"，必须先以君主立宪来取代君主专制。待"太平世"到来，方可真正履行民主。

所以，他认为此时中国设议院"尚未其时"。因为当时"守旧盈朝""民智未开"，如果遽兴议会，遽用民权，"则举国聋瞽守旧愈甚，取乱之道也。"

实践也证明了康有为此设计的合理，但即使退了一步，仍然被顽固派无情否决。

光绪帝对于"开制度局"马上表态支持。但慈禧不表态，总理衙门迟迟不议覆。百日维新开始了，康有为再奏开制度局，在光绪帝的督催下，才于七月议覆。这时顽固大臣已得到了慈禧"只管议驳"的指示，连连批驳康有为的建议。光绪帝火了，下令再议，命军机大臣会同总理衙门再此会议，两衙门不得已于八月二日对开制度局提出了一个变通的办法，建议选派翰詹科道十二人，轮日召对，以备使任。所选的人，仍旧是旧官僚。最后，康有为在万般无奈的情势下，再退一步提出设立一个临时议政机构"懋勤殿"，来"选天下英才，共议制度"，慈禧仍然坚决反对。

汤、药均不得换，这样的维新，如何推进？

这还不算，五月二十日（1898年7月8日），康有为在百日维新所遇到的凶险危机第一次到来，御史文悌弹劾他"任意妄为、遍结言官、把持国是"，"诈伪多端"，"欲保中国四万万人，而置我大清于度外"。

这就是斥康有为"保中国不保大清"的由来。

戊戌政变后，清廷对康有为的罪责判定之一，也提到"又闻该党建立保国会，保中国不保大清，殊甚发指"。

文悌是满人，瓜尔佳氏，字仲恭，满族正黄旗人。曾任开封知府、户部郎中。光绪二十三年（1897）十二月改御史，后任河南知府、贵州贵西道等职。他和康有为的交往，就是任御史不久后的光绪二十四年（1898）春天开始的。最初两人的关系甚密，他很敬佩康有为的学识，两人走得很近。康有为是个逢人便说变法的人，面对这位新任御史，自然将很多关于成立保国会和变法的事向他诉说。是受到了康有为的影响，还是自己的主张，他向康有为表示得非常激进，说"欲愿一死以报国"。

文悌新任，急切渴望做出一番事情来。

康有为劝他和几位大臣入乾清门伏阙痛哭，请拒俄变法（李鸿章当是想拉拢俄国人）。一八九八年春，康有为替他代写奏折，上奏"敬陈管见折"，折中向光绪帝提出了四愿："愿我皇上法祖""愿我皇上尊师""愿我皇上纳言""愿我皇上勤政"。后来，他又上奏皇上"请拒俄联英折"（该折也为康有为起草）等。看上去好像没有引起皇上的重视，他很遗憾，写道"自愧诚不足以格君，聊且苟全性命于当世耳"。

从康有为不断帮他代拟奏折来看，他们的关系一直很好。两人的相识是在二月，由大学士阎敬明之子阎迺竹介绍，文悌说最初对康有为印象颇好，于是开始来往，达十多次。

但仅仅两个多月后，文悌突然在五月二十日上奏了长达四千余言的"严劾康有为折"，大有罢黜康有为，将其赶出京城之势。

这里大有文章。

大清都察院的御史，是最直接维护朝廷封建统治利益的"特殊人物"。他们的职级不高，但权力很大，有"风闻言事"之权。他们的职责，就是监督中央和地方官员，纠劾违法行为，整肃官场风纪。按规定，都御史暨下的所有御史们，凡认为大臣有奸邪、构党、作威乱政，甚至学术不正，上书陈言变乱成宪的，都可以直接给皇帝上奏弹劾。每个御史都有单独上弹劾奏章的权力，可以公开当面劾举，也可以密封上奏。即便是像李鸿章这样的重臣，都会受到御史的弹劾，何况小小的康有为。

康有为再次交友不慎。

文悌发现了康有为的什么？

一是，他看了康有为所送的书籍后，尤其对《孔子改制考》的学术观念，以及康主张西法改革的激进观念十分反对。他认为这样的主张"小则群起斗争，召乱无已，大则各便私利，卖国何难"。

二是，康有为私聚数百人的"保国会"有问题，"名为保国，势必乱国""曾又与面言，恐其实生乱阶，令其将忠君爱国合为一事，幸勿徒欲保中国四万万人，而置我大清国于度外，而康有为亦似悔之……"

三是，康及其党人结交台谏，把持词讼，勾结后台张荫桓私结外洋，等等。

"保中国不保大清"的出处，在此。

这样的罪名，千钧之重。

但文悌在此并没有提出康有为"保中国不保大清"的证据。所以光

绪帝"大怒":"上阅折大怒，谓文悌受许应骙指使，将革职，刚毅求之，乃令回原衙门行走。"（康有为《康南海自编年谱》）

从这场风波来看，说文悌受许应骙的指使，可能性有，但不大。文悌作为一个满族官吏，敏感地发现了康有为的学说和行为，对大清政权的稳固是极为不利的。他觉得这样的做法，就是"保中国不保大清"。

康有为有"保中国不保大清"的想法吗？

有。曾经有过。

据说是一八九五年康门弟子何树龄写给康有为的一封书信，此信在戊戌变法失败后，被两广总督谭钟麟于康有为家中查获。信中的一段话为：

> 注意大同国，勿注意大浊国……以大浊国为开笔衬笔可耳（信旁有注：知其不可为而为之耶？）……大浊国必将大乱，为人瓜分，独夫之家产何足惜？所难堪者，我之亲戚兄弟友生耳。

"大浊国"显然是"大清国"的反语。"大同国"是十年后当有符命的"康党之国"了。——这封信、这段话被很多人看成是康有为"保中国不保大清"的铁证。但也有一些专家学者认为谭仇视变法，此信并不可信。

引起人们关注的，倒是黄彰健在台北近代史研究所查阅到藏康未刊文稿微卷中，有一封康有为写给赵曰生的信。此信是百日维新后，康的一些弟子和朋友对其所提到的变法中不再提议会、民权等变化的解释和答复。

> 当戊戌以前，激于国势之陵夷，当时那拉揽政，圣上无权，故人人不知圣上之英明；望在上者而一无所望，度大势必骎骎割鬻至尽而后止，故当时鄙见专以救中国四万万人为主。用是奔走南北，大开强学、圣学、保国之会，欲开议院得民权以救之。因陈右铭（宝箴）之有志，故令卓如（梁启超）入湘。当时复生（谭嗣同）见我于上海，相与议大局，而令复生弃官返湘。以湘人才武尚气，为中国第一，图此机会，若

各国割地相迫，湘中可图自立。以地在中腹，无外人之交涉，而南连百粤，即有海疆，此固因胶旅大变而生者。诚虑中国割尽，尚留湘南一片，以为黄种之苗。此固当时惕心痛极，斟酌此仁至义尽之法也。卓如与复生入湘，大倡民权，陈黄（遵宪）、徐（仁铸）诸公听之，故南学会湘报大行。湘中志士于是靡然发奋，人人种此根与心中，如弟所云是也。"

这里，康有为解释得明明白白，就当时中国在外强欺凌的恶境下，朝廷无望，为救中国而入湘大倡民权，开启民智，也是入情入理的。从中看到的，是这批知识分子的先觉和责任。

倡民权，就要说真话。民众是不可欺的。

戊戌政变后，也是曾经与康有为来往密切，之后却对康有为非常仇恨的梁鼎芬，与章太炎都在张之洞幕中。一天梁鼎芬问章太炎："闻康祖诒欲作皇帝，信否？"

章太炎毕竟是章太炎，尽管他对康有为自封的教主地位非常反感。章答："只闻康欲作教主，未闻欲作皇帝。其实人有帝王思想，本不足异，唯欲作教主，则未免想入非非！"

章太炎的"人有帝王思想，本不足异"，不大胆吗？可见当时一些清醒知识分子思想的解放和开通。

对于康有为的《孔子改制考》，反感的人太多了。就连一些对康有为曾经支持的人，也觉得他的观点离谱，非常反感，如张之洞、翁同龢等。梁启超到后来也对老师的有些观点存疑，不再提起。这都是正常的。

孙宝瑄也反感康的《孔子改制考》，他将驳康有为的日记给友人看，友人同意他的意见，但说了一番很开通的话："然长素非立言之人，乃立功之人。自中日战后，能转移天下人心风俗者，赖有长素焉。何也？梁卓如以《时务报》震天下，使士夫议论一变，卓如之功。而亲为长素弟子，亦长素功也。八股废，能令天下人多读书，五百年积弊豁然祛除，而此诏降于长素召见之后，亦长素功也。"（孙宝瑄《忘山庐日记》）友人称康有为是"非立言之人，乃立功之人"。

第十一章

剑拔弩张

六月十一日，《明定国是诏》颁布，百日维新第一天。

康有为将变法的突破口，选在"废除八股取士的科举制度"上。早在六月一日，康有为就代杨深秀拟折请禁用八股，被许应骙阻挠。

六月十六日，康有为利用光绪帝召见的机会，直接面呈光绪帝要求废除八股科举考试制度。

六月十七日，康有为上《请废八股试帖楷法试士改用策论折》。同时代宋伯鲁拟折，请废八股。

梁启超也联络各省举人联署上书，请停八股取士。

光绪帝很重视，当天命枢臣就停八股问题讨论拟旨。

再遭许应骙、刚毅反对。

六月二十日，康有为代宋伯鲁、杨深秀拟告状新弹劾许应骙。

六月二十二日，康有为代徐致靖上书，再请废八股。

短短几天内，仅仅是变法最初的一个开始，就大有剑拔弩张的紧张气氛。

谁能想到，堂堂大清举国瞩目的这场变法，从初始，就已经完全被一个官职小小的六品工部主事，搅活了全盘。

于是，一场看不见刀光剑影的厮杀，也就悄然拉开帷幕。

同乡相煎为哪般？

最初的纷争，恰是由废八股而起。

十七日，光绪帝命就停八股问题讨论拟旨。军机大臣刚毅不同意推进如此之快，他向光绪帝提出请交下部议。

光绪说："若交下部议，彼等必驳我矣。"

刚毅曰："此事重大，行之数百年，不可遽废，请上细思。"

光绪厉声曰："汝欲阻挠我耶？"

刚毅乃不敢言，及将散朝，刚毅又说："此事重大，愿皇上请懿旨。"

六月二十日，光绪帝到颐和园向慈禧太后请旨。

太后同意。

礼部尚书许应骙仍然认为时机并不成熟。

三天后，光绪帝下明诏废除八股："着自下科为始，乡会试及生童岁科各试向用四书五经者，一律改试策论。其如分何场命题考试，一切详细章程，着礼部妥议具奏。"

许应骙正掌管礼部。礼部，就是教育部。几百年的科举以八股取士，都是这样墨守成规过来的，又是在他的管辖之下，突然要取消、废除，这叫这位礼部尚书怎么也拐不过这个弯来。他的抵触，不能说一点道理没有。

此时，许应骙还有一个官职，即总理各国事务衙门大臣。而康有为当时恰恰是总理衙门章京，这样算来，许应骙还是康有为的"顶头上司"。一个是小小的秘书类的章京，一个是堂堂礼部尚书，官职极其悬殊。而发起维新，第一刀要废八股取士的，正是许应骙手下这位小小的秘书。

连康有为也觉得不解，两人一个广东南海，一个在广东澄海，他们在家乡本不相识，也无任何恩怨，为何在京城，两人会成为冰火不相容的对头和死敌。

而许应骙，也并非是一个刁蛮之人。他在朝中的口碑一向不错，曾得到一些老臣和慈禧、光绪的赏识。

许与康有为的结怨何来？

说起来，本是一段多年前的乡间陈事。光绪十九年（1893），康有为在家乡涉及到了一场官司，震惊了广东。当时南海县的"同人团练局"，被回籍知府张嵩芬把持。康有为联合乡绅攻击张嵩芬，迫其交出管理权由弟子陈千秋管理。后张嵩芬托御史余联沅弹劾康有为，康有为又托御史王鹏运弹劾张，双方闹得动静很大，最终惊动了两广总督谭钟麟。谭最终庇护了张嵩芬，事情是以康有为的失败告终的，康的弟子陈千秋为此患病辞世，让康有为非常心疼。这场官司，本与许应骙无任何瓜葛，但许与余联沅、谭钟麟同为官场中人，"官官相护"是官场法则，许应骙道听途说，就对康有为有了很深的恶感。

到了戊戌年的三月底，康梁联合李盛铎在京成立"保国会"，一时震惊京师，连朝中重臣翁同龢、李鸿藻、袁世凯，张之洞，甚至李鸿章都持支持的态度捐资，而许应骙不仅不支持，还百般阻挠刁难。从这里可以看出，康许两人已经不仅仅是私怨，而是新旧的观念之争了。"保国会"在京师粤东会馆开会，人数者众。按当时的惯例，会馆事务由同乡京官职位最高者负责，许应骙匆忙出面下令禁止康有为等人再在会馆开会，并斥责康有为"惑众敛钱，行为不正，严加斥逐，不准再开"。这就是许应骙的不是了，一个赫赫从一品的京官，胸怀如此之小不说，可见他的守旧和迂谬到了什么程度。

许应骙指责康有为办保国会"惑众敛钱，行为不正"，他自己就干净吗？据李鸿章给其女婿张佩纶的私信中称："昨恭引崇礼，李引许应骙，不知洋务为何事，但以为要地，可略收炭资耳。"

这里透露出崇礼入总署为恭亲王奕䜣所保，许应骙入总署为李鸿藻所荐。李鸿章直指他们"不知洋务为何事，但以为要地，可略收炭资耳"，"炭资"，指冰炭两敬，各地官员在夏天和冬天所送的银钱，这也是当时京官最主要的灰色收入。许应骙明明不通外务，占据着总理衙门大臣的重要位置，误国误事不说，只为有了这一重要职务，就能收到各地官员的孝敬钱。可见当时的总署大臣多不干事，却能捞上一笔的潜规则，早已盛行官场。

许应骙的"墨守成规"、不明时势、不通外情与乖张方刚，使他在任总理衙门大臣的职位上，自己也觉得非常别扭。因为必须与洋人打交道，他的守旧与迂谬越来越严重，遇外交事务自然束手无策，出尽洋相。在这个他本不熟悉的行当内，越认真越坏事，早已被时代远远抛到后面。这且不说，当康梁等维新派提出废八股之后，他提出种种借口，处处设阻。这时，与康有为的私人恩怨已经上升到他对整个新政的反感和强烈抵触。

康有为为推进废八股改策论的进程，以宋伯鲁、杨深秀的名义，参劾许应骙。这参劾也有些过分。一是提请皇上将许以三四品降调，二是将所听到的关于许在总理衙门的坊间传说（受洋人戏弄嘲笑）也搬了上来。光绪帝阅折后的处理也很有意思，一是要求"御史宋伯鲁、杨深秀奏礼臣守旧迂谬阻挠新政一折，著许应骙按照所参各节，明白回奏"。这是非常严厉的，要求许逐条"说说清楚"；二是又将原折中关于许应骙在总理衙门涉及到外交的传说贴盖后，让人抄写，发给许应骙。皇上也觉得这些传说有些不妥。

光绪的处理，一下子震惊了官员们。明白皇上对阻挠新政是不会放过的，使一些人人心惶惶。早朝时，军机大臣廖寿恒再三请求皇上收回成命，未准。许应骙当天刚好去颐和园向慈禧太后谢恩，接到消息匆匆赶回，非常狼狈。当天，他夜里来找军机大臣刚毅，请求刚毅在慈禧太后那里求情，渡过难关。刚毅听了之后，点拨许应骙，宋、杨之参的背后是康有为，他能将你赶尽杀绝，你为何不趁回奏之机好好咬他几口？许应骙如梦方醒。

且看他的反击。

许在"遵旨明白回奏折"中，强调并未阻挠废八股之令，正"与同部诸臣熟商定额，期协于中，既不敢存刻核之见以从苟，更不敢博宽大之名以邀誉"，很快将矛头就对准了康有为，大肆人身攻击，扣上了多顶帽子，要求将其"罢斥驱逐回籍"。按惯例，许对康有为的指责，康也应做出解释。光绪帝明白康有为得罪人很多，未对康做出这一要求，对许应骙的结论为："……既据逐一陈明，并无阻挠等情，即著毋庸置议。礼部有总司贡举学校之责，总理衙门办理交涉事件，均关紧要。该尚书嗣后遇事，务当益加勉励，与各堂官和衷商榷，毋负委任。"（军机处《上谕档》）

这是在警告许应骙和其他官员大臣，谁如果阻挠新政，都不会留情，必将受到弹劾和罢黜。

光绪帝这次放过了也记住了许应骙。但并没有多久的九月，许应骙和礼部的六堂官，终被罢黜。

戊戌政变后，许应骙因"首发康有为之奸"，被慈禧太后擢升为闽浙总督，"仍在紫禁城骑马，并在西苑门内骑马"，以示"优宠"。光绪二十八年（1902），慈禧推行新政，许应骙依旧阻挠、抵制西法，被御史李灼华再次弹劾，清廷遂令许应骙开缺回籍，许回乡后闭门谢客，翌年病故。他这次的再次被罢黜，还是没摆脱"阻挠新政"四字。

他揭开康有为与张荫桓的一段"隐秘"

七月八日，康有为和许应骙的争执刚刚平息，御史文悌就突然上折，发动了"严劾康有为案"。此折长达四千言，为当时的重大事件。他检举康有为勾结言官宋伯鲁、杨深秀等人结党营私，同时，也披露了一些康有为不为人知的政治活动。

说其是一个"重大事件"，是他的弹劾比许应骙对康有为的回击更具有杀伤力——他说康有为不过是一个轻浮巧滑、趋炎附势之徒，如明代李贽，旁门左道、思想异端。他要求清廷采纳许应骙的建议，将康有为罢斥驱逐。就是在这次弹劾中，他说康有为的要害是"欲保中国四万万人，而置我大清于度外"，也就是后来很多人提到的"保中国不保大清"。

据说，后来有人将这句话传到了慈禧太后耳中，慈禧深以为然，才有了非要剪除康有为一伙人的用心。戊戌政变后，清廷通缉捉拿康有为时，这成为康的罪名之一。

对清廷，这是最能易于收效的挑拨。这的确是一个具有太大杀伤力的罪名。

关于文悌弹劾康有为"保中国不保大清"的原委，前一章已提到。

文悌还列举了一些康有为"形迹可疑"的"事实"。

文悌说，康有为——

> 至奴才处十余次，路隔重城，或且上灯后至矣，往往见其车中携有寝枕，奴才家丁问其随仆，皆言其行踪诡秘，恒于深夜至锡拉胡同张大人处住宿，盖户部侍郎张荫桓与康有为同县同乡，交深情密。是则许应骙言其夤缘要津，亦属有因。

> 康有为见奴才于其赐对后，绝无闻问，又于四月（误，当为五月）初七日使其弟康广仁至奴才处求见，奴才未与相见，为奴才留一信，云康有为在寓患病，现奉旨令其进书。是时宋伯鲁、杨深秀等已参劾许应骙，许应骙已明白回奏，惟原折邸钞未见，奴才未知宋伯鲁等所奏云何。又闻康有为奉旨进书，欲知其进书之意何在，且仍欲劝其安静，勿再生事端，遂于初八日至康有为寓所。其家人因奴才问病，引奴才至其卧室，案有洋字股信多件，不暇收拾，康有为形色张皇，忽坐忽立，欲延奴才出坐别室。奴才随仆，又闻其弟怨其家人，不应将奴才引至其内室。奴才乃匆匆起立，惟告以《中庸》有云'万物并育而不相害，道并行而不相悖'，万万不可分门别户，致成党祸，置国事于不问。而康有为兄弟同言，即今在朝诸人又何尝以国事为问乎？奴才仍勉以既蒙恩命为总署章京，当谨慎趋公，以图报效。康有为言实不能为此奔走之差，现奉旨进书，书进仍然回籍。（《翼教丛编·严劾康有为折》）

文悌在这里要告的是，康有为勾结后台张荫桓，私结外洋，有通敌卖国之嫌。唯一的一个理由是其家中有"洋字股信多件"，康有为见他进入卧室后，神色张皇。还说，康有为行踪诡秘，连车上都放着被子枕头等卧具，有时竟深夜到张荫桓处住宿。言外之意，康与张一定有见不得人的勾当。文悌去康处，是以"探病"为由，原来是在打探与侦察，看出这里真正有阴谋的，是文悌了。文悌很可能同刚毅、许应骙有过密谋，知道慈禧太后因为有人告张荫桓受贿曾经想惩治张荫桓，所以顺水推舟，将康有为与张荫桓一起告发。

这明显有恶人先告状之嫌。

仔细看文悌对康张的这一参劾，也实在经不起推敲。车内装有卧具，或深夜寄宿张荫桓处，算何罪过？而且还是文悌的家丁所说。再有，就凭康有为的案头有"洋字股信"，就断定康有为和张荫桓私结外洋？而且康有为并不通洋文，就是通洋文，洋文写的是什么？连文悌自己都不清楚，如何得出康与张"私结洋人"的结论？说"康有为神色张皇"，也只是一种无根据的猜测了。

所以，光绪帝看了文悌的参劾后大怒，料定文悌受了许应骙等人的指使，以其人之道还治其人之身，解除了文悌的监察御史一职，令其回衙门行走。

康有为和张荫桓之间，到底是一种什么样的关系？

有些奇怪的是，从康有为自己的《康南海自编年谱》中，对张荫桓的记述非常少，又似乎在回避和隐瞒什么。这也就揭开了康张之间的一段"隐秘"。

张荫桓（1837—1900），字樵野，广东南海县佛山人，又号红棉主人，是康有为的同乡。他在近代史上，是一个十分重要的人物。光绪六年（1880），他被保举山东候补道，三品衔。光绪十年（1884）起，以通英语、识洋务被赏识，入总理衙门行走，开始了外交家生涯。曾陆续被任命为特派驻美国、秘鲁、日本等国使节，三年长期驻外，成为著名的洋务专家和外交专家。在海外期间，他在美国的排华风潮中，保护了华侨利益，并在美洲华侨聚集地区设立学堂，成为倡导海外华侨教育的第一人。

甲午后，张荫桓被任命为总理衙门大臣兼户部侍郎，一身肩外交、财政两大重任。

三年驻外使节的经历，使他的眼光大开。回国后看到如此落后的中国，尤其是甲午败于日本的惨剧，让他痛心疾首。他应该是最明白国家再不向西方学习、改革朝政，中国是无丝毫出路的。所以，在民族危机的时刻，以康梁为首的维新派高举更张旧法、改换日月的大旗，深得张荫桓赞许，是肯定的。

两人的故乡，同是广东南海。

他和康有为的结识是哪一年？是如何结识的？不详。康有为没提，张荫桓更没有提。从张荫桓的《张荫桓日记》中，看出他们有了很密切的接触，该是一八九四的甲午年。

《张荫桓日记》内，在甲午年的二月、三月、四月，有这样的记述：

> 甲午二月二十九日客春从未看桃花，甚以为憾，西山花繁……法源寺桃花尚盛……寺僧领导游观，座客有康长素，深入法海，谈禅不倦，不图城市中有此清凉世界。晚宿山舅寓庐，长素、闰台夜话将曙。
>
> 三月二十四日申正返寓。康长素、梁小山、梁卓如已来，检埃及各图以观，诧叹欲绝。长素屡言谋国自强，而中外形势惜未透辟，席间不免努努，此才竟不易得，宜调护之。
>
> 四月二十七日长素因山舅觥筵大醉，逾夕始醒。前日相过，询其拼醉之故，为诗调，昨来寓，夜谈甚畅，酒力微矣。

从这里透露出的情形看，两人的关系已经到了很熟悉很亲密的程度，已成友好。一起去法源寺游览看桃花，一起夜宿"夜话将曙"，一起诗酒，"夜谈甚畅"。最重要的是，还透露出两个信息：一、在张荫桓寓所，康有为和梁启超"检埃及各图以观，诧叹欲绝"，康梁从张处看到了一些从国外带回的图文资料，张荫桓也一定会给他们讲述很多来自西方各国的政治与风土人情。二是，张荫桓对康有为"屡言谋国自强，而中外形势惜未透辟，此才竟不易得，宜调护之"，表明康有为在甲午时已经不仅仅关注外部世界，而且开始向西方学习，这一点让张荫桓非常赏识，对康有暗中点拨和保护之意。

较长时间以来，史学界一般认为向光绪帝推荐康有为的主要是翁同龢，其实，张荫桓确实在其中也起到了很大作用。张荫桓在戊戌政变后被捕，曾对押解他的官员说："兹祸之起，康有为固非罪魁，实翁常熟酿成之……时欲上书，央我介绍，常熟允见，而康往而辞焉。余讶以问翁，翁应曰：此天下奇才也，吾无以位置之，是以不敢见。后竟奏荐朝廷，拟召见。"这里就证明了张曾经介绍康有为往见翁同龢。架起通向光绪帝桥梁的，是翁同龢，也是张荫桓。

戊戌年春之后，朝局发生了一个变化，光绪帝对张荫桓的信任，超过了翁同龢。从正月到四月间，十三次单独召见张荫桓，三月内一个月，就单独召见六次。这期间，也是康有为的变法条陈和书籍较多的时候。光绪帝对张荫桓屡屡召见，两人谈了些什么，是否涉及到康有为，尽管无法得知，当时最大的事情就是光绪帝正酝酿要采纳康有为的意见推行变法，他在和张荫桓密谈时，绝不会不涉及变法的事。张荫桓对康有为的支持，也是肯定无疑的。此时，张对光绪帝的影响，可以说非常关键。

当时的时论称："南海张侍郎曾使外洋，晓然于欧美富强之机，每为皇上讲述，上喜闻之，不时召见。"梁启超后来也说："（张）久游西国，皇上屡问以西法新政。"王照则说："张荫桓蒙眷最隆，虽不入枢府，而朝夕得参密，权在军机大臣以上。"军机大臣廖寿恒说："总理衙门所称能办事者，惟张荫桓一人，实亦非伊不可。"张荫桓的受宠，以及对维新派的支持，也就必然引起慈禧的警觉和军机大臣的不满。

连一直与张荫桓关系甚好的翁同龢，在四月也对张的态度起了变化。甚至不惜冒犯皇帝，拒绝代康有为呈书，《翁文恭公日记》有载："（四月）初七日：上命臣索康有为所进书，令再写一份递进。臣对：与康不往来。上问：何也？对以此人居心叵测。曰：前此何以不说？对：臣近见其《孔子改制考》知之。"又："初八日：上又问康书，臣对如昨，上发怒诘责。臣对：传总署令进，上不允，必欲臣诣张荫桓传呈，臣曰：张某日日进见，何不面谕？上仍不允，退乃传知张君，张正在园寓也。"

此前，康有为的条陈和书籍，都是翁同龢代呈，此时翁的态度突然大变，有几个原因。一是四月时有人对张荫桓严厉参劾，慈禧要求严查，翁同龢觉出不妙，为保护自己，故意疏远张荫桓，以示"划清界限"。二是翁同龢看了康有为的《孔子改制考》后，反对康有为的观点，觉得康"居心叵测"。三是对光绪帝连连召见张荫桓不满，在回答皇上时，竟提到"张某日日进见"，这显然有赌气的成分和对皇上的不满。

后来，在百日维新期间，张荫桓与康有为的关系，也出现了恶化，先是五月，御史胡孚宸，后是御史王鹏运及王照上书弹劾张荫桓，揭发出他贪污受贿，这是投向张的重磅炸弹。五月案发时，慈禧大怒，早就对张荫桓蛊惑光绪帝不满，这回要好好收拾收拾。五月初五，慈禧下懿旨令步军统领衙门左翼总兵英年，预备查抄张荫桓府宅，拿交刑部治罪。后由于奕劻、崇礼等人周旋，帮张荫桓渡过了难关，免了抄家之祸。这件事，让张荫桓差点入狱，所以张对告发自己的所有人怀恨在心。而王鹏运和王照与康有为关系较好，有一种说法是，张荫桓怀疑王鹏运、王照受了康有为的指使。于是，他与康有为的关系越来越远。

康有为能否如此来诋毁张荫桓？他这样做的理由是什么？由于只是传言，无法判断。有人说是由于忌妒想取而代之，因光绪皇帝给张荫桓嘉赏了"一等第三宝星"。这自然是无稽之谈。或者，这件事本身就是张的误会。张因是怀疑，又无法向康有为正面询问和证实，反使问题复杂化了。

张康之间的疏远，受害的是维新变法和康有为本人。六月，张荫桓对康有为设立制度局的主张全面驳斥，只同意建立铁路矿务总局。不久，张荫桓向光绪帝奏言，将张之洞的《劝学篇》"颁行天下"。光绪帝同意此事，由总署印制三百部下发。七月，张荫桓反对康有为充任伊藤博文来华访问时的迎送使。另外，光绪帝曾经想派康有为去日本考察变法事宜，最终也因张荫桓的反对，没有了下文。

还有一点，是张荫桓深谙官场规则，他很早就发现康有为"这样一个不知天高地厚的草茅新进"在京城树敌太多，早晚出事，必然会殃及自己。所以，他与康有为的密切来往非常诡秘，在日记中也只是记些无关紧要的东西。这是他的"绝顶聪明与精于算计"，也是保护自身。后期疏远康有为，更是为给自己留足后路。果然，戊戌政变后，他被朝廷搜查后，未见与康勾连的重要证据，躲过马上被斩，被定为"非康党"。

这也从一个角度看到晚清政局复杂的乱相。官场的残酷与倾轧，又无法不使人性扭曲。自然，这里更有晚清知识分子的百端局限与自己人格方面的责任。这在高官中，反而显得更为突出。翁同龢的忌妒、执拗、固执；张荫桓的诡秘与精于计算，加上康有为的狂傲与目中无人，它们纷乱地搅缠在一起，复杂多变。这些都给维新变法带来太大的伤害。

对于张荫桓，慈禧太后却没有因其"非康党"而放过一马，她始终认为张是戊戌维新的祸根。先是将张发配新疆，两年后庚子事变，慈禧也明白该推行新政了，但这个女人仍然没有放过张荫桓，竟下令将其处死。可见慈禧对其之恨太深，也可以证明，张荫桓对光绪帝变法的影响很深。

京师大学堂风波

北京大学的前身，是晚清戊戌变法时期所建立的全国第一所大学——京师大学堂。它是戊戌变法留存的唯一成果，也是中国近代高等教育的起点。而京师大学堂的由来，和康有为、梁启超又有着直接的关系。

强学会在成立之初，就有了"再立学堂"的设想。

学会被查禁后，李鸿藻、张荫桓、孙家鼐等人经周旋，由总理衙门奏请，将强学会改成"官书局"，光绪帝准奏，派孙家鼐管理此事。

孙家鼐此时已经年近七旬。他和翁同龢同是同治、光绪"两代帝师"，自然深得光绪信任。他是安徽寿州人，字燮臣，咸丰九年（1859）的状元，自光绪十八年（1892）起，历任工部尚书、礼部尚书、吏部尚书。

据说，孙家鼐曾写过一副座右铭式的对联。上联是"欲能则学，欲知则问"；下联是"守身如玉，守口如瓶"。

孙家鼐是非常支持强学会的，据康有为说，"孙家鼐素知吾"，两人是否有过交往，但孙对康有为此时是没有任何恶感的，否则，他不会在强学会被查禁后，还在尽力周旋强学会"之后的事"。作为一个帝师，主张办报刊和译书、办学堂，表示支持变法是非常正常的事。

一八九六年三月，孙家鼐与翁同龢商议后，上奏提出官书局下设四个机构：一、藏书籍，拟设藏书院；二、刊书籍，拟设刊书处；三、备仪器，拟设游艺院（广购化学、电学、光学诸新仪器等）；四、广教肄，拟设学堂一所。这里，孙家鼐所提的设想，与康有为之前的提法相近，只是正式提出了"拟设学堂一所"。

六月，刑部侍郎李端棻上奏请在府州县、省、京师三级设立学堂。有人提出此折很可能是由梁启超代拟。梁是李的堂妹夫。

八月，孙家鼐根据李端棻的建议，选择了先在京师办大学堂，并提出了一个规模较大的计划。光绪帝同意。在这一办学计划里，孙家鼐提出：

一、建筑。于京中找一块适中之地，"先建大学堂一区，容生徒百人，四周分建小学堂四区，约各容生徒二三十人。仍多留隙地，以备日后扩充，建藏书楼、博物院之用。"

二、学科。"今拟分十科，以专肄业。曰道德科，曰天文科，曰地理科，曰政事科，曰文学科，曰武备科，曰农事科，曰工艺科，曰商务科，曰医术科……"

三、教官。大学堂聘中西教官数人。"中国教习应求品行纯正，学术渊通，通悉中外大事者，不通西文也可。西教习须深通西学，兼习华文，方无扞格。"

四、生徒。大学堂生徒以二十五岁为度，其来源为：同文馆、广方言馆学生；由内外各衙门咨送；举、贡、监生曾学西文，可自行投考。

小学堂生徒以十五岁为度，数年后精通各学者，升入大学堂。

五、出身。"特辟三途"，其一是立时务一科，乡、会试由大学堂咨送与考；其二是派差，应试不中者，由学堂发给文凭，派往各使馆及海陆军、船政制造各局；其三是分教，学生不愿举官者，派往各省设立学堂中任教习。

孙家鼐的这一办学计划，已有雏形。但有两个难点，一是总教习数人，如何应对要办的"十科"；二是经费。总理衙门每月拨给官书局的经费只有千两，孙对大学堂的计划中，每月经费银约要一万两。朝廷一下子要筹备这么多钱，并不容易。

对此，慈禧太后有些头疼。有人说恭亲王奕䜣和李鸿藻对此计划不以为然。于是，慈禧将此奏片"暂存"。暂存，也就是搁置了。

此事也就又被搁置了两年。孙家鼐主持的官书局一无起色。

两年后的一八九八年正月，御史王鹏运奏请再次要求开设京师大学堂。这一次，光绪帝极为上心，并且在六月十一日下令开始变法的《明定国是诏》中，非常醒目地提出，"……京师大学堂为各行省之倡，尤应首先举办。著军机大臣、总理各国事务王、大臣，会同妥速议奏……"

光绪帝将京师大学堂的举办，看成了推行维新变法的第一件具体的大事。并要求"妥速议奏、不得敷衍因循，徇私援引"。

此事"突然提速"，火速必办。

这就需要一份较为可行的"京师大学堂章程"。

而满朝文臣，加上光绪帝的两个老师，对这份章程，都有些束手无策。想一想，也是有道理的。新诞生的"京师大学堂"，与中国传统教育制度的区别甚大，而中国旧式教育资源又不足以为近代大学提供范本。加上旧的科举制度中，八股取士又将被废除，这所新生的"京师大学堂"，也就是变革中一个崭新的样板。谁来规划这全新的蓝图？

孙家鼐是官书局的主管，他自有责任。但他有这个能力和视野吗？

翁同龢对此也极为上心，《明定国是诏》就是他起草的，将京师大学堂的建立，定为速办之事，是光绪的主意，更是他的主意。他知道孙家鼐办不成这件事。有此能力的，似乎唯有自己。于是，他约来和自己关系甚密的翰林院编修张謇和翰林院侍讲黄绍箕，要他们尽快拿出一个"京师大学堂办法"。从这里看，光绪帝也是有意让翁尽快拿出京师大学堂的章程。有人说翁同龢此时有意想主管未来的京师大学堂。

同时，《明定国是诏》颁发的第二天，总理衙门就发电给清朝驻日公使，德龄公主的父亲裕庚，让其将"东京大学堂章程希速译，钞送署"。

这是想参考日本东京大学堂的章程，依葫芦画瓢。

张謇很快也拿出了一个"大学堂办法"，但仍是一些同翁商议后不太成熟的想法。如"宜分内外院，内院已仕，外院未仕。宜分初、中、上三等。宜有植物、动物苑。宜有博学苑。宜分类设堂。宜参延东洋教习……宜于盛大理允筹十万外，酌量宽备。宜就南苑择地。宜专派大臣。宜先画图……"

但是，意想不到的是，两天后的六月十五日，翁同龢突然间被罢免。

张謇、黄绍箕拟定的这份"大学堂办法"，上送到总署后，大家都不满意。

皇上又催得很紧，怎么办？军机大臣廖寿恒、总理衙门大臣张荫桓将此事郑重委托给了康有为和梁启超。

但康有为此时正忙，"无暇，命卓如草稿"。

梁启超成为京师大学堂章程的起草人，草定规则八十余条。章程内容有"总纲""学堂功课例""学生入会例""学生出身例""聘用教习例""设官例""经费""暂章"，共八章五十一节，颇为详细。对戊戌变法史深有研究的茅海建说："仔细阅读该章程，处处可见康、梁思想之闪烁。看来这部章程由梁启超起草，后经总理衙门、军机处多人修改，而康梁的主张仍占据主导地位。"

此事，是在朝廷万难之际，请出康梁来的。梁启超不辱使命，也来不及等裕庚从日本寄来材料，短短数日，"略取日本学规，参以本国情形，草定规则八十余条。"

光绪二十四年五月十四日（1898年7月2日），总理衙门上奏了《奏复遵议大学堂折》，其中附呈了梁启超的《大学堂章程》。

在这样短的时间内，梁启超就很快拿出了《大学堂章程》，令光绪帝和大臣们很高兴。五月十三日，总理大臣奕劻上了《举人梁启超遵旨查看片》，盛赞了梁启超："该举人梁启超，志趣远大，学问淹通，尚属究心时务。前在上海筹设译书局，已具规模，业经臣衙门奏请拨给经费，将该局改为译书官局，责成该举人经理译书事务。奉旨允准在案。该举人平昔所著述，贯通中西之学，体用兼备，洵为有用之才，拟恳恩施酌予京秩，以资观感。并可否特赐召对之处，出自圣裁。"

在奕劻的建议下，十四日，光绪帝召见了梁启超，并让他进呈所著的《变法通议》一书。光绪帝谕旨称："赏举人梁启超六品衔，办理译书局事务。"这样，梁启超在上海集资设立的译书局，改为了官商督办，每月拨给经费银两千两。

对此封赏，王照曾解释说，皇上召见，理应该赐翰林，最下也该为内阁中书。时梁赫赫在人耳目，被召见后仅仅赐六品顶戴，是因为梁启超不习京语，召对时口音差池，彼此不能达意所致。这是说梁启超没被重用原因在他的粤语口音，让皇上听不明白所致。这只是一种说法而已，梁启超并没太放在心上。

十四日，总理衙门再次上书《请京师编译局并归举人梁启超主持片》，提出将京师编译局和上海译书官局都交由梁启超办理。这是再次对梁启超的肯定。文中说"臣等查有广东举人梁启超堪胜此任，奏准在案，今京局似可与上海联为一气，仍责成该举人办理，由该举人随时自行来往京沪，主持其事，所有细章，皆令该举人妥议，由臣衙门核定施行。至京师编译局为学堂而设，当以多译西国学堂功课书为主，其中国经史等书，亦当撮其菁华，编成中学功课书，颁之行省……"

此片还对梁启超在湖南时务学堂期间的办学，充分肯定"梁启超学有本原，在湖南时务学堂，编有各种课程之书，教授生徒，颇著成效，若使之办理此事，听其自行分纂，必能胜任愉快……"由于梁启超在湖南时务学堂的教学，之前于朝廷内外很有争议，总理衙门在这里对梁启超的评价很高，褒赞有加。

这些，或许都与梁启超能胜任完成《京师大学堂章程》有关。

但是，看上去平静的水面，暗涌翻滚，陡起波澜。

或许是因为，这件事，是康梁做成的。

所有康梁介入的事，都不会平静。

还在梁启超正在起草《京师大学堂章程》的时候，御史李盛铎就听到康梁介入此事的风声。李盛铎在康有为组织保国会时，先是支持，后是反对，再后是告发参劾。有人说，他这样做的目的不仅仅是为了自保，而是"打探"。可见这是一个视康梁为敌的人。他听到由康梁来起草大学堂章程后，敏感地意识到，康有为和梁启超很可能会插手即将成立的京师大学堂事务，所以抢先上折，也拿出了一个"办学大纲"，让光绪帝尽早派孙家鼐为管理大学堂事务大臣。他认为，只要此权力交给孙家鼐，就可以遏制康梁。

事后来看，此动作大有深意，也就拉开了围绕大学堂的一场风波。茅海建称这"很可能出于一种专门的政治设计，以防止康有为派执掌大学堂权力"。

其实，李盛铎的担心，有些多此一举。在当时的情况下，康有为仅仅是一个六品的总理衙门章京，无论如何也不可能达到可以左右京师大学堂的权力。最重要的权力，为"官学大臣"，官学大臣的权力极大，除了京师大学堂，还要管辖各省学堂的事务。这一位置，除了已被罢免的翁同龢，只有孙家鼐一人符合条件。果然很快，七月三日，孙家鼐被授以管学大臣。

孙家鼐与康有为的矛盾，立刻而起。由头，在梁启超起草的《京师大学堂章程》中，关于"总教习"一职。

初看起来，这只是一个总教习权限等技术性方面的差异。因为这里的设置，与孙家鼐原来设计的"总教习数人"相悖。

梁启超在《京师大学堂章程》中的设计如下：

> 同文馆及北洋学堂等多以西人为总教习，然学堂功课既中西并重，华人容有兼通西学者，西人必无兼通中学者。前此各学堂于中学不免偏枯，皆由以西人为总教习故也。即专

就西文而论，英、法、俄、德诸文并用，无论任聘何国之人，皆不能节制他种文字之教习。专门诸学亦然。故必择中国通人，学贯中西，能见其大者，为总教习，然后可以崇体制而收实效。

这里最敏感的，是"必择中国通人，学贯中西，能见其大者，为总教习"。孙家鼐一见，马上想到梁启超这不是在推出康有为吗？"通人""通才"，也确是康有为上折时的常用语，而"学贯中西"的人才，朝中是有，但"能见其大者"还有谁？孙家鼐大怒，尤其不能容忍的是，从《京师大学堂章程》中看出，总教习的权力很大，孙马上有了大权旁落的感觉。遂与康有为很快决裂。

康有为对总教习的位置，真的有想法吗？

康有为与孙家鼐的关系，本来一直是不错的。孙曾支持强学会，康在自编年谱中说："孙家鼐素知吾，来面请吾为总教习，并请次亮为总办，又来劝驾……时李合肥、枢臣廖仲山、陈次亮皆劝孙中堂请吾为总教习。"这当然是梁启超的《京师大学堂章程》出来之前的事。孙有意请康有为任教习，是可能的。因为这个时候两人的关系尚好。他预感到自己会成为管学大臣，当然要为下一步成立大学堂时筹划，选择各种人选。在他看来，康有为的确也是总教习的合适人选之一。康在自编年谱中说，孙家鼐曾与编修删光典说："今朝士忠肝热胆而心通时务者，惟康某一人耳。若皇上责我变法，我惟推举康某人……"

但到了七月三日，孙家鼐真的被委任管学大臣后，他看了《章程》后，态度马上变了。

梁启超起草此章程，定然与康有为商议过。总教习人选"必择中国通人"给"总教习以一事之权"，是梁启超的意见，也是康有为的意见。康有为觉得自己来任此衔，也不是不可以。"有意为之"，也是肯定的。但事情也应该看到，朝廷在万难之中请康梁出来拟定《京师大学堂章程》，仅仅是一个草稿。同意与否，还要皇上和总署以及军机大臣来最后定盘。同意与不同意，是上方的事。皇上和总署通过了，还如此肯定梁启超，如今又责怪康梁"贩卖私货，觊觎总教习一职"，这无论如何都不应当是康梁之过吧。

孙家鼐与康有为的分裂和斗争，远未结束。不久，七月十七日，孙家鼐上书严词指责康有为的学说是"借孔子改制称王"。这才是孙家鼐与康有为从办学思想上就存在的巨大分歧。

光绪帝让军机大臣面奉谕旨："著孙家鼐传知康有为遵照。钦此。"这是既给康有为留了面子，又不认可康有为"孔子改制称王"的学说。光绪帝看出了两人的矛盾所在，这也是在调节两人之间的矛盾和误会。

但孙家鼐仍然不想放过康有为。

七月十七日，康有为通过御史宋伯鲁上书了一份请求改《时务报》为官报的奏折。可否将梁启超、汪康年等之前在上海创办的《时务报》改为《时务官报》，移至京师，并入译书局，仍由梁启超主持。光绪帝按程序批转给管学大臣孙家鼐来处理。

孙家鼐认为机会来了。

七月二十六日，孙家鼐向光绪帝上呈处理意见：梁启超已经奉旨办理译书局事务，无法有精力再办《时务官报》。建议调康有为去上海督办此官报。

光绪帝批准。

这是孙家鼐的一招，将康有为调虎离山，驱逐出京城。康有为无奈，后来提出可否在京另行重组官报局。孙家鼐坚决拒绝，调动了一些手段再次施压，到九月，请光绪帝明发谕旨，要求康有为迅速离京去上海。此时，已经是戊戌政变将发了，康去上海已经不是办报，而是逃亡。

孙康两人的纷争，一直持续到戊戌政变开始。这场京师大学堂的风波，才告结束。

一八九八年，京师大学堂选址北京和嘉公主府（四公主府），十二月三十一日在百日维新被扼杀后竟然正式开学。首任总教习为美国传教士丁韪良。此时，六君子被杀，康梁逃亡，曾最早提出办此大学堂的李端棻被革职发配新疆流放。

顾颉刚回忆当年京师大学堂的状况："学生们则多是官僚大地主子弟，有的学生一年要花五千银元；当然，这样的富家子弟不多，大约不过两三人。至于一年花千把银子的人就多了，少说也有好几十……一些有钱的学生，带听差、打麻将、吃花酒、捧名角，对读书毫无兴趣。"（顾颉刚《蔡元培先生与五四运动》）

孙家鼐任校长（"管学大臣"）仅三百八十天，后任为张百熙等。直到一九一七年，蔡元培出任校长，北京大学才开始出现真正的起色。

一九一二年十月，流亡长达十四年的梁启超回国二十六天后，来到北京。北京大学专门为他召开了欢迎会，会上，代理校长马相伯致词称："戊戌新政所留存于今日者，惟一大学校。先生实与此校有关系，今请赐训词。"

这位当年的《京师大学堂章程》起草人，当年的"六品衔办理译书局事务举人梁启超"，百感交集，他该说些什么好呢？他是发表了演说，但对当年的纷争和那场风波，只能是只字未提……

第十二章 光绪帝悲壮果敢的一搏

历来的史书上，都记述着光绪帝的羸弱、犹疑和受制于慈禧太后的惶惑与无奈。但是，在戊戌变法的关键时刻，在推行百日维新的这一年夏天，他第一次果敢地挺起了胸膛。

为了挽救这个垂死的大清王朝和帝国，这位身上流动着爱新觉罗家族血脉的帝王，终于开始大刀阔斧、果断出手，甚至不惜与他的养母慈禧决裂。

这是悲壮的一搏。

于是，在晚清墨黑的天幕上空，终于闪现出了格外耀眼的星光。

那星光，即便飞纵即逝，也永远地镶刻在了历史的天空之上。

谁帮康梁逃过了"杀身之祸"

六月二十三日，慈禧太后同意废除八股，诏命自下科起，乡会试及生童会科各试中一向所用四书文者，一律改试策论。

八股取士，这项已经被推行了数百年的科举制度，终于被废除。这是清朝廷政府的一件大政。

康有为的弟弟康广仁很高兴，他觉得"阿兄可以出京矣"。

他恳求哥哥，回归广东继续办学。他的理由是，如今科举既变，学堂既开，兄长康有为最合适的还是回广东或去上海，梁启超可以去湖南，都来专心抓教育之事，或潜心著书、办报、译书，以激励士民的爱国之心，培养多多的实用之才，三年之后，方可大行改革。

他认为如今的变法，时机并未到来。

康广仁这年仅三十一岁，他是康有为的同胞幼弟。受其兄的影响，一直反对八股，不参加应试，认为国家的积弱就是八股禁锢人才所致。也曾在浙江任过小吏，后耻于官场的腐败弃官而去。一八九七年在澳门创办《知新报》，旨在"发明民政之公理"。后在上海倡设女学堂，并与梁启超等人设立戒缠足会。一八九七年年底，陪患病未愈的梁启超一起入京。

后人称他"精悍厉鸷，明照锐断"，勇于任事，又洞于察机。他对变法的能否成功，是持怀疑态度的。因为他清醒地看到当时清廷的实权不在光绪，而在慈禧手中，新政的推行，将如登天之难。既然如此，变法必会树敌太多，其结果很可能将"惹祸上身"。

他说："自古无主权不一之国而能成大事者，今皇上虽天禀睿圣，然无赏罚之权，全国大柄，皆在西后之手，而满人之猜忌如此，守旧大臣之相嫉如此，何能有成？阿兄速当出京养晦矣……"

更难能可贵的是，他深知道自己这位兄长性格与任事上的诸多不足，这些都将是日后隐患。他在给好友何易一的一封信中说："伯兄（康有为）规模太大，志气太锐，包揽太多，同志太孤，举行太大，当此排者、忌者、挤者、谤者盈衢塞巷，而上又无权，安能有成？弟私窃深忧之，故常谓但竭力废八股，俾民智能开，则危崖转石，不患不能至地。今已如愿，八股已废，力劝伯兄宜速拂衣，虽多陈无益，且恐祸变生也。"（《梁启超年谱长编》）

从这封信里可以清楚看出，不仅是康广仁，就连梁启超，也是主张康有为在当时朝内的险恶情势下，不该冒险，应急流而退的。康广仁甚至同梁启超商议出一个"避祸"的办法，就是由梁启超说动李端棻推荐康有为出使日本，他们认为只要离开了京城，康有为其祸可免。此事也终因张荫桓的不同意而尚未成行。最终在孙家鼐的别有用意下，提出让康有为去上海办报，这自然是避开京城的又一个机会了，无奈慈禧开始动手，已经来不及了。

也有人曾怀疑此信的真实性，认为有可能是梁启超代为捉刀。理由是很像事后之说，也怀疑康广仁有如此的文笔与胆识。但是，从此信对康有为性格方面的分析来看，也唯有其弟知道得如此准确和透彻，所以历来还是被认为可信的。在当时的情势下，康广仁的分析与担忧，是非常合理的。康广仁也很聪慧，并且亲自办过报、办过学堂，其见识和文笔也均不容怀疑。

据后来梁启超的学生周传儒撰文说："在外交路线上，维新派是亲日的，以日本明治维新为师。其中穿线人物是黄公度……一八九八年阴历六月二十三日虽有以黄公度为三品京堂出使日本之命，其意在厚结日本为外援而自固。尚未成行，北京事变日急，有人建议以公度与南海对调，故德宗三诏敦促……"这里的"有人"，即梁启超说动的李端棻。

他们的担心，仅仅在三个月后就很快应验，无端领受杀身之祸的恰是年仅三十一岁的康广仁。

康有为对于弟弟和弟子的提醒、警示，心里非常明白。但他性格执拗，甘愿冒此凶险。他对幼弟这样解释："孔子之圣，知其不可而为之，凡人见孺子将入于井，犹思援之，况全国之命乎？况君父之难乎？西后之专横，旧党之顽固，皇上非不知之，然皇上犹且舍位亡身以救天下，我忝受知遇，义固不可引身而退也。"

同那个时代的很多儒士一样，康有为很信"生死天命"。他对幼弟提起十五年前经过正在施工的华德里时，一块飞砖掠面而下，假如斜落半寸，砸到头上必死无疑。他说当时天意要我死的话，早就死了。"天下之境遇皆华德里飞砖之类也。今日之事虽险，吾亦以飞砖视之，但行吾心之所安而已，他事非所计也。"

康广仁知道，这位伯兄是认定了要坚持这"刀上舐血式的变法"了。

从此，他不再提此事，只有精心辅助。

自六月被光绪帝召见后，上谕旨命康有为在总理衙门章京上行走。这仅仅是一个文书一般的小官。康梁最初都感到失望，但一阵失落之后，事情出现了变化。一是光绪帝特许康有为专折奏事，二是要求康有为呈编书以供采鉴，并指定由军机大臣廖寿恒亲自布置，将康有为编出的书籍抄写进呈。这样，康有为就可以安心奏事和编书了。廖是堂堂的军机大臣，由他来负责此事，足见皇上的重视了。朝中有些人开始讥讽廖寿恒，称他为"廖苏拉"，"苏拉"是满语，即宫廷中的勤杂用人。还有人竟恶毒地称廖"康狗"。

于是康有为开始日夜忙着编书。

但一桩极其危险的"杀身之祸"，也在向他和梁启超逼近。

戊戌年七月二十三至二十四日后，一件长达八千字的"应诏陈言折"封事由都察院代递了上来，至达光绪帝手中。这是一封杀气腾腾的、请杀康有为和梁启超的"封事"。上呈者为湖南的一个举人曾廉。曾廉是湖南邵阳人，光绪二十年（1894）顺天府举人。他没有直接的上奏权，按当时司员士民可以上书的官规，他的这一"封事"由都察院代递。

在这份八千言的封事中，曾廉极力反对变法改革，对康、梁的弹劾，拿出了一虚一实两样证据。

虚者，主要是对康有为的。他说："臣又观其所作《新学伪经考》《孔子改制考》诸书，爛乱圣言，参杂邪说，至上孔子以神圣明王传世教主徽号。盖康有为尝主泰西民权平等之说，意将孔子为摩西，而己为耶稣；大有教皇中国之意，而特假孔子大圣借宾定主，以风示天下……"

这如果也能算证据的话，的确有些牵强。因为之前多人曾对康有为所作两书早有攻击，顶多只能算是"陈年疑案"了。如今再次提起，又是在戊戌变法期间，令人无法不想到，这是冲着康有为的变法去的，所以光绪帝并没有在意。但是，这里曾廉对康有为"意将孔子为摩西，而己为耶稣，大有教皇中国之意"，暗示康有为是借孔子夸大自己竟然"长于孔子"（长于素王）的地位，明显是把自己的身份凌驾于皇帝之上。这样的说法如果成立，康有为必有"欺君罔上"之罪，自然"当斩"。

康有为是否有"大有教皇中国之意",有的,但那是之前。他自视过高,过于狂妄,屡屡被敌手抓住不放。所以曾廉的这一弹劾,还是准确地击中了康有为的要害。他的"请杀康梁",矛头主要意在康有为,是必然的。也有研究者分析,这位曾廉很可能背后有很深的背景,与朝中的顽固派有某种勾连。

另一份实的证据,却非常可怕。曾廉不知通过何人、何种渠道,掌握了一份"确凿"的证据——梁启超在湖南时务学堂任总教习时,在生徒笔记上的批语。

曾廉将梁启超的这些"批语",是以附片上呈的。

任何人见了这些"批语",都会大吃一惊:

屠城屠邑,皆后世民贼之所为,读《扬州十日记》,令人发指眦裂,故知此杀戮世界,非急以公法维之,人类或几乎息矣。

议院虽创于泰西,实吾五经诸子传记,随举一义,多有其意者。惜君统太长,无人敢言耳。

今日欲求变法,必自天子降尊始,不先变去拜跪之礼,上下仍习虚文,所以动以外国讪笑也。

凡赋税于民者,苟为民作事,虽多不怨,今西国是也。上海租借每季巡捕捐极重,未有以为怨者也。苟不为民作事,虽轻以怨矣。中国之赋税,至本朝而极轻矣,其不足以供币帛饔飧百官有司之用也。今之中国是也,以赋轻之故,及至官俸亦不能厚,恶知官俸既薄,而彼百官者,乃取之于民之身而其祸益烈耶?

臣也者,与君同办民事者也。如开一铺子,君则其铺之总管,臣者其铺之掌柜等也。有何不可以去国之义?

这些批语,在当时来说,确是"大逆"的。据说是学生们放假,将笔记带回家后被人发现的,确实是梁启超所批。

梁启超后来在《清代学术概论》中说，当时他在时务学堂讲学："所讲的都是民权思想，又经常言及清代掌故、抨击科举失政、大力提倡革命……当时学生都住在学校，不与外界交流，课堂上气氛日日趋于激变，外界却并不知道，直到年关放假，学生们回家，把课堂讲义出示给亲友们看，整个湖南瞬间哗然。"

时务学堂由谭嗣同发起，得到湖南巡抚陈宝箴、按察使黄遵宪、学政江标的支持和赞助，于一八九七年九月在长沙开办。十一月十四日，梁启超应邀从上海来到长沙任总教习，于当月二十九日开学。梁启超对于学生的功课有独特的设计，在继承儒家思想精华的同时，还以西人公法公理之书，以求治理天下之理。他要求学生读书时随时做札记，写出心得，每隔五天上交一次，由总教习和分教习批阅评定。

一直在办《时务报》的梁启超，此时思想极其活跃甚至激进。他以一位先进知识分子的天良来全身心投入授课。对于学生们大胆提出的问题，也毫不回避，直言回答。这也与当时湖南的思想活跃有关。一八九七年，激进的谭嗣同、唐才常等人已经在长沙"窃印《明夷待访录》《扬州十日记》等书，加以按语，秘密分布，传播革命思想，信奉者日众"。如《扬州十日记》一书，这本被清廷封杀了二百多年的禁书，学生们看到了，自然来问梁启超，梁启超并不回避，在批语中做了上面那样的回答。

对于政治家，这是一个不小的失误；但对于一个授业的总教习，尤其面对学生的疑问，他是如此勇敢和正义。

《扬州十日记》记述的是清廷最害怕汉人提起的一次大屠杀事件。清顺治二年（1645）四月，清兵在多铎指挥下攻击扬州，受到南明将领史可法率众殊死抵抗。四月二十五日，清军调集红夷大炮轰击扬州城，城破，多铎劝史可法投降被拒，后史可法被杀害。史可法的部将刘肇基率残部和城中居民同清军展开激烈巷战，终不敌失败。当时大雨倾盆，多铎命清军在全城大肆屠杀持续十日，扬州死难者达八十万人。

当时的一个幸存者王秀楚写下了《扬州十日记》，这本仅仅八千字的小书曾长期被清廷封禁，导致二百五十年来大部分后来者对这一灭绝人寰的屠杀事件一无所知。后有爱国的留日学生自日本翻印才偷偷带回国内，"扬州十日事件"才广为世人所知。谭嗣同和唐才常窃印此书的目的很明显，带有推翻清廷、改朝换代的革命性质。鲁迅曾说，这是革命党人"希望使忘却的旧恨复活，助革命成功"。

这样明显的反清行为，对于梁启超和康有为，却实是"杀身之祸"。尽管，此事与康有为看上去关系不大，但梁启超始终追随老师康有为，这的确也曾是康有为的思想。

从这里，也可以清晰看出康有为和梁启超思想的轨迹。他们确实曾经对清廷极度不满，也有过"保中国不保大清"的想法。清廷还有没有希望？一直是他们在思考的。直到被光绪帝召见之后，看到这位帝王真心在推动变法，他们的思考才起了变化。

关键在光绪帝，他对于曾廉的这份"封事"是什么态度？

若真的依此追查，梁启超一定会被定为死罪；康有为也会被波及无疑。

光绪帝做了两件事，先是让已经新任军机章京的谭嗣同将其原折按条驳斥，后又悄悄将原折附片（附片中有关于梁启超所批的批语）销毁了。这样，慈禧也就看不到这一完整的"封事"。

光绪帝为何要这样做？他的目光深远，不愿再翻这些历史的旧账，那段历史毕竟已经过去了二百多年。还有，他急于变法。变法，他就无法失去康梁。

戊戌奏稿的疑云

公历六月十六日（4月28日），光绪帝召见康有为。授总理衙门章京上行走，获专折奏事权。

六月十九日，康有为上《敬谢天恩并统筹全局折》，请求三事：统筹全局以图变法；御门誓众以定国是；开制度局定行宪法。

召见之后，光绪帝即派军机大臣廖寿恒负责，令康有为将各国变政考"立即抄写进呈"。

早在三月十二日，康有为就曾经在呈上《上清帝第七书》的时候，随呈《俄彼得变政记》，之后在四月十日，又呈《日本变政考》一书。这两本书，是光绪较早见到康有为为变法所编的书。如今，他又亲自命康有为编书，这是在为变法寻求理论和方法。

所以，自六月到八月，康有为的主要精力，放在了为皇帝编书上。

康有为觉得，四月呈上的《日本变政考》，是最重要的一本书，但当时"所译文字太奥"，又未能结合中国的实际，点明中国应当如何向日本学习变法，所以，他开始重新修订此书。由原来的十卷扩充增加到十四卷，内含《日本变政表》一卷。全书十五万字，其中仅"按语""序""跋"等近三万多字。从日本明治元年（1868）到明治二十三年（1890），按时间顺序记载了日本明治维新以来的事件、变法举措，甚至法令章程。他在按语中说"凡中国变法之曲折条理，无不借此书发之，兼赅详尽、网罗宏大""中国之变法自强，尽在此书"。这是为光绪帝提供了一个维新变法的日本模式。

由这本书，也可以看出康有为变法思想的发展与积累。他从十年前的一八九六开始就自各方搜集资料，悉心研究为何小小的一个日本在明治维新仅二十年就能够打败中华帝国，一跃而跻身世界强国。他让女儿同薇学习日文，翻译大量的日本关于维新的图书，前后经过整整十年，才完成了《日本变政考》的初稿。

如今重新修订，一卷写成，"即进上；上复催，又进一卷。上以皆日本施行有效者，阅之甚喜。"

随《日本变政考》同时进呈的，还有英国马恳西所著，由李提摩太翻译的《泰西新史揽要》和《列国变通兴盛记》两书。康有为说自己的打算是，还要写《英国变政记》《法国变政记》《德国威廉第三内政记》《波兰分灭记》等书。可见他是深入研究了俄国、日本、波兰、土耳其、法国、德国、英国等国变法的经验教训，根据中国变法的需要，寻求一条中国的变革之路。他说的这些书有的尽管没有最终完成，但可以看出他是如此真诚地想为光绪帝推开世界的变革之门。

如今，已经无法得知康有为写作这些书的资料来源和他当年是如何写作的了。晚清这样一件无比重大的事，竟然委托一个小小的总理衙门章京来完成，而且康有为既没有出过国，又不通外文，真是让人难以想象。康有为和他的弟子们为此所付出的心血，后人好像也不太关心。有的研究者反而对弹劾康有为者所提供的资料格外用心。比如文悌在弹劾康有为时提到的，说康有为"至奴才处十余次，路隔重城，或且上灯后亦至，往往见其车中携有衾枕，奴才家丁问其随仆，皆言其行踪诡秘"，有人便以此推断出康有为是"行踪诡秘"之人。

文悌这里所提到的时间，却恰是康有为在为光绪写书的时间。无形中，他提到了两个细节，一个是康有为病了，一个是康有为案头有洋文的资料。康有为不懂洋文，为何会有洋文资料？所写作的都是外国之事，有些资料搞到再请人帮助翻译的可能性当然是有的。这也说明了康有为当年写作的艰难。那个时代的人，实在是让人尊敬和令人敬佩的，比如被称为"译届奇才"的林琴南，作为一个知名的"翻译家"竟然根本不通外语，他的翻译，是由别人口述后，他再凭自己深厚的文学素养，以精到的古文译笔写成。但林琴南"翻译"的是小说，尽可以以自己的理解发挥，比如《巴黎茶花女遗事》。但康有为的写作，由于是政治性极强的论证文，尽管不是翻译，却比翻译的难度更大。他要读多少东西？资料何来？如何构思布局？如何与中国的国情相联系？

在维新变法的后期，一八九八年八月，康有为向光绪帝进呈了第三部重要著作——《波兰分灭记》。全书共七卷。

在之前进呈的《俄彼得变政记》与《日本变政考》，是写了俄国和日本变革成功的范例。这一次，他大胆地选择了波兰的衰亡史，矛头直接对准了清廷当时的政治现实。《波兰分灭记》为光绪帝提供了一个由于变法不及时、不果断，遭到了守旧派破坏和外国干涉，最后终于被"瓜分灭国"的"殷鉴"。

康有为的意思非常明白，如今并不是要不要学外国和怎样学习外国变法的时候了，而是如何扫除守旧势力的问题，变法已经到了生死存亡的最后关口。皇上，你有这样的决心吗？

　　《波兰分灭记》一开始，就谈到波兰原是欧洲大国，面积超过了英、法、意、奥等国，但就是因为政治腐败，"蠹蠹吏员涎中饱之利，衮衮诸公好为守旧之术"，以至最后到了"割地赔款，日不暇给，蒙诟忍辱，几不自持"。这是因为"当道豪族皆守旧之人"，他们对变革之士百般压制诬陷。守旧者所用的是两个"法宝"，一是祖宗旧例，二是资格。

　　康有为写道，对于发愤变法的波兰爱国志士，守旧大臣们阻挠说"贵族之国，万不可使百姓明白，只可使其恭富贵，即不敢悖君上，如是君位乃可保全"。他们这样做，是因为"深虑变法之后，失其禄位而已"，才对变法者"若不共戴天之仇"。

　　康有为这里所描写、影射的，完全是当时清廷的现状。他针对百日维新中很多地方大员对光绪帝的新政新谕，置若罔闻，虚应实否，指出了守旧派的妙计，就是对新法"略为粉饰，外似准之，其实验之，令将来亦不能行"。这样一种现状如果不改变，变法的前途和国家的命运在哪里？波兰的灭亡，就是前车之鉴。

　　在这本书中，康有为提出了具体的变法措施：

　　一、改制度局而图维新。鉴于旧法不可再用，非采万国之良法，重新设局另行草定新法不可。

　　二、任客卿以办新政。因"百官不知外国之故，又乏学问"，所以必须请外国专家指导新政。其做法为"每衙门派一人，以为咨访"，但"恐其窃位"，因而"不授以实官"。

　　三、拔通才以济时艰。老臣泄沓守旧，要推行新政，必不拘资格选拔通才，委以重任。

　　四、设经济以理财政，快速发展农工商业。

　　五、变衣服以易人心。因"守旧者固结甚深，非易其衣服不能易人心，成风俗，新政亦不能行"。

　　康有为说："臣编书至此，未尝不废书而流涕也。"

　　就是这本《波兰分灭记》，使光绪帝深受刺激和感动。他赏给康有为编书银两千两以作奖励。这在当时的清廷，是从来没有过的事。

　　之后，光绪帝的擢用军机四卿、罢黜礼部六堂官，都与此书的影响有关。

据不完全统计，康有为在百日维新期间，以自己的名义上书十三次，这些奏折收入在《杰士上书汇录》中。而更多的是他以别人的名义撰写的奏折，代宋伯鲁、杨深秀、徐致靖、李盛铎、阔普通武、王照、孙家鼐、张元济等人上书的奏折达三十六件。共计四十九件。平均两天就有一件。加上编书，他的忙碌和所倾尽的心血，是有目共睹的。这些上书大都受到了光绪帝的重视或采纳。这些呈书和奏折如今看来，自然有其局限和不当，如他自己也承认有些内容过急不当，例如易服的建议等等。但他竭尽全力做了自己所能做的。这一点，在当时，国内并无一人。就凭此，我们也无法对其要求过于苛刻吧。

按《杰士上书汇录》，康有为个人在百日维新所上奏折主要如下：

一、正月，《请大誓臣工开制度新政局折》。

二、二月，《译纂"俄彼得变政记"成书可考由弱至强之故折》。

三、二月，《为胁割旅大，覆亡在即，乞密联英日，坚拒勿许，以保疆土折》。

四、三月，《进呈"日本变政考"等书，乞采鉴变法以御侮图存折》。

五、三月，《请照经济科例，推行生童岁科试片》。

六、五月，《请御门誓众，开制度局，以统筹大局，革旧图新，以救时艰折》。

七、五月，《请商定教案法律，厘正科举文体，听天下乡邑增设文庙，并进呈"孔子改制考"折》。

八、五月，《请以爵赏奖励新艺、新法、新书、新器、新学，设立特许专卖以励人才开民智折》。

九、五月，《请改直省书院为中学堂，乡邑淫祠为小学堂折》。

十、五月，《请将优拔贡改试策论片》。

十一、六月，《请立商政以开利源折》。

十二、六月，《条陈办报事宜折》。

十三、六月，《请定报律片》。

十四、六月，《万寿庆辰乞许士民庆祝，并刊贴新政诏书，嘉惠士农工商折》。

十五、六月,《万寿大庆乞宽妇女裹足以保民保国折》。

十六、七月,《请开农学堂地质局折》。

十七、七月,《恭谢天恩,并陈编纂群书以助变法,请速筹全局折》。

十八、七月,《为厘定官制,请分别官差以行新政,以高秩优耆旧,以差使任才能折》。

还有大量很重要的奏折,为代人呈奏。

就康有为在戊戌变法期间的上书,戊戌变法之后的十二年,即宣统三年五月,亦即一九一一年五月,他的长女康同薇经过搜集、抄存、整理,将康有为在戊戌年间的一些奏稿集合,在日本出版,名为《戊戌奏稿》。

《戊戌奏稿》收录奏议二十篇,还有五篇为进呈编书的序文,并开列有奏疏存目十三篇,无正文。所以,正文有二十五篇,存目十三篇。

由于戊戌政变的爆发,康有为仓忙出逃,他的上书和奏折被抄没,很多散佚流失。康同薇和康的弟子们通过各种途径,将这些奏稿收集起来,十九年之后来出版,有些奏折与原件出现矛盾是一定的。

但事情并不如此简单,以至康有为死后的若干年,掀起了一场轩然大波。——一九七四年,台湾学者黄彰健根据国家档案局编辑的《戊戌变法档案史料》等有关资料,对《戊戌奏稿》进行了审核与辨伪,得出的结论是其中绝大部分非真折,而是康有为在逃亡国外后的补作和伪作。黄彰健编写了《康有为戊戌真奏议》,所集真奏议三十余篇,其中大部分为康有为代他人草拟的,康有为本人具奏者仅有五篇。

一九八一年,陈凤鸣在《故宫博物院院刊》上发表了《康有为戊戌条陈汇录——故宫藏光绪二十四年内府抄本"杰士上书汇录"简介》一文。文中说,《杰士上书汇录》共三册,外有木夹板,书名为绿色楷书大字,刻在夹板中上方。三册书的封面都未题总书名,其中两册分别题为《总理各国事务衙门代递工部主事康有为条陈共五件》《工部主事康有为条陈》。根据三册总冠以"杰士"二字以书名中,和书的装潢情况等,可断定此书为光绪二十四年(1898)内府所抄,而且是在西太后发动政变前抄定的。因政变后，康有为以"贼臣"等罪名受到追捕，不会被冠以"杰士"之称。

《杰士上书汇录》收录了戊戌正月初八（1898年1月29日）至七月十三（1898年8月29日）康有为的条陈十八件，其中七件未在康有为的《戊戌奏稿》中出现，有五篇收录到《戊戌奏稿》中。将《杰士上书汇录》中的这五篇与《戊戌奏稿》中的题目相同的五篇对比，陈凤鸣认为：《戊戌奏稿》所记这五篇奏议，都不是当时康有为呈递的真折，有的可能是根据当时的提纲、摘记等追忆重写的；有的则是后来适应新的形势伪作的。

《杰士上书汇录》是当时清廷内府根据康有为的奏折抄录，应当是真实可靠的。而《戊戌奏稿》是经过了改篡无疑。这也就证实了黄彰键的结论是正确的。

"伪作"与"改篡"成立，对康有为在戊戌变法中的形象与后世的研究都无疑带来重大损失。很多人对康有为的种种质疑，主要也由此而起。这是无法改变的事实。

最重要的原则性的改篡在哪里？

据孔祥吉的研究和审核，在于康有为在百日维新前的政治主张起了变化。在此期间他上奏的原折中，为了避开顽固派的抵制而能够通过，没有再提及"定宪法"及"立宪""开国会"，而是将政治纲领定在了"开制度局"。他多次敦促光绪帝尽快开制度局于宫中，之后有代他人草折，请开议政处或懋勤殿，机构虽不断变化但其实质没变，新旧两党围绕制度局的斗争，也始终贯穿百日维新。但是，在《戊戌奏稿》中，他却加进了这些过去的主张。

如原折《请大誓臣工开制度局折》："一曰大誓群臣，以革旧维新，而采天下之舆论，取万国之良法；二曰开制度局于宫中，征天下通才二十人为参与，将一切政事制度重新商定；三曰设待诏所，许天下人上书。"

《戊戌奏稿》改为《应诏统筹全局折》："其考维新之始，百度甚多，惟要义有三：一曰大誓群臣以定国是，二曰立对策所以征贤才，三曰开制度局而定宪法。"

"定宪法"为后改加。"定宪法"与"商定政事制度"的性质是截然不同的。

如康有为代阔普通武所拟的原折《为变法自强宜仿泰西设议院折》："奴才窃思欲除壅蔽，莫如仿照泰西，设立议院……拟请设立上下议院，无事讲求时务，有事集群会议，议妥由总理衙门代奏，外省由督府代奏。可行者，酌用，不可行者，置之。事虽议于下，而可否之权仍操之自上。"

《戊戌奏稿》改为《请定立宪开国会折》："臣窃闻东西各国之强，皆以立宪法、开国会之故。国会者，君与国民共议一国之政法也。盖自三权鼎立之说出，以国会立法，以法官司法，以政府行政，而人主总之，立定宪法，同受治焉。人主尊为神圣，不受责任，而政府代之……伏乞上师尧舜三代，外采东西强国，立行宪法，大开国会，以庶政与国民共之，行三权鼎立之制，则中国之治强，可计日待也。"

原折所要求设立的上下议院，只是咨询机构，而不是如《戊戌奏稿》中所要求的三权分立的议会政治。这里的改动非常之大。

其实，从康有为的《年谱》中，就可以查到他当时的真正意图。《年谱》中记载："内阁学士阔普通武尝上疏请开议院，上本欲开之。吾于《日本变政考》中，力发议院为泰西第一要政，而今守旧盈朝，万不可行也……复生、敦谷又欲开议院，吾以旧党盈塞，力止之。"康还在《日本变政考》中说："日本亦至二十余年，始开议院，吾今于开国会，尚非其时也。"

另外，《戊戌奏稿》中也掩饰了康有为在百日维新时尊崇君权的思想。七月十三日（8月29日），他在《恭谢天恩，并陈编纂群书以助变法，请速及时发愤筹全局以免胁制而图保存折》中，称君权是"雷霆万钧之力，势之所发，罔不披靡。如牧羊之驱羊东西，惟鞭所指，惟皇上自断之，自审之"。但在《戊戌奏稿》中此折成为《谢赏编书银两，乞预定开国会期，并先选才议政，许民上书言事折》，其中的折内说："今未开国会之先，请采用国会之意：一曰集一国人才而与之议定政制；一曰听天下人民而许其上书言事。"

这不能不说是康有为的重大错误。既然名为《戊戌奏稿》，就应当真实地还原当年的奏折。这种改篡甚至作伪，是对后世的一种欺骗。康有为这样做，可能有其政治上的考虑，但这些都不能成为改篡的理由。他完全可以将这些需要改动的内容和思想另写出来附在全书的后面。

二〇〇七年十一月，学界座谈《康有为全集》出版，北京大学历史系教授王晓秋在发言中说："我们研究近代史，研究思想文化史，特别是研究戊戌维新的历史，康有为是首要人物。但过去长期以来，我们在学校里教学也好科研也好，关于康有为的著作没有一个比较好的版本。我经常对学生们说，你们研究康有为千万不要用《戊戌奏稿》。史学界已经做过考证，康有为的《戊戌奏稿》中，很多东西是他后来写的或者是改过的，不能作为他在戊戌年间思想的依据。特别是近年故宫博物院发表了《杰士上书汇录》《日本变政考》等档案，也已经证实了这一点。但直到现在，有些人在写文章和写论文的时候还在用《戊戌奏稿》，因为他没有更好的资料……大家最盼望的第四卷，今天终于出版了。"

这后果，康有为当时是不会预料到的。

关于《戊戌奏稿》改篡的原因，一些学者的分析是中肯的。康有为在一八九五年的"公车上书"中，就要求光绪帝开武英殿，十万户选出一个"议郎"，他们具有"上驳诏书，下达民词"的权力，这个机构，类似于西方资本主义国家的国会和议院。此后，康有为多次上书，并通过组织学会和报刊，广泛宣传兴民权、创国会、抑君权的思想。一直到一八九七年的《上清帝第五书》，仍坚持要求立国会、颁宪法。这些学说，顺应了十九世纪后半期思想领域要求改革专制政治的大趋势。但在百日维新变法的高潮到来的时候，康有为在面对守旧势力在朝中占据绝对优势，并控制着实际权力的时候，不得不改变了斗争策略，暂时放弃了民权学说，借用君权之力，希望自上而下来推动变法。

另外，康有为被光绪帝召见后，对这个皇帝的看法也发生了很大变化。他感谢皇帝的知遇之恩，对光绪支持变法深深感动，开始把变法的希望全部寄托在光绪之身。于是，策略性地放弃了"抑君权"之说。他真正的政治主张，仍然是兴民权。所以，他在流亡海外的时候，进一步宣传君主立宪思想，"兴民权、立宪法、开国会"的主张，是他流亡时的主张，也是早期政治思想的复归。

罢黜六堂官与擢升四小军机

在整个百日维新的戊戌变法中，最勇敢和最不幸的人，应当是光绪。

光绪帝生于一八七一年八月十四日，按祖制，于一八八七年二月"亲政"，这一年，还不到十七岁。同样按祖制，垂帘听政的慈禧太后此时应当"撤帘归政"，即将权力交给皇上。十七岁亲政理国，是稚嫩了些，所以光绪"长跪请辞"，光绪之父即道光第七子醇亲王奕𫍢和礼亲王世铎更是"恳请从缓"。慈禧好像被迫无奈，才答应"训政"。两年后，一八八九年二月，十八岁的光绪大婚礼成，宣布亲政，三月，慈禧离开皇宫驻跸颐和园，在颐和园对大清"训政"。

这件事在整个清朝的历史上，都极其特殊。看起来，是皇家的一桩家事而已，但对整个后世中国的影响巨大。因为从此大清出现了二元的"双头政治"，给戊戌变法带来最终的后患，使大清从垂死很快终寝。后人在分析它时，也就自然有了两种说法。一种是，说光绪的父亲醇亲王深知慈禧太后的奸诈老辣，当这位老佛爷提出要交权撤帘归政的时候，他以为是慈禧在试探他和儿子是否忠心，有无急于登大极的欲望，所以坚定地"跪请太后训政数年"。这样做，是在保佑儿子光绪躲避"深宫不测"。一种是，慈禧是真的怕有违祖制，诚心交权。

但是，到了一八九八年，整整十年过去了，光绪帝已经二十八岁。朝廷在慈禧的执意下，再次为光绪帝举行了亲政大典，慈禧也再次正式宣布"归政"。这个时候，慈禧依旧牢牢把握大权，毫不放手，又说明了什么呢？此时再说慈禧是为大清的社稷，就说不过去了。这才是千年封建专制的死穴，一个六十多岁的视权力如生命的老女人，到死都死死握紧皇权不放。

客观地说，慈禧对光绪的态度未必如坊间传说的那样刻薄和歹毒，有的太监后来在回忆中所说的也未必可靠，如说光绪吃饭时有的菜几天没有换过，所以经常吃不饱；还说光绪去颐和园跪见慈禧常常被太监刁难，故意不通报而使皇帝长跪在地上很久，等等。立光绪为帝，既然是慈禧一手操办，她对光绪就抱有很大的期望，是一定的。既是姨妈又是伯母的她，从光绪四岁入宫，饮食起居、教育等等不仅过问，也做了精心的安排。比如，四岁的光绪刚入宫因离开父母后啼哭不止，慈禧便将光绪的乳母赏四品官服进宫照料；光绪因进宫失去了玩伴，慈禧便将光绪原来府中的一个马夫的儿子，也赏了四品招入宫，陪光绪玩耍。她对光绪的成长，是尽了心的。

但慈禧阴鸷的性格，又决定了她对光绪从小就始终伴随的深深的暗伤。一个一生于刀光剑影中嗜权弄权的女人，母性中最温柔的一面已经丢失，变异成了无端的猜忌和阴狠。她是不由自主地在消磨这个一天天长大的侄子、继子与皇帝。连同治，她亲生的儿子，她都一样一贯疾声厉色地粗暴呵斥，遑论这个外枝过继来的光绪。最可怕的在于，她认为自己的权威是至高无上的，她的所有决断光绪必须依从，直至包括光绪的个人婚事。光绪喜欢的是珍妃，但她非要他选自己弟弟的女儿裕隆为皇后。隆裕成为她"眼线"，这样，她就可以死死把控住光绪。她让光绪叫她"亲爸爸"，这一称呼意味深长。一是告诉光绪，你的一切，你能有今天的天子之身，都是"我给的"，你任何时候都不许忘记。这种霸道和颐指气使，谁能够忍受得了？在她的眼中，光绪所做的任何决断她都怀疑和看不上，认为这个皇帝不行，无能。甲午一战，光绪主战，她后来就认为这是失误招祸。而她的决断所招来的大祸，比如戊戌政变、庚子国变，她暗地里悔青了肠子，嘴上也从来不认。

这是光绪最大的不幸。

太监寇连才在《宫中日记》中说："中国四百兆人中，境遇最苦者莫如我皇上（指光绪）。盖凡人当孩童时，无不有父母以亲爱之，顾复其人，料理其饮食，体慰其寒暖，虽在孤儿，亦必有亲友以抚之也。独皇上五岁登基，登基后无人敢亲爱之，虽醇邸之福晋（光绪生母），亦不许亲近，盖限于名分也。名分可以亲爱皇上者，惟西后一人。然西后骄奢淫逸，绝不以为念，故皇上伶仃异常，醇邸福晋每言辄涕泣云。"

光绪与慈禧最大的分歧，还在于对康有为的看法上。

最开始，慈禧对康有为提出的变法，还是首肯的。她明白大清如果不变法就已经到了危险的绝境。所以她说"变法乃素志"，对康有为也并无恶感。但是，随着变法的深入，尤其是看到康有为给光绪进呈的《俄彼得变政记》《日本变政考》《波兰分灭记》等书上，要皇帝"朝纲独断，一揽君权"，她马上嗅出了一种大权旁落的气息，立刻认定康有为是"乱政"的祸首。加上荣禄、刚毅等人对新政骨子里的仇恨和挑拨，她明白和光绪这个继子为皇权的"斗法"开始了。

光绪无疑是清朝十二帝中唯一的追求新思想的皇帝。范文澜说："光绪帝是满洲皇族中比较能够接受新思想的青年皇帝，颇想有所作为。"一个皇帝，能够甩开身边一大批位高爵显的老臣，与一些下层的官员结合，发起救亡的一场变法，在大清的历史上绝无仅有。这需要多大的胆量和气魄？！

看上去似乎有些软弱的光绪，却恰恰具有这样的胆量和气魄。

之前，他就通过庆亲王向慈禧太后摊牌："太后若仍不给我事权，我愿退让此位，不甘做亡国之君。"他明白这句话会给他带来什么后果，但义无反顾。

这一点，他有些像祖上康熙。

然而，他比康熙更悲壮。

据茅海建在《戊戌变法史事考》中提供的数据，从戊戌年（1898）四月一日至七月二十八日（公立六月至九月）的百日维新中，光绪帝十二次去颐和园，与慈禧太后在一起六十九天，请安六十八次，侍早膳三十二次，侍看戏十五次。也就是两到三天就要从紫禁城去一次颐和园。两地相距约十五公里，去一趟就要耗去三四个小时的奔波，这对身体本来就有些虚弱的光绪帝，其苦异常。"从四月二十三至八月初五（6月11日至9月20日），军机处一共向慈禧太后呈了折、片、书等共计四百六十二件，最多的一天上呈了二十九件。百日维新进入其高潮七月之后，几乎每天都有上送慈禧太后的奏折原件……光绪帝确实将此一时期的重要奏折，包括军机处都无法看到的'留中'的折件，基本上都送到慈禧太后手中。"

英国人濮兰德、贝克豪斯在《慈禧统治下的大清帝国》一书中说："不管什么时候慈禧太后来到北京，他（光绪）总是严格遵守礼仪，在宫门外跪着迎接她。当去颐和园拜访她的时候，不许皇帝宣布驾临，皇帝被迫跪在内宫等候大太监允许他晋见。太监李莲英非常憎恨皇帝，让皇帝等待让他内心感到非常高兴，有时通报老佛爷说皇帝驾临甚至要拖半个小时。每当这些时候，他总是感到非常受压迫，皇帝也像宫中的官员一样，必须买通太后身旁的太监开道。事实上，这些忠实的追随者就像对待那些满族贵族一样，根本不把皇帝放在眼里。"

但这种隐忍，也是有限度的。在百日维新的后期，光绪帝突然变了，他终于忍无可忍，开始了最悲壮而英勇的一搏。

对于很可能给康梁引来杀身之祸的曾廉的"封事"，他命军机章京谭嗣同逐条斥驳，并将附片中有梁启超的批语的部分毁掉。这样，就瞒过了慈禧太后的眼睛。这是在千方百计暗保康、梁。

很快，他不再请示慈禧，出人意料地下了四步绝棋：罢黜礼部六堂官、升擢谭嗣同等四人为军机章京、召见袁世凯、会见伊藤博文。

这是在向慈禧宣战吗？

是。

斗争如此激烈，很快白热化。

这是慈禧太后做梦也没有想到的。

由于康有为多次向光绪帝提出，中国政体的一大弊端是上下雍塞，下情不能上达。光绪帝几次下诏，开放言路。允许报纸"指陈利弊"，"中外时事，均许据实倡言，不必意存忌讳"；凡院、部司员欲条陈意见，可以上书，通过本衙门"堂官"代递；连普通老百姓都可以到都察院呈递意见和上书。光绪一再要求，小臣和士民上书言事，各级官员都不得阻抑，"毋得拘牵忌讳，稍有阻格，用副迩言必察之至意。"

八月间，礼部主事王照响应号召上书，提出三条建议。第一条是抨击守旧派"迁就弥缝，阴怙旧习，恐皇上力愈奋而势益孤"。第二条奏请皇上东游日本等邻邦。第三条是请设专教部，负责管理宗教、儒教事务。

王照将上书呈礼部代奏，礼部尚书许应骙、怀塔布阅后给他扔了回来，"掷还"，说王照请皇上游历日本，日本刺客多，当年李鸿章就被刺杀中了一枪，你这是要将皇上置于险地，居心叵测。王照非常气愤，斥责他们有违谕旨，要上告弹劾，并扬言请都察院代递。礼部侍郎堃岫怕事态扩大，这才同意代递。在递上王照的奏折时，许应骙和怀塔布也上奏诬告王照"欲置皇上于险地，用心不轨"和"咆哮署堂，借端挟制"。

光绪帝面对双方的奏折，马上明白了。他早就对守旧大臣压制上书、阻挠变法十分恼火，见奏折后勃然大怒。九月四日，管吏部大臣徐桐复奏，称怀塔布等六堂官按律应奏而不奏者，私罪降三级调用，意在保六堂官过关。光绪帝更加怒不可遏，当即亲书朱谕，严斥怀塔布等对王照条陈"故为抑格，岂以朕之谕旨为不足遵耶？若不予以严惩，无以儆戒将来"，即刻下诏将怀塔布、许应骙等六堂官尽行革职。同时表彰王照"不畏强御，勇猛可嘉，著赏给三品顶戴，以四品京堂候补"。

罢黜礼部六堂官，顿时引起强烈反响。守旧官僚们"初而震恐，继而切齿"，纷纷跪请慈禧太后出面制止变法。而维新派和赞成维新的人士"举朝知上意所在，望风而靡"，自此言路大开，上书剧增。

很快，光绪帝又撤去李鸿章的总理衙门大臣一职。任命裕禄、李端棻、徐致靖、萨廉、阔普通式等人为礼部尚书、侍郎等职。李、徐、阔普通式等人与康有为、梁启超等维新派关系极其密切，之前，康梁的许多主张都是通过他们进呈给光绪帝的。新的礼部堂官加强了维新派的力量。

九月五日，也就是罢黜礼部六堂官的第二天，光绪帝迅速出手，破格升擢谭嗣同、杨锐、刘光第、林旭四人为军机章京，赏四品卿衔，专门处理新政之事。此事酝酿已久，光绪早就感到处理政务的最要害部门军机处后党势力猖獗，一直反对变法。他"知守旧大臣与自己不两立，有不顾利害，誓死以殉社稷之意，于是益放手办事"。他接受了康有为的建议，干脆，重起炉灶，组建一个协助自己处理新政的得力班子。他深知自己没有任用二品以上大员的权力，那就启用小臣，在不动原军机处班底的同时，再立一个新班子。

这恰恰是慈禧太后最忌讳的，光绪帝有了自己推行变法的一套人马。

这里体现了光绪"发愤为雄"的决心，甚至说他"孤注一掷"也不是不可以。前有慈禧的挟制，后有守旧势力的反对，在深谷与夹缝之中，光绪帝冲决出了一条属于自己的路。他当然一直最想起用的是康有为和梁启超，但碍于他们的名声太大、树敌太多，便经过周密思考，才不得不选择了这条路。

任命军机四卿的这天，其仪式就异常悲壮。

梁启超后来在《杨锐传》中，将这天称为"拜命之日"。此举一行，光绪帝的命运与军机四卿的命运，就紧紧联系在一起，无法分离了。仅仅半月，四卿滚烫的热血就喷洒在京城菜市口，光绪帝被囚禁瀛台。

"拜命之日，皇上亲以黄匣缄一朱谕授四人，命竭力赞襄新政，无得瞻顾。"（梁启超《杨锐传》）

一个皇帝，授几个小臣的仪式，如此悲壮而隆重，在大清的历史上，在中国的历史上也是亘古未有的；一个以小臣、年轻人组建的推行新政的秘书班子，上任半月就未审即判杀无赦全部罹难，亦属亘古未有。

历史不会忘记这四个爱国有为的年轻人。

谭嗣同（1865—1898），字复生，号壮飞，湖南浏阳人。一生多难。其父谭继洵官至湖北巡抚。自幼丧母，受父妾虐待。六次乡试落榜，深感纲常伦理的束缚，欲"冲破落网"。十九岁起随父去兰州、新疆，后游历过直隶、河南、湖北、安徽、浙江、台湾等省，眼界大开。他不像一般纨绔子弟沉浸在声色犬马之中，相反关注底层民生，对人间和社会有自己特异的见解。他所著的《仁学》一书思想性很高，具有强烈的反专制精神，主张反抗封建君主专制。甲午战败后，激愤而忧国忧民，激发了他强烈的爱国思想。康有为在北京成立强学会，他赶到北京想见康有为，但此时康有为南下，于是他结识了梁启超。之后在研究了康有为的学术著作后，"感动大喜悦，自称私淑弟子"。一八九七年在湖南和黄遵宪、梁启超开展维新变法运动，组织南学会，创办《湘报》《湘学报》传播维新思想。徐致靖给光绪皇帝推荐他："天才卓荦，学识绝伦，忠于爱国，勇于任事，不避艰险，不畏谤疑，内可以为论思之官，外可以备折冲之选。"对于此次进京，他对夫人说："我此行真出人意外，绝处逢生，皆平日虔修之力，故得我佛慈悲也。"

林旭（1875—1898），字暾谷，福建侯官县人。他是两江总督沈葆桢的孙婿。举人出身，好为歌诗。一八九七年进张元济创办的西学馆学习，一八九八年创立闽学会，后又为保国会的成立效力，积极推动维新运动。他很仰慕和佩服康有为，拜康有为为师，曾为康有为的《春秋董氏学》作跋。他曾应邀进入荣禄的幕府，成其幕僚。临去前，他征求康有为的意见，康有为说："就之何害，若能责以大义，怵以时变，从容开导其迷谬，暗中消遏其阴谋，亦大善事也。"被王锡蕃推荐入京。他于军机四卿中最年轻，被害时仅仅二十四岁。

杨锐（1857—1898），字叔峤，四川绵竹人。曾在四川尊经书院读书，一八八五年中举，一八八九年考取内阁中书。他是张之洞的弟子，曾入张之洞幕府负责文牍，并在经心书院、两湖书院任教。深得张之洞信任，经常为张提供来自北京的消息，系张在京的"坐探"。甲午之后，关心时政，参加了康有为组织的公车上书，与其他官员一起联名上书，主张拒签合约。他也是强学会的发起人之一。一八八七年胶州湾事变，高燮曾推荐康有为入万国弭兵会，杨锐在其中起到重要作用。一八九八年在康有为的影响下成立蜀学会，宣传西学、新学，呼吁救亡图存。他和刘光第，都是湖南巡抚陈宝箴保举进京的。

刘光第（1861—1898），字裴邨，四川富顺县人。幼年家贫，勤奋好学，一八八二年于四川乡试中举，次年入京应试中进士，授刑部候补主事。在京目睹京城朝中的腐败，心急如焚，时时忧忿。甲午战争爆发后，他冒着丢官和杀头的危险，曾上书请求慈禧太后归政，请求光绪帝"怵然发愤"进行变法改革，因言辞激烈，被刑部堂官拒绝代递。失望之中曾萌生隐退，他说："为人臣子，思去其位，总觉有不忍决然之意，并非贪恋禄位也。以为稍缓须臾，或有忽然振作一日，乘此机会，尚有可为，而平生自许之志，亦借以稍酬一二。"

军机处本来就是辅助皇帝处理政务的最重要部门，不仅六名军机大臣，就连他们手下的属僚军机章京，也因有机会与皇帝和大臣直接议事，地位非常特殊，深受各部院主管和地方督府们重视。如今光绪帝亲自拔擢了这四小军机，是皇帝推行新政的秘书班子和助手，权力不小，地位更加特殊敏感。"以国政系于四卿，名为章京，实则宰相也，此后新政，皆四人行之。"

他们上任的第一天，就受到刁难。按例，新任的章京要先到军机大臣私邸谒见，才可以到差。四卿认为此由皇上特旨，谁也没有拜谒，这就先冒犯了军机大臣的尊严。军机章京值房在皇宫隆宗门内南侧的一处平房内，满汉章京桌案各占一端。他们上任后，没有人给他们准备桌椅。"诣汉案，辞曰：'我辈系办旧政者，请他往。'诣满案，辞曰：'我辈满股，君何为掺杂？'"气得四卿扭头就走，一旁的军机大臣怕闹僵在皇帝那里不好交代，这才在屋子中间给他们设了桌案。面对原来的军机大臣和章京"咸忿忿不平，怒眦欲裂"，刘光第在给友人的信中说："因为参预新政四字，遂为嫉妒者诟病，势如水火，将来恐成党祸。"果然，他的预料仅仅半月后就应验了。

戊戌七月十九日，光绪帝罢免礼部六堂官。

七月二十日，授"四小军机"于"军机章京上行走，参预新政事宜"。

恰此两天，光绪一人住在宫中（十八日慈禧离开西苑，二十一日光绪去颐和园）。

一些研究者敏锐地认定，此为戊戌政变的"导火索"。

第十三章 慈禧先下黑手与『围园杀后』

对于戊戌政变，说法纷纭。

有人连有没有这场政变，都持怀疑态度。

曾经在很长时间内，连国内的教科书上，也是说戊戌政变的爆发和直接起因，是由于袁世凯告密。

这有悖于历史事实。因为就在袁世凯告密之前的几天，慈禧太后已经抢先下黑手了。

一九八五年，有学者在日本发现了毕永年所写的《诡谋直纪》，披露了戊戌年间康有为确有仿效唐朝张柬之废武则天的做法，除掉慈禧，推翻慈禧的统治，由光绪掌权。他欲利用袁世凯发动政变，围颐和园抓捕慈禧，杀掉荣禄，后又说"慈禧杀掉也可"。这就是"锢后杀禄"，或者叫"围园杀后"的由来。但此计划未遂。于是，这桩真实的史实大白于天下。

吊诡的是，此后几十年里，康有为和梁启超一直否认此事，他们不顾和舍弃了历史事实，困于个中难言之隐。

也有人提出，戊戌政变的史实应当改写了，康梁才是政变的"祸首"和"发难者"。

但一个无法辩驳的事实是，是慈禧首先让光绪"朕位几不保"，并突然从颐和园回宫，剥夺了光绪帝的推行新政的权力并开始"训政"，然后才有了"围园杀后"。这一事实，也是无法推翻和改变的。

还是该看看"围园杀后"的由来。

"懋勤殿事件"引发了慈禧政变的信号

八月三十日，光绪帝同意了岑春煊等人的一再奏请，开始裁撤闲散衙门，裁汰冗员。他断然谕令裁撤詹事府、通政司、光禄寺、鸿胪寺、太仆寺、大理寺等衙门及湖北、广东、云南督府同城的三省巡抚和东河总督、各省粮道等机构。

仅京师，闲散衙门被裁撤者，不下十余处，因之而失职失业者，近万人。

这件事几个月前就下发了谕令，但触动的是一大批官员的命运和利益，各省始终拖着不办。这一次，光绪下了决心，"不得借口体制攸关，多方阻格，并不得以无可再裁，敷衍了事。不准瞻徇情面，阳奉阴违。推诿因循，空言搪塞，必当予以重惩，决不宽贷。"

光绪严令要求大学士、六部、各省督府带头，将应撤的文武冗员一律裁撤净尽。

六部是什么态度？管理吏部的徐桐拍案而起针锋相对，他说："先革去老夫，徐议未晚。"户部尚书敬信随之附和："予不为怨府。"

光绪一看难动，九月十日再谕令大学士、六部尚书侍郎及各省督府即刻裁并。

此诏一下，那些尸位素禄、庸碌无能、妄自尊大的人，感到了危机，"多失其所恃，人心惶惶，更有与维新诸臣不两立之势。"京城谣言纷起，"皆谓康有为欲尽废京师六部九卿衙门，彼盈廷数千醉生梦死之人，几皆欲得康之肉而食之。"

其实这并不都是康有为的主意，康最开始并不同意这样大规模的裁撤。"我请于京师开十二局,外省开民政局。于是流言纷纭,咸谓我尽废内阁六部及督抚、藩臬司道矣。故张元济请废翰林院、都察院,岑春煊请废卿寺、裁局员,皆归之于我。于是京朝震动,外省怃惊,谣谤不可听闻矣。"(康有为《康南海自编年谱》)但是,当李鸿章等人要求将被裁撤之人转调其他衙门或被升迁时,康有为代杨深秀拟折坚决反对:"若其声名狼藉之辈,朝奉褫带,暮庆弹冠,是荄去而复植之""违裁撤之初意"。指名粤抚许振祎、河道总督任道镕、鄂抚谭继洵等,应任其归去,以免阻挠新政,"再铸铁错"。

裁撤屡屡被阻,光绪帝的上谕被大部分官员一再推诿拖着不办、缓办,已经是一个非常危险的信号。这证明了大清眼下最大的积弊,是"双头政治"。慈禧太后没有发话,你皇帝督催得再急、再严厉,各级官府都在打太极拳。明里不敢反对,暗里就是拖着抵制。

康有为看清了这样的态势,又向光绪帝提出了几个根本无法履行的方案:

一、连日上书光绪帝,必须掌握军队。收兵权会使守旧派警觉,那就招抚将帅为我所用。请光绪摹仿日本成立参谋本部,该部直接隶属于皇上,由皇上掌握军权,并选天下武艺高强之士,忠心之臣,组成能由皇上亲自指挥的警卫部队。这也就是袁世凯很快就要"登场"的由来。

二、建议光绪帝宣布迁都。表面的理由,是俄国人屯重兵于旅顺,旅大、胶、威门户尽失,北京已经无险可守。真正的原因则在于,北京旗人环拥,旧党弥塞,下则市侩胥吏,中则琐例繁礼种种皆亡国之具,不易扫除,非迁都避之无裨。康有为建议新都设在上海。上海东临大海,北枕长江,南孕太湖,西枕吴苏,山川灵秀,物产丰饶,交通也方便,更重要的是这里开风气之先。连迁都如何实施,康有为也想好了——请光绪帝借南巡之机,率通才数十人和忠于他的禁卫军先行,其他百官仍留北京,待于上海站稳,即宣布迁都。最根本的是:这样,就可以巧妙地摆脱慈禧太后的控制,于上海之地控御天下。

三、请光绪帝考虑改革服饰、发饰,在全国推广西服。这样,全国将面貌一新,利于推广和落实维新大政。康有为还请求改变年号,以当年为维新元年，与天下更始，以新天下人耳目，振奋举国之维新精神。

这三条建议，光绪帝只部分采纳了第一条，也是最重要的一条。迁都、改服饰发饰、改年号，均为满清大忌，尤其是改衣冠、剪发辫。慈禧早就有过话，"发辫不剪，我便不管"。这是说，大清有大清的条律，祖宗的规矩谁也不能动半点，动了岂不是出卖祖宗？清初就要求汉人"留发不留头，留头不留发"，剪了发辫，也就是让大清改朝换代。

康有为上面所提的这些建议，虽然大多未被光绪采纳，但纸里包不住火，风声还是很快传出去了。一时京城谣言再度满天乱飞，说光绪帝已经同意，马上就要改衣冠、剪发辫；又说康有为已经勾结好了鹰钩鼻子蓝眼睛的洋人，让洋人和光绪一起把持朝政，人人都得信洋教。尤其是满族旗人，本来就对此敏感，这使京城舆论再次陷入一片混乱。

这是康有为政治上的冒进和幼稚，带来的后果是，他无形之中给了守旧派以"祸乱祖宗家法"的把柄和口实。后来，康有为也承认在当时给光绪帝的这些建议是很不妥当的。

光绪帝这时最关心的，仍是裁冗署和设新局，推行康有为由制度局改为懋勤殿的建议。

康有为的"开制度局于宫中"，是早在三月十一日的奏折《大誓臣工请开制度局折》提出的。光绪帝很重视。当日就旨令总理衙门"妥议具奏"，并和翁同龢商议，准备接受这一建议，开制度局。

按康有为的设计，制度局设在宫中，其成员每日值内，共同讨论，将旧制新政，斟酌其宜，草定章程，然后交十二局执行。制度局负责"审定全规，重立典法"，"撰仪制官职诸规则"。它已经开始具有了议政、立法的职能。康有为在《日本变政考＜跋＞》中明确提出"立制度局以议宪法"。只是这里所说的宪法不是君主立宪的宪法，而是国家的重大法典。从制度局具有议政、立法的职能来看，它具有了某些西方资产阶级议院的性质，但议院的议员要经选举产生，制度局的成员是由皇帝"超擢"的，在讨论政事时"皇上亲临，折衷一是"，所以制度局不是一个民意机构，也不限制君权，只是一个皇帝的咨询机构。

七月二日，奕劻上复光绪帝，将康有为所请逐条加以驳斥，提出祖定管制甚备，有内阁和军机处，不必另开制度局，有六部九卿，不必另设十二新政局。

光绪帝一看，非常生气，决意坚持，七月四日再令总署与军机处"另行妥议具奏"。

刚入军机不久的大臣王文韶提出用阳奉阴违一招，"上意已定，必从康言，我全驳之，则明发上谕，我等无权矣，不如略敷衍而行之。"如何敷衍？偷梁换柱，名义上行之，实则拒之。开制度局一事，遂成泡影。

但康有为决不善罢甘休，你既然能偷梁换柱，我就再来个"换汤不换药"。他考虑制度局是外来名词，难以被守旧诸臣接受，于是换了个"懋勤殿"来替代。于七月二十八日（9月13日）通过宋伯鲁、徐致靖、王照拟折呈光绪帝，请开懋勤殿推行新政。

懋勤殿在乾清宫西廊，屋五楹，为历代皇帝"燕居念典"之所。同治后，南书房诸臣有时在此应制作书，也是光绪帝在此浏览书籍的地方。

开懋勤殿与开制度局一样，由皇上选拔英勇通达之才十人，每日入懋勤殿，作为皇帝变法的顾问，"将一切应兴应革之事全盘筹算，定一详细规则，然后施行。""四卿（四小军机）孜孜欲举新政，吾以制度局不开，琐碎拾遗，终无当也。故议请开懋勤殿以议制度……"

这就是懋勤殿事件的由来。

九月十三当日，光绪帝决定了，于内廷设置懋勤殿，选拔英才数十人，并延聘东西洋各国专家共议制度，统筹全局，定出规则施行。同一天，他派内侍持《历朝圣训》等相关图书送交谭嗣同，命谭嗣同考查雍正、乾隆、嘉庆三朝设置懋勤殿的故事并拟一上谕，准备持此赴颐和园面见慈禧太后时，讨论并请慈禧太后批准实施。

宋伯鲁、徐致靖、王照等人的上书中，分别推荐入值懋勤殿做顾问官的人选，有康有为、梁启超、黄遵宪、康广仁、麦孟华、徐致靖、宋伯鲁等。

九月十五日，光绪帝去了颐和园。

这一天，对于北京，对于大清，注定是一个极其特殊的日子。

袁世凯奉旨抵京。

日本明治天皇的顾问伊藤博文抵京。

是冥冥之中的巧合吗？

光绪密诏标志着什么？

九月十四日（也有考证为九月十三日），光绪帝为开懋勤殿，来到颐和园和慈禧太后是怎么谈的，几乎没有什么具体的记载。

广泛被史家引用的，是苏继祖的《清廷戊戌朝变记》一书中的一小段非常简单的记述：

> 皇上赴颐和园请安。上意仿照先朝懋勤殿故事，选举英才，并延东西洋专门政治家，日夕讨论，讲求治理，从康请也。……禀请太后之命，太后不答，神色异常，惧而未敢申说。

就这一小段话，苏说前后也有矛盾。先说将懋勤殿一事"禀请太后之命"，如何禀请？还是必须要将懋勤殿一事的来龙去脉说清楚，才能"禀请"，否则禀请什么？但后面又说光绪帝见"太后不答，神色异常"，所以"惧而未敢申说"。开懋勤殿一事，说了还是没说？如果没说，太后说了什么？如果说了，太后如何回答的？

但九月十五日，也就是经过了一夜之后，光绪帝秘密召见杨锐，竟然拿出了一个绝对机密重要的密诏。

这个密诏，将整个戊戌变法的走向推向了根本性的改变。

光绪帝为何密召杨锐？杨锐是军机四章京中年龄最长、办事最沉稳的一个，这年四十一岁。他不像谭嗣同那样激进，一直任内阁中书，对朝廷中的事也最了解。湖南巡抚陈宝箴推荐他时，说他"才学淹通，志性端谨，切究当世之务，绝无浮夸之习"。正是杨锐的"志性端谨"，让光绪放心地把自己的一个天大的秘密"和盘托出"。

杨锐听后,如雷震惊。他做梦也没有想到光绪帝如此信任自己,于是诚惶诚恐答道:"此陛下家事,当与大臣谋之。臣人微言轻,徒取罪戾,无益也。"他明白这样的皇家之惊天大事,如果擅自卷入,弄不好将罪灭九族。

光绪帝是有准备的,为了打消他的恐惧,给了他一份密诏。

这份密诏,将光绪之心悬着的"惊天之事",昭然若揭,诏曰:

> 近来仰窥皇太后圣意,不愿将法尽变,并不欲将此辈老谬昏庸之大臣罢黜,而登用英勇通达之人,令其议政,以为恐失人心。虽然朕累次降旨整饬,而并且有随时几谏之事,但圣意坚定,终恐无济于事。即如十九日朱谕,皇太后已以为过重,故不得不徐图之,此近来之实在为难情形也。朕亦岂不知中国积弱不振至于阽危,皆由此辈所误。但必欲朕一(早)痛切降旨,将旧法尽变而尽黜此辈昏庸之人,则朕之权力,实有未足。果使如此,则朕位且不能保,何况其他?今朕问汝,可有何良策,俾旧法可以渐变,将老谬昏庸之大臣尽行罢黜,而登用英勇通达之人,令其议政?使中国转危为安,化弱为强,而又不致有拂圣意?尔等与林旭、谭嗣同、刘光第及诸同志等妥速筹商,密缮封奏,由军机大臣代递,候朕熟思审处,再行办理。朕实不胜紧急翘盼之至。特谕。

这道密诏透露出的信息很多。一、光绪帝是真诚地想"使中国转危为安,化弱为强",为救国而推行变法。要变法,就必须将旧法尽变,尽变,就必须将老谬昏庸之辈尽行罢黜,换成"英勇通达之人"。二、光绪帝手中的权力"实有未足",真正的权力在慈禧之手中。三、慈禧不愿将法尽变。光绪帝要变,可以,结果就是"朕位且不能保"——退位。四、光绪帝希望杨锐等人想一个办法,让慈禧可以通过,并使变法进行下去。

变法的领导权，光绪的皇位，都将不保了，不是摇摇欲坠，而是只要坚持变法，就没有光绪之位。一言以蔽之，密诏透露出最重要的信息，就是"朕位且不能保"。

那么，密诏的背后，究竟发生了什么，才使光绪帝会有如此的判断？

这与九月四日光绪罢黜礼部六堂官的那道朱谕，有直接的关系。要害在哪里？在光绪发布的这道朱谕事先并没有通过慈禧太后，这是慈禧最不可容忍的。慈禧要问一问，变法和用人的大权，究竟在谁手里？是在你光绪手里吗？

于是，九月六日，光绪帝去颐和园请安时，慈禧开始发难，当即指责："九列重臣，非有大故，不可弃；今以远间亲，新间旧，徇一人而乱家法，祖宗其谓我何？"

光绪帝辩解道：

> 祖宗而在今日，其法必不若是；儿宁忍坏祖宗之法，不忍弃祖宗之民，失祖宗之地，为天下后世笑也。
>
> （胡思敬《戊戌履霜录》）

双方都搬出了"祖宗"，光绪帝的回击，使气氛已经十分紧张。

自八月底至九月七日，不到十天，光绪帝的裁撤冗员、罢黜礼部堂官、任用军机四卿以及将李鸿章、敬信逐出总署，使慈禧越来越感到了大权旁落的威胁。就在几天前，被革职的怀塔布夫妇买通李莲英跪在慈禧太后前诉苦，称"皇上为左右荧惑，变乱朝政，求老佛爷做主"。"变乱朝政"这四个字，说到慈禧心里去了。

九月十四日，光绪和慈禧的矛盾终于再次爆发和升级。

慈禧愤怒地对光绪骂道：

> 小子为左右荧惑，使祖宗之法自汝坏之，如祖宗何？
>
> （《戊戌变法文献资料》）

小子以天下为玩弄，老妇无死所矣。

（胡思敬《戊戌履霜录》）

光绪哭诉道：

事时至此，敌骄民困，不可不更张以救，祖宗在亦必自变法。臣宁变祖宗之法，不忍舍弃祖宗之民、失祖宗之地，为天下后人笑，而负祖宗及太后之付托也。

（《戊戌变法文献资料》）

两人都摊了牌，慈禧骂光绪"祖宗之法自汝坏之"；光绪说"宁肯变祖宗之法，也必须变法"。

慈禧到这个时候，明白了。

光绪，也明白了。

他们十四日的争论，记载很少。关于开懋勤殿的计划，也就完全行不通了。可以料定的是，他们一定对此事有一场非常激烈的争执，慈禧对光绪的地位开始威胁；慈禧对光绪帝企图重用康有为等维新派，下了最后通牒。两人都失去了耐心。

凡是未经慈禧允许的这些变法措施，都被慈禧看成是"坏了祖宗之法"。维护大清利益，尤其是维护满人利益的这一点上，慈禧是有自己充分的理由的。外界纷纷在传遍的光绪帝要"尽除满人"，迁都、易服、剪发辫，甚至要改变年号，都被慈禧看成是要"改换天地"、推翻清朝的象征。慈禧曾经对光绪说过，"发辫不剪，我便不管"，如今果然要剪的，早已经不只是"发辫"了。

光绪帝的心中，始终想的是挽救这个面临亡国大祸的国家。"自甲午、乙未兵败地割，求和偿款，皇上日夜忧愤，益明中国至败之故，若不变法图强，社稷难资保守。"他早就通过奕劻对慈禧太后说："太后若仍不给我事权，我愿退让此位，不甘做亡国之君。"俄、德强占胶州、旅大后，光绪"怒甚"，毅然意识到原来终日攻读的历代之书"皆无用之物，命左右焚之……遂决变政"。立志"发愤为雄"。对于康有为的屡屡上书渴求变法，他早就认为"非忠肝义胆不顾生死之人，安敢以此直言陈于朕前乎"？

在不久的戊戌政变来临后，他在个人的安全也受到威胁的时候，留给枢臣最后的话是："朕不自惜，死生听天，汝等肯激发天良，顾全祖宗基业，保全新政，朕死无憾。"他是把新政变法，看的比自己的生命还重的，遑论帝位？

所以，光绪和慈禧的矛盾，已经成了一个死结。

光绪的勇敢和魄力，来得太迟太迟了。

这一点，他真的远远不如他的祖上康熙。康熙十四岁就亲理政事，十六岁除鳌拜，二十岁开始"平三藩"，三十岁统一台湾，三十二岁抗击沙俄，有了著名的雅克萨之战，三十七岁亲征噶尔丹。当然，康熙的背后，有一个极其通明全局的祖母孝庄太皇太后。而光绪的背后，这位"老佛爷"慈禧，为何就没有半点孝庄的眼光和仁慈之心？这是大清的悲剧，更是光绪的悲剧。

九月十五日，光绪帝经过了一夜的思考之后，密见杨锐，拿出的这份密诏，于事有补吗？

杨锐明白这局棋已经成为"死棋"，他在没有和其他人商议的情况下给光绪帝的建议是，应确认慈禧在政治决策中的地位，由慈禧太后郑重举行一次授权仪式，"一、应宜遇事将顺，行不去处，不易固执己见；二、言变法宜有次第；三、言进退大臣不易太骤。"（黄尚毅《杨叔峤事略》）

此时向慈禧太后妥协，可能吗？有用吗？

不可能了。

光绪帝将这样天大的事，弃满朝枢臣而不问，却通过小臣杨锐来问几个年轻的军机章京等人，说明了什么？这是太悲哀的事。

这也说明，光绪帝通过一夜的思考，觉察到了一场阴谋正在向自己逼近。这阴谋的目的，就是要完全架空他，让慈禧再次走向前台"训政"。

觉察到这一点，已经太晚太晚了。

事实已经证明，早在光绪帝六月十一日颁布《明定国是诏》之前，这场阴谋就已经布局好了。六月八日，慈禧太后秘密召见庆亲王奕劻、荣禄和刚毅三人，问皇上"任性乱为"，你们三人在"要紧处汝等当阻之"。三人答："皇上天性，无人敢拦。"刚毅伏地痛哭，"言奴才婉谏，屡遭斥责。"太后问："难道他自己一人筹画，也不商之你等？"荣禄、刚毅说："一切只有翁同龢能承皇上意旨。"

太后说了一句非常重要的话："俟到时候，我自有法。"

于是，变法刚刚四天，慈禧就革除了翁同龢；命二品以上大员授职必须经过慈禧；任命荣禄为直隶总督。人事权、兵权，尽揽于自己手中。

荣禄深有心机，向慈禧求到了直隶总督兼北洋大臣之职，就是牢牢掌握了兵权。他和慈禧密商"以皇上任用匪党，难保日久不生变乱，京津咫尺，以北洋陆军可资镇制，太后深谓然"。这样，当时董福祥的甘军、聂士成的武毅军、袁世凯的新军，三支清政府驻于京畿一带的军事力量，就都统归荣禄一人牢牢掌控。这才是之后慈禧太后发动政变的资本。

荣禄早在六月，就想废止光绪帝的变法之权，请慈禧出面训政。他在去天津就直隶总督前，再次恳请慈禧训政。慈禧太后因出训无名，说"非图安逸，恐又招揽权之讥"，荣禄答："揽权者，臣下之谓也，非所论于太后，明事人断无是言，不明事者何足重轻。"

慈禧是让他沉住气，等待"时候"。让光绪"乱闹数月，使天下共愤"，再来收拾不晚。

到九月之后，慈禧所说的"时候"，终于到了。

九月，在袁世凯来京之前，以推动慈禧太后出来"训政"为形式的政变，突然提速，进入秘密策划阶段。此时，制约和控制局势发展的力量，既不是光绪帝和康梁等维新派，也不是袁世凯，而是慈禧和她的亲信。

策划这一密谋的核心人物，是直隶总督荣禄和庆亲王奕劻，参加者是怀塔布、立山等亲贵大臣和部分台谏人员。

（戊戌七月二十二日，即公历九月）天津有人见自京乘火车来督署者数人，势甚耀赫，仆从雄丽，有言内中有怀公塔布、立公山也。盖自荣相莅任以来，亲友往还不绝于道，人亦不复措意。京中有言立豫甫曾于七月奉太后密谕，潜往天津，与荣相有要商也。

（七月三十日）早车有荣相密派候补道张翼进京谒庆邸，呈密信并禀要事。据有见此信者言，有四五十页八行书之多。

（苏继祖《清廷戊戌朝变记》）

梁启超也称，礼部六堂官被罢黜后，"怀塔布、立山等，率内务府人员数十人环跪于西后前，痛哭而诉皇上之无道，又相率往天津就谋于荣禄，而废立之议即定于此时矣。"（梁启超《戊戌政变记》）

这一切的幕后，正是慈禧。她密派立山、怀塔布等人去天津与荣禄密谋，"叫荣禄发难，先发制人"，"相与定图帝之计"。于是后党官僚奔走与京津之间，络绎不绝，"往来南北传递消息"，"而废立之议即定于是时矣"，当时士大夫"多有知其密谋，将兴晋阳之甲者"。

自九月上半月起，局势就已经越来越紧张，京城到处流传"将有宫闱之变"，"人几尽知"。

一切已经充分证明，是谁抢先动手发动了这场政变。

这时，光绪帝又该怎么办？还能如杨锐所说，向慈禧妥协吗？即便是妥协，还有用处吗？

木已成舟。

何故保举袁世凯？

九月，在这样的一种剑拔弩张的情势下，维新派开始反击。

清政府的大权，在慈禧太后手中；军权，在荣禄手中。在这样的背景下，这场刀光剑影的反击，是"明知不可为而为之的"，是一种极大的冒险。

事后可以说，这是几乎没有胜算可能的一种鱼死网破式的赌博。

舍此，还有别的路吗？

所有的路都已被堵死。

康有为和他的同伴选择了这条路，即便是不归之路。

康有为的家族史中，是有着多位武人的血脉的。叔祖康国器在平定太平天国时从武就曾屡建军功，作战英勇，直至任护理广西巡抚，是二品封疆大吏；叔祖康懿修曾创七县团练，是地方武装的统帅，其他如叔伯康达兼、康达腾、康雄飞等都有从武的经历；就连一直任教育官吏的祖父康赞修，也参与过军事活动，任钦州学正时"日夜佐州牧谋防守"。他们在回忆这些战场上的经历的时候，都会在无形中，对康有为产生一定的影响。

那么，康有为何时有的掌握兵权，发动一场"尊君权、去太后"的军事政变之念？

有人说从百日维新开始，康有为就有了。

这是很可能的。他在知道了光绪帝没有实权之后，有此想法，很自然。但有念头并不等于行动，他最初一直是相信和希望光绪帝能够将变法推行下去。否则，他不可能在九月还寄希望于宫中"开懋勤殿"，并为开懋勤殿做着人事上的准备。

> 四月二十三日，定国是诏之才下，四月二十七日，西后逐翁常熟，召见二品以上大臣，命荣禄督直隶，统率袁、董、聂三军，定九月阅兵于天津，以为废立之计，盖八月六日废立之变，已于四月二十七日定之矣。
>
> （康有为《复依田百川君书》）

这里，"定九月阅兵于天津，以为废立之计"，就成为一个特殊的历史焦点。按康有为的理解，慈禧早就定下要在九月天津阅兵的时候，让荣禄废掉光绪帝，或杀害光绪帝。所以，维新派必须行动了。康有为在四月二十八日被光绪帝召见后，便开始"思间居画策"，"渐选将才以得兵权"，使"皇上既有兵力行大权，则西后无能为"。

有的历史学家不同意康的这一说法，认为"戊戌九月天津阅兵将行废立之说"，是在戊戌政变后康有为逃到日本后，在朝廷公布康梁围园弑后的"逆谋"后，他们为敷衍舆论而释放的烟幕弹，其真实目的不过是在围园密谋败露后，为取得舆论同情和道义上的支持，变被动为主动而制造的政治舆论。康梁所要表达的，是他们之所以要联袁围园，是为了粉碎慈禧、荣禄的"废立阴谋"。对这一说法应当引起重视的是，定下天津阅兵的是四月二十七日，具体时间确定在七月初八，在这时，光绪帝和慈禧太后之间的政治危机还不严重，没有达到后来的白热化程度。慈禧真要废光绪，也不必跑到天津去借荣禄之刀。

此说法能成立的话，康有为所说的"天津阅兵说"，就或许是由于康梁的预感，或者"事后之说"。他们人微言轻，在深宫似海的宫廷内，无法知道内部斗争发展的步骤和信息，所以也不奇怪。

但到了九月十四日，光绪帝和慈禧太后的矛盾激化之后，尤其是十六日，光绪帝召见袁世凯之后，康有为和梁启超的预感，真的成为事实——慈禧授意奕劻、怀塔布、立山等人频繁往来天津密谋，准备废掉光绪，由慈禧亲自训政。这也是无可辩驳的事实。

九月十一日，康有为拟折让徐致靖保举袁世凯。

他明白，假如慈禧太后和荣禄的阴谋得逞，变法将会前功尽弃。只有保住光绪帝之位，才有可能将变法进行下去。此时"维新党都同意要终止反对派的阻力，唯一的办法就是把慈禧关禁起来，因为，她是主要的阻碍者"。只有"把她监禁在颐和园，这样才可以制止反对派对于维新的一切障碍"。

康有为连日草折请光绪帝"仿日本立参谋部，选天下虎罴之士，不二心之臣于左右，上亲摄甲胄而统之"。这是第一次，也是在最紧急的时刻提醒光绪帝，必须亲掌兵权。

十一日，徐致靖上《边患日急，宜练重兵，密保统兵大员折》，保荐督办新建陆军、直隶按察使袁世凯，请特予召对。

康有为在自编年谱中提到，自六月时，就已经暗派徐仁录去天津小站，探试和说服袁世凯。

袁世凯在三个将帅中，确实也是较合适的人选。

袁世凯生于一八五九年，这年三十九岁，小康有为两岁，曾称康有为"大哥"，两人是有一段来往的。

袁是河南项城人，字慰亭，别号容庵。他生在一个世代官宦的家族，自幼习武并喜爱兵法，十三岁曾经制联"大野龙方蛰，中原鹿正肥"，可见其雄心。从同治十三年（1874）到光绪三年（1877），在京认真读书四年，为了博取一个功名，读书累到吐血，也没考取举人。后又考了一次，仍不中，一怒之下将诗文付之一炬，忿然道："大丈夫当效命疆场，安内攘外，乌能龊龊久困笔砚间，自误光阴耶？"二十二岁，于一八八一年去山东登州投奔了淮军提督吴长庆，任帮办营务处。但真的从军后，他又在吴的幕府中继续读书，准备在一八八二年参加乡试。但没有机会了，这年朝鲜发生兵变，袁世凯随吴长庆前往平乱。战斗中，他带领一支清军一路放枪，冲在最前面，表现勇敢。兵变平定后，被报以首功，以帮办朝鲜军务的身份，留镇朝鲜，协助朝鲜训练新军，开启了他练兵的先河。一八八四年，朝鲜又发动了甲申政变，驻朝日军趁机欲挟制朝鲜王室，国王李熙求清营之助，袁世凯指挥清军击退了日本，维护了清廷在朝鲜的宗主权。袁的同僚攻击袁世凯"妄开边衅、擅挪军款"，袁只得归国赋闲。日本人恨透了他，但一八八五年，他却被直隶总督兼北洋大臣李鸿章荐举为"驻朝鲜总理交涉通商事宜大臣"，位同三品道员，开始左右朝鲜政局。袁世凯为防止朝鲜独立和日俄等国的窥伺，不止一次策划废黜朝鲜国王李熙。清廷张佩纶等人也攻击弹劾袁世凯。日本也曾多次派人想暗杀他。甲午战前，袁世凯请调回国，因亲眼目睹了甲午战争中清军兵败如山倒的惨状，萌生了以西法练兵的设想。

甲午战后，他奉旨在天津小站练新式陆军。

正是在朝鲜这十二年的非凡经历，成就了袁世凯，也使他渐渐成为了一个"洞明时事"的枭雄。既有相当的文化底蕴和眼光，又有沙场指挥的实践，还对宫廷政治谙熟。兼有这三方优势者，少矣。这后两方面，恰恰是康梁之弱。

康袁两人的交往，始自一八九五年。这年夏天，康有为第四次上书光绪帝，都察院、工部等部门拒绝代陈，袁世凯曾请求督办军务处代递。不仅如此，袁世凯也曾向光绪帝上书，条陈变法。

强学会成立后，袁世凯积极响应，捐金五百，成为发起人之一。袁世凯授命去天津小站编练新军，康有为等曾经亲自为他设酒钱行，"是时，袁、徐出天津练兵，同志夜饯观剧，适演十二金牌召还岳武穆事，举座咸唏嘘，李玉坡大理至泣下……"这里的"徐"即徐世昌，号菊人。徐世昌是袁世凯的同乡好友，袁去小站练兵，聘徐为参谋长，后长期为袁世凯的智囊与心腹，大事足可以代表袁，为袁的"代言人"。多年后，袁称帝，康有为发电报请其退位，电文中有"昔强学之会，饮酒高谈，坐以齿序，公呼吾为大哥，吾与公兄弟交也。今同会寥落，死亡殆尽，海外同志，惟吾与公及沈子培、徐菊人尚存……"这里再次提到徐世昌。可见，强学会时，康有为与袁世凯、徐世昌的关系，一度过从甚密。康有为和袁世凯，两人的科举经历与看法、对时局的观点，直到对变法的主张，都很有契合相通之处。

戊戌年六月，当康有为派徐仁录去小站时，袁世凯非常重视，让徐世昌亲自赴天津迎接。徐仁录是徐致靖的侄子，还是康有为的学生，少年气盛。据徐世昌在日记中透露，徐仁录在小站逗留了四天之久，不仅见到了袁世凯，还在第一天就到过袁世凯的公馆"久谈"。他们谈了些什么，或许是过于机密，或许是其他原因，没有留下任何文字记载。而徐世昌的日记中也滴水未漏。但张达骧在《袁世凯在戊戌政变前后》中，写道：

> 设盛筵以款。由袁之高级幕僚徐世昌、阮忠枢、言敦源等坐陪，并请阅兵，极宾主之欢。徐乘间说袁，今后应一心拥帝，排除腐旧之大计，袁一一首肯之，临行并厚赠程仪。徐回京后自鸣得意，以为此行收获巨大，一切主张都得到袁

的收纳，将来天下事，举手定矣。

袁盛情款待徐仁录，是肯定的，但说徐仁录"乘间说袁，今后应一心拥帝，排除腐旧之大计，袁——首肯"云云，有些蒋干进周营盗书的味道了。这等绝密大事，要说，也无法如此明确。再说这个时候，光绪帝和慈禧的矛盾还没有激化到后来的程度。袁世凯这个机警异常的老江湖，面对一个年轻后生，无论如何也不可能会"——首肯"的。康有为是如何向徐仁录交代的，未知；交代，也只能到联络双方的感情，为以后之用而已。

所以，康有为在自编年谱中所说的："六月，令徐仁录毅甫游其幕，与之狎，以观其情。袁倾向我甚至，谓吾为悲天悯人之心，经天纬地之才……毅甫归告，知袁为我所动，决策荐之，于是事急矣。"这是康有为事后的文字，他自可以事后这样判断和认为，但与当时的事实想来一定不符。

有人指出袁如此款待徐仁录，是袁世凯通过徐世昌有求于徐致靖，为了能早日被徐向光绪帝举荐而拔擢。这倒是符合逻辑的。

但是，客观地说，袁世凯一直主张变法，他对康有为深有好感也是实情。他对康有为的评价"悲天悯人之心，经天纬地之才"，亦不是虚话。徐仁录的六月小站之行，联络了双方的感情，这也已经足够。袁世凯在关键的时刻，会不会帮助康有为？会的。但要看什么事情，有无条件许可，等等，更要看局势的发展。

徐仁录的小站之行，却无意中很快就圆了袁世凯希望被拔擢之愿。这，也是袁世凯没想到的，所以他被光绪帝召见时，诚惶诚恐。

一直到九月，光绪帝在裁撤闲散衙门淘汰冗员、罢黜礼部六堂官、任用了军机四章京之后，不只敏感的康有为，满朝都觉得京师"将有宫闱之变"。旧党恐失去自己的荣耀和既得利益，到处摇唇鼓舌拨弄是非、进献谗言，"以谮诬我皇上于素有嫌隙之皇太后前。以结党密谋，将不利颐和园，激太后之怒；以变乱成法，重心不服，悚太后之听；以联外夷，惑邪说，动太后之疑惧。"光绪帝与慈禧太后的矛盾空前激化了。

慈禧与奕劻、荣禄的反击密谋，也开始不断向外流播。

康有为这才急急下手。

九月十一日，康有为代礼部右侍郎徐致靖草拟了保荐袁世凯的密折。

此折满含深意："臣以为皇上有一将才如袁世凯者，而不能重其权任以成重镇，臣实惜之"；恳请皇上"深观外患，俯察危局……破格之擢……使之独当一面，永镇畿疆"。

光绪帝理解到了这一深意吗？

很多人都认为没有。说这一奏折，也只是正常程序之上的事，因为此折按例也报给了慈禧。

光绪帝阅折后，令"电寄荣禄，著传知袁世凯即行来京陛见"。

五天后，九月十六日，光绪帝在颐和园的寝宫毓兰堂召见了袁世凯。召见时，光绪帝详细垂询练兵等军事方面的问题。当日，发下明发谕旨："现在练兵要紧，直隶按察使袁世凯办事勤奋，校练认真，著开缺以侍郎候补。责成转办练兵事务。所有应办事宜，著随时具奏。当此时局艰难，修明武备实为第一要务。袁世凯惟当勉益加勉，切实讲求训练，俾成劲旅，用副朝廷整饬戎行之至意。"

光绪帝任命袁世凯为侍郎候补，原来他是按察使，三品，现在一跃成为正二品。谕旨中还有一处非常重要的地方，是"所有应办事宜，著随时具奏"。这就是说，袁世凯如有事，可以不再经过荣禄，直接上奏。

九月十七日，袁世凯再次来到毓兰堂向光绪帝谢恩。突然被超擢，还有有事可以直接向皇上具奏的特权，让他诚惶诚恐。他的诚惶诚恐，有深意了。他当面向皇上表示，自己无寸尺之功，受到破格之赏，惭怵万状。

光绪帝笑了，笑着说："人人都说你练的兵、办的学堂甚好，此后可与荣禄各办各事。"

这是一句让袁世凯心惊肉跳的话。

这明显是让他摆脱荣禄的控制。摆脱荣禄，又意味着什么呢？

茅海建提到，周传儒先生一九八〇年文章称："据新会所说，慈禧拟于天津阅兵之顷，实行废立是事实。光绪召袁世凯入京觐见，企图引袁自卫，亦属事实。"（按：梁启超是广东新会人，这里的"新会"是指梁）梁启超这样说的前提是天津废立，并光绪帝发现其谋。茅海建说，他同意一些"研究先进"对天津废立阴谋持否定态度的说法，"但我仍认为，梁启超的说法还有某些可取之处，即光绪召见袁世凯时似有'引袁'之意。"

引袁，即是要控制武装力量。

光绪帝与袁世凯还有一见，那是在八月初五（9月20日）的请训。那时，光绪帝将离开颐和园回到宫中，到时，会对他交代些什么呢？

"围园弑后"是捍卫变法的悲壮反击

就在光绪帝召见袁世凯的当天，九月十六日晚，康有为和一个极其重要的"神秘人物"，进行了一次极其重要的"会面"。

此人是毕永年。

毕永年（1869—1901），湖南善化人，字松甫，拔贡生。少年随叔来往军营，结交会党中人，与谭嗣同、唐才常关系很好，为至友。可见他是谭嗣同九月十二日刚刚邀请来京的。谭嗣同将他介绍给康有为之后，康有为对其很是看重。

据毕永年说，九月十四日晚九时，康有为曾经与毕永年会面过一次，将毕召入室说："汝知今日之危急乎？太后欲于九月天津大阅时弑皇上，将奈之何？吾欲效唐朝张柬之废武后之举，然天子手无寸兵，殊难举事。吾已奏请皇上，召袁世凯入京，欲令其为李多祚也。"

李多祚为唐朝将领，协助张柬之发动政变，推翻武则天的统治。

九月十六日，毕永年心里没底，与谭嗣同面商此事。谭嗣同也毫不掩饰地说出了自己的疑虑："此事太冒险，而袁世凯并不可靠，我认为此事并不可为。但南海先生必欲为之，并已请皇上召见袁世凯。我等别无选择，只有勇往直前吧。如兄能助我等一臂之力，是最好的事。"

听谭嗣同这样说，毕永年表示，愿赴汤蹈火助之。

254

九月十六日晚，康有为再次将毕永年召入内室密商。这次密商，毕永年写在后来的《诡谋直纪》一文中。

八月初一日（9月16日）——

夜八时，忽传上谕，袁以侍郎候补，康与梁正在晚餐，乃拍案叫绝："天子真圣明，较我等所献之计，尤觉隆重，袁必更喜而图报矣。"

康即起身命仆（毕永年）随往其室，询仆如何办法。

仆曰："事已如此，无可奈何，但当定计而行耳。然仆终疑袁不可用也。"

康曰："袁极可用。吾已得其允据矣。"乃于间取袁所上康书示仆，其书中极谢康之荐引拔擢，并云"赴汤蹈火，亦所不辞。"

康谓仆曰："汝观袁有如此语，尚不可用乎？"

仆曰："袁可用矣。然先生欲令仆为何事？"

康曰："吾欲令汝往袁幕中为参谋，以监督之，何如？"

仆曰："仆一人在袁幕中，何用？且袁如有异志，非仆一人所能制也。"

康曰："或以百人交汝率之，何如？至袁统兵至颐和园时，汝则率百人奉诏往执西后而废之可也。"

仆曰："然则仆当以何日见袁乎？"

康曰："且再商也。"

正谈之时，而康广仁、梁启超并入座。

梁曰："此事兄勿疑，但当力任之也。然兄敢为此事乎？"

仆曰："何不敢乎？然仆当熟思而审处之，且尚未见袁，仆终不知其为何如人也。"

梁曰："袁大可者，兄但允此事否乎？"

仆此时心中慎筹之，未敢遽应，而康广仁即有忿怒之色。

仆乃曰："此事我终不敢独任之，何不急催唐君（唐才常）

入京而同谋乎？"

康、梁均大喜曰："甚善！甚善！但我等之意欲即于数日内发之。若候唐君，则又需时日矣，奈何？"

踌躇片刻，用同至谭君（谭嗣同）之室商之。

谭曰："稍缓时日不妨也，如催得唐君来，则更全善。"

梁亦大赞曰："毕君沉毅，唐君深鸷，可称两雄也。"

仆知为面腴之言，乃逊谢不敢焉。

康曰："事已定计矣，汝等速速调遣兵将可也。"

乃共拟飞电二道，连发之而催唐氏。

《诡谋直纪》写于光绪二十四年（1898）底，由毕永年交日本人平山周，平山周交日本驻上海代理总领事小田切，小田切在一八九九年二月以抄件呈日本外务次官都筑馨六。此时康有为正逃亡于日本。据研究者称，所见到的《诡谋直纪》并不是毕永年的字体，且袁世凯的"袁"字多有录错。此文其实是将毕永年和平山周的谈话归纳整理，按日记的形式编排而成。报给日本外务省，是使日本政府了解康有为过去的"不当"行为，以达到张之洞和清政府再三要求的让日本政府驱逐康有为的目的，让其快快离开。

《诡谋直纪》记述的这段史事，康梁一直隐讳。直到二十世纪八十年代，被杨天石、汤志钧两位学者在日本发现。对于其真伪，史家较普遍认为虽细节中有不少可疑之处，但就大体而言，还是可靠的，"为今人提供了康梁竭力掩盖的发动政变的真相"。

康有为、梁启超、康广仁、谭嗣同与毕永年的这次会面仅仅一天之后，八月初二（9月17日），时局顿起大波。

光绪帝与慈禧的矛盾升级，焦点是康有为。

光绪帝这天下了一个"明发上谕"："工部主事康有为前命其督办官报局，此时闻尚未出京，实堪诧异！朕深念时艰，思得通达时务之人，与商治法，闻康有为素日讲求，是以召见一次。令其督办官报，诚以报馆为开民智之本，职任不为不重，现在筹有的款，著康有为迅速前往上

海开办，毋得迁延观望。"（军机处《随手档》）

这是一道奇怪的谕旨。

光绪此时还在颐和园。

康有为说，朝廷向例非大事是不会明降谕旨的，如果有重要的事，由军机大臣面传谕旨也就是了。这道明发上谕，看上去是因为我康有为尚未出京去办报的小事，仅为催促之意。这样的一点小事，我又只是一个人微言轻的小官，值得"明发上谕"吗？还有，说"实堪诧异"，是不满，皇上该对我处罚革职才是啊，怎么又出现了"思得通达时务之人，与商治法，闻康有为素日讲求"云云褒奖一类的话呢？还有，皇上还在这个奇怪的上谕中，声明曾经对我"召见一次"，这还用说吗？这样说又是为何？——只有一个答案：这样的明发上谕，是从来未有之事。

康有为的判断是有道理的，"大事不好"。

这个"明发上谕"大有文章。是给慈禧看的。

两人的矛盾到了顶点。慈禧很可能质问他，康有为他人呢？在哪里？有人说他随意出入宫禁，与你皇上密商政务。言外之意是，你们暗中勾来往，这些日子出了这么多乱政之事，不都是他闹的鬼吗？

之前，是警告你皇上还要不要这个位置了。

现在，要算算康有为的账了。这是慈禧要向康有为下手的信号。

光绪帝只能以此辟谣。他假装不知道康有为还在京城。他表明之前用康有为，而且只召见了一次，是因"朕深念时艰"，为了挽救大清的危局。现在，已经让他离京去上海办报去了。这是向慈禧表白，今后不会再与康保持联系了。

当日，光绪帝一面下了这道"明发御旨"，一面又在上午马上召见军机四卿之一的林旭，给康有为下了"密诏"。算上上次给杨锐的密诏，这是第二道密诏："朕今命汝督办官报，实有不得已之苦衷，非楮墨所能罄也。汝可速出外，不可迟延。汝一片忠爱热肠，朕所深悉。其爱惜身体，善自调摄，将来更效驰驱。朕有厚望焉。特谕。"（1898年10月19日《新闻报》）

这才是此时光绪对康有为想说的话。

这道密诏，是光绪帝传给林旭，让林旭代转给康有为的口诏。

它未有形成文字。

是林旭凭记忆，再落实在文字上的。

林旭自然会非常忠实地将皇上的意思草拟而成。

这样简短的一道口谕，却包含了多层意思：令你去办官报，"实有不得已之苦衷，非楮墨所能罄也"，明白表示这不是我光绪的主意，（谁的主意？）我这样做是万不得已，我的苦衷不是纸墨所能写得出来的；你速速出外，不可迟疑耽搁（为什么？）；你的一片爱国热肠，我深深知道；望你爱惜身体，保重身体，将来会有奔驰和施展的天地的；我对你寄予厚望啊。

光绪帝对康有为的信任、爱惜，极想重用而不得的痛苦，甚至在此时还不忘让他珍重身体、留得青山，以待将来之用；作为一个皇帝，其心殷殷，其情切切，意溢言表。

在这里，充分衬托出了康有为在光绪帝心中的位置。在整个维新变法的大业中，康有为是领头人，是中流砥柱，是总设计师。

这也是康有为在整个戊戌变法的位置，任何人也否认不了的。但直到今天，仍然有很多人反对这一点，他们一方面咬定"康不得去，祸不得息"，一方面又否认康有为在变法中的位置，岂不两相矛盾？

林旭接到这道密诏后，即赶往康有为居住的寓所找康。

康有为恰恰外出未归。这一晚，他和礼部尚书李端棻、侍郎徐致靖等人一同在宋伯鲁家相聚。席间，大家都觉得眼下的局势危机，朝政恐有事变，形势已经越来越不利于变法维新了。开懋勤殿已经无望；奕劻、荣禄等人与慈禧已露要扑灭维新党人之心；光绪帝的位置更是"几不能保"。大家只能万般忧虑地相与叹息。康有为想冲淡这沉闷的气氛，唱了一曲昆曲，但"声带变徵，曲终哀动"。谁也不曾想到，这已是他与在座的几位知己见的最后一面。再与徐致靖相见，已是十几年之后了……

林旭只好留下便条，告诉康有为有非常重要的事，明天早上他再来面诉。夜半，康有为归来，见林旭的留言，已料到危机降临。

次日，九月十八日，一个戊戌变法史上最重大的时刻到来了。

一早，林旭来，见康痛哭失声，将密诏转康。

康有为哭着跪读此诏，又见到林旭带来的光绪帝九月十四日给杨锐的密诏后，马上草拟谢恩折表示"誓死救皇上"，请林旭奏报自己将于十九日离京。之后，他召来谭嗣同、梁启超、徐仁镜、徐仁录、康广仁、徐世昌，一起商议"救上"之策。

"袁幕府徐菊人（徐世昌）亦来，吾乃相与痛哭以感动之，徐菊人亦哭，于是大众痛哭不成声……"（康有为《康南海自编年谱》）

商议的结果，是由谭嗣同当晚去见袁世凯。

救皇上之策，千难万险，托于谭嗣同。

这是一个极端冒险的，不得以而为之的决策：杀禄围园。

梁启超在《谭嗣同传》里，记载了谭嗣同当晚与袁世凯的对话：

谭："君谓皇上如何人也？"

袁："旷代之圣主也。"

谭："天津阅兵之阴谋，君知之乎？"

袁："然，固有所闻。"

谭示以光绪帝密诏，对袁说："今日可以救我圣主者，惟在足下。足下欲救则救之……苟不欲救，请至颐和园首仆而杀仆，可以得富贵也。"

袁："君以袁某为何如人哉？圣主乃吾辈所共事之主，仆与足下，同受非常之遇，救护之责，非独足下若有所教，仆固愿闻也。"

谭："荣禄密谋，全在天津阅兵之举……足下以一军抵彼二军，保护圣主，复大权，清君侧，肃宫廷，指挥若定，不世之业也。"

袁："若皇上于阅兵时疾驰入仆营，传号令以诛奸贼，则仆必能从诸君子之后，竭死力以补救。"

谭："荣禄遇足下素厚，足下何以待之？""荣禄固操莽之才，绝世之雄，待之恐不易易之。"

袁："若皇上在仆营，则诛荣禄如杀一狗耳。"

梁启超称当晚谭嗣同向袁世凯出示了光绪帝的密诏。而袁世凯在《戊戌日记》中称出示的是"一草稿，如名片式"。

　　……正在内室秉烛拟疏稿，忽闻外室有人声，阍人持名片来，称有谭军机大人有要公来见，不候传请，已下车至客堂，急索片视，乃谭嗣同也……谭云："……上方有大难，非公莫能救""荣某近日献策，将废立弑君""公辛苦多年，中外钦佩，去年仅升一阶，实荣某抑之也。康先生曾先在上前保公，上曰：闻诸慈圣，荣某常谓公跋扈不可用等语……我亦在上前迭次力保，均为荣某所格……此次超升，甚费大力，公如真心救上，我有一策，与公商之。"

　　（谭嗣同）因出一草稿，如名片式。"内开荣某谋废立弑君，大逆不道，若不速除，上位不能保，即性命亦不能保，袁世凯初五请训，请面付朱谕一道，令其带本部兵赴津，见荣某，出朱谕宣读，立即正法，即以袁某代为直督，传谕僚属，张挂告示，布告荣某大逆罪状，即封禁电局铁路，迅速载袁某部兵入京，派一半围颐和园，一半守宫，大事可定。如不听臣策，即死在上前"各等语。予闻之魂飞天外。因诘以"围颐和园何为"？谭云："不除此老朽，国不能保，此事在我，公不必问。"

据袁世凯的《戊戌日记》，当晚对话，还有以下内容，引文引自袁的《戊戌日记》：

　　谭嗣同："我雇好汉数十人，并电湖南召集好将多人，不日可到，去此老朽，在我而已，无须用公。但要公以二事：诛荣某、围颐和园耳。如不许我，即死在公前。公之性命在我手，我之性命亦在公手。今晚必须定议，我即诣宫请旨办理。"

谭"腰间衣襟高起，似有凶器"，予知其必不空回，因告以："九月即将巡幸天津，待至伊时军队咸集，皇上下一寸纸条，谁敢不遵？又何事不成？"

谭："等不到九月即将废弑，势甚迫急。"

袁："既有上巡幸之命，必不至遽有意外，必须至下月方可万全。"

谭："如九月不出巡幸，将奈之何？"

袁："现已预备妥当，计费数十万金，我可求荣相力请慈圣，必将出巡，保可不至中止，此事在我，你可放心。"

谭："报君恩，救君难，立奇功大业，天下事入公掌握，在于公；如贪图富贵，告变封侯，害及天子，亦在公；惟公自裁。"

袁："你以我为何如人？我三世受国恩深，断不至丧心病狂，贻误大局，但能有益于君国，必当死生以之。"

谭："自古非流血不能变法，必须将一群老朽全行杀去，始可办事。"

对于起事的难处，袁世凯在《戊戌日记》中说：

天津为各国聚处之地，若忽杀总督，中外官民，必将大讧，国势即将瓜分。且北洋有宋、董、聂各军四五万人，淮泗各军又有七十多营，京内旗兵亦不下数万，本军只七千人，出兵至多不过六千，如何能办此事？恐在外一动兵，而京内必即设防，上已先危……本军粮械子弹，均在天津营内，存者极少，必须先将粮弹领运足用，方可用兵。

袁世凯这里所说的难处，在何种条件下才能用兵，亦是实情。

　　"除禄围园"，或"围园弑后"，事关绝大机密，但最重要的史料，也恰恰只留下梁启超和袁世凯在事件之后的记载。因为，他们是当事者。袁世凯没说谭嗣同当夜出示了光绪帝的密诏，那他提到的那件"名片式的草稿"会是什么呢？是康有为们草拟的上折？给袁世凯出示一份自己的"上折"，来定这样一桩惊天大事？袁世凯岂能被说服并放心加入？——这都成了无法破解的历史之谜。

　　但有一个周密部署的"围园弑后"的政变计划，是事实无疑。

第十四章　六君子血染菜市口

戊戌八月初三（9月18日）这一天，注定是一个极其特殊的日子。

双方的密谋与行动，均在急急进行中。

就在康有为接到光绪密诏，和梁启超、谭嗣同等人在急切商议该如何救皇上的时候，另一方的两个人物出现了，庆亲王奕劻和御史杨崇伊。

这两人的背后，是慈禧和荣禄。

之前，立山、怀塔布、杨崇伊等人频繁去天津与荣禄密谋，是慈禧的授意与安排。他们此行只有一个重要的目的，就是商议关于夺光绪之权，由慈禧"训政"的运作方式与时间。

杨崇伊，字莘伯，江苏常熟人，光绪六年（1880）进士，光绪二十一年（1895）考授广西道监察御史。别人曾给他八个字"深沉阴鸷，志大才疏"，足见其人。作为言官，他到任不久，就弹劾京师强学会，并弹劾内阁侍读学士文廷式，使其革职。他曾投效荣禄，被荣禄倚重，充当了推动太后训政密谋的一个极其重要的角色，成为"首发难者"。

九月十八日这天，荣禄等人开始行动。先由御史杨崇伊，拟就了一个只有五百多字的折子，叮请慈禧太后"即日训政"。

这道奏折举出的理由，主要为四个方面：

其一，是文廷式"外奉广东叛民孙文为主，内奉康有为为主……康有为偕其弟康广仁及梁启超来京讲学，将以煽动天下志士心"。

其二，是告康有为和康广仁"不知何缘，引入内廷"。说康氏兄弟经常出入内宫。苏继祖在《清廷戊戌朝变记》中写道："康氏兄弟进宫之谣，无人不知，且有污秽宫闱之语。苟有人心者皆不忍闻。欲知造此谣言者乃当道王公，尚有咸庙皇孙在内。谁不知珍妃久禁高墙，皇上欲一见而不可得，况外人乎？猖狂兽语，不足听闻……有谓康有为曾进药水，上服后性情大变，急躁异常，并有在宫中设立礼拜堂之说。"可见连皇亲国戚们，也因恨透了康有为，不惜竟编造起了皇帝和康氏的谣言来。造谣者中，就有这位杨崇伊。政变后他在给盛宣怀的信中说："康逆潜蓄异谋，托辞变法，乃弟便服私入椒途，剪发改装，见诸奏牍，同心谋逆，立有合同，无人不知……圣躬服康逆丸药后，日就瘦瘠……"他所说的康有为给光绪帝进"丸药"，很快就将成为追杀康有为的罪名之一。

其三，是"两月以来变更成法，斥逐老成，借口言路之开，以位置党羽"。

其四，是"风闻东洋故相伊藤博文即日到京，将专权柄。臣虽得自传闻，然近来传闻之言，其应如响。伊藤果用，则祖宗所传之天下，不啻拱手让人"。

伊藤博文于九月十一日抵天津，十四日到京。他在这年六月因日本内阁倒台后赋闲，来中国是一次私人性质的访问。巧合的是，他到京的时间，和袁世凯一样，都是十四日。他到京前，曾有一些官员奏请皇上留伊藤博文在京任顾问官。英国传教士李提摩太也曾向康有为建议，由中国政府聘请伊藤博文任外国顾问。康有为认为可行，曾经通过李端棻奏请可否派他为接待伊藤的使节，但此事被张荫桓阻止。

按说，伊藤博文来华访问这样一件大事，是经过慈禧认可的。但慈禧一想到康有为，便担心伊藤博文这次访问与康有为有关，而更大的担心，是怕光绪帝真的重用伊藤。慈禧对所有的外国人，都极其警觉，她真的怕伊藤"将专权柄"，使"祖宗所传天下拱手让人"。

杨崇伊的这道密折，与慈禧的心病暗合，上得"正逢其时"。

密折是由庆亲王奕劻代递的。

> 杨崇伊为御史，值戊戌新政，密草一疏，请太后训政。面谒庆亲王，求代奏。庆王有难色，崇伊曰："王爷不代奏亦可，但这并非御史的意思。"拂衣便行，庆王急拉之回，曰："我与你代奏，但你必须同去。"崇伊曰："那是自然。"遂同至颐和园。庆王命崇伊俟于外，独自入对，递上崇伊折。太后阅毕大怒，曰："这是国家大事，杨崇伊小臣，安敢妄言？须严办。"庆王叩头。太后徐曰："既是你们意见相同，我今日便回宫。"庆王退下，谓崇伊曰："事情完了，你去罢。"
>
> （邓之诚《骨董琐记全编》）

这个上密折的经过，为张尔田听张仲忻所述，后者为工科给事。杨写此密折后曾请他联名，他没敢应。所以，该记述是可信的。这里最重要最有意味的一句是对庆王奕劻说的"这并非御史（我杨崇伊）的意思"，那是谁的意思？不言自明。慈禧阅后佯装大怒，之后马上决定"今日便回宫"。说是"今日"，但"今日"已晚，夜里了，回京的时间是次日。

又据翰林蔡金台给同乡李盛铎的信说，慈禧希望多位大臣联合行动才好，"必有联章，乃成规模，且须大臣言之。"（邓之诚《骨董琐记全编》）

蔡金台和李盛铎都是反康而支持慈禧的"后党"，这里的说法更为真实了。也就可以解释太后夺权训政这样一件顶天大事，如何让一个区区小臣所上的折子，就能成就？原来慈禧早就有部署——"慈意以为此等大政，必有联章，乃成规模，且须大臣言之"，慈禧希望这件事由很多人"联章"请求，而且要成规模，并要由大臣来提出。无奈的事实是，杨崇伊找了九个人，人人回避，最后只好一人"独冲"。

邓之诚在摘录此信后评论道："此所述戊戌政变，极得当时真相""所述政变全由庆王布置，最关筋节……"

庆亲王奕劻，才是杨崇伊幕后真正的主子和操盘者。

九月十九日，太后回宫。

九月二十日，她在屏内监视了光绪帝与伊藤博文的会面。

九月二十一日（戊戌八月初六），她以皇帝的名义，下旨抓捕康有为和康广仁，并宣布训政。

康有为等维新派精心策划的政变计划，遂成泡影。

戊戌政变开始。

袁世凯，"告密"缘何也艰难

九月十八日夜，就在慈禧太后和庆亲王密谋定下回宫训政一事时，在京城南城浏阳会馆的谭嗣同，也披着夜色向法华寺出发了，去会袁世凯。

他们的这次会面，将戊戌变法突然推向惊心动魄的高潮，又迅即急转，演化成为戊戌政变、喋血的前奏。

作为直接的当事者，只剩一个袁世凯。几日之后，谭嗣同便血溅菜市口。两人的最真实的对话究竟是什么，死无对证了。

但这场"夜话"，太重要。

好在谭嗣同在临刑前的几天内，和康有为尤其是梁启超来往较多，他一定会非常详尽地向康梁谈起这一夜的夜话。梁启超也便成为谭嗣同的"代笔者"，之后留下了《谭嗣同传》。

袁世凯则留下了《戊戌日记》。

康有为也留下了少量的文字。

袁世凯、梁启超、康有为三人的文字记录，由于涉及到切身的利害，差异很大，这也使它成为戊戌政变事件中最大的一个谜团。

可以澄清的是，传统说法中关于袁世凯告密在九月二十日（八月初五），是错误的。袁世凯确实告了密，但应当是在九月二十一日，即光绪年八月初六日。这一天，慈禧已经回京，训政已经开始，政变已成定局。这仅仅推后一天的变化，推翻了袁世凯告密在前，引发戊戌政变的说法。尽管这一说法曾经长期流行于史学界。

九月二十日上午，袁世凯在京按例觐见光绪帝请训。

非常奇怪的事情发生了：这天光绪帝在召对袁世凯的时候，袁世凯向皇上说了一番话，而光绪帝则竟不发一语。袁世凯将自己这番话的意思，同时呈上了奏折。奏折称：

> 古今各国变法非易，非有内扰，即有外患，请忍耐待时，步步经理，如操之太急，必生流弊。且变法尤在得人，必须有真正明达时务老成持重如张之洞者赞襄主持，方可仰答圣意；至新进诸臣，固不乏明达勇猛之士，但阅历太浅，办事不能缜密，倘有疏误，累及皇上，关系极重，总乞十分留意，天下幸甚。臣受恩深重，不敢不冒死直陈。
>
> （袁世凯《戊戌日记》）

奏折如果是真实的，奏折中这番话的意思，也已经含义深深。袁世凯实际已经点明了康梁的密谋，"倘有疏误，累及皇上，关系极重，总乞十分留意，天下幸甚……"尤其是"不敢不冒死直陈"。这说明，袁世凯在和谭嗣同夜会之后，有了一番激烈的心理盘桓和斗争。最后，他明白"围园之谋"是无望的，希望皇上起用如张之洞这样老成持重的贤臣，来收拾这火药桶一般的局面。

谭嗣同曾经向袁世凯保证，光绪帝在袁世凯请训的时候，会授给他一道"杀荣围园"的朱谕。

这道朱谕有还是没有？

光绪帝为何面对袁世凯的这番话不发一语？

光绪帝如果不知道康梁的密谋，袁世凯会说"这样一番奇怪"的话吗？

袁这番话的"话中话"，光绪帝明白不明白？

都是谜了。

自然可以有各种解释，如光绪帝的不发一语，是因为已经被慈禧掌控和软禁，大势去矣。而袁世凯此时并不知道慈禧已经训政。

但历史也留下了与袁世凯完全不一样的说法。

据张一麐在其《心太平室集》中披露：谭嗣同夜访袁世凯时，向袁出示了光绪的墨谕，并对袁说，今日事如果你不承诺我便用手枪打死你，我再自尽。袁提出墨笔人人可以写，要看皇上的朱谕。谭说，明晚即以朱谕来，你不许爽约。次日袁被皇上召见时，皇上向他"视以所命"，袁却向皇上大谈了一番母慈子孝的话，待他退朝后，一个侍卫大臣拍了一下他的背，说"好小子！"原来此大臣是慈禧悄悄派遣在此的。

张一麐为袁世凯的亲信，长期随袁，后入袁的幕府，他说以上这番记载为袁世凯亲口所说。张应该有作证的资格。张的记录，说光绪帝确实给了袁世凯一道朱谕，而袁害怕，"极言母慈子孝为立国之本"，退朝时，一位慈禧派来监视的侍卫大臣还夸了袁一句"好小子！"张的说法，与袁世凯的《戊戌日记》却又完全不同，袁否认了有朱谕一事。

荣禄的亲信陈夔龙也留下了相关记录，他在《梦蕉亭杂记》中记载了袁世凯在京被光绪帝召见的内情，更为诡秘："八月初三（此陈记有误，应是八月初五），袁探知朝局将变，惘惘回津，文忠（荣禄）佯作不知，迫其来谒，但言他事，绝不询及朝政。袁请屏退左右，跪而言曰：'今日奉命而来，有一事万不敢办，亦不忍办，惟有自请死。'文忠笑谓究系何事，何匆遽之甚？袁袖出一纸呈阅，并观文忠气色行事。文忠阅竣，正色告曰：'大臣事君，雨露雷霆，无非恩泽。但承旨责在枢臣，行刑亦有菜市，我若有罪，甚愿自首入京，束身司败，岂能凭尔袖中片纸，便可钦此钦遵。'袁知事不谐，乃大哭失声，长跪不起。文忠曰'君休矣，明日再谈'。"

这里，将康有为、谭嗣同"杀荣禄围颐和园"之谋，与光绪帝之旨相合，和盘托出。袁的"有一事万不敢办，亦不忍办，惟有自请死"，究竟是何事？给袁世凯带来巨大的压力与两难。

还有，戊戌年八月十四日，日本驻天津领事郑永昌电告日本首相兼外相大隈重信：

　　我从可靠的来源得知，中国皇帝突然被废及康党受惩的原因，很大程度上可归于中国皇帝九月十九日召见袁世凯所给他的密令，要他率四千军队由小站军营开往宫廷，充作御林军。第二天，袁在回小站的路上向属于后党的直隶总督泄密。消息立即以电报发给慈禧太后，而她立即重出权坛。

（日本外务省外交史料馆《各国关系杂纂》）

这里也明确提到光绪帝给了袁世凯密令。

历史就是如此诡秘，"有朱谕"和"无朱谕"两种说法，均在。

据林克光先生说："一九一三年张国淦向袁世凯问及此事，袁明确答复'并未交朱谕'（《北洋军阀史料选辑》），许多时人著述也说'此旨竟未下'。有些著述说有此朱谕不过是猜测传闻之词。"

目前较权威的史学家也比较一致地认为，光绪帝对于慈禧八月初三晚上决定回京训政，以及康有为、谭嗣同策谋袁世凯的"杀禄围园"，均不知情。自然，也有一些学者持不同的看法。前一种说法占据主导地位，应当格外重视，而"存疑"的意见也应当尊重其存在。清史之谜太多了，尤其是涉及到讳莫如深的皇家之谜。在尚未有发现新的绝对可信的史料之前，有不同的结论和观点也纯属正常。

相反，不将事情绝对化，让"存疑"在存活的基础上深入搜寻新的史料和研究，将会更加接近历史的真相。

可以做一个大胆的假设：光绪帝为了推行变法，太有可能是支持康有为、谭嗣同的密谋的，但他不会同意"弑后"，"弑后"之意出自康有为。没有确凿的证据来证实光绪帝下过这道"朱谕"，但光绪帝心中究竟是怎么想的，又不能仅仅凭没有证据一条，就来简单判断这样一件关系到国家命运的撼天大事。明摆着，维新变法已成生死之势，有我无你。光绪帝只能在这样的时刻做出最后抉择，或者妥协，甘当摆设和儿皇帝；或者为了"使中国转危为安，化弱为强"（光绪给杨锐密诏语）鱼死网破。从戊戌变法后期光绪的态度，他太应当选择后者。史家一直认真地按光绪给杨锐的密诏中那句"而又不致有拂圣意"来估摸光绪，就肯定光绪不会与慈禧"翻脸弄险"，是否有些太过武断？以光绪的聪明，他在文字上，必须要这样说；但在心底，他又决然要做这次"最后的较量"。——起码，为何就没有这种可能呢？

还是回归袁世凯九月二十日被光绪帝的召见。光绪帝假如对双方发生的一切都不知情的话，袁世凯的那番含义深深的话，从何而来？到戊戌政变发生之后，一系列的疑问更多。光绪帝为何一直到死，都恨透、不愿放过袁世凯？慈禧为何把光绪囚禁瀛台而残酷迫害？慈禧为何在政变后很快就要废光绪帝立大阿哥？最后，光绪之死之谜，光绪帝死于砒霜中毒是否是事实？是，究竟死于谁手？

历史好像就是一连串的谜组成的，尽管本不该是。

所以也就注定了，袁世凯的告密，极其艰难，甚至悲壮。

他本不愿这样做。

对于甲午战败之耻，他在这场灾难的源头朝鲜多年，亲眼目睹，最知关节要害。所以，一八九五年，在康有为公车上书之后，袁世凯在督办军务处当差，也曾向光绪帝上书。他呼唤变法之心曾和康有为一样迫切。所以，在康有为上书被都察院、工部回绝的时候，他曾向督办军机处要求帮助康有为代递《上清帝第四书》；所以，他积极成为强学会的发起人之一。在这期间，他与康有为关系甚好，声气相投，过从甚密，饮酒谈天下事，甚为相得。对康有为之人，他有句评价是"悲天悯人之心，经天纬地之才"。这样的结论，绝不是妄自之言。他太明白清廷假如不变，大厦将倾，他也不会有希望的明天。

戊戌变法以来，光绪帝力推维新，他自然会坚定支持。无论是从忠君的伦理理念，还是个人的名利地位上说，他都会和维新派站在一起。康有为对他的信任，也是有足够理由的，否则，当杨锐传下密诏之后，康梁等人诵诏痛哭，"袁幕府徐菊人亦来。吾乃相与痛哭以感动之，徐菊人亦哭，于是大众痛哭不成声"。这样一件绝密的事情和场合，袁世凯的心腹徐世昌不仅能在场，而且与他们一起痛哭，一起筹划救光绪帝之策，说明了什么？徐世昌所知道的一切，袁世凯不仅知道，也已经加入其中。没有袁、徐的承诺，康有为再轻信，也绝对不可能让其介入这样绝密之事的。他们已经站在了一条船上。从毕永年的记载中可以证实，袁世凯在给康有为的信中，也明确表示："赴汤蹈火，亦所不辞。"

九月十八日晚，谭、袁夜会。袁世凯对谭嗣同说得很明白：皇上"九月即将巡幸天津，待至伊时军队咸集，皇上下一寸纸条，谁敢不遵？又何事不成？"他再次表明心迹："我三世受国恩深，断不至丧心病狂，贻误大局，但能有益于君国，必当生死以之。"

尽管谭嗣同说："等不到九月即将废弑，势甚迫急。"但除了九月巡幸天津这一个机会，还有吗？在哪里？袁世凯表示通过荣禄，力促慈禧，九月之事没问题，并说"此事在我，你可放心"。

当夜这一密谋，动手时间，等等，并没有确定，只能等待。等待事态的发展。

谭嗣同走后，这一夜袁世凯定然没有合眼。

当夜，加上次日一天一夜，他焦虑了两夜一天。

这绝大的秘密，系于他一身。他知道自己将决定这场生死巨变的结局。他头顶顶着一颗巨大的炸弹，这炸弹压得他喘不过气来。这场爆炸，即将由自己引爆吗？今晚这一切，来得太过突然，连一丝思考的余地也没有。最关键的在于，光绪帝会真的同意吗？即便同意，此事能成功吗？他不得不要好好想想。好在还有一点自己的时间。

这两夜一天，使他的思想起了变化。他深知宫廷内的水有多深，尽管自己一直在小站练兵，宫内的事距离较远，但他天生对朝政敏感，变法以来，慈禧与光绪帝的矛盾日深，谁都知道。在朝鲜，他就亲自操作和目睹了那里的王室之变，风云诡谲，说变就变。即使光绪帝给自己下了这道朱谕，慈禧假若知道了，会怎样？最重要的是，假若不成功，会对他袁世凯怎样？……他不敢去想。

他反复考量康有为和谭嗣同的计划，觉得成功的把握太小。事已至此，那么，他唯愿能有一个人出来，将这场密谋化解和消弭。

他犹疑了，他动摇了。最后，也只能静观其变。

于是有了二十日，向光绪帝请训时的那场奇怪的召对。如果他的那番话是真实的，他述说了心中的担忧后，提出希望由张之洞出面来收拾面前的僵局，起码延缓事态的发展。

这天，光绪帝的"未发一语"，只能让他的压力更大。

若说告密，他请训后当日在京就可以去，去向庆亲王奕劻等人告密。这样绝大的秘密，知道了不说，本身就是绝大的罪过，他懂。

但他没有。说明他的内心在受着煎熬。

他的熬煎如今加上了一层，那就是如实告密，必然会累及光绪。不管怎么说，皇上还是皇上，假如由于自己的告密，连累了皇上，不也是死罪吗？他诚惶诚恐。

请训后，他即刻乘十一点四十分的火车回津。下午三点多抵达后，先回自己的官邸，应酬前来祝贺的官员，其实，也是内心还在斗争。一直到傍晚人散之后，才去拜见荣禄。

但是，一见到荣禄，他就失魂般地招了，尽管只招了"一半"。

> 抵津，日已落，即诣院谒荣相，略述内情，并称皇上圣孝，实无他意，但有群小结党煽惑，谋危宗社，罪实在下，必须保全皇上，以安天下。
>
> （袁世凯《遵奉面谕谨拟条陈事件呈》）

为何只招了一半？一是有人来了，谈这样大的机密不方便；二是他还在掂量，该怎么说才不会累及皇上。所以一再强调"皇上圣孝，实无他意"，"必须保全皇上，以安天下"。

最关键的详情，是次日晨荣禄前来找他，他才竹筒倒豆子，详细告密，出卖了康有为、谭嗣同等人。

> 次早，荣相枉顾，以详细情形备述，荣相失色，大呼冤曰："荣某若有丝毫犯上心，天必诛我。近来屡有人来津通告内情，但不及今谈之详。"予谓此事与皇上毫不干涉，如累及上位，我惟有仰药而死耳！筹商良久，迄无善策，荣相回署，

复约佑文熟商。是晚荣相折简来招，杨莘伯在座，出示训政之电，业已自内先发亦。荣相复抚茶杯笑曰："此非毒药，你可饮之。"惟耿耿于心，寝食难忘者，恐累及上位耳。

（袁世凯《遵奉面谕谨拟条陈事件呈》）

次日，在荣禄处，见到杨崇伊在座，杨带来慈禧训政的消息。

这是袁世凯事后所上的条陈。在此，坐实了他无耻的告密与出卖。

他果然将维新志士的鲜血，来染红了自己头上的顶子。

后人为他留下了一首打油诗："六君子，头颅送；袁项城，顶子红；卖同党，邀奇功；康与梁，在梦中；不知他，是枭雄。"

枭雄是什么？是翻云覆雨的政客，是不惜出卖同仁同党的刽子手。夜深人静的时候，袁君其心安否？与谭嗣同那一夜的一番对话，忘记否？——别急，待别人出卖他的时候，自会尝到滋味。那一日，会远吗？

康、梁为何遮蔽了"围园弑后"？

荣禄速托杨崇伊带给了慈禧"围园弑后的告密折"。

"围园密谋"泄露告败。

慈禧太后下手了。

现在不仅仅是捉拿康有为了，慈禧第一个先开始和光绪"算账"——八月初六，下诏训政，懿旨拿康有为。

是日太后御便殿，召庆王、端王、军机御前大臣跪于案右；皇上跪于案左。

设竹杖于座前，疾声厉色，讯问皇上曰："天下者，祖宗之天下也。汝何敢任意妄为？诸臣者皆我多年历选，留以辅汝，汝何敢任意不用？乃竟敢听信叛逆蛊惑，变乱典刑。何物康有为，能胜于我选用之人，康有为之法能胜于祖宗之法？汝何昏聩，不肖乃尔！"

又顾诸臣曰:"皇帝无知,汝等何不力谏?以为我真不管,听他亡国败家乎?我早已知他不足以承大业,不过时事多艰,不宜轻举妄动,只得留心稽查管束。我虽人在颐和园,而心时时在朝中也。我唯恐有奸人蛊惑,所以常嘱汝等不可因他不肖,便不肯尽心国事。现幸我还康健,必不负汝等也。今春奕劻再四说,皇上既肯励精图治,谓我亦可省心。我因想外臣不知其详,并有不学无术之人,反以为我把持,不许他放手办事,今日可知其不行矣。他是我拥立者,他若亡国,其罪在我,我能不问乎?汝等不力诤,是汝等之罪也。"

刚(刚毅)先对曰:"屡次苦谏,多加谴斥。"

其余众臣,有言谏过者,亦有不语者。

(慈禧)复向皇上曰:"变乱祖法,臣下犯者,汝知何罪?试问汝祖宗重,康有为重?背祖宗而行康法,何昏聩至此?"

皇上战栗对曰:"是固自己糊涂。洋人逼迫太急,欲保存国脉,通融试用西法,并不敢听信康有为之法也。"

太后厉声怒曰:"难道祖宗不如西法?鬼子反重于祖宗乎?康有为叛逆,图谋于我。汝不知乎?尚敢回护也!"

皇上本以魂飞齿震,竟不知所对。

(慈禧)复厉声问:"汝知之乎?抑同谋乎?"

皇上战栗对曰:"知道。"

太后曰:"既知道,还不正法,反要放走。"

皇上即云:"拿杀。"

慈禧此时最关注的,是皇上参与了密谋没有,所以她厉声质问:"你是同谋吗?"

光绪答了两个字:"知道。"

"知道"是什么意思?"知道"康有为的"围园密谋"吗?有些含混,但又没有否认。也可能,是一时竟不知该如何回答。

慈禧的讯问中,有一点应当格外引起注意,即"有不学无术之人,反以为我把持,不许他放手办事,近日可知其不行矣"。慈禧很清楚问题的关键,这场斗争的要害,就是变法之权在谁之手。看看,我没放手，对了吧？但是，慈禧是"今日可知其不行"吗？不，早就认为他不行，否则能不放手吗。不行怎么办？只能废掉。可见废光绪之心，慈禧早已有之。

早在什么时间？四月二十三日，光绪的《明定国是诏》下，推行变法。按理说，这也是慈禧同意的。但短短的四天之后，驱逐翁同龢，召用二品以上大臣必须经过慈禧，又命荣禄出督直隶，统率袁世凯、董福祥、聂士成三军。人权、兵权慈禧统统揽了过来，让光绪如何推行变法？若说阴谋，这场阴谋早早就由慈禧亲手制定并运作起来了。这样的条件下，让光绪如何变法？还能得出结论说慈禧同意变法？此时，又将一切都推到光绪"背祖宗而行康法"上，能解释通吗？

慈禧一边说着"变法乃素志"，一边将光绪的权力完全架空，釜底抽薪，这不明明就是已经废了光绪吗？

难怪康有为推断出"九月阅兵于天津，以为废立之计。盖八月六日废立之变，已于四月二十七日定之矣"。

在这样的情势下，康有为毫不否认必须掌握军权，调集军队，发动一场"尊君权""去太后"的军事政变。

和康有为关系很好的李提摩太也说过：

> 在颁布维新谕旨时，守旧派怨恨皇帝荒唐的计划，可能很快将中国毁灭，他们恳求慈禧将一切的政权都掌握在她自己手里。她下谕秋天要在天津阅兵，皇帝恐怕在检阅的借口之下，慈禧要夺取所有权柄，而把他放在一边。维新党催着他要先发制人，把她监禁在颐和园，这样才可以制止反对派对于维新的一切障碍。皇帝即根据此点召见荣禄部下的将领袁世凯，计算在他的支持下，带兵至京看守她住的宫殿。维新党都同意要终止反对派的阻力，惟一的办法，就是把慈禧关禁起来，因为她是主要障碍者。

从毕永年的日记中得知，包围颐和园后，捕杀慈禧的任务，康有为交给了毕永年。最开始并没有谈到杀掉慈禧，谭嗣同认为不可，怕光绪帝不同意。九月十四日，康有为告诉毕永年："吾欲效唐朝张柬之废武后之举，然天子手无寸兵，殊难举事，吾已奏请皇上，召袁世凯入京，欲令其为李多祚也。""奏知皇上时，只言废之；且俟往颐和园时，执而杀之可也。"（毕永年《诡谋直纪》）

毕永年提供的这份近似日记的资料，尽管学者各有看法，有的认为并不可全信。但从当时的情势和逻辑上来看，应该说大体是顺理成章的。

还有一点，据记载，御史杨深秀曾经说过："此时若有人带兵八千人，即可围颐和园，逼胁皇太后。"而另有记载："深秀以常言得三千杆毛瑟枪围颐和园有余地也。"可见康有为、梁启超和杨深秀在当晚商议救光绪办法的时候，杨深秀曾经建议过兵围的方案。

台湾学者黄彰健提出，杨深秀在戊戌年八月初五上折称（黄称此折应为康有为所拟），圆明园有金窖甚多，请准募三百人掘发，以济练兵急需。袁世凯又专负责练兵，因此很可能光绪在初五日召见袁世凯时，给了袁世凯手谕，命袁率部三百人，于初八日入内挖取。以挖金窖之名来掩护"兵围颐和园"之实。因为这只是一个推断，没有证据，所以这一提法多未被重视和采纳。

但是，为了发动这场军事政变，康有为、梁启超等人密谋筹划了若干办法，可谓殚精竭虑，比如想通过王照去说服聂士成，以及请社会上的义士大刀王五之助，等等，由于种种原因条件都不成熟，最终均"事恐难成"。

"围园弑后"的密谋，是真实存在的。

在处死谭嗣同等戊戌六君子后，清廷发布了一道关于康党罪状的上谕，其中的罪证之一称"前日竟有纠约乱党，谋围颐和园，劫制皇太后，陷害朕躬之事"。说明在袁世凯的告密下，慈禧完全掌握了谋围颐和园的政变计划。

康有为、梁启超、谭嗣同等人，以绝大的勇气，以命相搏，孤注一掷，甘愿来冒此天大的危险。目的是救光绪帝，也是护守维新变法的生存和推行。

但康、梁一直没有承认"围园密谋"这件事。

这也使近代以来的历史书写，在很长时间里对这一重要的事实，多不采用或忽略处理。

是康、梁将这一事实隐讳了起来。

他们在之后的文字中，透露出了一些，但仍然非常谨慎地隐讳"围园密谋"。康有为的《自编年谱》在生前一直秘不示人，在这里透露出的，也仅仅是要袁世凯"率死士数百扶上登午门而杀荣禄，除旧党"，明确了在北京曾运作军事政变。梁启超的说法和康有为的有差异，梁在《戊戌政变记》中称要趁光绪帝九月天津阅兵之时，由袁出兵发动政变。两人均将"兵围颐和园，捕杀慈禧太后"这一密谋回避，只字未提。

一直到民国时，参与修撰《清史稿》的金梁，曾当面问康有为，是否有"兵劫颐和园事"？康有为怫然变色道："乌得有此？我朝以孝治天下，小臣面对，谁敢妄言？此皆荣（荣禄）、袁（袁世凯）辈不学无术，借危词以邀权势耳！"

一九〇八年十一月，光绪和西太后相继死去，光绪之弟载沣摄政。康、梁觉得讨伐袁世凯的时机到了，为"为先帝复大仇"，康有为准备写《上摄政王书》。如何讨袁，如何写这篇东西？一九〇九年一月二日，梁启超给康有为写了密札一通，信中说：

> ……戊戌密谋，鄙意谓必当隐讳，盖投鼠忌器，今两宫皆殂，前事非复嗣统者所忍言。非伤德宗，伤孝钦，为监国计，实无从理此曲直也。故弟子写信入都，皆力辩戊戌绝无阴谋，一切悉由贼虚构，专归罪于彼一人，则可以开脱孝钦，而事易办，师谓如何？望此后发论，跟此一线，以免异同，为叩。党禁之开必非远，然忌我者众，贼虽败而死灰尚未尽，今后所以处之者，益当慎重，若此次再出岔，则中国真沉九渊矣，师谓如何？

> （蒋贵麟《万木草堂遗稿外编》）

在梁启超的这通密札里，披露了真相。原来，如果向外说明了"围园密谋"的真相，将会投鼠忌器，不是伤害了德宗（光绪），就是伤害孝钦（慈禧），所以还是应当"力辩戊戌绝无阴谋，一切悉贼（袁世凯）虚构，传归罪彼一人"。并希望康有为"此后发论，跟此一线，以免异同"。

所以，康有为在《上摄政王书》中把"围园密谋"的传闻再次指为这是守旧派和袁世凯等人对维新派的污蔑，文中说："逆臣世凯无端造出谋围颐和园一语。阴行离间，遂使两宫之间常有介介，而后此事变遂日出而不穷，先帝所以备历艰险以迄今日，实惟此之故。"

他们的难言之隐在于：说"围园密谋"是光绪与康有为合谋，则使光绪帝"不得为仁孝"；说是康有为自己惹的祸那等于嫁祸于光绪，卖了光绪帝，则光绪帝失察而"不得为英明"。

在此两难中，他们一起咬定此事为袁世凯"无端造出"。

所以，在这件事上，无论有何种理由，康、梁的确是说了假话的。

进入民国后，梁启超在《中国历史研究法》中终于称：吾二十年前所著《戊戌政变记》，后之作清史者记戊戌事，谁不认为可贵之史料？然谓所记悉为信史，吾已不敢自承。何则？感情作用所支配，不免将真迹放大也！治史者明乎此义，处处打几分折头，庶无大过矣！

作为一种斗争策略，回到当时的残酷情势之下，今日来论前人之事，是可以理解的，但也清楚地看到了康、梁的种种局限，尤其是后人不断发现他们的"作伪"之处。但是，就是史家留给后人的文字，其"假"又何其多多？所以，也没有必要死死揪住康、梁不放，甚至将他们的所有记述统统质疑，非挖出点"东西"不可，那弄不巧也将会堕入以偏概全的陷阱。

不能由于康、梁在这件事上的隐讳，就得出戊戌政变是由于此事引祸而来，将变法失败的责任完全推到康梁头上。试想一下，假如康、梁和光绪在维新运动面临被慈禧等人扼杀的时候，无任何举动，又会是怎样的结局呢？

在这样一场关乎国家两千年之巨变的伟大变革中，以康、梁为首的维新志士，为了一个崭新的时代的到来，他们以命相搏的勇气和魄力，理当受到我们无比尊重和深深沉思。

六君子血溅菜市口

九月十九日夜，慈禧太后提前自颐和园还宫，决心恢复"训政"。

同样是十九日，凌晨三时许，按事先的约定，康有为在金顶庙容闳的住所和梁启超一起，等待与袁世凯夜谈的谭嗣同前来。谭嗣同终于来了，带来的是悬而未决的消息。这也在意料之中。谭嗣同判断形势并不乐观，三人商议的结果，是袁世凯难以用兵。只能根据事态的发展，再做下一步的打算了。康有为只能按计划先尽早离京去上海。

十九日这天，是康有为在京的最后一天。

上午九时，康有为拜访李提摩太，希望他说服英国公使能干预救援光绪帝之事。下午三时，康拜访伊藤博文，请其尽最大可能，在觐见慈禧太后时，为光绪帝和维新派说情。伊藤博文答应了会尽力化解两宫的误会，但他并不知道已经没有与慈禧对话的机会了。

当晚，翰林院侍读黄绍箕给康有为设宴饯行。黄警告康，形势很危险，不要从荣禄管辖的天津走，应易僧服入蒙古躲避。宴后康有为回到南海会馆，他正在和弟子整理行装和文稿的时候，林旭匆匆赶来，带来了慈禧在今夜已经突然返宫的消息。这一刻，康有为犹豫了，走还是不走？最后，在弟子们强烈的要求下，康有为最后同意走，留下梁启超、康广仁等人继续在京谋救皇上。

他们无法知道此时宫中的事态。

二十日凌晨，康有为带仆人李唐凄凉离京。

二十日，慈禧太后在屏内监视了光绪帝与伊藤博文的会见。

二十一日，慈禧以光绪皇帝的名义发布两道谕旨：

　　一、工部候补主事康有为结党营私，诱言乱政，屡经被人参奏，著革职。并其弟康广仁，均著步兵统领衙门拿交刑部按律治罪。

二、现在国事艰难，庶务待理。朕勤劳宵旰，日综万机，兢业之余，时虞丛脞。恭溯同治年间以来，慈禧瑞佑康颐昭豫庄诚寿恭钦献崇熙皇太后两次垂帘听政，办理朝政，宏济时艰，无不尽美尽善，因念宗社为重，再三吁恳慈恩训政。仰蒙俯如所请，此乃天下臣民之福。由今日始，在便殿办事。本月初八日，朕率诸王大臣在勤政殿行礼。一切应从礼仪，著各该衙门敬谨预备。

（《光绪朝东华录》）

捉拿康有为兄弟与慈禧再次垂帘听政，同时颁布。戊戌政变正式开始。

当日上午，慈禧调兵三千，关闭京师九城城门，停运京津铁路，抓捕康有为、康广仁。步兵统领崇礼亲率缇骑三百人包围了南海会馆，康广仁及门人仆人多人被捕。

只差一天，否则康有为必入罗网、必死。

也是在这一天，梁启超来浏阳会馆找谭嗣同，两人正在交谈，传来了两个惊人的坏消息：康先生所居南海会馆被抄捕；慈禧再次垂帘。谭从容对梁说："昔欲救皇上既无可救，今欲救先生亦无可救，吾已无事可办，惟待死期耳！虽然，天下事知其不可而为之，足下试入日本使馆，谒伊藤氏，请致电上海领事而救先生焉。"于是谭嗣同竟日不出门，以待捕者。（梁启超《谭嗣同传》）

二十二日，谭嗣同到日本使馆，与梁启超告别。谭劝梁去日本，并将自己的著作诗文托付后说："不有行者，无以图将来，不有死者，无以酬圣主。今南海先生之生死未可卜，程婴杵臼，月照西乡，吾与足下分任之。"两人遂相与一抱而别。（梁启超《谭嗣同传》）

有记载说，谭嗣同在使馆曾与日本参赞笔谈，写道："梁启超君应避死，留为大用，托君重义，使之不死。"之后，谭嗣同在和徐致靖饮酒时，谭用筷子在自己头上敲了一下说："小侄已经预备好这个了。变法，革命，都要流血，中国就从谭某开始。"

梁启超和谭嗣同之前还一起去找过了李提摩太，李提摩太在《中国的维新运动》中说：

> 同一天，梁启超及谭嗣同私自见我，对我说，已经有谕捉拿他们，我们商讨办法保护皇帝，他的性命是在极危险之中。我们决定了容闳去见美国公使，因为他是美国籍民。梁启超去见日本公使，而我自己去见英国公使，使他们立刻设法去保护皇帝。但是不幸得很，美国公使已去西山，而英国公使在北戴河。

但李提摩太的秘书则说来找李的是梁启超和徐仁镜，"六日午后，梁启超偕徐君仁镜来，两人抱头而哭，李曰：'哭胡为者，宜速谋补救之策。'……梁曰：'垂帘之诏已颁……谭复生等亦已不入内，无所谓新政矣。'仓皇间拭泪而别。"

二十二日晚深夜，杨崇伊带回荣禄密折，袁世凯告发的谋围颐和园、劫持皇太后之谋，很快被庆亲王奕劻报给了慈禧。

当夜，愤怒的慈禧立即在便殿召集紧急会议，设廷杖，对光绪帝"夜审"。待她听到康有为已逃出京的消息后，立刻发布密旨，捏造康有为进毒药丸谋害光绪帝，命令天津、烟台、上海的地方官拿获康有为后"就地正法"。荣禄下令搜查天津和塘沽的客栈，知康有为已乘英商"重庆号"轮船去上海后，派"飞鹰号"快艇从天津出发追赶。

二十三日，慈禧太后在勤政殿举行重新训政的典礼仪式。

应当是前日深夜，慈禧太后发密旨，令步兵统领衙门将张荫桓、徐致靖、杨深秀、杨锐、林旭、谭嗣同、刘光第七人拿解刑部收监。

这一天五更，首先被捕的是杨锐、刘光第、谭嗣同。

杨锐在家中被捕，他知道会被赶出军机，认为若光绪帝有不测，他就不会出逃。"夜半，步兵统领率兵入其寓内，锐方睡，自卧榻内牵之出，不许披衣，裸体下狱，张荫桓侍郎怜之，乃贿狱卒五十金，买一棉衣赠之。"

刘光第也没有出逃，只准备了会被流放。有自动投狱、在值被捕、午门外被捕三种说法。他可能认为决不会有杀头之罪。

谭嗣同本有机会，亦更未出逃，在北京宣武门外北半截胡同浏阳会馆"莽苍苍斋"被捕。当晚病卧在床，遂被捕。"谭嗣同病卧在床，即在寝所拘入刑部监，并被褥无所得。"

谭嗣同未出逃的原因，有四说。这四说，均有铮铮骨气和侠气。

一是甘愿为变法流血。"以变法流血者，请自嗣同始"。

> ……有西人自北京来，传述初六七日中国朝局政变，即有某国驻京公使署中人前往康氏弟子谭嗣同处，以外国使馆可以设法保护之说讽之，谭嗣同曰："大丈夫不作则已，作事则磊磊落落，一死亦何足惜！且外国变法未有不流血者，中国以变法流血者，请自谭嗣同始。"
>
> （《国闻报》一八九八年九月二十七日"视死如归"条）

二是已托大刀王五，救出光绪帝。

> 他（谭嗣同）岂止抱了最大的觉悟，且说："这次自己非死不可，已托王五爷（大刀王五，侠客）带出光绪帝，若去时请关照。"接着谭嗣同托了给同志毕永年的信。
>
> （彭泽周《梁启超逃亡日本始末》）

三是曾与林旭相约不出逃。

> 政变起，帝被囚，嗣同至旭寓，意态甚激昂，谓："我辈之头颅可断，中国之法不可不变也。"旋谓："吾素善日使馆中人，君如欲行，当为介绍至日使馆，蕲其保护出险。"旭

曰："君如何？"嗣同泫然曰："天下岂有无父之国乎？吾决死此矣。"旭亦不肯行，遂均被逮。

（朱德裳《三十年闻见录》）

四是怕牵连父亲。

谭嗣同惧罪连其父，方代父作责子书，为父解脱。书未就，不从王五请。迫书就，而捕者已至，书被抄。嗣同遇害，继洵未获谴。

（陈叔通《谭嗣同就义轶闻》）

谭嗣同之父谭继洵是朝廷命官，曾做过湖南巡抚。谭嗣同被捕前，代父亲写下了《黜革忤逆子嗣同》的奏片。可见谭嗣同准备赴狱、赴死的决心和从容。大刀王五得知谭嗣同有难，曾来浏阳会馆劝其快逃，"你逃离京师有我王五随从保护，保证没有凶险。"他拜托王五的则是"带出光绪帝，若去时请关照"。这里的"去时"，即预料自己被杀。王五无奈，只能答应说："请放心，你若就义，有我为你收尸。"

二十四日，林旭被捕。他的好友黄乃裳当时在使馆做事，劝其走避使馆，林旭拒绝。（也有另一说法，林旭曾经向他人求救未成功。）

"四军机"无一人出逃，真是一个让人无法不赞叹又唏嘘的现象。他们在职上才短短的几天，就摊此杀身大祸？

九月二十五日，被捕的张荫桓、徐致靖、杨深秀、杨锐、刘光弟、林旭、谭嗣同七人被解送刑部监禁。因系为重要"官犯"，连例行的家属可看视和送东西等均被严令禁止。

张之洞从盛宣怀致电中知道杨锐等人被捕后，立即致电在京的湖北按察使瞿廷韶，恳求王文韶、裕禄设法解救杨锐。王文韶接电文后去找刚毅，刚毅断然回绝，曰："此辈多杀个何惜。"

林旭的岳父沈瑜庆托荣禄相救，因林曾入过荣禄幕府，荣禄不理会。

梁启超、王照致信伊藤博文、林权助，请求救谭嗣同等人。信中说：

数日以来，闻北京志士被逮下狱者不乏其人。敝邦风气初开，人才甚少，今（所）被逮者多血性男子，一网打尽，敝邦元气无复（振）之时矣……狱中人士如谭嗣同、徐致靖、徐仁镜、康广仁等，皆豪杰之士也，不识大国能仗义设法救之否？

（汤志钧《乘桴新获——从戊戌到辛亥》）

李提摩太想通过英国公使营救六君子，未成功。

为了遇见英国公使，我也去到天津，他从北戴河回来的，我恳求他竭力营救皇帝及已被拿获的维新党人的性命。但是他对于他们已经有了偏见……他的偏见主要由于无知，因为我后来听到他告诉一位朋友说，在他由北戴河回来以前，他从来没有听说过康有为这个人。

（李提摩太《中国的维新运动》）

当时的刑部尚书叫赵舒翘，他的一个门生是四川人，与杨锐、刘光第是同乡。这位门生时任提牢厅，前来请求老师赵舒翘能否对杨锐和刘光第按律分别审讯，声泪俱下。赵悍然曰："汝所言者，友谊也，我所执者，国法也。南山可移，此案不可动，汝速出，旨即下矣。"六君子被捕后，慈禧太后召见赵舒翘，问该如何严办？赵对："此等无父无君之禽兽，杀无赦，不必问供。"

谭嗣同在被捕期间，在狱中留下题壁诗一首、狱中书信三封。

这首题壁诗有多种流传，流传最广的即：

望门投止思张俭，忍死须臾待杜根。

我自横刀向天笑，去留肝胆两昆仑。

康广仁在南海会馆被捕后，门人钱维骥、程式谷和三位仆人一同被押拘。

郑观应在给经元善的信中说：

> 昨闻京中六君子被逮，康君幼博亦在其中，闻其在狱言笑自若，神气如常，曾不少变。临大节能从容如此者，盖由学有根柢也。
>
> （《郑观应集》）

也有不一样的说法，魏允恭称："幼博已交刑部审讯……有谓幼博在刑部诬攀数百十人。"（《汪康年师友书札》）茅海建分析说："魏的说法更是离谱，康广仁等人根本就未经审讯。"

还有一种不一样的说法，据说是汪精卫听来的：

> 有老狱卒刘一鸣者，戊戌政变时，曾看守谭嗣同等六人。其言曰：谭在狱中，意气自若，终日绕行室中，拾取地上煤屑，就粉墙作书。问何为，笑曰："作诗耳。"可惜刘不文，不然可为之笔录，必不止"望门投止思张俭"一绝而已也。林旭美秀如处子，在狱中时时作微笑。康广仁则以头撞墙，痛哭失声曰"天哪！哥子的事，要兄弟来承当。"林闻哭，尤笑不可（仰）抑。既而传呼提犯人出监，康知将受刑，哭更甚。刘光第曾在刑部，习故事，慰之曰，此乃提审，未就刑，毋哭。
>
> （黄浚《花随人圣庵摭忆》）

茅海建指出："以上情节，据称是汪精卫在清朝刑部大狱坐监时闻之于老狱卒，然过于戏剧性，可靠性亦难以确定。"

御史杨深秀在被捕的当天，还在拟奏折，要慈禧太后撤帘还政，"独抗疏诘问皇上被废之故，援引古义，切陈国难，请西后撤帘归政"。儿子上前劝阻，他把儿子骂出了家门，独自去军机处递送奏折。次日，即被刚毅捉进刑部大牢。

杨锐在狱中，心态较平和，认为"自揣实无罪，谓即讯不难白"。

刘光第也希望通过审讯来清洗自己的罪名。

唯谭嗣同在狱中"慷慨大言，谓丈夫做事，自愿以一身当任，何必牵涉株连云云"。（《中外日报》1898 年 10 月 11 日）

九月二十六日到二十八日，刑部尚书崇礼奏请钦派军机大臣、大学士同刑部审讯所有被捕者。慈禧的谕令也下来了，同意派军机大臣会同刑部、都察院严行审讯。二十八日这天，庆亲王奕劻与铁良、陈夔龙商议对六人分别审讯。但是，慈禧太后突然变卦，命马上将六人直接从监狱提出押赴刑场处斩。军机大臣廖寿恒想通过王文韶、刚毅、裕禄商议挽回，不可能了。

刚毅来到刑部，口宣上谕："康广仁、杨深秀、杨锐、林旭、谭嗣同、刘光第等，大逆不道，着即处斩，派刚毅监视，步兵统领衙门派兵弹压。"

于是，九月二十八日，即戊戌年八月十三，六君子走上宣武门外菜市口刑场。

当值的刑部主事唐烜在《留庵日钞》中记载：

> 八月十三日，晴，入署……刚中堂（即刚毅）派为监斩大臣，故先到。时步兵统领崇公，已调京旗各营健卒，在署外巡缴，前门、顺治门一带，皆派兵防护不测。而刑部亦传齐五城司坊官，预备囚车、刽子手青衣等差各到。满汉提调分班赴南、北所监视缚犯出。南所三人：为谭及二杨；北所则刘、林及康广仁也。北监犯先绑讫，候南监三犯出，至提牢厅，跪听宣读上谕毕，即饬青衣带赴法场矣。

菜市口原名菜市街，清时改为菜市口，为一个行刑的法场。辛酉年，慈禧发动宫廷政变，实行首次垂帘听政的时候，曾在此处决斩首了受咸丰帝遗诏的八位赞襄政务大臣之一的肃顺。每逢秋后朝审，被刑部判处死刑的犯人，被押出宣武门（顺承门），过断头桥，经迷市，送往菜市口法场，执行斩首处决。

剑子手一身粗麻赤红行头，头裹红巾，怀中的鬼头刀无鞘，刀不见天，被一块赤红的蒙刀布所罩。

如今慈禧再次垂帘听政，要的是谭嗣同等六君子的头颅了。

康广仁临难从容，说："若死而中国能强，死亦何妨？""中国自强之基在此矣！"他被行刑前，在京的广东乡亲向菜市口西的鹤年堂药铺捐钱，药铺老板向剑子手活动，请剑子手在行刑时"关照"，使之头断肤连，能缝合尸首，得以全尸。

杨锐在临刑前，多次向监斩大臣刚毅问自己的罪名，被行刑时"血吼丈余"。

> ……锐对曰："愿明心迹。"刚毅云："有旨不准说！"锐怒叱曰："尔军机大臣衔害！"遂就刑，锐血吼丈余，观者皆辟易，其冤愤之气，千秋尚凛然矣。
>
> （黄尚毅《杨参政公事略》）

刘光第熟悉刑部的程序，被从西门押出后，知无生理，拒绝跪地听旨，被杨锐劝止。他问罪名，不被告知，大骂有人陷害。四川的同乡京官李铁船为减轻他行刑时的痛苦买来鹤顶红劝其服食，刘拒绝。行刑后，"身挺立不仆"。

林旭着公服被杀，毫不畏惧，仰天冷笑。

> 衣冠反接，目犹左右视，其仆奔随且哭。与谭嗣同皆谓我等为挽救中国而死，毫无恐怖，且今日杀一人，后起必有千人，与我辈同心保国云云。
>
> （《万国公报》《中外日报》报道"林旭（临刑）先号啕而后笑"）

谭嗣同慷慨激昂，临刑呼口："有心杀贼，无力回天，死得其所，快哉快哉！""临斩之际，曾号于众曰：'是日每斩一首级，则异日必有一千倍人起而接续维新。'"

　　就义之日，观者万人，君慷慨，神气不少变。时军机大臣刚毅监斩，君呼刚前曰："吾有一言！"刚去不听，乃从容就戮。

（梁启超《谭嗣同传》）

　　神采扬扬，刃颈不殊，就地上劚之三数，头始落，其不恐怖真也。

（《近代湘贤手札》）

传教士李提摩太所记载的谭嗣同的临终语为：

　　当他们解往刑场的时候，林旭请求允许说几句话，但是被拒绝了。可是谭嗣同不顾是否允许，勇敢地说；他听说别的国家有许多维新志士为自己的国家牺牲，他对刑官喊道："为了救国，我愿洒了我的血，但是今天每一个人的牺牲，将有千百人站起来继续进行维新工作，尽其忠诚去反抗篡夺。"

（李提摩太《中国的维新运动》）

六君子被壮烈行刑后，《字林西报》连续数天撰文：

　　在北京有六个青年的改革家为那位残忍暴虐的老太后……所杀害，但他们个个都具有舍身成仁的意志。我们常常对中国表示灰心和绝望，但是任何一个国家能产生像这样一些烈士，是没有理由对他绝望的。"殉道者的鲜血是教会的种子"。同样地，这六个青年的鲜血也将是新中国的种子。他们的名字是应当被记住的，因为总有一天，他们会享受崇高的荣誉……

（《字林西报》周刊 1898 年 11 月 7 日 "不胜惋惜"）

……中国所需要的是青年的血液，而我们在康有为和他的死义的诸同僚的例子中，看到这种旺盛的精神是充沛的，我们引以为慰。惟一的遗憾是，这些人竟牺牲在一个非正义的反对势力的酷刑之下。但我们可以断言，这些人的精神是继续存在很多人中间的，改革一日不完成，他们不会一日休止。

（《字林西报》周刊 1898 年 11 月 8 日 "政变对维新"）

后人留下了大量诗文，来悼念他们，如：

> 如雪刀光照胆寒，道旁万众总汛澜。
> 书生自报君恩重，廿载头颅十日官。
>
> （郑孝胥写给林旭，《清议报》）

> 斫头便斫头，男儿保国休。
> 无魂人尽死，有血我须流。
>
> （剑公，《读谭壮飞传感赋》）

> 黄土忍教埋碧血，青苗原不误苍生。
> 全身一发能牵动，两字千秋是定评。
> 国我五洲难位置，局看余子败澄清。
> 诸公知否瓜分急，携手西风哭九京。
>
> （秦阴热血生，《题六烈士传》）

谭嗣同的父亲谭继洵，给儿子的挽联悲伤又难言之隐讳，为："谣风遍万国九州，无非是骂；昭雪在千秋百世，不得而知。"（谭继洵《挽谭嗣同联》）

民国元年，黄兴在北京的一次会上的致词中，将谭嗣同作为中国革命、湖南革命的重要一环。"中国革命，湖南最先，戊戌之役，有谭嗣同，庚子之役，有唐才常……"

陈天华在《猛回头》中，称谭嗣同为"轰轰烈烈为国流血的大豪杰"。

一九〇七年六月十八日，清廷发布上谕赦免除康梁之外的戊戌变法获罪者。

一九一四年九月，国民政府明令奖恤戊戌六君子。

一九五四年，三联书店出版《谭嗣同集》。一九八六年中华书局出版《刘光第集》。

六君子被杀后，慈禧的清算和清洗未停。户部左侍郎张荫桓被发配新疆，两年后的一九〇〇年被斩。礼部右侍郎徐致靖被捕系狱。湖南巡抚陈宝箴被革职，两年后被慈禧旨令自杀。徐仁铸、宋伯鲁、王照、陈三立、江标、李端棻、熊希龄、王锡蕃、李岳瑞、张元济、文廷式等几十人或被抓拿下狱或被革职，永不叙用。

慈禧还亲自审讯，将光绪帝身边的太监杨瑞珍、杨长文、张得明、戴恩如以"干预国政、串通是非"的罪名活活打死。光绪被软禁在中南海瀛台，慈禧命将瀛台所有建筑的门"堵砌"，将瀛台通往对岸的桥板撤去，并派出大量人员严加看管。

第十五章

保救光绪皇帝

在对提倡变法的人员进行了杀戮、关押、监禁、流放、革职、通缉之后，八月十一日（9月26日），慈禧下令，全面推翻百日维新期间的一切新政。

恢复了之前被裁撤的詹事府、通政司、大理寺、光禄寺、太仆寺、鸿胪寺等。废止了士民上书。取消了《时务官报》，对全国的报纸查禁，捉拿各报主笔。"近闻天津、上海、汉口各处，仍复报馆林立，肆口逞说，捏造谣言，惑世诬民，罔知顾忌，亟应设法禁止……其馆中主笔之人，皆斯文败类，不顾廉耻，即饬地方官严行访拿。"

兴学堂事，除保留京师大学堂外，对各省府州县设立的中小学堂"著一仍其旧，毋庸改为学堂"，停办了一切新式学堂。

于是百日维新所催生的所有新生事务，被一风吹尽，仅仅剩下了可怜的一所京师大学堂。

大清，错过了这一千载难逢的复兴救亡的机会，继续浸泡在那潭腐败昏暗的死水之中……

谁在逆潮流而充满腾腾杀机，将这个国家和民族拖入死潭？

或许，只有在这样的时候，人们才开始认识到维新变法的意义，才认识到谭嗣同等志士的血,与他们的沉沉苦难息息相关吧。

而康有为,此时身负杀身之祸,亦在"冒十一必死"的逃生之中。

吴淞口死里逃生

康有为的死里逃生,着实有些神奇。怎么会那么多的巧合,足足十一个串挤在一起?冥冥之中,老天似非要救他不可啊。他本来就有些迷信,如此一来更是不可思议。他自己后来说,若巧合一二,都不成,非死不可,必十一个巧合才成,这真是"曲线巧奇,曲曲生之,留吾身以有待其兹,中国不亡,而大道未绝耶?"

二十日凌晨,康有为乘火车离京赴塘沽。

二十一日,慈禧发动政变。

二十一日中午,南海会馆即被步兵统领崇礼率缇骑三百名包围,捉拿康有为和康广仁。

二十日抵达塘沽后,康有为在码头寻船去上海。一查,次日将有两班船,一班是"联升号",一班是"重庆号",都已经没有了上等官舱。看天色已晚,康有为只好找了一家旅馆住下。次日,乘上了"重庆号",这是英国太古公司的船。上午十一时,轮船起锚离开天津大沽。

慈禧得知康有为已经出京后,发密旨令天津、烟台、上海等地官员,悬赏缉拿康有为,一旦抓获,立即就地正法。她编造了一个理由:密旨称,康有为进毒丸已经害死了光绪皇帝,十恶不赦,故捉拿后当即诛杀。

荣禄接密旨后,下令将天津、塘沽的旅馆大搜查,得知康有为已经于上午乘"重庆号"去上海后,马上派出海军"飞鹰号"快艇自天津出发追捕。"飞鹰"舰是新从德国买来的,时速达三十海里,航速超过"重庆号"商船一倍,如开足马力,是定能追上的。但追至中途,"飞鹰"舰舰长刘冠雄声称燃煤不足,下令返航。

康有为并不知道这一切。船抵烟台码头停泊下客,他竟然还登岸买了几篓苹果，在海滩上捡拾了一袋漂亮的石子，然后回到船上。其实，清廷捕杀康有为的密电此时早已到了烟台，但巧的是，登莱道台李希杰因事去了胶州，带走了电报密码，留守的官员无法译出密电内容。等道台李希杰归来，带兵飞奔到码头，"重庆号"早已离港。

九月二十二日夜里，上海道蔡钧就收到了捕杀康有为的密电。他让人洗印了很多张康有为的照片，分交给缉捕人员，又派出捕探到吴淞口码头守候，准备船到抓人。怕光靠照片把握不大，他又找来了康有为的堂兄，到时让其指认抓人。"重庆号"到上海吴淞口的时间，为二十四日清晨。

两江总督刘坤一，悬赏三千元捉拿康有为。

梁启超也在二十一日就给在上海的麦孟华发去电报，报告京师政变已在捉拿康有为，让他们设法在康有为到上海时尽全力救护。康有为在上海的同仁也准备租小火轮出吴淞口外营救，但码头盘查太严，人都不可靠近，何论租借小火轮？

二十三日，上海道蔡钧照会英国驻上海代理总领事白利南，通知他奉命捉拿毒死皇帝的要犯康有为，并要求对方准许他派人搜查自天津开来的所有英国轮船。蔡钧还提到，抓获康有为后，将送上两千元酬金。白利南因已经接到了李提摩太从北京发来的电报，要求他设法营救康有为，所以他仅仅答应自派两名巡捕上船查缉，拒绝中国方面派员登船搜捕。其实，此时他已经决定，要设法救出康有为。

为慎重起见，白利南马上和英国政府联系，在征得英国政府的同意后，开始布置营救方案。"重庆"轮靠岸的码头为法租界，前一天英国的一艘轮船还未靠岸，就被中国的一艘驳船拦截并上船搜查。假如"重庆号"驶近码头，中国当局一定还会在船未靠岸就上船搜查。唯一可靠的方法，是抢先在吴淞口外提前截船。

二十四日凌晨，白利南秘密派出上海工部局职员濮兰德，乘驳船驶向吴淞口外迎截"重庆号"。英国人濮兰德一八八三年来华，会说一口流利的中国话，他带着蔡钧之前送来的照片，上船不久就在旅客中找到了康有为。他悄然将康引入英人餐厅。

濮："君为康某乎？"

康："然。"

濮出示照片，问："此君之相乎？"

康："然。"

濮："君在京曾杀人否？"

康："吾安得为杀人事，何问之奇也？"

濮兰德出示上海道蔡钧抄录的电旨，上有"康有为进红丸弑上，即密拿就地正法"云云。康看罢痛哭。

濮："汝有进红丸弑上事否？"

康哭着说出原委。

濮："我英人濮兰德也，我领事固知君是忠臣，必无此事，且向知汝之联英恶俄，特令我以兵船救君，可速随我下轮，事不可迟，恐上海道即来搜船。"

即刻，康有为随濮兰德下"重庆"轮，上了驳船，再转到停泊在吴淞口外的英国轮船公司的"琶理瑞"轮船上去。

"琶理瑞"轮在吴淞口外停泊了两天，于二十七日晨起锚，在英国兵舰护卫下驶往香港。

英驻上海总领事白利南在二十六日给驻华公使窦纳乐的报告中，详细叙述了救康有为的经过：

二十四日清晨，濮兰德乘驳船往吴淞口外几英里远的水面去截阻"重庆"轮，他借助于道台送来的照片，很容易就找到了康。康完全不晓得大祸临头，卒把道台咨请逮捕他的信给他看，他才知道自己的处境危险。几分钟后，他上了驳船，转到停泊在吴淞口外英国轮船公司的"琶理瑞"轮上去。事先，英国的埃斯克号炮船开去吴淞口外警戒，因此"重庆"号轮船上的乘客都推测康已躲到英国炮船上去。当"重庆"轮抵达上海时，警戒以待康有为的中国警察和官吏们，得到报告，说康已上了英国炮舰，于是，当晚和次日，许多中国官吏来询问我康的下落，但过了一些时候，他们似乎看出康已找到安全的避难所……当"琶理瑞"轮停泊吴淞口时，我很担心中国工人迷于重金赏赐，危害康的生命，但"琶理瑞"轮的船长菲尔德已采取完善的戒备，派遣一武装警察日夜守卫康的舱门。

九月二十九日晚十一时康有为抵达香港，最先住在中环警署，受到严密保护。香港总督卜力对康有为说："如果你害怕被人暗杀或毒害，可以住在警察局的宿舍里，等到你的朋友为你安排好妥当的住处后再迁走。"至此，康有为安全脱险。

康有为后来在《康南海自编年谱》中，以及其他文字中，都写明了他在从"重庆号"上到驳船上，以及转到"琶理瑞"号轮船上时，听到皇帝"被弑"以为光绪已死，自己准备投海自杀，并留下了遗书等。是否如此，亦有不小的争议。

几分钟后，上了驳船，再到"琶理瑞"号轮船上。康所写的绝句、遗书以及其他文字，康有为后来说是写在驳船上。"即口占一绝句"，有人指出这应该是到日本后所作。

再看遗书，《戊戌轮舟中绝笔书》：

> 我专为救中国，哀四万万人之艰难而变法以救之，乃蒙此难。惟来人世间，发愿专为救人起见，期皆至于大同太平之治，将来生生世世，历经无量劫，救此众生，虽频经患难，无有厌改，愿我弟子我后学，体吾此志，亦以救人为事，虽经患难无改也。地球诸天，随处现身，本无死理。至于无量数劫，亦出救世人而已。聚散生死，理之常。出入其间，何足异哉？到此亦无可念，一切付之，惟吾母吾君之恩未能报，为可念耳。
>
> 光绪二十四年八月九日，康长素遗笔。

（康有为《康南海先生遗著汇刊》）

再看《戊戌轮舟中与徐勤书》：

> 吾以救中国，冒险遭变，竟至不测，命也。然神明何曾
> 死哉？君勉为烈丈夫，吾有老母，谨以为托，照料吾家人，
> 力任大道，无变迫也。同门中谁能仗义护持吾家吾国者，吾
> 神明嘉之（任甫若存，并以为托）。孔子生二千四百七十五年，
> 即光绪二十四年八月九日。君勉仁弟，为绝笔告，并示同门
> 有志诸子。

（康有为《康南海先生遗著汇刊》）

该两书都留下了原件的影印件。

对《与徐勤书》，康有为后来提示"此纸写于由重庆船渡兵舰之小轮舟中，索得舟中恶纸劣笔，匆遽写之"。《绝笔书》为"吾见上已大行，只有投海，英人抱我曰：'闻上实在，虽欲死，请少缓，姑待消息如何，乃投海未迟也。'乃写此书与弟子，并与徐君勉一书，令其善视吾母……"

这是康有为刚刚知道光绪可能被害已死后的决定。决定是"只有投海"伴君殉难。从留下的两书中的表述，也可以清楚知道，他发起的维新运动，推动的戊戌变法，是为"救中国"，"哀四万万人之艰难而变法以救之"。如何来救？只能将全部的希望，寄托于开明的光绪帝一身。如今光绪已死，维新和变法成为泡影，自己也只能一死。茅海建说"此处是康自我标榜的儒家强调的君难臣死之节义"，自有一定道理，但从康有为一生的所为，对变法肝脑涂地地倾尽全部的热血来看，他此时的悲痛欲绝，甚至绝望而想寻死，亦是真实的。唯有一死，寄其心志，也沉沉寄托着美丽大梦破灭后的绝命痛惜。而当一个人于临死之时，其言其行，是将自己一生之志未酬的遗憾和悲怆托于言表。他要用一死来抗议清廷的残酷迫害与追杀。

对康有为的此时曾决定一死，应当受到理解和尊重。说"对照英

方的报告，知当时康有为在重庆轮上并无欲投海自尽之情事"，尽管也是实情，但英方报告人是白利南，不是当事人濮兰德。总领事白利南在事后给驻华公使的报告，重点在营救康的过程，其他的如康想自杀事没提，也是很有可能的。我们既然承认康有为留下的这两书的真实性，（一说从驳船上到"琶理瑞"轮的时间较短，康的二书应该是在"琶理瑞"轮上所作。但白的报告是称"几分钟后，他上了驳船，转到停泊在吴淞口外英国轮船公司的'琶理瑞'轮上去"。这里的几分钟，不是在驳船上的时间，自驳船上到"琶理瑞"轮，也不会短到几分钟。而康有为提到二书不是在重庆轮上所写，而是在"由重庆轮渡兵舰之小轮舟中"。"欲投海"事自然也就应当是真实的。

借"琶理瑞"轮在吴淞口停泊两天的时间，九月二十五日，英国领事班德瑞登上"琶理瑞"轮，与康有为交谈。康有为详谈了光绪帝推行变法而慈禧太后反对变法并要将其废掉的过程。他恳请英国政府拯救光绪帝，他说："皇上实在是位博学、聪明、勤奋的仁君，假如英国肯派两百名的军队帮忙，就可以扶持他重新执政，那样他和全中国的人将永远感谢你们……现在皇上与西太后的冲突是无法调和的了，因为皇上是为了英国，而西太后则是为了沙俄。"

班德瑞对康有为的印象不佳，他在给总领事的备忘录中称："我认为康有为是一位富于幻想而无甚魄力的人，很不适宜做一个动乱时代的领导者。很显然，他被爱好西法的热心所驱使，同时又被李提摩太的一些无稽之谈所迷惑，他的提议改变中国服装至少是不合理的。在目前中国的情况下，他这建议不是被忽略，便是惹来反抗。可是我相信，康有为是无罪的。西太后的重新当政是一种退步，且对沙俄有利。"

在"琶理瑞"轮上与康有为同行去香港的，还有一位英国公使馆的中文秘书戈颁，一路与康多次谈话。他对康有为的印象和班德瑞相近，觉得康有为"对中国与列强的关系和磋商的情形知道得很少，似乎他只集中精力于内政改革问题"，他在给莫理循的私信中称康"真是一个可怜的人——一个狂热的人和空想家"。

九月二十二日，上海陈子褒紧急致电广州公善堂区谦之，让其通知康有为的亲属速速逃离广州。区谦之连夜赶到芳村康家，康的妻女乘船逃离。康母和部分族人也从苏村逃离，后均逃到了香港和澳门。二十三日，两广总督谭钟麟派人去广州城内云衢书屋、城外芳村、苏村抓人，已人去楼空。谭将云衢书屋、花埭别墅、万木草堂、苏村老屋及康氏祠堂等先后查封，并将康家藏书三百余箱焚毁。

梁启超二十二日去天津，在天津日本领事馆暂住三天，后乘日本炮舰逃亡日本。

"衣带诏"的由来与代价

知道谭嗣同、康广仁等六君子已经血溅菜市口后，康有为悲伤至极。他赋诗追悼道：

> 夺门白日闭幽州，东市朝衣血倒流。
> 百年夜雨伤神处，最是青山骨未收。

> 澧兰沅芷思公子，桂酒琼茅祭国殇。
> 绝世英灵魂魄毅，鬼雄请帝在帝旁。

母亲劳太夫人知道二子广仁和他在一起，一定会问"尔弟何在"，怎么回答呢？康和弟子门人提前商议好，只能骗答"广仁远在蒙古异乡"。为了证实这件事，又让门生好友隔一段就伪作一封康广仁寄来的家书，方使母亲心中稍安。这样做，一直维持了两年多。唯夜里一个人的时候，康有为焚香祭奠，面对弟弟的遗像悲痛欲绝，胞弟追随自己多年，如今罹难后连遗骸都不知在否，在的话，葬在何处？

> 更无魂梦隧黄泉，夜雨伤神又两年。
> 伪报平安怡老母，未能下笔已潸然。

两年后，康有为托梁铁君秘密进京寻找，经多方打探，才知道康广仁第一个被斩首，时身着短衣。殉难日后，另五君子的遗体被其家人或好友收殓运走，南海会馆的人以康有为的一套衣服给其穿上，"乃为缝首市棺，葬于南下洼龙爪槐观音院旁，立石树碑曰'南海康广仁之墓'"。梁铁君漏夜捡拾骨殖而返香港，终使遗骸南归。

弟弟康广仁曾经一再提醒他，兄长树敌太多，朝中又黑暗不测，如此下去定将有生命之虞，不如早些南归授学。但他一直没有听，还几次以曾经的历险来反驳弟弟。如今，弟弟的话终于应验。

但这也恰是康有为的性格，敢为"不可能"之事。生死，只能交给天了。

他在日本后来总结了这一次逃生的"十一必死"，九死一生，竟能不死，岂非天意？

吾先出上海办报，则上海道掩捕立死。皇上无明诏、密诏之敦促，迟迟出京必死。荣禄早发一日，无论在京在途必死。无黄仲弢之告，宿天津必死。从仲弢之言，出烟台亦必死。搭招商局之海晏船，英人欲救无从必死。是日无重庆之轮开，或稍迟数时行，追及必死。飞鹰快船不因煤乏还，必死。莱青道非因有事往胶州，则在烟台，必死。上海道不托英人搜，则英领事不知，无从救，必死。英人不救亦必死。凡此十一死，得救其一二，亦无所济，而曲线巧奇，曲曲生之，留吾身以有待其兹，中国不亡，而大道未绝耶？聚散成毁，皆客感客形。深阅死生，顺天俟命，但行吾不忍之心，以救此方民耳。

（康有为《康南海自编年谱》）

维新已被扼杀，难得上天留下了我，那我下一步该去做什么？
此时，他正在被国内追杀。一个亡命之人，又能够做什么？

无路处，他再次决计走出一条路。

他不认可维新已经被扼杀，光绪帝还活着，这就是希望所在。他要保护和救出光绪帝，挽救维新之路。只是，戊戌政变前，他都无法使皇上独揽朝纲推行维新；如今政变了，光绪已如可怜的汉献帝被囚禁了，还能做到这一点吗？

或许，这个时候，我们能体会到那个英国人戈颁对康有为评价的那句话："他真是个可怜的人——一个狂热的人和空想家。"

没有狂热，没有空想，也就没有康有为。

这又是一个无比冒险又不可思议的行动——"私改密诏"！使保救光绪帝的行动具有正义性和合法性。

其实，在"琶理瑞"船上，当英国领事班德瑞和他见面谈话的时候，他就已经在开始"实施"这一计划了。他对班德瑞称："九月十六日，皇上命杨锐带一封密诏给我……在九月十七日，皇上有诏叫我逃走……"他说是身负这两道皇帝的密诏而出逃的。

但光绪九月十六日给杨锐的密诏，并没有提及康有为，只提"尔其与林旭、刘光第、谭嗣同及诸同志妥速筹商"。妥速筹商的内容，也仅仅是"有何良策俾旧法可以全变，将老谬昏庸之大臣尽行罢黜，而登进通达英勇之人，令其议政，使中国转危为安，化弱为强，而又不致有拂圣意"。需要注意的是，光绪帝在这里还提了"及诸同志"，这"诸同志"中，自然包括康有为。他没有写康有为的名字，是因为康在此时太敏感，不便提。他也知道，杨锐一定也会将密诏给康有为看，请其一起筹商。这一点，应当是没有疑问的。真正的疑问在：光绪帝并没有让他们中的任何一人"外出求救"。

康有为对密诏的改篡，恰在这里：一、将给杨锐的这道密诏，改篡为给他康有为的；二、加进了"设法相救"。

学者汤志钧将查到的光绪二十四年九月初五，即一八九八年十月十九日，上海《新闻报》刊布的密诏公布如下：

朕维时局艰难，非变法不能救中国，非去守旧衰谬之大臣不能变法，而太后不以为然。朕屡次几谏，太后更怒。今朕位几不保，汝可与杨锐、刘光第、谭嗣同、林旭诸同志妥速密筹，设法相救。朕十分焦灼，不胜企望之至。特谕。

这样，康有为将自己改为了受诏之人。

《字林西报周刊》所录康有为公布的第二道密诏，有两个英文版本，前后文字稍有异。康有为在《奉诏求救文》中录的八月初二，林旭带出的朱笔密诏改为："朕今令汝督办官报，实有不得已之苦衷，非楮墨所能罄也。汝可迅速出外国求救，不可延迟。汝一片忠爱热肠，朕所深悉，希爱惜身体，善自调摄，将来更效驰驱，共建大业。朕有厚望焉。特谕。"

这里，加有了"迅速出外国求救"云云。

改篡后的版本也有多种，如这第二道密诏在上海《新闻报》九月五日刊出时，其中的"汝可迅速出外国求救"，仅为"汝可迅速出外"，也没有"共建大业"之语。

梁启超后来为康有为诗《戊戌八月国变记事》作注时称：

> 先生当国变将作时，曾两次奉朱笔密诏。第一次乃七月二十九日，由四品卿衔军机章京杨锐传出者。第二次乃八月初二日，由四品卿衔军机章京林旭传出者。两诏启超皆获恭读。其第一诏由杨锐之子于宣统二年诣都察院呈缴，宣付实录馆；其第二诏末数语云："尔爱惜身体善自保卫，他日再效驰驱，共兴大业，朕有厚望焉。"

梁启超在这里的说法，与老师康有为不同，但也含糊。说由"杨锐传出"，是光绪写给康的让杨传出，还是光绪写给杨的？从杨锐之子于宣统二年（1910）才将此诏原件交给都察院一事看来，第一诏皇帝应当是给杨锐的，不是给康；第二诏中，也没有出现"出外求救"等语。

在戊戌政变后被清廷追捕的王照，在逃到日本后，曾经和康有为、梁启超在一起，他在与犬养毅笔谈时，也证明了康有为的密诏之伪：

> 今康刊刻露布之密诏，非皇上之真密诏，乃康所伪作者
> 也。而太后与皇上之仇，遂终古不解，此实终古伤心之事。
> 而贵邦诸友但见伊等刊布之伪语，不知此播弄之隐情，照依
> 托康、梁之末，以待偷生，真堪愧死……
>
> （《关于戊戌政变之新史料》）

王照在变法时曾经弹劾许应骙等礼部六堂官，并为康有为的设懋勤殿向皇帝推荐过康有为、梁启超。王本是康梁变法的同路人，但到日本后，由于和康有为的一些观点相左，竟被康梁排斥和控制。冯自由在《戊戌后孙康二派之关系》一文披露称：孙中山派陈少白、平山周与康有为、梁启超会见，王照、徐勤、梁铁君出席。"……谈论间，王照忽语座客，谓：'我自到东京以来，一切行动皆不得自由，说话有人监视，来往书信亦被拆阅检查，请诸君评评是何道理'等语。康大怒，立使梁铁君强牵之去……少白疑王别有冤抑，乃嘱平山伺机引王外出，免为康所羁禁，平山从之。果于数日后窥康师徒外出，径携王至犬养寓所，王遂笔述其出京一切经过及康所称衣带诏之诈伪，洋洋数千言，与康事后记述多不相符。由此康作伪之真相尽为日人所知……"

康有为因与孙中山拒绝合作，革命党人自然对康多有攻击和指责，但王照在这里提到的密诏作伪一事，应当是事实。

康有为打出了"奉诏求救"的旗帜与口号。

这是康有为身上致命的错误，不顾事实。

尽管对百年前的这位变法领导者不应过多指责和苛求，但假的就是假的，应该还原和尊重真实的历史。康有为对衣带诏的作伪，以及在《戊戌奏稿》中的作伪，等等，尽管是在很多年后才被披露，但这一做法肯定是非常错误并有害的，其后果甚至严重影响到了戊戌变法这场进步、伟大运动本来该有的声誉。史学界面对康梁留下的史料，何以变得"如履薄冰"？甚至在较长的时间里，一些史学家到了专门和康梁"对

着干"式地来千方百计寻觅他们的"伪证"。这是康有为当年所无法预料的吧！即便是在《中国近代通史》这样权威的著述中，如"围园之谋"，便出现了宁愿相信袁世凯留下的文字，也不愿相信康梁之述。

儒家、士人、思想者、变革者、革命者、知识分子在历史特殊时期的复杂性、两面性，再次沉甸甸地摆在历史这面镜子面前。作伪与作假，无论在任何时候，找出任何理由，都是一种深深的自欺和"自伤"。

这是康有为的性格使然。梁启超曾经准确地道出老师的毛病：

> ……而有为以好博好异之故，往往不惜抹杀证据，或曲解证据，以犯科学家之大忌。此其所短也。有为之为人也，万事纯任主观，自信力极强，而持之极毅，其对于客观的事实，或竟蔑视，或必欲强之以从我。
>
> （梁启超《清代学术概论》）

变法被无情扼杀，六君子等维新志士的被杀、捕、监禁和流放，使康有为痛心疾首，转成对慈禧等守旧派的深仇大恨；对政变后光绪帝被囚的同情与深深的报恩思想，都使他即便在被追杀和流放之中，也要与清廷、慈禧做一次果决的反抗和战斗。这一点，又是我们自然会理解和同情的。

于是，康有为打出了"奉诏求救"的旗帜和口号。

我们无法超越历史的局限。"口号"往往又是一种实用主义式的"权宜之计"。康有为"奉诏求救"的目的，是为了将光绪救出，继续维新变法的大业。如同孙中山辛亥革命中提出的口号"驱除鞑虏、恢复中华"，这口号本身是恰当的吗？满族该叫鞑虏吗？满族不是中国人吗？这不是典型的大汉族主义吗？但孙中山的目的，针对的是封建满族贵族，是为了推翻千年帝制，推行三民主义，其历史意义开天辟地般巨大。

康有为自认为有了这样的密诏，行动就有了正统与合法性、正义性，便已经成为了光绪皇帝的"私人代表"。除了通过报纸制造舆论外，遂以光绪帝密使的身份，向各国公使写信，请求他们联合干涉清廷，援救光绪皇帝。

康有为最初的准备，是从香港先去英国寻求援助，或者是去日本。十月九日，日本领事上野季次郎来拜访，对康的求助答复：日本政府同意康有为到日本避难，并予以保护。

十月十九日，康有为偕梁夫人及弟子、仆人一行六人，在日本志士宫崎寅藏、宇佐隐末彦的陪同下，乘日本轮船"河内丸"号离开香港。其母和二姐、张夫人及女儿们仍留香港。

海天茫茫。船行三日后，天际中一个美丽的海岛出现并越来越近，同行的日本友人告诉他，这是琉球。它原是中国的藩国，一八七九年被日本吞并，后改名冲绳。康有为记起明末学者黄宗羲曾经在抗清中来日本求援。如今，自己也肩负着一样的使命啊。而春秋时吴国攻楚，楚国的申包胥去秦求救，被拒绝后在秦宫哭了七天七夜，终于感动来了秦国，发兵救了楚国。他感慨万千，让夫人梁随觉拿来纸笔，写道：

> 海水排山通日本，天风引月照琉球。
> 独运南冥指白日，鼋鼍吹浪渡沧洲。
>
> 黎洲乞师曾到此，勃胥痛哭至于今。
> 从来祸水堪流涕，不信神州竟陆沉。

他想效申包胥"蹈日本而哭庭"，他被自己的使命和信念感动了。

他更不会想到，从这一刻起，他将开始长达十五年之久的海外流亡生活。

十五年。茫茫四海，漂泊流离。这一年，他虚岁四十一岁。

无意间"害"了光绪

康有为不会知道，就在他来日本之前，他又做了一件大大的错事。

来日本的十九天前，一八九八年十月六日，康有为从住了七天的香港中环警署，搬到了加藤公司怡和洋行买办何东（何晓生）的家中。为防刺客，康蛰居不出，何家自布警戒。但由于离开了警署，敏感的外国记者当天即找上门来。于是，就在当晚，康有为接受了香港最大的英文报纸《德臣报》的采访，何东任翻译。

康有为接受采访的目的，是想利用媒体向英国政府求救，但他忽略了一个非常大的问题，即光绪正在慈禧的掌控之中。他一方面大肆攻击慈禧，一个妃子，"淫邪之宫妾"，她不是光绪帝真正的母亲，一方面称光绪帝已经给了他密诏，让他去外国求救，恢复光绪帝的权力。康有为是知道他的谈话会见报的，尽管他也要求对方对所谈的内容，"某些谈到的事情，他觉得为了使中国问题的解决顺利，最好是不必发表"。但报纸有报纸的目的，何况又是外国报纸，康岂能控制？这样的说法见报后，慈禧本来就想废掉光绪，如此一来，光绪的境遇将更为糟糕和不测。这是康有为万万没有想到的。

次日，《德臣报》将这篇长篇报道发表。不久，上海的《字林西报周刊》《申报》《新闻报》、天津《国闻报》等报刊开始根据自己的需要转载。湖广总督张之洞看了《新闻报》上的转载后，大怒，致电两江总督刘坤一、上海道台蔡钧，要求该报馆"万勿再为传播"。更对康有为不利的是，张之洞知道康已逃亡日本后，与日本驻上海总领事小田切万寿之助交涉，并五次会见。张之洞向其提出，日方所期望的中日两国军事合作，条件是必须将康有为等人驱逐出日本。

十一月十六日，清廷下了谕旨，暗令刘学询、庆宽赴日刺杀康有为等人。为此，之后又有多道密令。

康有为后来也始终没有意识到这种做法对光绪帝和自己的危险，在日本、美洲等地，他一直宣传光绪帝与慈禧的仇恨。

他也就是在这样的背景下，来到日本的。

十月二十四日，河丸号在神户靠岸。在日本人的要求下，康有为等人换上日本服装，乘马车前往东京。次日，他们被送到东京的三桥旅馆，先已到东京的梁启超等人在此迎候。同经大难，方得活着相见，师徒相拥，悲喜交集。

待安顿停当，康有为急切要求会见日本首相大隈重信，欲当面向他"涕泣陈词，为皇上匍匐求救"。但日本方面推说他们刚到，先休息几日为好。

敏感的康有为有些失望。

两天后，梁启超代表康有为与大隈重信的代表志贺重昂会面笔谈。梁按与老师商议的方案，提出请日本政府与英、美等国政府联合干预，迫使慈禧交权，让光绪帝复位。梁启超还表示，如果光绪帝不能复权，"南部各省之志士，咸动义愤，将兴师清君侧，仆等亦不能阻之"。志贺不做答复。让梁启超意外的是，对方提出了一个建议，让康有为是否去向英国政府求助。

康梁都觉出，事态有了意外的变化。

不能这样被动，康有为即刻主动致函大隈重信，要求会见，恳请大隈"哀我寡君，哀此中国"。

依旧没有下文。

好在日方的接待和保卫依旧。不久，康有为一行人从旅馆搬到了东京早稻田四十二番，康有为将其起名为"明夷阁"。为了行动和安全，康梁都起了个日本名字，康有为名夏木森，梁启超名吉田晋。

日本政府的推托，主要原因在十一月八日有了答案。大隈重信内阁倒台，山县有朋内阁成立。新任的外相青木周藏主张与慈禧为首的清廷合作。日本陆军为了介入中国，要求外务省答应张之洞关于驱逐康有为等人的条件。

十二月里，日本外务省翻译官倚原两次以个人名义访问梁启超，劝康梁等人离开日本，称李鸿章与伊藤博文会见时要求日本驱逐康有为等人，否则会在两国外交上产生不快。这其实也是日本政府的意思，先来做一个试探，他们看来已经希望康梁离去。梁启超拒绝了这一要求。

康有为陷入极大的失望和苦闷之中。原计划的效"申包胥秦廷七日之哭"，不仅完全成了泡影，如今连脚下的这片寄人篱下的立足之地，也已岌岌可危了。

为排遣心中的苦闷，他和梁启超、梁铁君等去了风景如画的箱根。秋山红叶如血，热海雪山白头。火山、温泉、雪峰、丛林、瀑布等异国自然风光的秀丽反让他更为伤感和惆怅了。在山顶，极目之望，云海迷茫，归程何处？"荒山走寒云，极目但白草。莽莽峰万重，悲风号日莫。木落树枝枯，冬深石骨老……"

犬养毅、副岛种臣、吉田阴松的门人前内务大臣品川弥二郎等人与康有为、梁启超关系密切，常一起饮酒赋诗、切磋和交流文化。但他们多已下野，已经无法左右日本政府了。随着天气越来越冷，日本政府对康有为等人越来越冷淡。宫崎寅藏写道："过了不久，以前待康先生以上宾的我国人士，对他的为人逐渐感到厌腻而疏远了。这可能是因为康先生不无缺点，但是我国人易喜易厌的老毛病也是个主要原因。"

来看望他的日本朋友，渐渐也很少了。

岁暮，冬深了。日本的冬天本来就冷。康有为到东京已经三个月了。

有时，在寂静落寞的深夜里，他只能和梁铁君两人在飘忽的灯影里，借一杯浊酒来打发这漫漫长夜。除夕近了，家国何在？万般伤感。这是他从未有过的孤寂、悲凉和伤怀，他悲叹道：

门径萧条犬吠悲，微茫淡月挂松枝。

纸屏板屋孤灯下，白发遗臣独咏诗。

就在这人生低谷的谷底，康有为拿起了笔，用了十天左右的时间，写下了《我史》，即《康南海自编年谱》。这篇近四万字的自传，叙述了他从出生的咸丰八年（1858）到戊戌政变后逃亡日本光绪二十四年（1898）的四十年的个人历史。

这是他第一次，也是唯一的一次，给自己立传。

这也是他生前并没有发表的自传（发表是在一九五二年，他已辞世二十五年了）。

是回首自己这四十年所走过的风雨之路、迈过的沟坎，也是为自己寻求一种安抚、力量和信心。不再是冲动地陈词上书，不再是以宗师的身份给弟子指点和教诲，这一次，他将沉静地"记下自己的心"。

这部他自名为《我史》的自传，其写作背景的特殊性，其目的也是"生前不示众人"，这对于这部自传的写作，保证了其总体上的真实性，所以其价值也是重大的。

拒绝与孙中山合作而成立保皇会

这个时候，孙中山、陈少白等人，也在日本。

孙中山一直想与康有为合作，尽管，维新派和革命派的出发点有很大差异。

一八九五年，孙中山在广东设立农学会，就曾邀请康有为及其弟子陈千秋等参加。其时，康有为谱摆得过大，竟要孙"具门生帖往拜"，孙不愿屈驾。

这年春天，孙中山正准备在广州举行起义，让陈少白去上海联络召集人马。康、梁进京会试经上海所住的全安客栈，也正是陈少白下榻之处。三人有了一次长达几个小时的会谈，彼此印象都不错。

一八九六年，梁启超在上海办《时务报》，后徐勤和康广仁在澳门办《知新报》，鼓吹西学，宣传维新。革命派中的杨衢云等人主动接触维新派，谋求两派联合救国。一八九七年冬，日本横滨的华侨邝汝磐、冯镜如欲组织创办一所华侨子弟学校，想从国内聘新学之士为教师。邝汝磐请孙中山帮助，孙以兴中会缺文士而推荐了梁启超，并定名"中西学校"。邝持孙中山的信函赴上海拜会了康有为，康有为愿意支持，但感到梁启超正办《时务报》难以脱身，遂推荐了徐勤等人任教师。对校名，康有为觉得"中西"太直白不雅，更名为"大同"，并亲书"大同学校"四字门额相赠。于是，这所"大同学校"，算是孙中山和康有为早期合作的产物。徐勤在主持校政期间，与孙中山、陈少白"彼此往来异常亲热，真无所谓有彼我之分"。

但是，随着"百日维新"的开始，康有为有了私心，他以帝师自居，认为孙中山是朝廷缉拿的要犯，害怕受"革命党株连，有碍仕版"，影响维新事业的推进，开始疏远革命派。徐勤等弟子也开始有意与孙、陈减少接触。革命派于是把他们看成是"投降异族帝王的变节行为"。于是两派"门户之见，从此日深"。

戊戌政变后，维新志士受到残酷镇压，康有为成了被清廷追杀的亡命者。孙中山不计前嫌，依旧珍视双方的友谊，与陈少白等人商议"以彼此均属逋客，应有同病相怜之感，拟亲往慰问，借敦友谊"。可见孙中山是有胸怀和大度的。

这时，谭嗣同在湖南的生死之交唐才常和毕永年因被通缉，也先后来到了日本。这两人，都是康有为在"围园密谋"中倚重的"侠客"般的领兵之才。尤其是唐才常，为康有为将要实施的"勤王计划"中的第一位统帅。

唐才常对康有为很崇敬，到日本后与康梁联系密切。康有为已经和他商议过准备勤王之事。但他因不是康门弟子，行动有一定的独立性。

毕永年悄悄介绍了唐才常与孙中山会面。唐才常觉得与孙一见如故，他们就在长江各省起兵之事进行了商榷。唐、毕二人都主张孙中山与康有为应当联合起来。孙中山很高兴，说："倘康有为能皈依革命真理，废弃保皇成见，不独两党可以联合救国，我更可以使各同志奉为首领。"唐才常也很高兴，答应愿与梁启超一起向康有为进言。

之前，孙中山曾经专程从横滨到东京，托日本友人宫崎寅藏和平山周介绍与康有为会晤。宫崎和平山周曾经在康梁逃亡时尽力援助，康有为从香港来日本的途中，就是宫崎一路陪同而来的。但是，当宫崎和康有为笔谈的时候，还把希望寄托在日本外相出兵之上，担心与孙来往授人以柄，声称奉有光绪帝的"衣带诏"，不便与革命党往来，甚至说："我是钦差大臣，他是著名钦犯，不便与见。"

唐才常的进言，自然难有下文。

孙中山最后请出了日本前内阁文相犬养毅从中斡旋，康有为不好公开拒绝，同意双方进行会谈。

地点，就在犬养毅的家中。

　　届时，孙中山和陈少白先到，不久梁启超也到了，但不见康有为。梁启超说康先生有事离不开，让他代表。于是，也只好三个人来谈。主人犬养毅非常殷勤地招待，虽不懂中国话，也陪至三更才回房休息。三人一直谈到天亮，陈说合作对救中国之利，都认为彼此该相助而不是相扼。恰恰正是因为康有为的不在，梁启超的收获是巨大的，他对孙中山的谈吐和见地很吃惊，异常倾倒，大有相见恨晚之概。这，也为后来他与康的分歧及矛盾埋下了伏笔。梁启超答应关于合作一事，回去与康有为商议后再做答复。

　　这让孙中山看到了希望，两日后，他派陈少白代表自己，前去登门拜访康、梁。这样，你康有为不能不见了吧？陈少白很聪明，约了康有为熟悉的日本志士平山周一同前往。两人来到康有为的住所，一进外屋，就被徐勤挡了驾，说康先生身体不舒服，不能见客。正在这时，梁启超从内出来，见是陈少白和平山周，马上将二人让进客厅，一面去请康有为。

　　这一次，康有为出来了。

　　见是陈少白，康有为无法不想起三年多前在上海全安客栈双方热情深谈了三个小时的一幕，两人也算是老相识了。

　　但此一时也，彼一时也。

　　陈少白没有客气，与康有为师徒等人争辩了近三个小时。

　　对这次会见，陈少白在他写的《兴中会革命史要》中，有记述：

　　　　我对康有为说："满清政府已不可救药，先生也要改弦易辙了。今日局面，非革命国家决无生机。况且先生以前对于清政府不算不尽力，到现在他们倒要杀你，你又何苦死帮他忙呢？"

　　　　康有为说："无论如何不能忘记今上的。"

　　　　我说："要是先生是个没有出息的人，我倒可以不说，如果你自命为一个当今之世舍我其谁的人物，那么你不能为了今上待你的好，就把中国都不要了。所以请先生出来的意思，就是不以私而忘公，不以人而忘国。"

　　……康有为没有什么好回答，只说了"今上"怎样好，差不多比尧、舜、汤、武都要胜过几倍。我同他三个师弟反复辩论了三点钟，末了他还说我不知其他，只知"冬裘夏葛"而已。

陈少白当然维护的是革命党的利益，他这时对康有为的看法也早已发生了变化。他对王照近于诋毁康有为的言论是支持的。这也是康有为对他和革命党的不满甚至误会所致。

但此时站在相对客观立场的宫崎，尽管对他们双方无法达成合作深深惋惜，却对康有为始终避孙不见，认为"无可厚非"。

就这样，康有为错过了一个与孙中山的革命党合作的机会。或许，这两派根本就不可能合作。都说是为了救国，他们双方的"道"，真的不同吗？起码，对康有为是的，甚至不仅仅"不相与谋"，后来相互攻讦，最后竟发展到誓不两立的地步了。

夹在中间最难受的，是梁启超等同情革命的弟子们。

二月十日，是春节正月初一。清晨，康有为焚香更衣，率领梁启超等弟子向着中国京师的方向，向光绪帝跪拜祈祷。赋诗："……去岁走趋穿陛仗，今晨颠倒乏官衣。遗臣西望肠堪断，故国云飞有是非。"

康有为逃亡日本后，清廷岂能罢休？李鸿章在宴请伊藤博文的时候，就提出要求将康有为引渡回国，伊藤答"按万国公法不能如是办理"。清廷一方面电告驻日公使李盛铎派人秘密捉拿康梁，一方面又让李向日本政府照会抗议，要求将康有为引渡回国或驱逐出境。同时，慈禧又绝密地派出了杀手，刺杀康有为。

日本政府新的内阁感到了压力，部分官员和军人认为不应当为了康、梁而影响和中国政府的关系。康有为的去留已经成为一个敏感的问题。日本外务省派人几次找到梁启超，明确告诉他：康有为逗留日有碍日中两国保持邦交。这是要下逐客令了。

大重隈信和犬养毅等人不同意将康梁交给清政府。犬养毅提出了一个折中的办法：留下梁启超，康有为最好到欧美去，康走时可为其提供九千元经费。大重隈信说："只有康有为自己认为离开日本安全的话，让他走也可以。"

这是"走也得走，不走也得走"之势了。

那就走吧。

康有为立即电召容闳，做去欧美的准备。

临行前，他在自己的住处明夷阁设宴，答谢犬养毅、松崎藏之助、陆实桂五十郎、宫崎寅藏、柏原文太郎、中西重太郎等日本友人。

一八九九年三月二十二日，康有为和弟子一一告别，在横滨登上"和泉丸"号轮船，在翻译容闳与担任护卫的日本人中西重太郎的陪同下，离开日本。

前一站，是加拿大。

仅仅几个月后，又是这熟悉的轮船之上。依旧是逃亡之途。太平洋波涛茫茫。

月夜。海上的月。

康有为的心情，慢慢好转起来。

暗夜沉沉，此身何寄？但苍茫海天之上升起的这轮圆月，银辉洒满海天，也照亮和安抚了康有为原本极其伤感的心。半生飘零，惨败收场，一场耿耿之心为了补天的戊戌变法，险些丢了他项上的这颗头颅不说，来自四面八方的奚落、挖苦、谩骂、冷箭、猜忌使他成为众矢之的……让任何一个人，在这样的一场大灾难面前，都会几近丧失信心的。

但他没有。

他觉得自己还是那个信心十足的自己。只要他能站起来行走、呼吸，他就不会改变。

陌生的欧美，陌生的外洋，陌生的华侨，对他都是未知的第一次。他将会面对些什么呢？这里有他的立足之地吗？

上苍似乎仅仅在这一次，体恤和眷顾了康有为。他没有想到自己梦寐以求的又受无数人诟病的保皇之举，会在这里风声水起，不仅仅开创了新局面，还掀起了出人意料的浪潮。

经半个月的航程，"和泉丸"号抵达加拿大的维多利亚。刚上岸，他的心顿时凉了，"心窃哀之"，因为见只有一个中国人前来迎接。谁知此人是来打前站的，一个电话后，数百名专门来此等候的华侨很快热烈涌来，对他热情欢迎。接着，在中华会馆举行了一个千人参加的隆重的欢迎会。他站上台去发表演说的时候，台下猛然响起了雷鸣般的掌声。

一八九九年四月十六日，到温哥华，各埠华侨又是一千三百多人聚来欢迎他。他讲演的时候"满腔忠愤，慷慨泣下，衣襟尽湿"。

乌威士晚士打埠竟然三次派人迎请，于十九日以特别电车把他从温哥华请来，数百人到车站迎接，数十人设宴为他接风洗尘。主持人特意借了一个洋人的花园，举行欢迎他的集会，参加者达六百多人。

康有为演讲道："三十年来之积弱，我四百兆同胞兄弟之涂炭，皆由西后一人不愿变法之故……今海外同胞五百万若能同心一志，联结以求保其国，众志成城，何所不可。"他号召华侨们："立誓心雪国耻，日念波兰亡国之祸永如牛马，互相激励发愤，日以爱国忠君相摩……其殷实才能忠义之士，起而任其事，联络并起，以自救其国，而自救其家，否则将来无国可归矣。"

加拿大华侨的热情，使康有为非常兴奋。但他仅做了短暂的停留后，于五月二十一日，即动身前往英国伦敦，"勤王求救"。他计划通过前海军大臣柏丽斯辉子爵的关系，说服英国政府干涉清廷，扶助光绪皇帝重掌政权。五月三十一日抵达伦敦，但他只能迎来再次的失望，英国政府答复：没有理由这样做。

"蹈日本而哭庭，走英伦而号救"的救光绪帝之路，遂告彻底无望。

他只能再次失望而感伤地赋诗道：

秦庭空痛哭，晋议自纷纭。

使者是非乱，盈庭朋党分。

陈恒谁得讨，武曌亦能君？

只愁飞褊水，八极起愁云。

他也只能转回加拿大，暂居维多利亚。

在当地的华侨冯俊卿等人的资助下，他有了一个面对大海的住所，他将这栖身下榻之处，起名"廖天室"。

康有为是聪明的，他利用华侨的爱国热情，积极联络，准备成立一个既能维护华侨利益，又能为救主救国出力的组织。最开始，他和华侨李福基、黄宣琳、卢仁山、徐维新等人商议，想给这个组织起名叫"保商会"。因华侨十九皆商，保商即是保侨，亦即团结华侨以爱国保国之会。他们在一起商议的时候，黄宣琳建议说："倡保商不如保皇为妙，先倡保商为名，实行保皇政策起见。"康有为很是同意。

康有为之女康同璧后来解释道："有人献议保皇乃可保国，乃易名保皇会。时那拉后与守旧派正谋危光绪，故保皇云者，当时抗那拉氏之谋而言，此保皇会之缘起也。"

遂定名全称为"保救大清光绪皇帝会"。

也称"保救大清皇帝公司"，或"中国维新会"。

一八九九年七月二十日，保皇会正式成立。

翌年春，保皇会发布了"序例"：一、此会的宗旨，是"专以救皇上，以变法救中国救黄种为主"。二、会员的资格为"遵奉圣诏，凡我四万万同胞，有忠君爱国救种之心者，皆为公司中同志"。三、初步以澳门《新知报》、横滨《清议报》两报馆为总公司所。四、说明所受捐款之用途及鼓励捐款出力者。公司接受的捐款，用以招养忠义之士，酬劳奔走讲劝劳力之人，用以办报宣传或办实业，保护工商。将来皇上复位，"必将出力捐款之人，奏请照军功破例格优奖，凡救驾有功者，布衣可至将相"。

康有为被举为会长，梁启超、徐勤为副会长。

组织由三级机构组成。基层是支会，以一埠及几埠组成；中层组织是总会，以一个国家或地区构成；最高机构是总公司。

保皇会成立后的第一个重大活动，是为光绪寿诞举行了典礼。

为了激发广大华侨的爱国之心，康有为应华侨的请求写了《保皇会歌五章》《爱国歌》和《爱国短歌行》。

康有为此时成立保皇会的做法，是极其成功的。这也是他人生中很少有的一笔绚丽的重彩。

一九○三年，梁启超北美之游，在游加拿大时，记录了其亲眼所见的华侨参加保皇会的踊跃情况：

> 华人爱国心颇重，海外中国维新会实起点于是。自己亥年此会设立以来，至今蒸蒸日上，温哥华入会者十而六七，域多利（维多利亚）则殆过半，纽威士绵士打几无一人不入会者。会中章程齐整，每来复日必演说，每岁三埠合同大叙集一次。近集数万金建总会所于温哥华，俨然一小政府之雏形也。
>
> （梁启超《新大陆游记及其他》）

海外的华侨近五百万人，而加入保皇会的会员之后达百万余人，保皇组织遍及五大洲二百多埠。五个人中，就有一人参加保皇会，这是一个奇迹了。很多华侨毁家纾难，积极捐款，并不奢望以钱买官，只是为了摆脱民族耻辱的地位，其爱国之心的真诚与无私，是极其感人的。据说连孙中山的哥哥孙眉，也从兴中会走进了保皇会的行列。

新加坡华侨丘菽园在他创办的《天南新报》中称赞道："康有为抱忠君爱国之心，具济世匡时之略。"

第十六章 伤心的武装起义

康有为保皇的逻辑听起来很简单，他说这是"上下两剂药方"：上方是保皇会只要保了圣主复位，四万万人立救；下方是保皇会保了工商会，我海外五百万同胞方可合力自行保护，亦可救我四万万国人。"上方至顺至易，下方至厚至稳，而皆以人心十分为引，愿吾同胞，真知病危者，亟服此良药，以救万死。"

两方合一："救我变法爱民之圣主而已。"

救圣主，就是救变法。

救圣主，就是爱国救国，救我四万万国人。

转了一圈，目的还是推行实施"变法"。

这是他一生的目标。

那么，余下的问题迫在眉睫：怎样"救圣主"呢？

这其实是他一直在"暗中策动"的计划，起兵武装起义，杀进北京，勤王救主。人常说他是"一介书生"，如今，这个书生，要以武力恢复光绪帝的政权。

他认为，有保皇会捐助的财力等支撑，这种可能性具备了。

这是"书生之见"吗？

是；也不是。

"刺客风波"

光绪帝的处境，可想而知，越来越糟糕了。

戊戌政变后，宫内就不断传出"将有废立之举"。先是"每日造脉案药方，传示各衙门，人心恟惧"。这是在大造光绪帝有病的舆论。

在朝堂上，"太后与上并作，若二君焉。臣工奏对，上嘿不发言，有时太后肘上使言，不过一二语止矣。"

朝堂下，"迁上于南海瀛台，三面皆水，隆冬冰坚结，传闻上常携小奄踏冰出，为门者所阻，于是有传匠凿冰之举。上常至一太监屋，几有书，取视之，《三国演义》也，阅数行，掷去，长叹曰：'朕不如汉献帝也。'"

转年，光绪二十五年，即一八九九年，为己亥年。十一月二十九日（12月31日），朝罢，荣禄请独对。

> 荣禄问太后曰："传闻将有废立事，信乎？"
>
> 太后："无有也，事果可行乎？"
>
> 荣禄："太后行之，谁敢谓其不可者？顾上罪不明，外国公使将起而干涉，此事不可不慎也。"
>
> 太后："事且露，奈何？"
>
> 荣禄："无妨也，上春秋已盛，无皇子，不如择宗室近支子，建为大阿哥，为上嗣，兼祧穆宗，育之宫中，徐篡大统，则此举为有名矣。"
>
> 太后沉吟久之，曰："汝言是也。"
>
> （恽毓鼎《崇陵传信录》）

荣禄根据慈禧的意愿，早已经和承恩公崇绮、大学士徐桐、尚书启秀密谋好了。

于是，己亥年十二月二十四日（1900年1月24日），慈禧召集近支王公贝勒、御前大臣等于仪鸾殿，决定立惇勤亲王之孙，瑞郡王载漪之子溥儁为"大阿哥"。并预定其于庚子年元旦（1900年1月30日）即位，废掉光绪帝，改元"保庆"。

因此事谋于己亥年，史称"己亥建储"。

这是慈禧密谋已久的一步棋。

不到一个月，一九〇〇年二月十四日，她走出了第二步棋，清廷悬赏银十万两捉拿康梁。

这是一道杀气十足的上谕：

> 前因康有为、梁启超罪大恶极，叠经谕令海疆各督抚悬赏购缉，严密缉拿，迄今尚未弋获。该逆等狼子野心，仍在沿海一带煽诱华民，并开设报馆，肆意簧鼓，种种悖逆情形，殊堪发指。著东南洋、闽、浙、广东各督抚，再行明白晓谕，不论何项人等，如有能将康有为、梁启超缉获送官，验明实系该逆犯正身，立即赏银十万两。万一该逆等早伏天诛，只须呈验尸身，确实无疑，亦即一体给赏。此项银两，并著先行提存上海道库，一面交犯，即一面验明交银，免致辗转稽延。如不愿领赏，愿得实在官阶及各项升衔，亦必予以破格之赏。至该逆犯等开设报馆，发卖报章，必在华界，但使购阅无人，该逆等自无所施其伎俩，并著该督抚逐处严查，如有购阅前项报章者，一体严拿惩办。此外如尚有该逆等从前所著各逆书，并著严查销毁，以伸国法，而靖人心。
>
> （《德宗景皇帝实录》）

这样的"悬赏缉拿"的上谕很少见，极其破格。只要将康梁缉获送官验明，立即赏银十万两；死的也要，呈验了尸身也"一体给赏"。这笔钱早已存在上海道库，以备"一面交犯，一面验明交银"。不愿要赏钱而要官衔的，"必予以破格之赏"。而且，凡有购阅康梁所办的报章的，也要"严拿惩办"。

此时，李鸿章已任两广总督，"奉懿旨捕康、梁"。

其实，早在几个月前，清廷就早已秘密派出刺客，千方百计刺杀康梁。

给慈禧出此密谋的，是杨崇伊。戊戌政变后，杨以功臣自居，以为立了大功，但慈禧为避嫌并未给他多少好处和实惠，使他非常失落。于是，不甘的他给慈禧上了一道密折，说"窃康逆为孙文羽翼，孙文勾引东人……康梁避迹，必依孙文，此人不除，中华无安枕之日……亟应设法密图，幸而有机可乘，有人可用，请允臣等相机办理……臣所有折片，事关机要，吁恳皇太后密收，即军机大臣，亦勿宣示"。

他说的"有人可用"，这个人是谁？

是刘学询。

刘学询其实是清廷一直在追查的一个"要犯"。

刘学询，字问刍，号耦耕，香山人。进士，曾为二品道员。在李瀚章和谭钟麟任两广总督期间，刘学询在广州"包揽闱姓"，也就是在科举考试之前对中举者的姓氏下注，运作赌博。据说获利巨万，闻其资产就有"七百万两"。刘学询还是孙中山的同乡，两人关系密切。一八九五年孙中山在广州建农学会，作为起义机关，刘学询曾入会。后孙中山起义流产后流亡海外，刘学询平安无事，但被绅士们联名呈控，称其"包揽闱姓"饱数百万元。谭钟麟奉命查办，因受其巨额贿赂不予深究。一八九八年百日维新期间，康有为和御史宋伯鲁弹劾谭钟麟受贿包庇刘学询，清廷下令命广东巡抚许振祎查处。许不敢得罪谭，只要求罚其银一百万两。刘学询闻讯慌忙逃往上海避风。

戊戌政变后，刘学询急欲向康有为等人报仇，他向师兄杨崇伊提出，自愿出资前往日本捕杀康梁，以求洗脱罪名，免交罚款，开复官职。

杨崇伊的密折很快被慈禧获准，此事高度机密，只有慈禧、奕劻、李鸿章等极少人知道内情。正巧，百日维新时被革职的内务府员外郎庆宽，也提出"自备资斧"，赴日本刺杀康梁。一八九八年十一月十六日，上谕称"已革候选道刘学询，着赏给知府衔，已革内务府员外郎庆宽，着赏给员外郎衔……所有该二员呈请自备资斧，亲历外洋内地游历，考察商务等语……"

两人一晃，成了"自费考察商务"的外交特使。一八九九年七月，他们抵达东京，还觐见了日本天皇。

于是，一张捕杀康梁的网，悄然张开了……

保皇会这时正紧张地扩展，康有为很忙。九月里，他突然接到了一封奇怪的电报，说其母劳莲枝在香港患病。说这封电报"奇怪"，是因为没有署名。有人据此怀疑电报有假，提醒康有为考虑是否置之不理。康有为考虑再三，如果母亲真的病了怎么办？那就耽误了，最后，他决定还是假道日本去香港探母。

十月二十六日，船到日本神户，传来一个让人吃惊的消息：日本的山县有朋内阁拒绝让康有为在神户上岸。日本政府的态度突变，异常冷淡不说，日本警视厅还派出警探密切监视康有为的行动。

清政府驻日公使李盛铎立刻电告朝廷，朝廷电令各口岸地方官"设法捕拿，期于必得"。

日本友人马上意识到问题的严重，不准康有为登岸，意味着帮助清廷抓拿和谋害康有为。梁启超率众弟子奔走活动，在日本前首相大隈重信和前内务大臣品川弥二郎等人的帮助下，日本政府被迫同意康有为出入境。当夜，康有为等人上岸，从横滨乘火车到达德山站，再乘船到马关，最后自马关乘船赴香港。

康有为到香港后，清廷的密探果然尾随而来，他们用重金收买的刺客开始活动。一天夜里，唐才常和康有为的一个弟子正在楼下聊天，一个黑影从暗夜里蹿出来，康有为发现可疑，大叫闭门，并叫来了警察。刺客于慌乱中逃脱了。见刺杀很难，刺客买下了康有为邻居的房屋，准备挖地道埋炸药炸死康有为。夜深人静的时候，能听到地下传来掘地的声音。康有为的家人赶快报了警，刺客的阴谋才没有得逞。

这天，康有为在一份香港的报纸上，看到一条慈禧太后将召见承恩公崇绮的消息。敏感的康有为马上预感到光绪帝很可能要被废。崇绮是同治帝载淳皇后的父亲，自立光绪帝后的二十年来，慈禧从未召见过他。今奉特召，必定是名为立子嗣而实为废光绪帝。

康有为的预料很准，果然不久，一九〇〇年一月二十四日，清廷"己亥建储"的计划披露。康有为火速电告各地保皇会，发电入京力争，反对立储废帝，倘若慈禧不听，将举兵勤王。连日里，缅甸、新加坡、檀香山等四十六埠百万华侨签名，向北京发出通电："无罪见废，大众公愤，如若不听，立意起兵勤王。"

对"己亥建储"，英国公使表示只承认光绪帝，各国公使也表态拒绝入贺。两江总督刘坤一亦借"君臣之分已定，中外之口难防"为由反对。上海电报局总办经元善领衔发动了沪上名流叶瀚、章炳麟、张通典、唐才常等一千二百三十一人联名通电反对。迫于国内外反对的呼声甚高，清廷"建储"计划终于搁浅。

在香港，清廷对康有为接二连三的刺杀行动尽管均未成功，让康有为也异常紧张。新加坡华侨领袖邱菽园以千金相赠，邀请康有为去新加坡避难。一九〇〇年二月一日，康有为抵达新加坡，最先住在邱家的"客云庐"中。

清廷悬赏十万缉拿康梁的上谕发出，重赏之下必有勇夫，行刺的风声顿时又紧了起来。康有为开始不断变换住所，以防不测。

从事后披露的消息看，此时慈禧正千方百计要除掉康梁，也是康有为最危险的时候。在慈禧的心中，对康梁之恨，甚至超过了孙中山。她不惜用任何手段，非要除掉他们而后快。李鸿章、张之洞自然心领神会。李鸿章与刘学询、庆宽秘密联络，精心策划刺杀康梁之事；而张之洞，之前也派出张斯询为刺客。

于是，在这年的七月里，也就发生了著名的"刺客风波"。

说是"风波"，甚至是"误会"，但其背景又很诡异。

六月，传来一个消息，说是清廷马上要派出三个日本刺客来新加坡行刺。而到了六月二十九日，果然有三个日本人抵达新加坡。这三个人是高崎滔天、内田良平、清藤幸七郎。

高崎滔天（1871—1922），即高崎寅藏，日本熊本县人。他是康梁的朋友，曾经在康有为逃亡日本时，保护和陪同康抵达日本。他后来与孙中山、陈少白结识成挚交，并于一九〇五年加入了中国同盟会。有一种说法是，庚子国变，义和团在北方兴起，孙中山准备在南方起义，约请高崎等人在新加坡相会。高崎知道康有为正在新加坡，所以提出想出面联合康有为共同举事。孙中山表示同意。

高崎抵达新加坡后，找到了邱菽园，要求面见康有为。

康有为此时一连收到了日本、香港保皇会两电五信，称孙中山组织了一批日本杀手，准备刺杀康有为。这批"日本杀手"是谁？难道真的是高崎等人吗？高崎三人此时出现，又要求面见，目的是什么？康有为一时觉得十分为难。他知道高崎与孙中山和陈少白的关系，孙中山派来的杀手，不是他们又能是谁呢？但高崎曾经救助过自己，算是有恩之人，不见合适吗？

犹豫再三，康有为决定还是不见，但他选取了一个办法"补救"——让弟子汤觉顿去旅馆拜访高崎。汤的身上带着一封康给邱菽园的信，信的大意是：滔天先生是我的恩人，据闻今来此地，极思一见。但政府保护过严，手续繁杂，倘不幸不得相见，请代我馈赠百金，滔天先生若有要事与我磋商，门生汤某可代为领教，然后转达于我。

高崎非常生气，拒收赠钱，提笔给康有为写了一封绝交信。

事情到此并没有完结。新加坡警察听到消息后，搜查了高崎和清藤的住所（内田因为与高崎意见分歧，已独自离开新加坡），发现银单两万七千元，现银二百五十元，日本刀两把，这样多的钱，哪里来的？警方认为可疑，即将二人拘捕。

三天后，孙中山抵达新加坡相救，经日本参谋本部通过外务省与英国交涉，英国殖民当局以妨碍治安罪将高崎、清藤驱逐出境五年。几天后，二人随孙中山乘日轮离开新加坡。新加坡总督瑞天咸亦宣布，五年内不许孙中山入境。

由此，孙中山、高崎滔天等人与康有为的关系完全破裂。

这场"刺客风波"的背后，其实有难以说清的"大文章"。因为，高崎等三位日本人的背后，真的是刘学询与孙中山。

刘学询与庆宽经慈禧秘密准奏去日本刺杀康有为，连总理衙门和驻东京公使李盛铎以及荣禄都不知道。只知道他们去日本为"商务考察"。一八九九年七月，刘学询到日本后，与孙中山多次秘密会见和密谈。

一八九九年九月二十三日，上海的《字林沪报》，刊出了一篇"密使之近状"的文章，这里说的密使，就是刘学询。其大意略谓曰：

> 刘氏……及至东京，辄复嫖娼酗酒，至所奉公事，却置之不问。且伊与孙文（孙逸仙），谊属同乡旧交，堪称莫逆，故每逢夜深人静之际，刘学询则于私处会孙。刘氏至，二人则户闭密谈……据称，其与孙文私会往复，每至更深，往往电话相约，至其昵所。妓女阿菊，乃私门女子，暗中招待，合住吉亭。每当阿菊赴刘孙之幽会，其间所议何事？警察署事后对阿菊审问，据阿菊申诉：刘欲孙在日本将梁启超刺杀立功，刘则保举推荐孙，招抚孙手下人马，保证孙氏必得大权，然后创成大事。又据云：孙有党徒数十万人，刘学询答应给饷二十万两，作起事之资，以成大事。

这里已经透露出，刘学询欲买通孙中山刺杀梁启超。刘刺杀的目的，是康梁，首位应是康有为，为何这里只提梁，可能因梁此时在日本，而康已去加拿大之故。先刺杀梁启超，也算是对慈禧的一个交代。

值得注意的是，驻日公使李盛铎，已经向朝廷告发刘学询私会孙文之事，荣禄也向慈禧揭露刘学询在日本的所作所为，但慈禧将御史告发的折子悄悄"留中不发"。因为，只有她明白"事情的真相"。刘学询的行为，早已得到她的"懿旨"，她要借孙中山的手，杀掉康梁。

一八九九年十月，刘学询回北京复命。当年十二月，慈禧颁谕旨，将刘学询发交两广总督李鸿章"差遣委用"。

此时，康有为已到了香港，慈禧命李鸿章组织力量捕杀。

一九〇〇年四月二十四日，刘学询往澳门执行慈禧指派的特别任务，对付反对废黜光绪帝的经元善，在返回广州由汽船登岸时，被保皇派的杀手以手枪击中胸侧，刘穿衣较厚，伤非要害。刺客向人群中撒出银元乘乱逃走。刘学询伤好后，继续与李鸿章联络执行刺杀康梁的计划。

六月八日，孙中山和高崎滔天、清藤幸七郎、内田良平三位日本人自横滨赴香港。

据内田良平在事后的回忆中说，他们三人到香港后，换乘了李鸿章派来的"安澜号"炮舰，沿珠江抵广州，当即被引进了刘学询的宅邸。刘学询和一个会日语的海军军官，代表李鸿章与三位日本人会谈。高崎提出两点：一、对孙中山所定的罪名应予特赦，并保障其生命安全；二、希给予贷款十万两。刘学询答道，第一点马上可以回禀总督，奏请西太后予以特赦，第二点我很快可以办理，明天即在香港先交五万两。中方的那位海军军官在宴会上带来了李鸿章的答复，答复是：孙中山的安全可以保证，特赦之事将奏请西太后。对于贵方三位的襄助也将上奏，所以须得到三位的照片。

三人凌晨乘炮舰离开广州去往香港。午后，刘学询的儿子送来贷款五万两，并来取三人的照片。高崎三人见任务已经完成，从香港前往新加坡。到了新加坡，就发生了康有为避而不见与"刺客风波"之事。

这里的"特赦"，应为"招安"。慈禧和李鸿章提出的条件，即康梁的人头。他们想利用孙中山诱捕或暗杀康梁。

高崎和刘学询是怎么谈的？高崎在回忆录《三十三年之梦》中有意回避，但也说了几句委曲的话："这一段情节有些像传奇小说。但事关他人秘密，至今不能言明，深觉遗憾。"

高崎三人，真的是刺客吗？没有证据。但康有为的怀疑和警惕，绝不是空穴来风。

国民党官方党史对此事的解释是，李鸿章联合孙中山是想在广东搞独立，这也就证明了孙中山确实在幕后参与了此事。孙中山能成为慈禧的所借之刀吗？似乎也不可能。因为这个时候，他正和梁启超关系密切。最大的可能是，孙中山借此将计就计骗了刘学询，因为他正准备在南方起事，急切需要资金支持。所以他对此事的态度看上去是"不置可否"。

那高崎三人，去新加坡的目的，是暗杀？还是真的是欲联合康有为？当时正在庚子国变之际，背景极其复杂，几方当事人又都对此事遮掩和回避，此亦真的成谜了。

如今，只可以解释的是，慈禧为缉拿康梁、杀害康梁，已经到了不惜一切代价的地步。

梁铁君刺杀慈禧

清廷和慈禧对康梁必置死地的态度，使双方你死我活的矛盾升级。他们频繁使出的种种行动，使康梁在海外的活动危机四伏。本来就对慈禧怀着深仇的康有为与梁启超等弟子们经过几番谋划，准备以牙还牙，于是，也精心策划和长期准备了刺杀慈禧等人的计划。

这个理由很好找，为了保救光绪皇帝，必须除掉慈禧和荣禄等人。慈禧是导致变法失败的罪魁祸首，除掉祸首，光绪才能得见天日。

最初，康有为曾打起日本武士的主意，由罗孝高提出以重金招募日人，梁启超认为可以，康有为也拨了专款。募来的日人叫田野桔次，准备率三十余名海贼进京刺杀慈禧。不料出发前田野身患重病，无法成行。高崎寅藏对这种寄望外人的做法很鄙夷，认为这是懦夫行为，曾当面怒斥康门弟子。受此刺激，康门弟子陈士廉和梁铁君、麦孟华、罗润南等人联络了一些绿林人士和华侨志士，如广东南海巨盗区新，曾入京谋刺大臣；加拿大华侨关炳，曾招募刺客刺杀荣禄，等等。但这些行动均未成功。

保皇会曾以广东为起兵勤王之地，两江总督李鸿章及其幕僚刘学询千方百计刺杀康梁，李与刘自然也成为康梁刺杀的对象。陈士廉、麦孟华经营此事。一九〇〇年四月二十四日，派出的刺客终于得手，刘学询胸部中枪。遗憾的是，击中的是刘的胸侧，没有危及其生命。

从社会上招募的一些刺客，多为招摇撞骗之辈，到京城后挥金如土不说，只求把钱骗到手，根本无法受命。这让康梁非常生气。梁启超愤怒地指出"若辈不务正业，惟日日挥金如土，吾等养之，好比狎客之奉承妓女然，日日下气柔声，稍拂其意，便可反面无情"。

康有为终于醒悟，决定启用本会同志实施刺杀计划。

沈荩就是康有为看中的人选。沈荩是长沙人，是谭嗣同、唐才常的挚友，与康梁关系密切。他襄助唐才常的自立军起义，起义失败后，唐才常等人被杀，他出于义愤，自告奋勇愿赴京刺杀慈禧。到京后，一直无法下手。他谋职于《天津日日新闻报》，开始打探清廷机密要闻。一九〇三年四月，沙俄违背墨迹未干的《东三省交收条约》，向清廷提出七项无理要求。对于清廷，这是绝对的机密。沈荩探得密约内容后，在第一时间于报上发表，举国哗然，使慈禧极其惊慌被动。慈禧下令严查，沈荩被好友吴式钊出卖而被捕。这样，沈是维新党人的身份暴露。慈禧手札密令刑部于狱中将其杖毙。先用八人以杖轮殴长达两个小时，打得沈荩血肉模糊，不成人形，然后以帛勒至死，并刀刃其颈。据说名妓赛金花因婢女命案入狱，所住的就是沈荩刚刚住过的牢房。赛金花感叹沈荩之惨，亲自掬其碎肉，拌以灰土，埋于窗缘之下。此事传出后，天下震怖。慈禧杖杀沈荩原想秘密进行，谎称沈是病死。此消息一披露，都以为惨绝人寰，莫不罪慈禧之狠毒残暴。

一九〇四年秋天，康有为命其最看重的亲信梁铁君来全面负责，挑选精英，继续执行刺杀慈禧的计划。

于是，梁铁君登场。

梁铁君本名尔煦，是康有为的同乡，南海麦村人。他比康有为大一岁，生于一八五七年。梁家长期在梧州经营盐业，家境殷实。他在青少年时曾和康有为一起于朱九江门下读书，有同窗之谊。他身材魁梧，好击剑，有豪侠之气。从读书时他就很敬佩康有为，觉的康才气极高，能成就一番大事。康有为也很欣赏梁铁君，两人私交一直很好。康有为推行维新变法，梁铁君倾尽财力资助不说，在戊戌变法失败后，甘愿随康有为一起流亡。逃亡到日本后，在康有为最苦闷的时候，梁铁君一直相伴身旁。在许多孤寂的午夜，两人只能靠饮酒下棋谈诗来排遣心中的郁闷。他是康有为身边最亲近的人，因会武功，也是康有为的保镖。

一九○○年，他曾受康有为之命，潜入北京寻找到康广仁的遗骨，并携回广东安葬。

这次，他再次受康有为之命，进京刺杀慈禧。

按行前的筹划和安排，梁铁君携助手陈默庵、梁子刚、罗璞士等人于一九○四年十一月先后入京。计划在次年五月实施刺杀计划。所用资金，大约为一万元。梁启超致电香港保皇会筹款，此款迟迟未到，梁启超只好将办报的部分余款交给了梁铁君，答应后续接济，也提出让他们在困难的条件下最好能先设法自行解决。于是，梁铁君在灯市口开办了一家"吉昌"照相馆和"光明"东洋车行，而梁子刚办了一个"子刚花园"。这样，既可以掩人耳目，又能利用实业之便用于公关，还可以有部分收入。

就是在这样艰难的条件下，他们的"工作"推进很快。梁铁君通过照相、教洋文、贿赂等方式，收买了太监、御医、内务府人员多人，时刻了解光绪皇帝的起居等健康情况，以及慈禧的生活细节。仅结交的宫中太监，就有姚焕卿、王汉章、冯仲平、金蔚九等人，甚至连皇帝诊病的药方都开列齐全。梁铁君还通过北京警厅西分厅四区区官范履祥的帮助，通过外国客邮，与康有为和徐勤建立了通讯通道，书信不断，定期报告行动进展。而梁子刚的"子刚花园"，成为他们秘密聚会的地点和藏匿弹药的地方。在日本学过爆破的罗璞士，在此处研制炸弹。他们曾策划将慈禧太后引至"洋车"或"小火轮"上，以炸弹刺杀。梁铁君认为炸弹的威力大，研制就是关键了。为此，罗璞士专门赴日向高崎寅藏请教，后去广东寻找同道。不料一九○五年七月，他因通电泄密被捕牺牲，遂使用炸弹炸慈禧的计划不得不搁浅。

一九○六年八月八日，梁铁君也不慎暴露被捕。他的被捕有两种说法，其一是被旧友朱淇出卖，其二是被店员告发。梁铁君在京化名吴道明，一天在街上遇到了南海同乡朱淇。朱的真实身份是天津警厅的侦探。梁铁君只知道朱曾经加入过兴中会，以为是反清同道而放松了警惕，将自己的身份和动机和盘托出。据梁铁君之子梁元声说："朱得乘间抵隙，搜出尔煦密码电本及其他密件，为卖友求荣，闻尔煦在京骤尔被捕以此。"但梁启超根据八月一日梁铁君还给康有为通信，以及熊希龄所说，认为梁铁君的被捕，是由于"一店伴告发"。

八月八日深夜，梁铁君在寓所被捕，信函文件及其他物证被当场缴获。范履祥也于次日被捕。在物证面前，梁铁君承认了自己的姓名和身份，说来京交好内监是为了不忘君恩，实出于忠君爱国之心，否认有刺杀动机。但这是无法骗过清廷的。据刑部郎中唐烜日记称："该犯供认系由康南海主使，来京谋刺。"

慈禧有了沈荩之死的教训，将梁铁君等人交给了北洋大臣袁世凯。

二十四日，袁世凯亲自提审梁铁君。

面对袁世凯，梁铁君侃侃而述，说到紧要处，袁世凯汗流满面。梁后来曾对人说，"看到袁世凯汗流满面，自是对我不利云云。"

此时正是清廷下诏预备立宪之际，狡猾的袁世凯也在观望。梁铁君和范履祥在被押审期间，饮食颇丰，还给量身订做新衣。

袁世凯八月十六日进京。九月一日上午十时，京中急电来了：着将梁、范处死，限一点钟事毕复电。

执法官陆某知道梁铁君是个豪杰之士，将密电示之。梁阅毕，说，既如此，速拿毒药来。陆去药铺买回红矾三钱，归而研末冲开，梁铁君一饮而尽。但腹中不受，当即吐出。梁让再多买至五钱，饮下后疼痛乱滚，不多时七窍流血而死。陆复电毕，以薄棺一口殓埋于马厂南围外乱土中，对外宣称该犯患急症而死。范履祥也于同日毙命。

康有为对梁铁君的死，非常悲痛。他写的《哭亡友烈侠梁铁君百韵》，有"袒衣骂权奸，数罪如钟撞""权奸虽枭雄，闻雷汗如浆"等句。梁铁君遇难的一九〇六年九月一日，恰是清廷宣布预备立宪之日，所以康说"诏书立宪日，烈侠舍生时"。但这个时候，形势已经发生了变化，康梁认为东山再起的机会出现，已经抛弃了刺杀慈禧的计划。梁启超在给康有为的信中，醒目地展示了这种转向："铁事确于吾党前途无甚窒碍""固极可痛，然不以此牵涉全局"，所以"不以此牵及全局，尚不幸中之幸也"。为了这些个刺杀计划的实施，耗尽了多少志士的心血与生命？对康梁衷心耿耿的梁铁君，壮烈地搭上了性命不说，最终竟落得一个"不幸中之幸也",足见政治斗争中的实用性和残酷。

所以,对梁铁君案,慈禧和康有为都不愿意提及了。

康有为仍想取信于朝廷,所以对保皇会刺杀的行动,讳莫如深。就刺杀一事,康梁或也做过一些并不光明磊落的事,如后来在一九〇九年广西官绅和保皇会合办的振华公司负责人刘士骥、刘义任先后被暗杀,当时有人就认为康、梁、徐勤的嫌疑最大。据说,康有为还曾因毕永年在报端播扬其"围园杀后"的阴谋,悬赏五千元欲对其暗杀。这些事,康梁在自己事后的回忆中更不会提及,遑论他们本该有的自醒与反思。

梁铁君之子梁元声,与章士钊是连襟。一九六一年章从梁处得到一些相关信件和文章,又走访了曾经手此案的朱启钤,当年在《文史资料选辑》第十八辑上发表了《吴道明案始末》一文。尽管此文有武断之处,留下了一些难解的疑问,但毕竟给后世留下了难得的史料,以利于还原那段早已远逝的历史。

梁启超"告变"

一八九九年三月,康有为去了加拿大,梁启超留在日本。

梁启超与孙中山的交往,开始深化。

孙中山比梁启超大六岁,两人一个出生在广东香山,一个出生在广东新会,距离仅一百公里,是地道的同乡。

一八九六年八月,孙中山在伦敦蒙难,梁启超正在上海办《时务报》,他两次刊登了译自外电的《论孙逸仙事》。转年一八九八年的三月,也在《时务报》任撰述的章太炎这一天和梁启超谈起了孙中山。

章问梁:"孙逸仙何如人?"

梁答:"此人蓄志倾覆满洲政府。"

章太炎听了说:"心甚壮之。"

这个时候,梁启超尽管佩服,还对孙中山有些轻视。倒是章太炎,马上充满了敬重之心。

但戊戌变法失败逃亡日本后，梁启超的态度发生了变化。

孙中山和梁启超的第一次会面，应该是一八九八年的十二月。康有为到日本后，孙中山就马上积极请陪同康来日本的高崎介绍，要求和康有为会晤。但康有为拒绝。犬养毅出面，约了孙中山、陈少白、康有为、梁启超四人在自己的寓所会面，但康有为只让梁启超代表自己，仍然不见。这一次的会面，孙中山给梁启超留下了很深的印象，"对先生（孙中山）言论异常倾倒，大有相见恨晚之慨"。很快，他对康有为对孙的不见与不合作态度开始不满，而对孙中山也由敬重发展到倾慕。他在给犬养毅的信中，直接向犬养毅要求约见孙中山：

> 孙逸仙近曾见先生乎？仆等之于孙，踪迹欲稍疏耳，非有他也。而横滨之人，或有与孙不睦者，其相轧之事，不知如何，而极非仆等之意矣。孙或因滨人之有违言，而疑出于仆等，尤非仆所望矣。敝邦有志之人既苦希（稀），何可更如此相仇？仆欲一见孙、陈而面解之，先生有暇日，约会见于此间可乎？至仆等与彼踪迹不得不疏之故，仆见彼当面解之也。
>
> （《近代史资料》第七十四辑）

字里行间，梁启超觉得老师如此轻慢孙先生，非常不当。他急于想向孙、陈解释，生怕影响双方的关系。与此同时，他也想尽快和孙中山接触。

这也与梁启超在戊戌变法失败后，谭嗣同等同伴被害这血的教训带给他的深省与反思有关。他说："自居东以来，广搜日本书而读之，若行山阴道上，应接不暇。脑质为之改易，思想言论与前者若出两人。"他本来就是一个最善于吸收新生事物的学人，年方二十七八岁，又天资聪慧，中西学的造诣已经很深。对于他，也正是开始建树的时期。

尤其是办《清议报》，以及在大同学校给弟子讲学，都需要他如饥似渴地汲取崭新的知识。西方资产阶级思想理论家的政治营养，对他有一种奇迹般本能的领悟与消化。如在东京大同学校，三十多名学生多为流亡的维新志士，梁启超对这些学生大讲卢梭、孟德斯鸠等西方资产阶级理论家的学说，使学生的思想为之大变，以追求民主自由为己任。第一期学生冯自由回忆："所取教材多采用英法名儒之自由平等、天赋人权诸学说。诸生由是高谈革命，各以卢梭、福禄特尔、丹顿、罗伯斯比尔、华盛顿相期许。"他和学生一起，大谈民主、共和、自由、民权，甚至革命。学生秦力山、林圭、李炳寰等人"渐心醉革命真理，种族观念油然而生"，力主与孙中山合作。何况学生，梁启超自己可以说得更为激烈——"我们那时候天天摩拳擦掌要革命。""唤起民族精神者，势不得不攻满洲"，"破坏终不得免，愈迟愈惨，毋宁早耳。""启超既亡居日本，其弟子李、林、蔡等弃家从之者十有一人，才常亦数数往来，共图革命。"

梁启超如此的言行，正是这一批志士较早由改良向革命转化过程中的代表。

他大声疾呼：

> 今日之中国，积数千年之沉疴，合四百兆之痼疾，盘踞膏肓，命在旦夕者也。非去其病，则一切调摄滋补荣卫之术，皆无所用。故破坏之药，遂成之为今日第一要件，遂成为今日第一美德。

> (《饮冰室合集·文集》)

这是梁启超自己思想的一次巨大突破，也是维新派内部在变法失败后逐步分化的反映。

康有为去加拿大之后，梁启超与孙中山的交往开始，并日见密切。

孙中山对梁启超是什么态度呢？

非常信任。

孙中山在一八九九年三四月间，曾经给高崎寅藏有这样两封信：

> 兄果知其人诚实，可请于明日午后五时来见可也。

> 弟病气已消，今日已出外游行，以吸清气而抒体魄。某君前日来见时，弟已应言尽言，倘能如弟言去办，则于中国前途大有补益也。

（《孙中山全集》）

第一封中的"其人"，即梁启超。孙中山很喜欢梁启超的诚实。"午后五时"，可知他们很可能是"夜谈"。第二封信中的"某君"，亦梁启超。孙说"弟已应言尽言"，说明两人谈得非常融洽。

蒋百里的侄子蒋复璁的回忆可以佐证他们是如何会谈的："尝闻梁令娴女士称，其先君在日本日次年（1899），中山先生曾多次往访，二人大谈革命。一日令娴女士在隔室中闻孙梁二先生高声辩论革命之道，以为二人争吵，急趋探视，见其父回度于室中，孙先生则倚床而坐，各叙所见，状至融洽。"两个人都是热忱的性情中人，无拘无束，无遮无拦。

孙中山开天辟地的推翻清朝的动议、性格的魅力，显然让梁启超折服与倾慕。一九二五年孙中山在北京逝世，梁启超于次日在北京《晨报》上发表了《孙文的价值》。文中说："孙君是一位历史上的大人物，这是无论何人不能不公认的事实。我对于他最佩服的：第一，是意志力坚强，经历多少风波，始终未尝挫折。第二，是临事机警，长于应变，尤其对于群众心理，最善观察，最善应用。第三，是操守廉洁，最少他自己本身不肯胡乱弄钱，便弄钱也绝不为个人目的。"（当然，此文也提到了孙中山的缺点是"为达目的而不择手段"。文章发表后，梁去中山行馆吊唁，有国民党人质问他为何这样批评总理？梁只答："此仅感叹中山先生目的未能达到。"还是汪精卫出来打的圆场。足见梁此时依旧言无遮拦。）

梁启超在这里谈的对孙中山的佩服，看似简单，却是深有感触的，尤其提及孙中山在弄钱上的"廉洁"，"语含深意"——保皇会时，侨民踊跃捐了很多钱，有多少被人以"行保皇"为借口骗走？又被多少骗子和无赖之徒挥霍殆尽？而就是自己的老师康有为，花用这些侨民的血汗钱，也是大手大脚。这些，都是梁启超曾痛心疾首的，甚至急得要去出家做和尚。两相比较，孙中山作为一个政党的领袖"极峰"，这一点是高风亮节的，也是其成功的关键之一。

不仅如此，梁启超还将自己的朋友章太炎、唐才常、周孝怀等人介绍给了孙中山。这也使孙中山在早期的革命中，有了越来越多的可以一起对话、一起探讨、一起思考的精英同道。这一点，恰是孙中山求之不得的。

随着两人多次来往、探讨，商谈双方的合作，也已经提到议事日程。梁启超的话，是与孙中山"已订交"，而孙中山早已将梁启超称为"同志"，称他们之间"另有秘语，非局外人所知"。

革命派和维新派的合作，已经不仅仅是可能了，在梁启超的全力支持下，终于开始实施——唐才常等人正在发动自立军的勤王起义，孙中山更是非常支持。"当时自立会一面接受康梁领导，一面又遥戴中山先生，称之为'极峰'，均系通过容闳进行联络。"唐才常、林圭等由东京回国联络准备举事时，梁启超在芝红叶馆设宴饯行，孙中山、陈少白也出席了，孙还向他们介绍了去汉口联络兴中会成员容星桥。"各举杯庆祝前途胜利，大有风萧萧兮易水寒之慨。"

但同时，梁启超也是清醒的，当大家提出两派联合时，拟推孙中山为会长，梁启超为副会长时，梁启超马上问孙："如此则将置康先生于何地？"中山曰："弟子为会长，为之师者，其地位岂不更尊？"（《湖南历史资料》）

梁启超不会忘记自己的先生康有为。

但他又是最深知自己老师的人，他明白自己与孙先生的联合，康有为一定不会同意。他无法不陷入两难。自从结识孙中山后，他觉得孙先生的主张，恰恰是戊戌变法失败后自己一直在思考的问题能得到解决的最佳之路。这条路，也是无数有血性有志气的仁人志士一直在不屈追寻的路。保皇会为何就不能和革命党联合共举大业呢？

这时，恰是梁启超的思想斗争最激烈的时候，有人问，如康先生不同意怎么办？梁答："惟有请康先生闭门著书，由我们出来做去。他要是不答应，只好听他，我们也顾不了许多了。"

他是个明人不做暗事的人，干脆，敞开与老师说透，说明白。于是，就有了"江之岛结义事件"——一八九九年六月，在日本镰仓江之岛金龟楼，梁启超起草了一封给康有为的劝退书，即《上康先生书》。他率康门弟子十二人，韩文举、欧榘甲、罗普、罗伯雅、张智若、李敬通、陈侣笙、梁子刚、谭柏生、黄为之、唐才常、林圭，加上自己一共十三人，在劝退书上签名。后被称为"逆徒十三太保"。

梁启超在这里，遇到了天下所有志士常会遇到的"最痛苦不堪"之事，那就是与最初的恩师、上级、领导以及挚友，由于观念之变而面临的"世上最痛苦不堪之两难"。按说人各有志，恩师也是无法左右个人变化了的志向的。封建专制式的忠君意识，戕害了古今多少仁人志士？这一点，连康有为也是痛恨和反对的。康有为曾经在自己所著的《实理公法》一书中，在关于"师弟门"一节明确写道："公法：凡师之于弟子，人有自主之权。按：师弟一伦，全从人立之法而出，有人立之法乃有师弟。令其人有自主之权，所谓以平等之意，用人立之法者也。其最有益于人道矣。"

鼓吹"最有益于人道"的人，却往往会难有胸怀做出"益于人道"之事。该为古往今来的英雄豪杰一哭一叹。

只是，在这封数千言的《上康先生书》中，梁启超说得并不"策略"："国事败坏至此，非庶政公开，改造共和政体，不能挽救危局。今上贤明，举国共悉，将来革命成功之日，倘民心爱戴，亦可举为总统。吾师春秋已高，大可息影林泉，自娱晚景。启超等自当继往开来，以报师恩。"

也难怪康有为一看就气坏了！康这年仅仅才四十二岁，如何来的"春秋已高"？怎么就成了"晚景"？正因为康有为太喜爱这个几乎与自己齐名的高徒，这个"天纵之才"般的左膀右臂，他岂能善罢甘休？

一直不主张和孙中山联合的麦孟华、徐勤也很快给康有为写信"告状"，说梁启超这是落入了孙中山的圈套。怒不可遏的康有为写信痛斥了梁启超，认为这是明目张胆的背叛，还发动弟子们声讨，"小子鸣鼓而攻之可也"。

面对恩师的一番责骂,梁启超没有申诉和坚持就即刻"败下阵来"。他太性情了。从私交和感情上来说,他觉得无颜以对老师。心中其苦,腹中两难,都无法诉说了。他只有"洗心涤虑"地悔过吧。一九〇〇年四月,他在给叶湘南、麦孟华、罗孝高的信中深深地自责。

这足见梁启超是一个真诚的人。前番"告变",出自真诚;如今悔过,也同样出自真诚。人本来就是一个矛盾的综合体,谁能不允许年轻人犯错?谁能不允许一个人心中"交战"般的思想斗争?梁启超自己说过,自己"其保守性与进取性常交战于胸中,随感情而发,所执往往前后相矛盾"。

但历史不会忘却,正是梁启超在一九〇〇年前后的这几年,他用自己独特的思考而形成的激进思想,鼓吹民主自由,抨击封建专制,全面介绍西方文化,对晚清一代青年的激励和启示,对他们走上反封建反专制的革命之路,功绩大焉!

康有为知道如梁启超等人继续留在日本,与孙中山及革命党人瓜葛是难以割断的,同时,也怕梁启超率大部分弟子"另立山门"。老谋深算的他"急为釜底抽薪之计",立派叶觉迈赴日,令梁启超立即往檀香山办理保皇会事务,不许稽延。命欧榘甲往澳门保皇总会。果然,被称为"逆徒"的"十三太保",随着梁、欧的离去,只能解散。至此,两派合作的"大举"流产。

梁启超到檀香山后,给孙中山写了一封长信,道出心中之难言。同时,他也真诚地向孙提出,保皇会的保皇和"以勤王而兴民政",与当前的时势是最相宜的策略。他在信中首先对孙的倒满充分肯定,认为是"公义"。这是康有为坚决反对的。其次,他希望双方合作的事,继续下去。从"草创既定,举皇上为总统"来说,很可能他早已和孙提过此议,孙似乎认可(孙其实并不认可,也可能在会谈时认可但仅是策略)。你既然认可,我的保皇自然也是革命。最后,梁启超告诉了孙文,自己所做的保皇会和勤王之事,半年后会有一个结果。他希望孙理解自己目前所作,因为前景是乐观的,到时与孙"握手共入中原"。

"明则保皇，实则革命"，这是梁与孙之后出现重大分歧，甚至决裂的根源。两人远隔两地，沟通困难，也是原因之一。

当时，孙中山的想法，还是想将各派联合在一起，共同倒满。这个"各派"中，有康有为的保皇派，也有国内李鸿章等各总督。

> 在中国的政治改革派的力量中，尽管分成多派，但我相信今天由于历史的进展和一些感情因素，照理不致争执不休，而可设法将各派很好地联成一体。作为众望所归的领袖，当推容闳，他曾任驻美公使，在国内也颇孚人望。此外，对国内的李鸿章等各总督以及康有为一派也应重视，暗中联络，这样料可以使政治改革方案得以渐次施行。
>
> （《孙中山全集》）

可见孙中山心目中的领袖，是容闳，而不是光绪。

这是孙中山在艰难时期曾经的"方针"，所以也不能对梁启超此时所做的保皇行动，就简单认为是对孙中山的"背叛"。双方之后反目相互攻讦，是以后的事，不是当时。

但康有为却没有孙中山的胸怀，他一直极其警惕孙中山的崛起，将影响到自己的地位和"地盘"。

半年之后，唐才常勤王失败。一九〇〇年八月，康有为还没有忘记梁启超的"江之岛事件"，还是耿耿于怀，甚至有人说愤怒的康对梁"动了家法"。据康有为之女康同环的女婿李云光回忆：

> 康氏打了一个电报，要梁氏到香港相会。梁氏到了香港，住亚宾律道一号去见康氏，那里是一座两层楼的洋房，是保皇会的秘密会所，那时亚宾律道三号的房子还没有买下。康梁相见检讨汉口起义失败的事，又转到君主立宪的道理，后来又责问江之岛结义的事，认为梁氏领导十余人倾向革命，便是忘了光绪皇帝的救命大恩，做出忘恩负义之事。应当记

得百日维新之时，守旧党要杀我们而甘心，湖南举人曾廉上书，举劾我们反满，大逆不道，应处以极刑。若非光绪皇帝全力卫护，我们早被杀头，哪有今日？当时你口口声声颂扬皇帝恩德，现在却要革他的命。康氏越说越生气，就顺手拿了一个夹着报纸的报夹子，向梁氏掷过去，口中大叫："你的命是光绪皇帝给你的！"虽然康氏无意真打，一击不中，梁氏却大惊跪下，俯首认罪。从此确定了"保皇"的路线。

（夏晓虹编《追忆康有为》）

梁启超并没有被"击中"，他与恩师的分歧，仅仅是一个开始。

"自立军"和唐才常之死

死去的唐才常、林圭和梁启超一样，都是"逆徒十三太保"之一。

唐才常其人，太像谭嗣同。

唐比谭嗣同大两岁，生于一八六七年，字伯平，号黻丞，后改号佛尘。长沙府浏阳县人。他出生在一个破落的官僚之家，少时就聪颖好学，在岳麓书院求学时，结识了同乡的巡抚之子谭嗣同，两人相交甚密。后来，他与谭嗣同一起被人们称为"浏阳二杰"。

他是贡生出身，后曾到武昌两湖书院求学，也算是张之洞的门生。甲午战败，康有为在京师发起"公车上书"，在两湖书院读书的唐才常深受维新变法的影响，于一八九六回到长沙，与谭嗣同一起在浏阳兴办算学馆，后积极参与时务学堂、南学会的创办，同时担任《湘学报》《湘报》主笔，成为湖南维新运动的中坚人物。

唐才常的学养深厚，文笔很好。当时有人称赞说其"所为文有雄直气，高洁稍不及谭（嗣同）。两人少同游，长同志，订为生死交，才名亦相伯仲"。谭嗣同对这位仁兄，称为"刎颈之交"——他在介绍《湘学报》时说："……主笔者为同县唐黻丞拔贡才常，嗣同同学，刎颈交也。其品学才气，一时无两。"

一八九七年冬，梁启超来湖南主持时务学堂工作，谭嗣同将唐才常介绍给梁启超，梁请唐才常、谭嗣同为中文教习。

梁启超、谭嗣同、唐才常，历史终于给了晚清的这三个最有志向和才气的精英一段美好的时光。三人一起办报，一起授课，一起探讨，几乎天天在一起，结为最亲密的挚友。正是他们相互的启发和激励，给湖南带来了一股清新的维新和革命之风。而梁启超就是在这里，大胆地提及了很多对封建专制下的清朝统治必须认清而革命的观点，也就有了被人弹劾差点被杀头之祸事。此事也殃及到康有为，幸亏光绪保护了他们。

唐才常的观点，和谭嗣同一样非常激进。谭嗣同认为君权不是天生的，"生民之初，本无所谓君臣，则皆民矣。民不能相治，亦不暇治，于是共举一民为君"。唐才常认为自秦朝以来，正由于君主的专制，才使日月惨淡。这惨淡的日月要变，要翻过来，唯有推动中国由专制走向民主，他愿从自己做起：

吾能使吾君公权于国，公权于天，赫然如俄之大彼得，日本之睦仁，尽变祖宗成法，与天下更始，则吾虽犯天下之大不韪，负天下恶名，也在所不辞，粉身碎骨不足惜。

(《唐才常集》)

谭和唐都对康梁的戊戌变法十分敬佩。

有人说"浏阳二杰"是因为追逐名利而依附康梁。唐才常曾经在给老师欧阳中鹄的信中，称赞他眼中的康"以天下为己任，生死祸福早已度外"，称赞梁"汪洋千顷，外似温柔内实刚劲"。(《唐才常集》)

在戊戌变法的最关键时刻，谭嗣同急电唐才常带人进京相助。唐才常刚刚赶到汉口，慈禧政变的屠刀已下，六君子血染菜市口。唐才常闻讯大哭，在挽联的上联中悲痛地写道"忍不携二十年刎颈交，同赴泉台"，意思是，"要走，你也该和我一起走啊！"他原准备赴京为谭嗣同收葬，行至上海，听到谭的骸骨已被湖南同乡收起南下，便返湖南后去了上海，再东渡日本。

康有为逃亡抵达日本后的第五天，和唐才常见了面。唐才常执弟子礼，拜康为师。

血气方刚的唐才常面对康梁，言起为六君子报仇和勤王的计划，准备在"湘、粤及长江沿岸各省起兵"。康有为早就听谭嗣同和梁启超介绍过唐才常，马上被唐"树大节，倡大难，行大改革"的气魄深深感动。"勤王"，正是康有为此时最朝思暮想的事，他很快和梁启超等人与唐才常开始周密筹划。"其眼中之徐敬业，舍唐莫属。"

他派唐才常先归国秘密策动长江沿岸的会党加盟，尽快形成一支自己的队伍。

这一计划，他们筹备了一年半之久。

唐才常奔波于上海、香港、南洋之间，与哥老会等会党频繁接触。

随着康有为到加拿大后所组建的保皇会日益发展壮大，"勤王"之举开始启动。

此时，唐才常和梁启超一样遇到了相同的问题，即关于和孙中山等革命党的联合问题。他与孙中山的联合之心，比梁启超还要急切。一方面，是由于兴中会的成员毕永年介绍他和孙中山相识后，他觉得应当和孙合作。另一方面，他又坚定地主张勤王，让光绪继续掌权主持维新大业。他曾向康有为再三提出应当借助孙的力量，康有为否定了他提出的联合建议，但对他"借助孙的力量"这一点，未置可否。

唐才常是勤王起义的具体操作者，总指挥。他的心很大。他觉得要做成这样一件惊天动地的大事，两方面的力量都不能缺少。康有为承诺的经费保证，加上孙中山的兴中会以及各地会党力量，均应当借助。

一八九九年夏，唐才常再来日本，与梁启超确定了夺取汉口为基地，挥师北上的勤王计划。

秋，唐才常与孙中山秘密会见。孙正筹划惠州起义，同意帮助唐才常的"长江起兵计划"。决定由唐才常、梁启超的学生林圭先回国联络发动会党，组织义军。林归国前，梁启超在红叶馆为唐才常和林圭设宴钱行（因唐也将在处理一些事务后回国），孙中山、陈少白、平山周、高崎等人皆出席。孙给林圭介绍了容闳的弟弟，正在汉口的兴中会成员容星桥，还派毕永年与日人平山周去湖南、湖北帮助林圭联络哥老会。十一月，唐才常回上海。

冬，唐才常根据康有为的指示，在上海组织成立"正气会"，宗旨为"务合海内仁人志士，共讲爱国忠君之实，以济时艰"。"对康梁则曰勤王，对留学生则曰保国保种"。不久，唐又根据康有为的指示，将"正气会"改为"自立会"，联合各路会党筹组"自立军"。

这样，在晚清的中国，一个非常奇特的现象出现了：一批爱国的文人、留学生与结构非常复杂的会党联合在了一起，谋取这场将"开天辟地"的武装起义。本来似乎风马牛不相干的两帮人，竟然会合在了一道，来做起这样一件"惊天大事"。孙中山是这样做的，唐才常此时也只能这样做。

自立军分前、后、左、右、中，以及总会亲军和先锋营共七军。唐才常为"总统领"（也称总统兼总粮台），亲自指挥总会亲军、先锋营；中军驻扎汉口，为自立军总部，由林圭、傅慈祥统领；前军在安徽池州大通县，秦力山、吴禄贞统领；左军在湖南常德，陈独龙统领；右军在湖北新堤（今洪湖），沈荩统领；后军在安徽安庆，田邦璿统领。这七个军总人数约两万人。

可以看看各军主要的统领指挥者，除唐才常外，林圭、傅慈祥、秦力山、田邦璿四人都是梁启超在湖南办时务学堂时第一班的学生，也是学堂教习唐才常的学生。而唐才常这年仅仅三十三岁，这些学生多么年轻！吴其昌在《梁启超传》中说：

当初时务学堂第一班的学生只有四十人，而五分之二都成了革命先烈或开国名人。庚子汉口革命之役，教习唐才常率领学生林圭、李炳寰、田邦璿、蔡忠浩、傅慈祥等二十余学生，受孙、梁共同的指挥，联合会党举义兵不成，踏着"戊戌六君子"的碧血，而碎首成仁于国贼张之洞之手。以上六人，就是所谓"庚子六君子"！……这样一种"设备不具"的学堂，竟培养了如此伟大、质量俱优的杰出人才……

这样的一批"师生"，出现在这样混乱黑暗的晚清，中国革命史上，实在应该重重记上一笔。

长江流域的"哥老会""大刀会"等会党，多是些活跃在社会底层的劫富济贫行侠仗义的"绿林"，成员中乌合之众很多，带有浓厚的江湖色彩。他们有不同的帮派，各立"山堂"，首领为"龙头"。唐才常为了拉拢他们效力，不得不仿照会党的办法。自立军也成立了"富有山堂"，康有为列名为龙头之一，唐才常、梁启超、林圭等人为副龙头。另外，沿袭会党的做法发行了自立会"富有票"三十万张。此票低价出售，入会者皆发一张，作为自立军的凭证。持此票可有一定的安全保证，起义成功后尚可兑现现金。售票的这笔钱对自立军军费也是一个补充。据说当时的入会者竟达十万人之多。

据参加过自立军的慈利人吴良槐回忆，一九〇〇年夏天，自立军的指挥部设在汉口租界的一栋楼房，林圭负责。每个加入自立会的人入会都要杀鸡喝雄鸡酒。林圭"面貌清秀，高而瘦，说话时目光四射"，他在一间很闷热的房间里对入会的人说："今日救国，非要大改革不可。排满也好，勤王也好，我都不管，大家就是起来一起造反！"

有一天，吴随林圭去鹦鹉洲看新军操练，他们在操场走了一圈，出操的很多士兵都向他们打出一个特殊的手势，表明他们已经入会。这说明在新军官兵中也发展了很多会员。据说除湖广总督张之洞的亲军营，武汉三镇的新军官兵多数都加入了自立会。

在安徽负责"前军"的统领秦力山更是幼稚，他曾一人北上，到天津去求见了义和团的大师兄，劝说这一支义和团的队伍将"扶清灭洋"改为"勤王排满"，与自立军一起起事。义和团恰恰恨透了光绪和康有为及留学生，认为他们和洋人一样可恶，结果，算客气，秦力山被轰出了门去。

一九〇〇年夏天，在两湖地区的各重要口岸，如汉口、襄阳、沙市、荆州、岳阳、长沙等地，都有了自立会的集合地点。汉口街头巷尾已在纷纷传说，一位总司令就要统领自立大军打到北京去，救出皇帝。

一九〇〇年七月二十六日，在康有为的幕后策划下（康梁的逋臣身份，不便公开），唐才常邀集了各省驻上海的社会名流八十多人，以"保国保种"为名，在上海英租界张园召开"国会"，也叫"中国议会"。会上选举了容闳为会长，严复为副会长，唐才常为总干事，成立了"中国国会"。"中国国会"的宗旨是：一、保全中国自立之权，创造新自立国；二、不认清政府有统治中国之权；三、请光绪皇帝复辟。会上，章太炎反对"反满却拥帝"，认为这是"托名勤王而志在革命"，当众剪去辫子、脱下长袍改换西装以示抗议并宣布退会，与唐才常绝交。毕永年也在劝说三日后离唐而去。

京师义和团起事风起云涌。康有为觉得勤王的机会成熟，应加快起义步伐。

八月初，八国联军进逼北京。不久慈禧太后和光绪帝西逃。

唐才常决定于八月九日起义。安徽、江西、湖南、湖北同时起事。

但由于汇款未到，时军械不足，只能推迟。几个会党的首领宣布退出。

因长江戒严，远在安徽大通的前军秦力山没有接到推迟起事的通知，八月九日准时起事。秦力山带七百人杀出，孤军奋战三天三夜（有说七天七夜），一举轰毁大通盐局，占领大通县城。两江总督刘坤一、安徽巡抚王之春调两省清兵进剿，自立军终被击溃而失败。

唐才常九日从上海急急赶到汉口，决定八月二十二日起义，先攻占汉阳兵工厂解决武器装备，占领武汉后北上西安救光绪帝。

但八月二十二日，张之洞抢先下手，照会汉口的英国领事，要求租界准许清兵入内抓人。八月二十三日凌晨，租界巡捕与清兵一起包围了自立军起义总部及轮船码头，唐才常、林圭等二十多人被捕。

一个流传的说法，是唐才常之前去理发店理发时，遇到一个自立军的人，两人不慎谈起起义的事，被理发匠告发。清兵当夜包围自立军总部的时候，唐才常当时恰不在总部，而在宝顺里机关。他的随从李荣盛劝他快快翻墙上房逃走，他从容地坚决拒绝，说："予早已誓同生死！你快快走吧。"李感动得大哭，说："先生舍生忘死，我岂能做怕死鬼？"旋而清兵赶到，唐才常笑着昂首受缚。

据亲历者汪治庵说，唐被抓出门时，"面无惧色，仍时与其同志谈笑自若"。和唐一起被捕、因年纪小后被放的田邦璿的弟弟田均卜回忆，当夜从汉口过江，带去武昌的巡抚衙门审问，在船上，唐才常对他还面带笑容，随后抬头望了望天，说了句："好星光啊。"

张之洞派郑孝胥审问。审讯时笔供，唐才常只写了"湖南丁酉拔贡唐才常，为救皇上复权，机事不密请死"二十一字。留下的话是："此才常所为，勤王事，酬死友，今请速杀！"

当夜二更，唐才常等十一人被匆匆押至武昌大朝街滋阳湖畔杀害。临刑前唐大呼："天不成我的大事！"他与他的学生林圭、田邦璿、傅慈祥等一起赴难。

他的首级被悬挂于汉阳门上。

据说他在临难时留下了一首诗，只有两句保留了下来：

七尺微躯酬故友，一腔热血溅荒丘。

唐才常的弟弟唐才中，也被杀于长沙浏阳门外。

唐才常等牺牲后，自立军会员遭大肆追捕追杀，被血腥屠杀者达上千人。

戊戌之难，仅为六人。庚子勤王，死难者除唐才常师生十一人，还有上千名冤魂。论"千"之杀，血流成河矣。

这样的屠杀，与在十一年后仍然在这里起事成功的"武昌起义"，是有关联的。

张之洞不能不背上了一个"狂屠书生"的恶名，连对自己的弟子都这样"杀人不眨眼"。

唐才常之死，死在自己的"老师"手里，也死在英国人手里。

第十七章 『君主立宪』与『排满革命』之战

"庚子勤王"惨败之后，康有为积毁销骨，大病一场。

在香港的二女儿康同璧赶到槟榔屿来服侍照料父亲。

隐居养病吧。

一九〇一年十二月，康有为偕夫人梁随觉、女儿康同璧离开槟榔屿，乘船前往佛国印度北部的山城大吉岭。

在这里，他隐居住了一年多。

选择来印度，一是躲避追杀，二是还有个目的，他要完成自己的一部最重要的著作:《大同书》。

其后，他开始了游历世界和与革命党人的论战。

与孙中山等革命党人的这场论战，几乎延续了他整整的后半生。

依旧是"一败再败"吗?

是。

落花流水春去也。

但他留给我们的丰富凝重的思考，却又绝不是"失败"两个字就能承载和包容得了的……

《大同书》是一部"旷世之作"

《大同书》是一部奇书。

从一八八四年二十七岁酝酿并开笔写作二十余篇，到一九〇二年四十五岁最终完稿，其间跨度为十八年。

这是康一生中，最重要的一部著作。

连写作过程，也有些"奇"——都是"病前病后之作"；都与"一座山"有关。

一八八四年秋冬，中法战争兵震羊城，全城戒严，为避兵回到故乡银塘乡澹如楼读书。当年十二月起，如中魔法，从显微镜的万数千倍，到光速的一秒数十万公里，想到孔子据乱、升、平、太平之理，以三世推将来，想到地球，到天、地、身、魂……想到应当以"仁"为主，奉天合地，国家、种族、教派都将合为一起。地球统一了，人类的语言、文字、饮食、衣装、宫室会如何？男女如何平等，人民通用的公法该如何，五百年以后会如何？千年之后会如何……

一个晚清的文人，他在想地球、世界、全人类的事。

这不奇怪，几年前他就"病"了：二十一岁时"忽绝学捐书，闭门谢友朋，静坐养心……忽见天地万物皆我一体，大放光明，自以为圣人，则欣喜而笑。忽思苍生困苦，则闷然而哭……"

于是开笔写这部书，最初叫《人类公理》。

也许是想得写得太累太苦（写这样一部"前无古人之书"，无法不太累太苦），一八八五年春，突然头痛大作，几死，连看文字都困难了，裹着头数月不出。可能是觉得自己要病死了，开始检视自己的"遗稿"，"从容待死，乃手定大同之制，名曰《人类公理》。以为吾既闻道，既定大同，可以死矣。"死就死吧，书已大略写出，临死无憾也。于是，到西樵山白云洞高士祠养病。

注意，这时他为养病再次来到西樵山。几年前，这里是他最苦闷的时候转而学佛，曾走入佛国的地方。也就是在这里，他结识了张延秋。

十八年后，他再次大病了。这一次，来到了印度大吉岭。印度是佛国圣地啊。而大吉岭距离喜马拉雅山的干城章嘉峰，仅八十公里远。他骑着马攀登了这座喜马拉雅南麓的雪山，在"世界屋脊"上走了九天。一九〇二年上半年，他用了半年的时间，完成了《大同书》的修订。

站在高处，看这世界会更清晰吧。

从西樵山，到喜马拉雅山。从初稿的《人类公理》，到完稿的《大同书》。从故乡，真的走向了世界。

或许是因病养病，反而有了静思写书的时间。病与死在一起；死与他的这部最看重的耗尽心血之作在一起。这是一部寄托着他的"死前之愿"的书。

这部书，前后写了近二十年。

成书后，他感慨万千，赋诗《大同书成题词》道：

千界皆烦恼，吾来偶现身。
狱囚哀浊世，饥溺为斯人！
诸圣皆良药，苍天太不神。
百年无进化，大地合沉沦。

此书成书后，康有为决定暂不公布于世，近十数年一直"秘不示人"。原因在于"既而思大同之治非今日所能骤及，骤行之恐适以酿乱，故秘其稿不肯以示人"。梁启超曾多次请康有为付印此书，康都未许。直到一九一三年，才于《不忍》杂志刊布了甲、乙两部分。将这两部分印成单行本，是到一九一九年了。康在生前，没有看到全稿的出版。

可以大略看看，这是一部什么样的书。

全书共三十卷，约二十一万字，分为十部。甲部《入世界观众苦》，论谋求大同的缘由；乙部《去国界合大地》，论实现大同的步骤；丙部《去级界平民族》，论人类平等；丁部《去种界同人类》，论种族平等；戊部《去形界保独立》，论男女平等与婚姻；己部《去家界为天民》，论取消家庭；

庚部《去产界公生业》，论经济制度；辛部《去乱界治太平》，论大同世界的社会管理；壬部《去类界爱众生》，论人与其他生物的关系；癸部《去苦界至极乐》，论大同之世人生所享之乐。

这真是一个"没有剥削和压迫"的美丽世界。

在大同社会的人，怎样生活？梁启超在《清代学术概论》中，这样概括：

一、无国家，全世界置一总政府，分若干区域。

二、总政府及区政府皆由民选。

三、无家族，男女同栖不得逾一年，届期须易人。

四、妇女有身者入胎教院，儿童出胎者入育婴院。

五、儿童按年入蒙养院及各级学校。

六、成年后由政府指派分任农工等生产事业。

七、病则入养病院，老人则入养老院。

八、胎教、育婴、蒙养、养病、养老诸院，为各区最高之设备，入者得最高之享乐。

九、成年男女，例须以若干年服役于此诸院，若今世之兵役然。

十、设公共宿舍、公共食堂，有等差，各以其劳作收入自由享用。

十一、警惰为最严之刑罚。

十二、学术上有新发明者及胎教等五院有特别劳绩者，得殊奖。

十三、死则火葬，火葬场比邻为肥料工厂。

再看看康的"具体"想象：

——破除国界，没有国家，"无国土之分，无种族之异，无兵争之事"。全球的社会行政组织为三级。最高为"全地大同公政府"，第二级为各度（以经纬度而划）自治分政府，设会议院、上议院、下议院、公报馆。第三级是地方自治局。无帝王，无总统，无世爵贵族，无阶级，无军队，无法院，无监狱。人民享有高度选举权、被选举权，各级政府官员、议员均由民选。各级政府的任务是组织生产、分配、文教和公共福利事业。

——消灭家庭。教养子女、赡养父母等全部由社会承担。

——各地方自治政府均设有博物馆、图书馆、音乐馆、美术馆、公游园、动物园、植物园、讲道馆、测候台、公报馆等，供人参观、学习、游乐。

——物质极大丰富，衣食住行极其豪华舒适。衣服能"藏热反光，驱寒纳凉"。食品已做成精汁，营养成分高利于养生长寿。要用餐，按一下桌上的机关，食品就输送而来。饭馆里有机器人穿梭服务，用餐伴有音乐。住房更是金碧优雅，如玉楼瑶殿，房间的温度可以调节，冬暖夏凉。更为高级的，还有"行室"和"飞屋"。"行室"在轨道上可以到达想去的湖滨山麓。"飞屋"在空中飞翔，可以随意飞往各地。交通陆地有铁轨屋车、电车，水上有自行之舟，空中有飞屋和汽球。"人人挟有一自行车"，速度"比于今者或百千倍焉"。更奇特的是，还可以"乘光、骑电、御气而出吾地，而入他星"，去外星球"天游"。人人每天劳动三四小时或一二小时，余时尽情去读书、游乐、上公园、看戏、听音乐。

——按人们的才能、成果取等级不同的工资，最低工资者也必须达到丰衣足食。无贫富之分。"懒惰"者、不劳者也会有被开除公职等的处罚。奖智奖仁，给贡献大的智者、仁人以高额奖金和荣誉。

——无论工厂、农场、商店、旅馆，到处都有医生，每天检查身体。人人由于养生日精，加上药物灵验，人的寿命可由一二百岁而渐至千数百岁。最终将实行安乐死，经医生诊断，"知其无救，则以电气尽之，俾其免临死呻吟之奇苦焉"。

——康有为认为，人之所以犯罪，一是因穷困，一是因色欲。到了大同社会，人的素养高了，少有学校之教，长有专门生计。因为没有了家庭，也就没有夫妇之名。男女交合之事，人人各始其欲而给其求，荡荡然无名、无分、无界、无限，人人可得，不再有强合、占夺、抢夺之事；人人可合，故不再有通奸、逼淫之名；无亲无故，故不再有乱宗、渎沦、烝报之恶。"男女婚姻，皆有本人自择，情志相合，乃立合约，名曰交好之约，不得有夫妇旧名。男女合约当有期限，不许过长，长不过一年；也不许过短，短必满一月。期满后还可续约。两人永好，固可终身；若有新交，听其更订；旧欢重续，亦可寻盟；一切自由，乃顺人性而合天理。"

——妇女一怀孕即入"人本院"实行胎教。婴儿三至六月入育婴院。三至六岁入慈幼院。六岁入小学院。十一岁入中学院。十六岁入大学院。毕业成才者由大学向各业公所推荐；无人聘用，则俯就贱业。凡无业无食者入恤贫院。病人入医疾院免费治疗。六十岁入养老院。

——养老院六十、七十岁者，每人一个护工服侍；八十岁两个护工，增加十岁再加一护工。院中庭院楼阁、林园。饮食、起居、衣服皆佳。每人一室，附设卧室、书室、浴室。院中有戏场、乐场、舞场，老惫难起者有电话线入室中可以卧听。非人不暖，许可男女同居。院中有书画乐玩室，有讲堂讲道。每日一人有两名医生诊视。养老院择地应在海滨、山麓、河畔，避开墓地、市场、工厂。

"务穷极人生之乐，听人自由欢快，一切无禁。"

这是一百多年前，一个广东的书生凭着天马行空的设想，所描绘出的一个奇特又活灵活现的海市蜃楼般的未来。

这是他的希望和理想。

这是他为整个人类勾画的蓝图。

此书最重大的价值，在于康为何要设计这样一个大同社会。他认为：只有一个原因，现实的苦难深重。

他把现实世界的苦难，归结为六类三十八种：

一、人生之苦：投胎、夭折、废疾、蛮野、边地、奴婢、妇女。

二、天灾之苦：水旱饥荒、蝗虫、火焚、水灾、火山、屋坏、船沉、疫疾。

三、人道之苦：鳏寡、孤独、疾病无医、贫穷、卑贱。

四、人治之苦：刑狱、苛税、兵役、有国、有家。

五、人情之苦：愚蠢、仇怨、爱恋、牵累、劳苦、愿欲、压制、阶级。

六、人所尊尚之苦：富人、贵者、老寿、帝王、神圣仙佛。

这些苦难的根源，康有为归纳为"九界"，所以要"去九界"：

第一曰去国界，合大地也；

第二曰去级界，平民族也；

第三曰去种界，同人类也；

第四曰去形界，保独立也；

第五曰去家界，为天民也；

第六曰去产界，公生业也；

第七曰去乱界，治太平也；

第八曰去类界，爱众生也；

第九曰去苦界，至极乐也。

在阐述为何要去"九界"时，康有为终于闪现出一个思想家的光辉，他向世界的独裁统治者和封建专制下的君权和夫权，以及封建道德礼教宣战："亚历山大、嬴政、摩诃末、成吉斯、拿破仑者，皆古今命世之雄，而杀人如麻，实莫大之民贼也。"

对农民，他说："农民穷苦，胼胝手足以经营之，而终岁之勤，一粒无获，宜其怨苍苍之大憾，而嗟上帝之不仁也。"

对矿工，他说："彼采矿者，深入洞穴，潦水露肤，燃火以作。煤矿尤甚，炭气重灼，身手漆黑，触鼻作恶。常人一刻而难受，矿夫终身而力作，洞穴或裂，压死不觉。"

对华侨，他说："只身弃家，渡海万里，开山拓殖，或非或美。卖身为奴，听主鞭笞，驱若马牛，瘴毒缠罹，死亡莫问，呼天谁知？"

对妇女的种种虐待和不平等，他说："同为人之形体，同为人之聪明……而忍心害理，抑之、制之、愚之、闭之、囚之、系之，使之不得自立，不得任公事，不得为仕宦，不得为国民，不得预议会，甚且不得事学问，不得发言论，不得达名字，不得通交接，不得预享宴，不得出观游，不得出室门……遍屈无辜，遍刑无罪，斯尤无道之至甚者矣。"

西方的私有制，他认为将造成贫富分化。"富者愈富，贫者愈贫"，伦敦、巴黎、纽约等世界最繁华的大都市，依旧是贫民的地狱，这是因为资本家操纵和控制造成的。

这些都好理解，但他何故要"除去家庭""去家界为天民"？无论是古今中外之人，都会觉得怪异。

这是做不到的，永远无法做到的，也是不应该的。但在他分析说明的"理由"中，直到今天，对我们仍有一定意义上的启示。

他认为人类自从有了"家庭""家族"之后，就变得自私了。自私是万恶之源，"家庭""家族"也是万恶之源。自给自足、自殖自种的小农经济下，使人人只能"自亲其亲"。同姓亲之，异姓疏之，两姓相斗，两姓相仇。就是富有的人，捐助善事，也是为荫其后人宗族，不会去管别的宗族。这样一来，一个国家，就分为千万亿个只顾自己的家族，造成整个国家的贫弱。就是在一个家庭内，祖父、兄弟、子孙、妇姑、叔嫂之间也是各有各的主意，私谋自己，于是怨毒苦恼谬种流传。"人人皆当私其子孙，安得多有余财以博施济众乎！"都存欲富之心，而又不可得时，诡谋、欺诈、杀人越货、作奸杀夺、贿赂……就层出不穷了，且"愈布愈大，愈结愈深，人性愈恶，人道愈坏，相熏相习，无有穷已"。

所以他总结说："故家者，据乱世人道相扶必需之具，而太平世最阻碍相隔之大害也。"

如今，我们说世上的"万恶之源"，是由于"阶级、剥削、压迫"造成的；但封建和旧家庭宗族的遗毒，何故直到今天还如此"根深叶茂"？不需要我们反思吗？

康有为，在一百年前的清朝，就在《大同书》中提出了渴望一个"没有剥削、没有阶级、没有压迫"的理想社会，这不是"远见卓识"？不是"惊世骇俗"？书中，他的种种局限、幼稚、错误、偏颇，都无法掩抹去这个罕见的、充满人道主义的思想家的光辉。

什么样的人才能写出这样一部书？一个一脑子功名利禄、权谋算计的文人政客，是不可能也不屑于去为天下苍生来做这样艰苦卓绝的思考、考察、写作的，他们早已失去了以悲天悯地为情怀的想象力，只会以不择手段而算计谋划一己的成功与高处凌驾于众人的显赫。

难怪梁启超、陈千秋等弟子，当年一见康有为，听了他惊世骇俗的学说后，马上便五体投地般追随。那时，康就向弟子常常提及"大同世界"。

无独有偶,在康有为开始写作《大同书》的四年后,一八八八年,美国的空想社会主义作家贝拉米写出了小说《回顾》,讲一个年轻人在波士顿睡了一觉成了"僵尸",睡到二〇〇〇年后醒来,发现世界发生了巨变:生产资料公有,儿童由国家教养到二十一岁,人人按才能有好的工作,男女平等,用餐进公共食堂,生活电气化,各国没有战争,总统由选举产生,公职人员廉洁奉公,全社会物质极大富裕。一八九四年英国传教士李提摩太和中国人蔡尔康将此小说改名《百年一觉》翻译过来。不久,小说在《万国公报》上连载。

康有为从《万国公报》上看到了这部小说,他在给弟子上课时提及《百年一觉》说:"美国人所著《百年一觉》一书,是大同的影子。《春秋》大小远近若一,是大同极功。"(《南海康先生口说》)

《大同书》在一九〇二年完成,后又做了多年的订正和修改。一九三五年,在康有为去世八年后,才由其弟子钱安定将全稿交中华书局出版。一九五八年后,美国、苏联、德国、日本等国翻译全书或翻译节选出版。

章太炎愤起发难

就在康有为潜心著书印度大吉岭的时候,"后院起火"了。

首先是他在大吉岭接到了南北美洲诸华商发来的书信:"义和团事平已半年,而西后、荣禄仍握大权,内地纷纷加税,民不聊生,保皇会备极忠义,而政府反以为逆党,事势如此,不如以铁血行之,效华盛顿革命自立,或可以保国保民。"(《康有为政论集》)

这是南北美洲保皇会成员们的愤怒与反思,也是对康有为保皇主张的质疑:我们如此竭尽忠义来挽救皇上,换来的是什么?清廷颠倒是非,把我们打成逆党,大肆迫害和镇压会员在国内的亲属,而西太后和荣禄依旧牢牢掌握大权,开始与洋人打得火热,西后提出"量中华之物力,结与国之欢心"。这样卖国的结局，使国内暗夜依旧，民不聊生，我们难道不该反思自己的保皇路线吗？这样的清廷，难道不该以铁血和革命来推翻？

这是愤而革命的呼声。

康有为"览书惶骇"。

更为让他焦虑头疼和坐立不安的，是自己的弟子们也开始纷纷倡言革命不说，梁启超、欧榘甲等人简直就是在"点燃革命之火"。

就连原来最反对革命的弟子徐勤，也开始公开在报上倡言革命与排满了，他在给老师的信中说："今日稍聪明者，无一人不言革命，即现同门同志，同办事之人，亦无一人不如是。即使虽制之，口虽不言，而心终以不为然也。至于东中（日本）、米中（美国）游学诸生更无论矣。"（徐勤《致康有为书》）

而梁启超几乎就是在批驳老师康有为的保皇主张：

> 今日民族主义最发达这时代，非有此精神，决不能立国。弟子誓焦舌秃笔以猢之，决不能弃去者也。而所以唤起民族精神者，势不得不攻满洲……满廷之无要望久矣，今日日望归，望复辟，夫何可得？即得矣，满朝皆仇敌，百事腐败已久，虽召吾党归而用之，亦决不能行其志也。
>
> **（梁启超《与夫子大人书》）**

梁启超的预言十分尖锐，我们即使保皇成功又能怎样？清廷是绝对不可能按我们的意愿行事的，我们不是在白忙吗？这样腐败的政府不去破坏它、推翻它，如何来救国立国？真正要唤起民众，必须排满和革命。

欧榘甲更为激烈，他发表长文《论广东宜速筹自立之法》，大声疾言广东必须摆脱清廷的统治而独立，给全国做出榜样，待各省独立后建立联邦制的全国总政府。他号召天下有志之士"树独立之旗，击自由之钟"。

梁启超知道恩师又会指责他们这是"背师"之举，于是苦口婆心，向康有为说了一番殷殷恳切之言，说我们这样做是："实则受先生救国救民之教，浸之已久，而迫于今日时势，实不得不然也。先生受皇上厚恩，誓不肯齿及一字，固属仁至义尽，至门弟子等心先生之心，以爱国同归而殊途，一致而百虑，似亦不必禁之矣。"

他在恳求恩师"不必禁之"。

"后院"之火，熊熊燃起，烧得康有为有些招架不住了。

他先是气坏了！在给欧榘甲的信中斥责道："近得孟远（梁启超）决言革命，头痛大作，又疟发，复得汝书，头痛不可言。汝等迫吾死而已……总之，我改易则吾叛上，吾为背义之人。皇上若生，吾誓不言他。汝改易，则为叛我。汝等背义之人，汝等必欲言此，明知手足断绝，亦无如何，惟有与汝等决绝，分告天下而已。"

在《与梁启超书》中，说："自汝言革命后，人心大变大散，几不可合。盖宗旨不同，则父子亦决裂矣。"

言之痛切。但字里行间，又有些老小孩式的"可爱"。——看你们把我气成这样啦！再这样下去，我就跟你们一刀两断，断绝师生关系！人说师徒如父子，你们眼里还有我这个老师吗？

他知道，起码，梁启超"吃这一套"。

但又绝不是"吓唬"。老康动了真气。

气坏了，"头痛大作"之后，他先后写下了《答南北美洲诸华商论中国只可行立宪不可行革命书》及《与同学诸子梁启超等论印度亡国由于各省自立书》两封长信，之后合刊为《南海先生最近政见书》。

在康有为所有的著作中，这两封长信非常著名。这是他宣扬"君主立宪"和抵制革命的"宣言书"。他的"反革命"立场，在相当长的时间里，被后来的史家一直牢牢攥住，并成为拼命攻击他反动的"把柄"。保皇已经够"落伍"（已经近似反动），加上堂而皇之"反对革命"，岂不是大罪特罪，且"罪证如山"？

但历史真正"静"下来的时候，人们才发现事情不是如此简单。二〇〇〇年之后，一股"新康有为主义"悄然而起，有一些学者开始反思，这是发现了他当年的主张内，确有着"合理"的成分吧。也有人公开为其"翻案"，结论是对于过去一直被赞扬的康梁的戊戌变法，反而应该再认识；而对于他的"拒绝革命"，不该完全诋毁和指责。

还是来看看他在这两封信中的主要观点。

在《与同学诸子梁启超等论印度亡国由于各省自立书》中，他认为梁启超、欧榘甲等弟子只是读了几本欧美新书，就妄发革命自立之论，是极其危险的。康指责他们"但闻革命自立之事，则艳慕之，而不审己国之情实，乃遂妄言轻举，以酿滔天之大祸，以亡国绝种"。

印度亡国的原因，主要是外敌英帝国的贪欲所致，使印度沦为殖民地。将这原因定为印度的自立造成，康有为的说法有些牵强。但康有为敏感地察觉到梁启超等人的影响力已经很大，所以他坐不住了。他的担心在于，如果再鼓吹自立，中国境内的军阀混战将不断加剧。这，就是"滔天大祸"的由来。

康有为认为，各省如果脱离清政府而宣布自立，必将步印度亡国之后尘。

而最能够代表康有为此时的政治思想的，是《答南北美洲诸华商论中国只可行立宪不可行革命书》，有人称其为《辨革命书》。

他引孔子《春秋》的据乱、升平、太平三世说，认为"据乱则内其国，君主专制世也；升平则立宪法，定君民之权之世也；太平则民主，平等大同之世也"。这样，就把君主专制、立宪、民主分成了三个阶段。这三个阶段是循序渐进而不可超越的，超越了就会造成天下大乱而亡国的局面。"据乱"期，必须靠君主专制来统一；"升平"期，才能到君主立宪；"太平"期，方至民主共和。

当下，还是"据乱"期。

他说，"今日为据乱之世，内其国则不能一超直至世界之大同也；为君主专制之旧风，亦不能一超至民主之世也。"他断定中国还要经过"升平"（小康）之世，才能由君主而至民主。所以今日中国，亦在立宪法，实行君主立宪。

"君主立宪"就是这样来的。它成为康有为之后始终高扬的一面旗帜。

他说，"既当过渡之时，只得行过渡之事，虽有仁人志士欲速之心而徒生祸乱，必无成功，则亦可不必矣。"

如果不这样做，后果是什么？"一旦乃欲超越而直入民主之世界，如台高三丈，不假梯阶而欲登之；河广十寻，不假舟筏而欲跳渡之，其必不成而堕溺，乃必然也。"

有了这样的依据，他再提"中国不可行革命"。

他举欧洲各国为例，指出欧洲十六国除了法国，"无非定宪法者，无有行革命者"。法国推行革命，代价是什么？大乱八十年，流血数百万。那些所言革命民权之人，很快自为君主而对人民行其压制，如拿破仑。法国虽有宪法，但和欧洲各国比较，"以法国为最不善，国既民主，亦不能强，能革其君，而不能革其世爵之官，其官之贪酷压民甚至，民之乐利，反不能如欧洲各国。"

他认为，法国之民仅为中国十分之一，革命尚乱八十年，中国四万万众，若革命一起，必将会：

"以中国土地之大，人民之众，各省各府，语言不相通，各怀私心，各私乡土，其未大成也，必州县各起，省府各立，莫肯相下，互相攻击，各自统领，各相吞并，各相屠城，流血成河，死人如麻，秦、隋、唐、元之末季，必复见于今日。加以枪炮之烈，非如古者刀矛也，是使四万万同胞，死其半也……"

他预言中国此时一旦发生革命，将会是一片战乱。国内的战乱又会给外敌以可乘之机。而即使是革命成功，也会重走专制之路。从辛亥革命后袁世凯窃国到军阀混战……这一点，他的预言却又是准确的。

不革命，就只能走君主立宪之路。康有为列举历史事实说，割台湾、租胶澳、旅大都不是光绪帝所为，而是慈禧和荣禄干的。光绪帝因变法救民而深陷囹圄，公天下而少私，中国数千年少有。慈禧、荣禄已是年皆六十多岁的人，危如朝露；而光绪帝年仅三十，春秋方盛。各国也都承认光绪帝的皇位，只待形势有变，光绪即可复辟。"一旦归政，天子当阳，焕然维新，以上定立宪之良法，下与民权之自由，在反掌耳！"

但早在庚子国变，唐才常的自立军举事的时候，康有为就曾经写过《中国布新先除旧论》，那时，康有为对"自立""起义"不仅没有抵制，甚至是支持的。他那时曾预言"武昌"将成为新旧交锋的必争之地和中心（后来的辛亥革命果然在武昌成功爆发）。但在唐才常的自立军覆灭之后，他经过痛苦的思考，"此后不复再言兵事"，转而恪守改良、立宪。

作为一种对当时中国政治局势的分析和主张，康有为的"不可革命"也好，"君主立宪"也好，再到"虚君共和"也罢，作为一家之言，都是一种积极的，也可以说是他对国家命运的探索。你尽可以阐述这样的主张；别人也自可以鼓吹别人的主张。

但历史的潮流，却是不可逆转的。此时，面对千年黑暗的封建帝制，人们还有"君主立宪"的耐心吗？问题是，"君主立宪"可行吗？

于是，章太炎出场了。

章太炎和梁启超，是晚清暗夜里明亮的"双星"，都是近代启蒙运动的先驱和领袖。

章太炎是浙江余杭人，名炳麟，字枚叔，号太炎。他是清代大儒俞曲园的弟子，一八九〇年，二十三岁的他受业于杭州诂经精舍。一八九五年，康有为办强学会的时候，章太炎感于甲午战败的刺激，曾寄交十六元会费加入。所以最初，他对推行变法的康有为深有好感。

一八九七年一月，章太炎应梁启超之邀，来上海《时务报》馆任撰述，深得汪康年和梁启超的器重。对其文才，谭嗣同曾称赞"卓公（梁启超）似贾谊，章（章太炎）似司马相如"。但仅仅三个月后，章太炎就和梁启超翻了脸，愤而离去。起因，在康有为身上。尽管康有为并不在场。章太炎很快发现梁启超等人对康有为的个人崇拜极其过分。作为弟子，对老师尊重崇拜是可以理解的，但把康有为尊为"教皇""圣人"，尤其是康有为自称"长素"，那是长于"素王"孔子啊！

章太炎批评道："康党诸大贤，以长素为教皇，又目为南海圣人，谓不及十年，当有符命，其人目光炯炯如岩下电，此病狂语，不值一

嗤……"（章太炎《章太炎论政选集》）

章太炎的性格本就独立不羁，敢说敢做，他实在看不起康、梁等人的这种狂妄之举。这确实不仅仅是"门户之见"，康有为的恣纵托大、自吹自擂，梁启超等人盲目的追捧都是事实。这一点，后来也成为康梁致命的"内病"，当梁启超等弟子意识到的时候，与尊师的矛盾也就自然暴露无遗。当年三月，在一次聚会上双方为此终于矛盾爆发：席间，章太炎的一位朋友仲华在争论中表示了对康有为这一点的不满，梁启超的弟子梁作霖竟然对仲华欲挥拳相向。梁作霖说，在广州的时候，就因为有人诋毁康有为，被痛打一顿。言下之意，你们再对康不敬，小心老拳。不久，章太炎和仲华就愤而离去，后归杭州。章太炎的话，是"避蛊毒"。

本来持有相近政见的，一个战壕中的战友，就这样"冰炭不容"了。这是一件非常遗憾的事。

自此，章太炎对康有为有了很深的成见，也就不奇怪了。加上后来的政见分歧，在唐才常召开的成立自立军的会议上，就因唐坚持康有为的保皇主张，章太炎再次"愤而离席"。

这一次，看到康有为的《辨革命书》，章太炎第三次"勃然变色、拍案而起"，一九〇一年八月，发表了《正仇满论》，一九〇三年五月，又发表了著名的《驳康有为论革命书》，激烈抨击康有为的保皇、君主立宪与"不可行革命"等主张。

章太炎作为急先锋，拉开了革命派与保皇派的论战。

他列举了清朝统治中原后对汉族所犯的种种罪恶，批驳了满汉平等说，甚至大骂光绪"载湉小丑，未辨菽麦"，揭露清朝即便"立宪"，其实质仍然是独裁专制。而革命，是明公理、去旧俗的良药；要革命，免不了流血，即使"立宪"也免不了流血，明治维新就是维新志士以血战换来的。外国干涉并不可怕，你康有为口口声声言"立宪"，目的是"以摧革命之萌芽……屈心忍志，以处奴隶之地"。

章太炎的批驳，顺应了历史无法阻挡的潮流，在当时的影响非常大。尽管，他的观点带有浓厚的民族狭隘意识和大汉族主义的偏见，某些观点也有失公允，如认为康有为盼光绪复辟是觊觎内阁军机之位等。但他在封建专制主义的压迫下挺身向君权挑战的勇气，受到了人们敬重。这次与康有为的公开对垒，取胜的自然是章太炎。尤其是越来越多的年轻的读书人，开始鄙视保皇，转向革命。

章太炎激烈排满的言论，被清政府注意。之后，他在为邹容的《革命军》一书的序言中再次大骂"载湉小丑"，终遭清廷通缉抓拿。当巡捕来抓人时，他指着自己的鼻子说："章炳麟就是我。"他锒铛入狱三年，备受折磨，与他一起入狱的邹容竟不幸惨死。

鲁迅曾这样评价章太炎："……七被追捕，三入牢狱，而革命之志终不屈挠者，并世亦无第二人。这才是先哲的精神，后生的楷范。"

晚清真是中国思想界最活跃的时期，很多知识分子和仁人志士都在追寻救国之道。以康梁的变法为起点，对于如何救中国，逐渐分化为立宪派和革命派，也是必然。这些先行者的探索，最让人敬重的，是没有任何顾忌，各抒己见。章太炎出狱之后很受孙中山的器重，加入同盟会，任同盟会机关报《民报》主编。但在辛亥革命成功后，章太炎又提出了"革命军兴，革命党消"的主张，要求解散同盟会，与孙中山分裂，终于在一九一八年后退隐，在苏州沉入对国学的研究之中。这内中的原因，却不能仅仅用一个"保守"就能交代的了的。

密谋"刺杀孙中山事件"

二〇一四年岁末，《新民晚报》《东方早报》等媒体突然爆出了一个让人震惊的消息：——在上海朵云轩秋拍发布会上，一批康有为与保皇党的重要史料共二百五十余件，在经历了一百一十年之后被意外发现。其中，在一封一九〇五年秋康有为写给女儿的信中披露，他曾密谋刺杀孙中山。

震惊的首先是学术界。

这批珍贵的手札文献，是首次露面。这一刺杀计划的详情，此前也未见任何文字记载。

据上海朵云轩拍卖公司透露，这一批康有为与其女儿康同璧在一九〇四年至一九〇六年的手札文献，是康同璧在一九〇四年至一九〇六年旅居美国康涅狄克州南温莎时期遗留，一直保存在美国房东的储藏室内。二〇一三年，该房东后人在翻修房屋时被发现，后被国内一收藏者收购。

这批文献非常丰富，包括学术界从未知晓的康有为《年谱》誊录本原件；康与容闳、保皇会成员、康同璧等人的通信三十余通；北美保皇会成员给康同璧的信一百四十余通；美国、加拿大保皇会各类文件、单据、通告等近百件，以及报道康有为在美活动的美国报刊剪报等。

刺杀孙中山的指令，是写在一封康有为致康同璧的手札上，用毛笔蘸蓝黑墨水书写于便笺：

> 顷得铭三电，云孙文复到纽约。前得卓如书，言孙文因吾会难，势运东学生（入京）谋害皇上，我已电北京泄之。宁我事不成，不欲令彼事成也。此人险毒已甚，今复来此，必专为谋我。我还纽本无事，不过为开银行耳，然立于险地，实非宜（且拒约事泄），故决不东还，即入墨矣。今拟到新蔄约铭三或季雨来一见，授以事乃行，到时或电汝来一见，亦未定。此人不除之，（与我）必为大害。已授意铭、雨，并复呼岳崧出也。惟铭、雨二人皆胆小而多疑，又不能出手，恐败事。趁其来美（美律甚宽），最好除之。幸文惕有财权，可任大事（波利磨敢死部四十余人皆其至交）。岳崧与汝甚好（或汝令纯甫密约此贼，而彼等伏而去之），汝可与岳、文密谋勉厉之，穷我财力，必除之。如不在纽，则跟踪追剿，务以必除为主，皇上与我乃得安。铭、雨有他疑，汝密主之可也。余待后命。此与次女。两浑九月廿二日。

（腾讯网《康有为曾密谋刺杀孙中山》）

这封手札的原件照片也已经同时披露。相关专家和专业人士认为，从被发现时装文献的盒子、当时所用纸张，以及康有为、康同璧的字迹等经鉴定证明，它与这批文献来源清晰，十分罕见，也是深藏了一百一十年之后第一次为世人所知。这就为研究近代中国不同政治派别之间的关系以及社会演变进程提供了第一手的证据。

对于这批手札何以留存于世，相关专家还在研究之中。

这也就基本上确定了这批手札的真实性。

一九〇五年，在美国政府阻挠了六年后，康有为获准进入美国。从二月十一日至十二月二日，康有为先后走访了五十多个美国城镇，他将美国视为保皇会向全球继续扩张的核心，向美国人演讲，接受媒体访问，面见罗斯福总统，试图影响有关中国闭关政策的讨论。

按照已知的史料，孙中山在一九〇四年八月中旬由旧金山到纽约，辗转美国各地，次年一月离美去伦敦。但从这次披露的康有为信件来看，孙中山在一九〇五年下半年又一次来到美国。一九〇五年十月，康有为在美国爱达荷州博伊西市居住，刺杀孙中山的指令，就是从这里发出的。

从这封新发现的康给次女康同璧的信件显示：一九〇五年十月中旬，康有为通过保皇会成员的密报，得知孙中山即将抵达纽约。为了遏制孙中山在华人社团和保皇会成员中进行革命宣传，康有为策划了除掉孙中山的计划。其具体安排是，由康同璧利用与容闳的良好关系，请容闳约出孙中山，在预先已安排好保皇会敢死队杀手的地点见面，实施暗杀。如纽约行动不顺利，即派人跟踪孙中山，随时伺机下手。他唯恐多人参与的行动发生不测，又另外安排亲信独立行动，还刻意隐瞒了此人的行踪，并要求别人不必追问。一九〇六年一月，被隐蔽的该亲信写信给康同璧，报告了具体的行动计划，并说已经做好了随时动手和必死的一切准备。

可见康有为是千方百计要除掉孙中山的。他甚至以激烈的言辞下达了"必杀令"——"穷我财力，必除之"。

这真是一场惊心动魄的暗杀。但这一看似颇为周密的计划，最终何故流产？尚待进一步探究。

此外，在这批文献中，还有一些与美国保皇会有关的档案文件，及十余幅照片。其中，有康有为在美国期间购买枪支弹药的单据。

值得注意的是，仅从被新发现的这批文献中就可以知道，孙中山的革命党人，在当时也有针对维新派人士的暗杀计划。

维新派和革命派之间的关系，一直是中国近代史研究的重点。双方对这一问题也都比较敏感，对于双方曾经的刀枪相向，更是在所留下的文字中都刻意隐晦和回避。一八九八年九月戊戌政变后，慈禧就曾经极其诡秘地通过杨崇伊、李鸿章、刘学询密令孙中山刺杀康有为。这起"事件"尽管扑朔迷离，刘学询于一八九九年在日本与孙中山秘密会谈又打得火热；一九〇〇年六月孙派出的内田、宫崎、清藤三人竟上了李鸿章的炮舰，又到刘学询处取得五万两经费等已是实事。宫崎在回忆录中说"……这一段情节有些像传奇小说。但事关他人秘密，至今不能言明，深觉遗憾"。这里的"他人"，即孙中山。内中是什么秘密？实在有些不言自明。国民党官方党史对此事的解释是李鸿章主动联合孙中山在广东独立。这一点，使后来的很多学者纷纷质疑。邱捷教授就在《孙中山上书李鸿章及策动李鸿章"两广独立"新探》一文中指出："孙中山当时也并无多大实力，李鸿章怎么会异想天开、纡尊降贵主动要与孙中山'合作'？"李吉奎教授也在《孙中山与日本》一书中指出："称李鸿章欲用孙中山搞独立，于理于势，均属虚妄。"

五年后的一九〇五年，又出现了康有为欲在美国纽约刺杀孙中山一事。康在给女儿的信中说"务以必除为主，皇上与我乃得安"，这话似有出处。

一九〇五年，对于康有为和保皇派来说，是一个非常的"特殊之年"。特殊在哪里？一、孙中山等革命党人开始大片夺回曾被保皇派占据的"失地"。二、革命派与保皇派就"革命"与"保皇"的大论战正式拉开序幕，这以《民报》创刊为发端。三、同盟会成立，开始领导全国的革命运动。四、这年十月，清政府下谕旨，派遣端方等五大臣出洋考察政治，"预备立宪"。

在这样的一种背景下，对政治十分敏感的康有为预感到了太大的压力。也正如他的预料，这一年恰恰是一个绝大的分水岭。之后，保皇派的势利逐渐开始衰微。

康有为曾非常得意的是，保皇会一八九九年成立后，在广大华侨中的影响非常大，"不数年间，迅百七十余埠，遍于五洲，会众数十万计。"孙中山经营的兴中会，大部分被瓦解，各处分会变成了保皇派的支派。

这让孙中山非常愤怒和伤心，眼见自己积累的基业丧失殆尽。孙的反击，自一九○三年的檀香山开始，他在《敬告同乡书》中对保皇派批驳道："革命、保皇二事，决分两徒，如黑白之不能混淆，如东西之不能易位。革命者，志在倒满兴汉，保皇者，志在扶满而臣清，事理相反，背道而驰，互相冲突，互相水火……吾人革命，不说保皇，彼辈保皇，何必偏称革命？"《孙中山全集》

这恰击中了要害。因为康有为和梁启超在最初成立保皇会的时候，的确是将保皇和革命混为一谈的。唐才常的自立军起义，就是康有为保皇加革命的证据。孙中山揭露了保皇派保大清是"非爱国，真害国"。挽救中国的唯一出路，只有一条，即推翻清朝。于是，檀香山原兴中会的成员和华侨开始纷纷登报脱党，转而信奉革命。

孙中山又于一九○四年开始抵达美洲，这比康有为提前一年到美国。这年夏天，孙的行程被檀香山保皇党人陈仪侃探知，陈向旧金山的保皇会通知，并向大清驻旧金山领事何佑报告。何佑请美国海关禁止乱党孙中山入境。孙中山果然被美国海关阻止登陆。后经旧金山《中西日报》总理伍盘照和华侨组织致公堂总堂黄三德等人相救，才脱蒙难，入境旧金山。可见双方的党争，确如水火。

待康有为终于在一九○五年抵达美国后，岂能容得孙中山？干脆，他要利用这一时机，刺杀掉孙中山，去掉这心中大患。

两派真是你死我活了。

辛亥革命后，革命派在组织南京临时政府时，蔡元培曾向孙中山致函举荐康有为和章太炎等人参加。孙在对蔡的复函中说："关于内阁之设备及其组织用人之道，弟意亦如是：惟才能是称，不问其党与省也。

但此时则不能不收罗海内名宿。来教所论甚明，然其间尚有当分别论者，康氏至今犹反对民国之旨，前登报之手迹可见一斑，倘合一炉而冶之，恐不足以服人心，且招天下之反对。至于太炎君等，则不过偶于友谊小嫌，决不能与反对民国者作比例。尊隆之道，在所必讲，弟无世俗睚眦之见也。"

孙中山此时对康有为的态度，尽管不用，尚是偏中性的，并没有将其认定为"死敌"。

而康有为嘴上称视"革命"为死敌，声讨"革命"将开杀戮之先河，将使无数人丧失最宝贵的生命；在背后，他却同样做着"不惜用任何手段"的杀戮之事。不同政见者之间，党争的残忍和残酷，背后是什么呢？

"顺我者昌，逆我者亡"，这千年黑暗中国政坛的杀气，相互戕害了多少"你不容我我也同样不会容你"的民族精英？

这才是民族之大灾难的根源之一。

两派双方的这场大论战，足足达两年之久，持续时间之长、范围之广、激烈之程度、影响之深远，都是近代报刊史上空前的。革命派的主要阵地是东京的《民报》，章太炎、汪精卫、胡汉民、朱执信等轮番上阵，鼓吹孙中山的同盟会纲领和三民主义。保皇派的主要阵地是横滨的《新民丛刊》，梁启超挂帅，宣扬康有为的君主立宪。而两派在世界各地的报刊也针锋相对摆开战场论战。至一九〇七年冬，随着《新民丛刊》停刊方结束。

连立宪派自己也承认："数年以来，革命论盛行于国中……其旗帜益鲜明，其壁垒益森严，其势力益磅礴而郁积，下至贩夫走卒，莫不口谈革命，而身行破坏。"

"虚君共和"的由来

光绪三十二年七月十三日（1906 年 9 月 1 日），清廷以光绪的名义颁布上谕，下"预备立宪诏"。

在海外的康有为"挥泪而谈往昔，破涕而笑方今，诚不意中国有立宪自存之日，君民有保安全之时，不知手之舞之足之蹈之也"。

一九〇七年三月二十三日，保皇会改为"中华帝国宪政会"。康有为率帝国宪政会转为开展立宪活动，敦促清廷尽快开国会、行宪法。他渴望帝国宪政会能成为执政党。

但一年多之后，一九〇八年十一月十四日，光绪帝在慈禧死前一天里突然"驾崩"。康有为始终寄予光绪帝身上的复辟梦骤然落空。康有为认定光绪之死是袁世凯毒弑，先后发布《光绪帝上宾请讨袁贼哀启》和《讨袁檄文》。

自一九〇八至一九一〇年，康有为一直在集中全力运动开放党禁。"今日吾党之生死问题，全在禁解与否。"（《梁启超年谱长编》）这自然需要大量金钱"开路"，一方面贿赂摄政王之弟载涛、载洵及善耆等人为其做说客，一方面运动资政院相关人士上折。康的弟子麦孟华甚至建议梁启超向前日本首相借钱。最后，还是康有为的夫人和冯紫珊等押房押地凑了一万元汇给了北京。结果如何？不但康梁没被赦免，连六君子也不予抚恤。

宣统三年八月十九日（1911年10月10日），革命派在武昌发动武装起义，辛亥革命爆发，各省宣布起义，脱离清政府独立。南京临时政府成立，孙中山被选为临时大总统，中国历史上的第一个资产阶级共和国诞生。

十月三十日，清廷宣布解除党禁。

正是武昌的枪声，逼迫清廷方面做出康有为梦寐以求的事——终于洗清罪臣之身。

康有为赋诗道："千秋伤党锢，禁网至今开……"，又曰：

> 十四年于外，流离万死间。
>
> 子卿伤白发，坡老指青山。
>
> 国事亦多变，神州竟未还。

惜哉迟岁月，念乱泪潸潸。

"念乱泪潸潸"，道出他新的忧虑。同时，他蠢蠢欲动了。

辛亥革命爆发时，康有为正在日本。他在十月二十六日给了徐勤一封密函，要徐紧急筹款五六万元，派多人回国活动，欲趁机改革清政府，促成君主立宪政体的实现。不久，梁启超身带康有为拟的《改资政院为议院诏》奉命回国。康有为这一次又可谓深机谋算。他的计划是：利用北方军吴禄贞、张绍曾等发动的滦州起义，推翻以奕劻为总理大臣的皇族内阁，举载涛为总理，组成由康、梁等立宪派掌权的内阁，以国会的名义号令天下。这一计划的另一个用意，是抢在袁世凯前面谋取清廷实权。而梁启超将这一计划概括为"和袁、慰革、逼满、服汉"，皇帝下"罪己诏"，停发征讨军，抚慰革命党，促使事件和平解决，其目的最终当然还是推行君主立宪。

不料，人算不如天算，当梁启超回国到达奉天的时候，袁世凯先期出山，镇压了滦州起义，吴禄贞被暗杀，张绍曾被解除兵权。梁启超只好悄然返回日本。

一九一二年二月十二日，清帝退位。清朝，这个统治了中国二百余年的最后一个封建王朝覆灭。

康有为二月十九日致书各埠帝国宪政会，将党名改为"国民党"，旗用五色，表明满汉不分的始志。但这时，会员仍号称数十万的帝国宪政会，已经早被革命党瓦解，分崩离析，冰消云散。

梁启超再次请康有为退隐。两人的分歧也越来越大。之后，梁启超等人组织民主党、进步党，也将康有为排斥在外。

此时，康有为悲凉地明白，自己连压制弟子的"威望和能力"也已经"尽失"了。

无可奈何花落去也。

但他不想就此隐退。

他还有最后一梦。

一九一三年，康有为在自己任主编的杂志《不忍》第七册上，发表了两年前辛亥革命爆发时写的《救亡论》。在该文的按语中说："辛亥八九月之间，举国行大革命，吾惴惴恐惧，惧中国之亡也，横览万国，竖穷千古，考事变，计得失，怵祸患作《救亡论》以告邦人……是时革命之大势，若卷潮倒河，人皆畏避，无敢刊者；即强印之，亦无敢购读者，遂匿藏焉。"

很有意味的是，这一册杂志的封面是一幅漫画：一个人从悬崖上跌落到了树上，下面是一头张嘴袭来的鳄鱼，在悬崖顶，有一个人抛下来一根绳来相救。救谁？救亡。

《救亡论》共十个部分，从这十个部分的标题，就可以看出他的表述：一、革命已成有五难中国忧亡说；二、革命后中国民生惨状说；三、革命由动于感情而无通识说；四、谈革命多由于无通识；五、谈革命多由于鼓感情；六、新世界只争国为公而种族君民主皆为旧义不足计也；七、君与国不相关不足为轻重存亡论；八、共和政体不能行于中国论；九、立宪国之立君主实为奇妙之暗共和法说；十、虚君之共和国说。

之外，康有为还撰写了《共和政体论》和《中华救国论》，在这里，他推出了自己认为非常有创见的政治思路——"虚君共和"。

为何要提出"虚君共和"？

他说出了两大忧虑：革命将造成极大混乱和破坏，人民的生计衰败，工商衰败，盗贼必然多起。这些盗贼会以革命之名，联合千百，形成流寇，如汉之黄巾、唐之黄巢、明末张献忠之乱、咸丰时洪秀全之变，造成杀人无数，暴骨如莽。此时外敌乘机而入，将导致中国之亡。另一个忧虑，是这样的局面下，共和政体是不能行于中国的。欧美和中国的国情不一样，美国能实行共和，是因为一、开国诸贤是清教徒，无争权位之志；二、议院自立，本无君主；三、美国人本为英人，移英宪法于美，政党仅有二；四、美立国时仅三百万人，仍是小国。中国的国情呢？各省雄豪各立，总统的位置只一，又无法像美国那样投票选举，必然会出兵纷争，死人如麻。而英国首创的君主共和国，就是虚君共和国。

怎么办呢？中国积四千年君主之俗，欲一旦废之，实行民主，必起内争。不如这样：

　　与其他日寻干戈以争总统，无如仍迎一土木偶为神而敬
奉之，以无用为大用，或可以弭乱焉……若夫国会提议案，
国会改正法，君主皆不能参预，不能否决，惟有受命画诺而
已，不类于一留声机乎？凡此政权，一切皆夺，不独万国立
宪君主之所无，即共和总统之权，过之甚远，虽有君主，不
过虚位虚名而已。实则共和矣，可名曰虚君共和国。

（康有为《救亡论》）

　　康有为说，对于"虚君"的人选，"惟须超绝四万万人之资格地位，无一人可与比者"，谁呢？只有宣统皇帝溥仪和孔子的后裔衍圣公二人。如非要反对满人为君，就用衍圣公，如非要实行总统共和制，就以衍圣公为世袭监国总统。

　　这是康有为提出的一种政体模式。

　　他认为这是一种"奇妙的政体"。

　　问题是，在当时的大革命风起云涌的背景下，还有谁能来听他这"奇妙"的一套呢？

　　真还有一个人，那就是张勋。

　　具有讽刺意味的是，就在康有为在《不忍》杂志发表《救亡论》，鼓吹"虚君共和"的时候，袁世凯已窃取了中华民国大总统之职。

　　袁世凯嗅出康有为一系列的政论或可为己所用，连续发了三次电报，请客居在日本的康有为回国入京，主持名教（孔教）。康有为忘不掉戊戌年间与袁的"旧账"，以营葬母亲和自己身体不好为由拒绝了。在袁世凯第三次电请的时候，他依然没有答应，但在复电中提出让袁世凯"亲拜文庙，或就祈年殿尊圣配天"。袁世凯真的照此办了。其实，双方都在打"孔教"的这张牌。

　　一九一三年十一月，康有为自日本回香港奔母丧，结束了十六年在海外流浪的生涯。

　　早在一九一二年夏天，教育部令停止孔子丁祭。康有为非常愤怒，

认为"举国礼崩乐坏，人心变乱"，奔走呼号应定孔教为国教，孔子为教主。这年秋天，他的弟子陈焕章、麦孟华联合请出了清朝遗老沈曾植、梁鼎芬、朱祖谋、张勋等人在上海发起成立了孔教会。《孔教会序》以及《孔教会章程》，就是康有为这位"孔教巨子"所写。提出保中国必先保国魂（孔教），必宜遍立孔教会，以孔教为国教，要将孔教普及全国，推广于世界。

沈曾植是康有为戊戌变法时的挚友，而梁鼎芬却在戊戌年就与康有为成了死对头。但是，如今为了推出孔教会，他们再次走上了"同道"。还有一个张勋，为几年后"康张"联手的"复辟之梦"，做了铺垫。

一九一五年十二月十二日，窃国的袁世凯宣布称帝，定于一九一六年元旦登基，为"洪宪元年"。

这一下，勾起了康有为的新仇旧恨。两年前，对袁世凯以"善后"为名未经国会同意向英、法、德、俄、日五国银行借款二千五百万英镑的举动，康有为在《不忍》杂志上发文痛陈大借债是"甘饮鸩酒食毒脯也"，忧虑"中国五千年之命永绝"，"四万万同胞永永为奴，仰食于人"。一九一四年，第一次世界大战爆发。日本向德国宣战，欲强占德国在山东的势力范围。一九一五年春，袁世凯为复辟帝制，秘密与日本方谈判，接受了卖国的"二十一条"。康有为痛斥袁世凯等人道："敢于鬻国事仇而无耻，敢为贰臣顺民而无耻：苟可得富贵谋衣食，一切弃置而不顾，实为天下之公敌。"

于是，康有为部署弟子们纷纷行动，积极策划"倒袁"，这在袁世凯尚未宣布称帝时，就已经下手。康有为在和梁启超策划时，就提出"倒袁必须举兵，不举兵即无以倒袁。举兵之任，最佳莫如冯国璋，但冯为人持重；其次则蔡松坡，蔡僻居云南，令袁有鞭长莫及之势"。

蔡松坡，即蔡锷，他是梁启超的弟子，师生自然一心。经天津秘密会晤后，十一月，梁启超帮助以养病为名的蔡锷出京秘密赴滇，云南很快宣布独立，成立护国军讨袁。康有为两次致信蔡锷，建议并鼓励他说："先收复川蜀……然后出师，以三秦西驰而争楚汉，以朝气方兴之义旅，对时日曷丧之独夫，其必胜无俟言也。"

康有为又派弟子潘若海去南京，说服冯国璋，最起码保持中立。潘是冯国璋的幕僚。冯国璋答应决不赞成帝制。

第三步，是康有为很看重的一步棋，派出徐勤回广东组织讨袁力量。康将自己在香港的亚宾律宅抵押了出去，得二万金做军饷，交给徐勤组织讨袁军，讨伐广东都督龙济光。

这一页少为人知，确有几分悲壮。

徐勤是一介书生，突然担任起讨袁军总司令，岂是这些军阀的对手。徐勤暗中运作非龙的嫡系军队起义，龙部下统领颜启汉、谢文彪都接受了徐的委任。魏邦平在得到徐八千港币资助后，夺取了龙济光的"宝璧""江大"等兵舰，任攻城司令直逼江门。这时，徐勤的讨袁军号称数万，与攻入肇庆的陆荣廷军一起兵临城下，五月六日准备攻城。

困守孤城的龙济光一看不好，七日诡称广东独立，脱离袁世凯。

同时，龙济光与粤、桂、赣三省禁烟督办蔡乃煌悄悄密谋。蔡乃煌是袁世凯的死党，重金收买了颜启汉和谢文彪刺杀徐勤。于是，一场"鸿门宴"布下。

龙济光邀请广西护国军代表汤觉顿、广东军民代表徐勤等人在广东珠海的水上警察厅举行善后会议。进入会场后，徐勤出于礼貌，觉得汤觉顿是两广都司令部派来的参谋，就请汤坐了首席。这时，颜启汉走出来，突然宣布"请各统领瞻仰徐总司令威仪"，徐勤起立后，也立即宣布"都司令部汤参谋莅临，请各统领敬聆训示"。但是，颜启汉待徐的话音未落，右手一把抓住徐，左手扬起，这是让自己卫队下手的信号。一个杀手的枪响了，但没击中徐，击中的竟是颜启汉的右手腕。一听枪响，徐勤急忙仆地躲避。汤觉顿不知怎么回事，站起来扬手喊道："都别乱动！"埋伏的杀手们冲出后并不认识徐，见汤坐在首席，此时又起立，以为是"徐总司令"，一起向汤开火，汤当场倒地身亡。乱枪顿时响成一片，谭学夔、徐勤的学生水上警察厅长王广龄、谢文彪，以及统领、卫队多人被打死。但枪声停息后，徐勤才从桌子下爬出，越过满地的鲜血和尸体，连夜逃回香港。广东的讨袁军也就如此解体。

这就是轰动一时的"珠海事变"。

康有为痛惜万分，但又十分无奈。为了借重地方军阀讨袁，后只好默认与龙济光妥协。

一九一六年三月，康有为起草《请袁世凯退位电》。他给袁指出了三条路：一、早让权位，遁迹海外；二、维持共和，立除帝制，削去年号；三、强行冒险，死路一条。

三月二十二日，袁世凯在举国的声讨声中宣布取消帝制，废除洪宪年号。

六月六日，袁世凯忧惧而死。

袁世凯一死，康有为致电新任总统黎元洪、国务总理段祺瑞，要求早开国会。他觉得，以虚君共和为基础的复辟时机，到来了。

他的下场，将和弟子徐勤讨袁一样——徐勤是被人暗算；他是被人利用。

这也将是康有为人生里最耻辱的落幕。

第十八章 缝补一个『复辟之梦』

一九一七年,康有为六十岁了。

花甲之年,"知天命"之年。

但恰恰就在这一年,他伙同张勋等人做出了一件有违天命又"惊世骇俗"的大事——拥溥仪再次登上皇帝宝座。

这一年,陈独秀携《新青年》杂志进入北京大学;胡适发表了《文学改良刍议》;蔡元培新任北京大学校长。新文化的浪潮即将在中华大地上,开始以排山倒海之势涌起。而俄国,在十一月七日俄历十月二十五日的十月革命中,推翻了沙皇。

对于康有为,这是他政治生涯中"最后的绝唱"。

从戊戌变法始,傲立于变革风云的潮头;至丁巳复辟终,逆历史的潮流被弃,是时代的悲剧,还是他个人的悲剧?

张勋闹复辟,康有为缘何成"祸首"?

假如说康有为的保皇是对光绪在戊戌年对自己看重的回报,还好解释。但光绪已死,他竟然又要非保溥仪再登皇位,确实让人觉得奇怪。

何故昏聩于此？

他有他充分的理由，他依旧要顽固地兜售"虚君共和"。他想借他人之树，结自己之果，但怎么可能呢？

他面对的对手是谁？是惯于玩弄权术的封建军阀们，以他对政治时局的敏感，他会不知道这一点？知道。但他心怀侥幸，一意孤行。

结局，只能是自取其辱。

这件事，从一开始就是错误的判断。首先，他错看、低估了张勋。

张勋，字少轩，江西奉新人。比康有为大四岁，一八五四年出生。少家贫，去一户许姓的大户人家当用人。许家看他识文好学，就叫他陪少爷伴读当了书童。许家的主人了不得，是两江总督许振伟。当了几年书童，张勋眼界开了，一天灵机一动，偷偷假仿了许振伟的一封推荐信，盖上许的印章，跑到江南大营——书童投军了。有总督的推荐信，军内对他自然照顾，他也表现忠勇，连连升迁，一八九五年到袁世凯手下任管带，到辛亥革命已升至江南提督兼江防大臣。据说许振伟后来知道了此事，也就做了个顺水人情。

从张的发迹就能看出，这是个非常聪明的军阀。

就因军旅生涯一帆顺风，他觉得皇恩如山，始终力保清廷。一九一一年升江南总督后，率兵驻南京。武昌起义后顽抗革命军，在南京残杀民众数千。张勋对部下下令，凡剪辫子者一律处决。兵败退至徐州，清帝退位。张勋如丧考妣，为表示依旧效忠大清，坚决不肯剪去辫子，也禁止手下的部队剪辫子。有人来劝，他大怒，说："谁敢再对我提剪辫子，誓与其同归于尽！"民国了，一支部队还拖着辫子，连大总统袁世凯都觉得看不下去了，就来劝说，他照旧置若罔闻。

他有他的打算。

一九一二年秋，康有为让弟子陈焕章和麦孟华请出四位清朝遗老，在上海发起成立孔教会，四人中之一就有张勋。当时有"文圣"与"武圣"之说，文是康有为，武即张勋。不久两人终于走到一起。一九一三年，两人就开始秘密策划复辟。走哪一条通道呢？恭亲王溥伟。张勋在溥伟的怂恿下，决定起兵袭取济南，连告示、檄文都准备好了。溥伟的野心很大，与沙俄密约，请俄军进攻张家口，"奉皇上复辟"。这件事，康有为在其中起了不小的作用。但终因后来事泄，冯国璋又拒绝参与，复辟流产。

一九一六年六月六日，袁世凯一死，两人马上都觉得时机来到了。

张勋此时在徐州成立了北洋七省同盟，不久任安徽督军，扩充至十三省同盟，被推举为十三省区大盟主。一九一六年八月二十七日，康有为应邀至徐州，住在张勋的道台衙门即"大帅府"达半年之久。他在徐州大搞祭孔活动，起草请定孔教为国教的电稿，以张勋的名义发表，为复辟鸣锣宣传。

他们在等待一个最佳的借口和时机。

这个时机的到来，却是民国的悲剧，因为袁世凯的猝死，形成了混乱的派系之争。黎元洪任民国大总统后，与掌握实权的国务总理段祺瑞矛盾加剧。一九一七年三月，段祺瑞主张参与第一次世界大战，五月，他私自向日本借款的事曝光。黎元洪暗中勾结副总统冯国璋，下令免除了段祺瑞的总理职务。段祺瑞愤然离京。一个总统府，一个国务院，"府院之争"顿时激化，已经到了白热化的程度。

老谋深算的段祺瑞始终以北洋首脑自居，他跑到天津唆使安徽、奉天、山东、福建等八省军阀宣告独立，威胁要出兵讨伐黎元洪。而冯国璋与湖南、江苏、江西三省军阀坐山观虎斗。

没有军事实权的黎元洪面临极大威胁，他只有一条路，即请徐州督军张勋来进行调解。张勋此前也早已放出风来，明确表示随时奉黎大总统之命入京，维护治安。——长江巡阅使、十三省大盟主的身份，让张勋成为调解"府院之争"的唯一人选。

鹬蚌相争，渔翁得利。

张勋和康有为盼望已久的时机到来了。

他们要做这个渔翁，"借机举复辟之事"。

但他们打错了算盘。真正的渔翁，并不是他们，而是围棋高手段祺瑞。

段祺瑞早已料到张勋复辟这步棋。他想借张勋之手，赶走黎元洪；待张勋真的复辟时，他便可以以反复辟之名，谋取"再造共和"之名。如果说张勋复辟是阴谋的话，这小阴谋早早就落入段祺瑞的大阴谋之中。

于是，在张勋进京前的一九一七年五月二十二日的徐州会议上，就出现了极其诡异的一幕。各省督军及代表二十余人，包括代表段祺瑞的心腹徐树铮都同意了张勋的复辟计划：解散国会、逼黎元洪退位、迎溥仪复辟。张勋粗中有细，会后要求督军们在一块赞同复辟的黄绫子上签名。众人竟然都签了。这，也是后来复辟失败后，张勋并没有被列入通缉名单的原因。

这样一场大的阴谋，康有为自然难以知道。

但康有为有所警惕。

张勋率兵北上动身之前，曾问策康有为。康有为给他支了六招：一、实行虚君共和，万不可复大清朝号，改中华民国为中华帝国；二、政权归内阁，实行责任内阁制，避免府院冲突以及为争总统而起的革命；三、请徐世昌任国务总理，各省军政长官暂勿更动；四、徐州现有三万人马，宜调一万人马入京，留一万守徐州，一万分布在济南德州间，握津浦路，再调冯德麟一师入关，握京奉路；五、挟段祺瑞入京监视之，不可留之于外；六、遗老不明世界大势，用之审慎。

从这六招，可以看出康有为真是竭尽全力来助张勋的，亦深有远见。张勋哪怕仅听一半，也断不会后来如此狼狈蒙辱。

之后，康有为还不放心，致书提醒张勋千万别在天津停留，"请直抵丰台，立办大事"。他一再提醒张勋，别上了段祺瑞的当。

从这六条计策，清楚看出康有为的复辟，与张勋的复辟目的完全不同。康有为始终推行的是虚君共和，政权掌握在议会（内阁）手中；而张勋的目的是恢复清朝的封建君主制。这是完全不同的两条路，如何能合并而一？

道不同，如何相与为谋？康有为太小视了张勋。

张勋在听了这六计之后，认为前有各省督军的承诺，后有日本等帝国主义的支持，早已把康有为的提醒当作了耳旁风。而对康有为的虚君共和说，他连理会都不会理会，用康，也只是临时用用他的名，借他的一支笔暂且一用罢了。

六月七日，张勋带五千辫子兵北上，次日抵达的竟是天津。在天津足足停留了一个星期。这一下，就完全落入段祺瑞的网中。段祺瑞早已从心腹徐树铮那里清清楚楚了解到徐州会议的内幕，一边怂恿张勋必须驱除黎元洪，一边敲打张勋道："你如复辟，我这里就通不过，不信你就试试。"张勋大笑，他哪里还把这位已被免职的前总理看在眼里，竟然以将计就计的口吻回道："复辟是一定的，要看我想做还是不想做。现在我还没有这个打算！"

张勋在津停留时间较长，还有个客观原因是为复辟要请出一个举足轻重的人物——徐世昌。徐是北洋军的创始人之一，曾任东三省总督、内阁协理大臣，在袁世凯政府曾任国务卿。康有为与其在戊戌变法时结下过情谊，所以，康有为力主重用徐世昌任内阁总理。但张与徐密谋得并不愉快，因徐提出两个条件，一是要任辅政王，一是要将女儿给溥仪当皇后。张勋马上明白徐的胃口太大，两人未达成协议。

张勋的辫子兵抵达北京。兵驻先农坛、天坛。黎元洪原只允他来兵两千，此时一下子来了五千。兵临城下，张勋在天津通电黎元洪解散国会，黎无奈只能照办。六月十四日，张勋乘专车抵京，自前门车站至南河沿张的私邸，沿途黄土铺地，军警林立。次日，张勋即穿上前清的朝服，头戴红顶花翎，偕定武军的四个统领先乘汽车到神武门，再换乘肩舆进入清宫，入养心殿伏地跪拜，谒见溥仪，这是张勋悄悄在做复辟前的接头和准备。

然后，他密电康有为等人入京。

康有为终于等到了这一刻。他将在上海早已精心草拟好的十几道诏书《拟复辟登基诏》《拟开国民大会以议宪法诏》《拟召集国会诏》《拟定中华帝国名诏》《拟保护各教诏》《拟亲贵不干预政事诏》等收拾进包裹，剔掉白胡须，化装成老农模样，六月二十六日与沈曾植、王乃澄乘三等客座的火车北上。

火车经过丰台的时候，眼见车窗外熟悉的西山，康有为无法不激动起来。自戊戌年仓皇出逃，恍然已二十年了。谁能想到，二十年之后，他竟卷土重来，再来收拾起这"大地山河"？

由于是秘密进京，为怕走露消息，抵北京正阳门车站后，他用一把蒲扇遮着脸下的车。刚出站，四个辫子兵很快将他们扶上一辆马车，直奔张勋官邸。一进张宅，张勋马上令关紧大门，不见任何宾客。康有为以为自己的行踪够诡秘了，指名找他的电话却马上就响了起来，是黎元洪打来的，让他到总统府一谈。康大吃一惊，只能支吾说风尘劳顿，改日晋谒。他与张勋密谈后，急匆匆搬往西砖胡同法源寺，隐藏起来。

六月三十日晚，张勋在宣武门外的江西会馆举行盛大的堂会戏。正当会馆内的人们还在看戏的时候，张勋悄悄溜出。凌晨一时，张勋率康有为、刘廷琛、沈曾植、王士珍等人，换朝服戴红顶花翎匆匆赶往故宫。经一番准备后，七月一日上午九时，十二岁的溥仪被张勋请上皇帝宝座。溥仪在群臣拥戴下，发布即位诏书，宣布亲临朝政，收回大权，恢复"大清帝国"。

民国六年，一变成为了宣统九年。

张勋被封为政务总长兼议政大臣，加上直隶总督兼北洋大臣。

徐世昌被封为弼德院院长。

康有为被封为弼德院副院长，赏给头品顶戴加恩在紫禁城内赏坐二品肩舆。

弼德院只是宣统三年（1911）设立的一个顾问国务机关，有职无权。

想象一下，当康有为被授赏后，伏地跪拜谢恩的时候，心中会是一种什么滋味？

"逋臣廿载重归日，无限伤心烟树红。"他是一直有他顽固如石的政见的，"虚君共和"也好，"万不可复大清朝号，应叫中华帝国"也好，如今呢？他是眼睁睁看到自己的一切主张被弃如敝屣，而只能稀里糊涂将错就错地跪拜在一个十二岁的孩子脚下。究竟是其心之痛？还是其心之荣？恐怕，他自己都品味不出是一种什么滋味来了。说心痛吧？你何不再像当年舌战荣禄等群臣那样，拍案而起针锋相对？最下策，你也该起身摘下你的顶戴，砸向张勋，拂袖转身而去呀！

他还是康有为吗？抑或，这才是康有为？

人有时候，不是自己。

人有时候，露出真正的自己。

其实，张勋等人早对康有为怀着戒心。看上去执礼甚恭，其实所有的机密大事均早已避开他策划于秘室。刘廷琛的一句话道出了谜底："康某讲立宪，讲共和，不为大清与皇室着想，仍是革命党口吻耳！"按理说复辟的当天，该是他最忙的一天，但在这一天他竟被支开，只好独自出游，"瞻宫阙，谒文庙"去了。满腔抱负成泡影，只换来一个虚职顾问，除了恼怒、灰心、无奈之外，还剩下什么？

七月一日清晨的北京，也就出现了千古难见的闹剧——警察挨门通知，宣统爷复辟，快挂龙旗！大清已死七年，如今突然诈尸，让人不知所措。很多人只好用纸糊个三角龙旗来对付。前清的服装也随之冒了起来，连寿衣店清朝服装也被人买走穿起来。很多人开始收集毛发做假辫子，假辫子顿时风行。满大街行走的好像都是从棺材里爬出来的人。

这是康有为能想到的吗？更为严重的是，张勋复辟使民国各派政治力量以反击复辟为幌子，将进行一场围绕政治利益分配而展开的较量和博弈，它导致了军阀混战和中华大地的实质性分裂。

谁是这场灾难和闹剧的始作俑者？

康有为此时才跟张勋僵持起来，提出无虚君共和，无君主立宪我不干啦，准备拂袖而去。但是，他还走得了吗？

孙中山在上海发表《讨逆宣言》，号召革命党人出师讨伐。

七月三日，段祺瑞在天津马厂誓师，组织讨逆军，亲任总司令。

梁启超也马上发表《反对复辟电》，矛头直指张勋和自己的恩师："此次首造逆谋之人，非贪黩无厌之武夫，即大言不惭之书生。"

全国一片讨伐之声。

七月五日，讨逆军沿京津、京汉铁路向北京进发，张勋的辫子兵一触即溃，退败京城。

七月六日，南苑航空学校的一架飞机向清宫投了三枚炸弹，吓得小皇帝钻进桌底。

七月十二日，讨逆军发起总攻。辫子兵纷纷溃败、倒戈。张勋逃入荷兰使馆。康有为七月八日便再次化装成老农，仓皇逃入美国公使馆的美森院。溥仪再次宣布退位。此次复辟，前后仅仅十二天。

七月十四日，段祺瑞抵达北京，以"再造共和"的英雄自居，自行复任总理，重掌实权。冯国璋任代理大总统。政府发出布告，通缉复辟案犯五人：康有为、刘廷琛、万绳栻、梁敦彦、胡嗣瑗（也有另一种说法，为六人，包括张勋）。康有为被列为第一首犯。看此名单就知道，政府惹不起的是那些握有兵权的督军们，只能抛出这些遗老。

康有为气坏了，八月三日发出通电，举出冯国璋、徐世昌、曹锟等人的复辟证据。有用吗？

这时候，他似乎真的明白了。

不，他没有明白。

他写诗痛斥弟子梁启超是自食父母的禽兽枭獍，是与天帝争权的刑天，是专射恩师的逢蒙。

这是他和梁启超最大的一次决裂。

残梦依稀伴十年

二十年前，戊戌变法中的康、梁，几乎成了一个人，史称中就有"康梁变法"的提法。二十年后，康、梁不仅仅彻底分裂，竟然站在了敌对的营垒之中相互声讨——康有为辅佐张勋复辟；梁启超任讨逆军首席参赞助阵段祺瑞反复辟。

两军对垒，泾渭分明。

无论如何，这都是一件让人心痛又无奈的事。

最痛苦的是梁启超。两年前两人在共同讨袁时，梁启超就对老师有了担忧。康有为听说梁启超到了上海后，一天内三次派人来让他必须去和自己住在一起，梁未听，两人"几与决裂"。梁启超后来记载道：

顾两月来，南海以吾凡百专擅，蓄怒既久，今此大举而不以告，他日责备，何以堪者。实则吾之专擅，良非得已，若事事秉承南海，靡特吾精神上常感不断之苦痛，抑凡今之与我共事者，皆将舍我去矣。难言之隐，莫此为甚。

（梁启超《饮冰室合集》）

果然，梁启超的担忧应验了。一九一六年四月，康有为公开提出复辟。

到一九一七年康有为参与了张勋的复辟时，梁启超与康有为两人已经彻底决裂。七月三日，讨伐张勋的通电，就是梁启超代段祺瑞起草的。梁启超还在同一天以个人名义发表《反对复辟电》，将矛头直指张勋和康有为。

有人责怪梁启超"不为令师留丝毫的地步"。梁启超答："师弟自师弟，政治主张则不妨各异，吾不能与吾师共为国家罪人也。"

历史常常在开当事人的玩笑，就在康有为被通缉的这一天，梁启超被任命为段祺瑞新内阁的财政总长，兼盐务署督办。

一个几乎要再陷囹圄；一个却被进京重任国务总理的段祺瑞委以重任。

躲在美国大使馆的康有为，心情可知。他羞辱、愤怒地写诗，将这位最亲密最看重的弟子痛骂，称梁启超是自食父母的禽兽。

鸱枭食母獍食父，刑天舞戚虎守关。

逢蒙弯弓专射羿，坐看日落泪潸潸。

张勋复辟事件，应该是康有为政治生涯的最后一幕。其实，这一年他才六十岁。以他的性格，他是不甘、不愿、不忍退出这上演风云大戏的历史舞台的。但是，这舞台，自此拒绝了他。

该退场的，终将退场；该凋谢的，自将凋谢。

这也是康有为一生中的一场终极悲剧。他的人生字典上，从来没有"反思、自省"这四个字。所有的错都是别人的，他的一切都是高见，均"颠扑不破"。这样坚韧顽固的自恋自守的自信，恰逢时机可成石破天惊之大事；亦可酿惊天动地之灾难。

为防被抓捕，他躲避在美国公使馆的美森院长达五个月，他只能自己把自己"幽禁"了起来。每日困守室内，百无聊赖，如何打发这孤寂的时光？"闭门高卧谢尘世，聊写丹青作卧游"。他让人从上海的家中寄来了自己珍藏的藏画目，开始写作《万木草堂藏画目》。

在此期间，他还撰写了《共和平议》，依旧鼓吹民主共和制之害，虚君共和之利。但一谈起自己的政见，他就再次有些"走火入魔"，竟然提出要"悬此论于国门"，扬言"有能证据坚确，破吾论文一篇者，酬以千元"。

一九一七年十二月六日的一个夜晚，美国驻华公使派兵用专车护送他逃出北京，当晚住在天津租界，然后未回上海，竟然悄悄潜入青岛。

来青岛干什么？谒见一直在幕后策划复辟的恭亲王溥伟。受溥伟的指使，他又马上去往大连、旅顺，拜见肃亲王善耆等王公。通报张勋复辟的内情，再谋复辟的新方案。

他是铁了心要"虚"这个君的。面对溥伟、善耆等人，不知道康有为能说清楚他要的这个"君"，是个泥胎吗？溥伟、善耆等人能答应？——这是最怪异之处。要么，就是他为权宜之计，借他们的糊涂，再次暗行自己的泡影计划。

这还不算，当听到传闻说要将张勋流放到非洲马达加斯加的一个小岛的时候，他急忙致函总统冯国璋，为其求情。依旧说假如张勋复辟成功，"其有功中国大矣"，"而行立宪政体，舍复辟无他法矣"。不久，奉系军阀张作霖要求恢复张勋的自由，康有为竟入京想依托张作霖筹备二次复辟。此事终因各省督军不支持而搁置。

一九二二年十二月一日，十七岁的溥仪大婚，婚礼按前清皇帝的大婚操办。康有为派人送去贺礼：磨色玉屏、磨色金屏、拿破仑婚礼上用过的硝石碟、银元一千元。溥仪亲书"天游堂"匾额及"福""寿"各一方回赠。

一九二四年，他密谋溥仪的英语老师英国人庄士敦和内务府大臣金梁，说这一年甲子年，夏历元旦是甲寅日和立春日，"三者合符，千年未有，此盖圣上德符，天佑中兴"，复辟在这一年必能成功。他在给溥仪的密折中说："心腹之臣运筹于内，忠贞之臣效命于外，成则国家蒙其利，不成则一二人任其害。"心腹之臣指金梁，忠贞之士指自己。意思是极力劝说溥仪复辟，即便事败，自己也已经做好了"任其害"的准备。其心之切之诚，让溥仪非常感动。

但就在"吉兆冲天"的这年秋天，冯玉祥发动了北京政变，派兵包围了故宫，废除了清室优待条例，把溥仪等大小君臣赶出了紫禁城。

康有为痛心疾首，致书段祺瑞要求恢复清室优待条例，请诛杀冯玉祥。

民国十六年，即一九二七年初，在溥仪二十二岁寿辰之日，已七十高龄的康有为千里迢迢赶到天津张园祝寿。溥仪见其年迈，免其三跪之礼。康有为感激涕零。

在康有为七十寿辰时，溥仪送"岳峙渊清"匾额一副，玉如意一柄。康有为身着朝服，设香案遥拜叩谢天恩，并十分动情地撰写了谢恩折。

这是最后一折了，不久他便驾鹤西去。距一八八八年给光绪帝的"上清帝第一书"，整整三十九年。

再从另一个角度去思考，康有为晚年极力倡导和推出的"虚君共和"，有无合理的成分？

从民国起，各地政权纷纷落入军阀流氓政客之手，从造成军阀割据、争权夺利、滥杀无辜、出卖国家主权的状况来看，康有为的担忧是有一定道理的。他曾怒斥这些政党"非其党不官，入其党则可无法，借其党以遍握权要，鱼肉良善，出入罪恶，吞踞财产，杀戮人民，禁锢异党，封禁报馆，强占选举，万恶皆著矣"。他这里提及的乱象，自然包括孙中山的革命党，却也是无可辩驳的事实。随着南北战争的爆发，袁世凯、段祺瑞、冯国璋、张作霖、吴佩孚、孙传芳……他们的所有作为，都证明了这一点。

康有为提出如英国、日本的"虚君共和",成本和代价会小一些。他想通过虚君这样一种较为平衡的方式来谋求民权、化解民族危机。作为一种政治主张、一种政见,有一定的合理性。但关键的一点在于,就中国的国情来说,这一目标是否可以达到?他的主张,可否行得通?——张勋复辟,就是最好的证明。当一项看似合理的主张,被包藏祸心的人所利用之后,结局会是如何?

更大的悲剧还在于,康有为明明知道自己的主张难以行通,仍依旧顽固地推行复辟,这就开始拉历史的倒车了。

康有为,一个曾经振臂一呼向君权专制挑战的启蒙者,最终竟堕入了为封建主义招魂的泥潭,成为一个背离时代的政客、过客、凄凉的落伍者。

创办"述农公司"

为张勋复辟一事,康有为碰得头破血流,他躲进美国公使馆五个月,一直到当年年底。在这样漫长的时间里,按理说他会沉下心来好好总结出自己的错误和失误吧?——没有,不仅没有醒悟,"复辟之梦"依旧做得有声有色、变本加厉。

他就是这样一个人,自负到见了棺材也不掉泪的地步。梁启超在总结他的时候,指出"其所执主义,无论何人不能动摇之""先生所以不畏疑难,刚健果决,以旋撼世界者,皆此自信力为之也"。(梁启超《南海康先生传》)

梁分析得不假,但这样顽固不化的"自信",也是一种可怕。

自一九一八年之后,康有为再无大的作为。也就是自这一年起,他常居上海,或来往于杭州。

这几年来,他有一桩心事,现在终于该了却了。那就是,给已故的母亲和弟弟,以及一九一五年故去的三夫人何旃理找一块"百年之地"。

他自命是个善观风水的堪舆家,一九一六年去江苏茅山游览时,发现那里的"风水"很好:大茅峰方圆近百里,林木森森,浓荫蔽日,传说有茅氏三兄弟两千年前在此得道登仙,人称"道家第八洞天,江南第一福地"。山上茂林修竹,庙宇香火,烟云缭绕。康有为决定将母亲劳氏、胞弟康广仁、三夫人何旃理的遗骸埋在此处,也就是说,他想建一个康家的坟茔。

由于选址建墓地,康有为多次来这里。他非要寻找有"土气"特征的正穴,据说这种"土气"的样子呈圆形,也称"土瓜"。康有为雇了很多人挖坑寻找"土瓜"。一连挖了好几天,也没挖到。下边的人一看,干脆"造"了一个,埋在青龙山的南坡。康有为亲眼看到挖出"土瓜",高兴地在给母亲的祭文中写道:"茅山郁郁,实翼金陵,秀发飞扬,翳集仙灵……嗟吁择藏,八年未成,奔走彷徨,今乃获营。"终于在一九二〇年五月,修筑好坟茔。

就在修筑墓穴的期间,康有为看到这里的山坡地很多,突然萌发了一个念头:他要在这里买下几百亩坡地,办一个农场性质的公司。

一个儒生,要来办一个农场,让人真有些不可思议。这也真应了他的性格——梁启超说他"论一事片言而决","大刀阔斧,开辟事业,此先生所最长也"。这件事,如同要向巴西移民建国等一样,仍然是"不可为而为之"。办农场的起因,可能与他在变法维新时就注重农业的生产发展有关,他也写过一些关于农业的书籍,如《农学》《农业化学》《农业肥料》《农具》《稻米》《果树》《烟草》《林木》《渔业》等等。还有一个原因,是他在海外游历的时候,参观过国外的农场,使他受到启发。从一九一八年起,他开始在茅山购地,筹办农场。

茅山地处苏南,位于南京、镇江、常州之间。墓地在茅山西北句容县境内,农场选在金坛县的西旸镇。这里是附近乡村物资的集散地,交通有水路,山坡地也便宜一些。康有为来西旸镇后,把具体事物交给地主郑国安办理。他一共买了六百多亩地,耗资近三千银元,在农场的周围栽上了写有"康界"的界桩。他把农场的名字命名为"述农公司",寄托着对先祖的纪念,因祖父康赞修号述之,父亲康达初号少农。建起的两间办公之用的房子,康有为取名"述农茅庐",并挂横匾于门前,匾的左侧所题小字为"庚申既营劳太夫人及幼博弟坟于茅山，辛酉夏建此庐，以先祖先考之字名之，示子孙永不忘，有为"。

农场种植了松柏和黄金树四百亩，种植茶树三四十亩。在土质较好、可以浇上水的好地种植黄豆、玉米、水稻、山芋、番茄、洋葱、烟叶、除虫菊等。还有小部分的养殖业，养鸡、养猪等。

很有意思的是，最开始种植的时候，康有为亲自指挥，连种植何种作物也是他说了算，可见他真的很有信心把这个农场办好。但他还有在上海、青岛、杭州建房等杂事，难以分身，后来农场的事就派他的弟子、亲属等人来管理。农场长期雇工二十余人，农忙收获的时候加雇短工。每年长短工的工钱也要三千银元不等。

但办农业、农场谈何容易？职员管理、伙食、购牛、树苗、种子、肥料、农具等杂事太多太多，都要用钱。康有为甚至将上海新建住宅的一部分作为抵押，取得贷款来投资。苦苦支撑了六七年后，结局是负债累累。终于在康有为去世后，农场解散。

在康有为的履历中，竟然还会有"办农场——从事农业"这桩事，这真是一种让人钦佩的尝试。还有，农场失败了，他种植的那片山林却郁郁葱葱融入那座美丽的茅山吧。

晚年里，他还做了一件有意义的事。一九二三年，他来山东济南游览，在登上千佛山和东北方的华不注山后，认为济南城北有黄河、南有千佛山，为弓背之反，阴阳既误，流水之反，并没有发展的余地了。他萌发了一个开发新济南的设想，要移都会于华不注前。他自信地说，如果这样，"不十年，新济南必雄美冠中国都会。"为此，他特意撰写了《新济南记》和《新济南诗》。他操心的是什么？是多此一举吗？只有一个答案，他还是真诚地喜爱祖国的山河，关心祖国的城市。

第十九章 书法与书画收藏

康有为的著作极其丰富，量也非常大。

仅仅从他自编的《万木草堂丛书目录》来看，就有经部十六种、史部六十五种、子部二十八种、集部十九种，共一百二十八种。这还不包括他大量的函电及他最后几年的著述。之后，他的弟子和女儿康同璧多年尽力搜集整理和刊行了《康南海先生遗著汇刊》等著作五十余册，就是如此，还有大量的诗文、书信、电稿等一直未结集出版，许多遗稿已散佚。近年来，上海古籍出版社整理出版了近七十万字的《康有为全集》第一册。

二〇〇七年，中国人民大学出版社将十二卷本的《康有为全集》隆重出版。全集以时间为序，汇辑了康有为已刊和未刊作品近千万字，包括专著、书信、奏折、游记、诗作等不同类型的作品，其中有《新学伪经考》《孔子改制考》《大同书》等经典。这是世界范围内对康有为著作的一次全面整理，被纳入"国家清史编纂委员会文献丛刊"。

近千万字！真是卷帙浩瀚！

面对他各种类型的著作，谁都会惊叹他的勤奋好学与兴趣广泛，他的集多种才艺于一身。

所以，人们对他的称呼，也格外多样——政治家、改革家、思想家、教育家、今文经学家、佛学家、旅行家、书法家、书画收藏鉴赏家、散文家、诗人。

他的论证文打破了传统古文程式，热情饱满，大笔淋漓，汪洋恣肆，骈散不拘，被学界普遍称为开梁启超"新文体"（新华体）之先路。而文体的改革也是一场"文界革命"，是他改革事业的一部分。

他的诗，自己说"五十年来诗千首"，其实还要多，他留下了大约一千五百多首诗。《清代名人传》中评他的诗："辞意非常，有诗家所不敢吟，不能吟者，以狂荡豪逸之气，运倔强奥衍之笔，如黄河九曲，浑灏流转。"北京大学出版社作为教材出版的《中国古代文学作品选》中，对他的评价是："其前期诗歌感慨时势，抒发爱国忧愤，表达变法图强的愿望，想象奇特，文辞瑰丽，风格雄浑。后期诗歌则充斥封建阶级的没落情绪，徒见艺术技巧，不复有前期的光彩。"

他的书法和书画收藏鉴赏均造诣颇深，由此，可以看出他丰富多彩的精神世界。

从《广艺舟双楫》到他的书法

书法与书画收藏，是他一生的两大爱好。

一八八九年，他进京应试，第一次向光绪帝上书后，于寂寞的等待中，在南海会馆撰写了阐述书法艺术的《广艺舟双楫》。

说来，也真是一个奇迹！——写《广艺双舟楫》那年，他仅仅三十二岁。写此书时，他无论如何也不会想到，这本书将会成为我国书法理论和书法史上少有的一部杰作，仅从一八九一年至一八九八年，七年间竟印行达十八次之多！连日本都译印了六版。一直到今天，所有教授书法的教师和教授，都绕不开此书。可见他对于中国书法的贡献和重大影响。康有为凭其独有的美学思想和书法实践，也成为近现代著名的书法家。

他的书法，从师朱九江、陈兰甫、张鼎华等人，本来根底就扎实，自一八八二年进京起，又开始大量接触汉、魏、六朝、唐、宋版数百本。六年后的一八八八年，第一次上书不达，于是在南海会馆内"尽观京师藏家之金石凡数千种"。眼界大开后，对于书法，他觉得也有一肚子的话要说，于是一八八九年，奋笔十七天写下了七万余字的《广艺舟双楫》。此书从中国书法的书体源流到历代的发展变化，以及历代碑的特点和价值，最后到学书法的运笔技巧、经验、书写要领等，是少有的一部杰作。他对历代书法家及其代表作品进行了评论，大胆提出了自己对书法理论变革的见解。

一、他主张"尊碑轻帖"。他认为，帖学自宋代起盛行，到清代时，系统紊乱、体貌失真、形神俱丧了。所以，学帖不如临碑。二、他主张"不取唐碑而尊六朝"。他认为唐碑书法浅薄，而且不少书法家本都是六朝人，况且"欧（阳询）、虞（世南）、颜（真卿）、柳（公权）诸家碑，磨翻已坏，名虽尊唐，实则尊翻变之枣木耳"。而"六朝拓本，皆完好无恙，出土日新，略如初拓，从此入手，便与欧虞争道，岂与终身寄唐人篱下，局促无所成哉！"三、书法必须要改革创新，"书学与治法，势变略同"，"学者适逢世变，推陈出新，业尤易成"。变，是事物发展的必然规律。书法艺术必须打破常规，博众所长，自成一体，才能走出新路。

康有为的书法，可分为三个时期。在早期的帖学时期，在科举取士的影响下，主要学欧楷，兼学颜体及其他。中期是从上书失败后，广受碑帖拓本，转向研究碑学，到变法失败逃亡国外，处在人生最低谷，心境凄凉，使自己的书法风格也发生了变化，笔势沉重雄浑。晚期是流亡归国后，渐臻化境，开张峻拔、气雄力健，成为一代书法大家。对于他的字的风格和来历，康有为曾经说：

> 我平时很爱好《石门铭》《郑文公》等，但我的字截然和这些字不同。然而，不能说，我和这些碑不发生血肉关系。可是，我不求形似而求神似，我自信做到了这一步。你看我

的字，能说是哪一家哪一派吗？

（李任夫《忆康有为先生谈书法》）

复旦大学教授、中国书法研究员沃兴华在点评康有为书法思想和艺术上，有独特的见解。他认为，康有为提出的"尊魏卑唐"是碑帖之争的产物。历代法帖的书写和镌刻都出自名家高手，风格偏精巧、柔和、工稳、细腻，有贵族气；而碑版尤其是魏碑及墓志造像，大多出自工匠之手，豪放、浑厚、宽博、拙朴，体现的是平民意识。两者有文雅与野俗之分。康有为在改革理想受挫，身心遭受打击时，也不得不遵照这条原则：假借书法"是无用于时者之假物以游岁莫也"，但从他内心来说，他以维新变法为己任，根本就瞧不起书法。正因为瞧不起，反而自成一路，成为特异风格的大家。

康有为留下的书法作品较多，我们可以清晰看出"康体"的风格与特点：执笔偏下中正，大字纯用肘力；稍小的字用腕力而少兼指力。中锋圆笔，左右开张，落笔似放而能收。故笔画无直不曲，亦无曲不直，这是融会钟鼎篆隶北碑而得来的功力。有人说他的字拔群脱俗，血肉丰满，潇洒飘逸，自成一家，被人称"康体"。也有人总结他的特点在于运笔"如刷如扫"，与传统"黑大方光"的馆阁体反其道而行。

对于学习书法艺术的奥妙，康有为认为首先要学会执笔，其方法为"平腕竖锋、虚拳实指"。如果以手指用力，笔力困弱；而以腕运笔则"血肉满足、运行如风、雄强逸荡"。他还指出，近人执笔偏高，应以去笔头寸许为宜。习字的顺序要从结构入手，横平竖直，先求体方，再求伸缩，再讲分行布白章法。初学者，宜先从一、二寸大字开始，然后临古碑。康有为自有偏激——他很不喜欢苏轼的字，认为苏字不知用笔，装腔作势，最劣。他说，若是跟着他康有为学书法，却临苏的字的话，他将打其手心四十下。

康同环描述一次看父亲写字，看和写双方，都是难得的享受："墨迹在纸上飞动，有如龙腾虎跃……他写到得意处哈哈大笑，向我指点用笔的诀窍。"

康同环的女儿嫁给了学者李云光。据李云光回忆说，康有为写字用的笔，大多都是笔毛一寸多长的羊毫笔，听说也用过鸡毫笔，后人没见到过。用的墨也比较随便，不讲究，墨汁通常由一个用人用铁制的磨墨机磨成，或街上买来的瓶装墨汁。从康有为留传下来的字看，很少有墨光如漆的那种"乌黑"，字的墨色不浓，他用的墨可能是胶轻烟细的一种。康说过馆阁体的字方、光、乌，讲究多、太费时，写不好又易刻板，四平八稳缺少个性。他的字不受束缚，连用墨也较随意。他用的纸也不讲究，写字、作诗等常常用的是一种日本产的卷成筒的生纸。这种纸不大吸墨，可以挥笔稍快，有飞白的效果。别人来求他写字，他除了单宣不用，一般的纸都可以。他用过的砚很多，但多已散失，给女儿同环留下一方很可爱的小砚，用古砖琢成，底部有铭文。

康曾先后收徐悲鸿、刘海粟、刘湘、萧娴、李微尘、孙巍等拜门弟子，专教他们学习书法。

萧娴是康有为收下刘海粟之后，被父亲萧铁珊带着来上海拜见康有为的。这时萧娴已二十二岁，已经是个小有名气的书法家了。她从小就随父学书法，十三岁在广州已博得"粤南神童"的盛誉。其父敬重康有为的学问和书法，便带女儿来沪拜师。萧娴以所书写的《散氏盘铭》求教，让康有为惊为奇才，马上收下为徒并赋诗一首相赠。诗中，康希望萧娴成为东晋女书法家卫铄，和元代女画家管道升。萧娴不负重望，在康家苦学三年，进步很快。她的字端穆苍美，风格迥异深见功力。终于，这位康有为得意的女弟子成为了著名书法家，名满大江南北，有不少作品传世。如她所书南京雨花台畔的"江南第二泉"石刻，就得到中、日书法家一致好评。后来，她多年担任江苏省书法协会副主席。一九五六年她写的擘窠大字，曾书"南天一柱，广厦万间"一联，是专为怀念恩师康有为所写。康有为字广厦。

到了晚年，康有为的字从格调上更古朴高雅，浑朴雄健，拙中见巧。由于知名度高，向他求字者很多，所以，他干脆在报刊上大登卖字润格广告。中堂、楹联、横额、碑文杂体，有求必应，无所不写。当时的官僚、军阀、富商都羡慕他的大名，纷纷收藏他的字书。他在报刊和书店门口都有"鬻书广告"，如一九二四年的一则广告中，其字价格为"中堂七尺者三十元，每减一尺减两元，每加一尺加两元；条幅四尺二十元；碑文杂体每字一寸内外皆一元……"据说此项月入可达千元。

据李云光听康家上一辈的人说，康有为晚年其实并不常写字，平均二十几天才写一次，一次写两三个钟头。往往是求字的人送来的纸积多了，梁随觉夫人看先生高兴了，正在唱曲子或作水墨画，就趁机说：写几张吧，他才会动笔。但落笔极快，一口气将积下来的纸写完。他每天必定抽空看书，学碑帖也是只欣赏而绝不执笔临摹。有一段时间喜爱张裕钊的字，才天天临摹张书。

康有为留下的书法作品较多，在他当年曾游历过的一些古迹景点，如今还能见到。看到他的字，会如同又见到这位老人吧。

关于他的书法，留下了不少故事。

一九二〇年四月，康有为偕弟子韩文举游苏州著名的寒山寺时，在庙内大殿的右角看到木架上悬着一口铜钟。铜钟上的铭文《姑苏寒山寺钟铭》竟然为伊藤博文撰写。原来，寒山寺最著名的是唐代大钟，诗人张继的那首脍炙人口的《枫桥夜泊》"姑苏城外寒山寺，夜半钟声到客船"与此寺此钟一起被人们熟知。但因寺院几度兴废，唐钟已经失传。明代嘉靖时又重铸了一口仿唐大钟。不料明中叶后日本的武士、商人、海盗组成的船舰百艘骚扰江苏、浙江一带，寒山寺遭到洗劫，大钟被劫掠去了日本。光绪三十一年（1905），寒山寺重修，要求日本归还古钟，但此时大钟在日本也不知去向。于是，日本僧人牵头，募铸了一口仿唐式青铜乳钟，于次年即一九〇六年归还了寒山寺。伊藤博文之后撰写了此钟的铭文。

康有为在戊戌变法时曾与伊藤博文会过面，在康逃亡日本时，也曾被伊藤庇护过。康有为没有想到，竟然在这里见到伊藤的铭文和这样一口仿唐之钟。寒山寺的近舟法师捧出文房四宝，请康有为题诗。康题道："钟声已渡海云东，冷尽寒山古寺风。勿使丰干又饶舌，化人再到不空空。"意思是古钟被盗往日本，你伊藤博文也不要如饶舌的丰干了，还是尽早归还古钟。只有这样，我再来游历古寺的时候，见到的才不会空空如也啊。后来，康的这一墨宝被近舟法师请人刻于石碑上，至今此石碑还与刻着张继诗的那块石碑，昂然对立于寒山寺的碑廊。

一九二三年冬，康有为游陕过豫，来到三门峡游览，目睹了奔腾咆哮的母亲河黄河后，挥毫泼墨，写下了"砥柱"及赋诗两首，后被按真迹大小比例刻于三门岛上。"砥柱"碑横宽一百七十二厘米，高七十厘米，字迹古朴苍劲雄浑，落款为"癸亥腊，康有为"。一九五七年修三门峡工程时，文物工作者将其凿取下来保存，如今陈列在三门峡市虢国陈列馆内，足见其被重视，已成为难得的文物。

一九二三年十一月康有为参观陕西省图书馆，为图书馆题写了"兰台石渠"，此四字古色古香，文气逼人。"兰台"是汉宫内藏书之地，"石渠"指汉代的石渠阁，也是藏书之地。

一九一四年秋康有为来游无锡梅园，这里原是清末进士徐殿的桃园，后被实业家荣宗敬、荣德生拓展为梅园。来到园中心区的敞厅赏梅处，主人高兴地领着康有为去看那块悬于厅前的匾，上题"香海"。康有为一看顿时愣了，因为此匾竟然题着他的名字，他从未写过此匾。原来，这是主人托人用高价五百银元求来的。康有为哈哈笑着说这是别人伪造他的字，挥笔又写出"香海"两字相赠，并赋诗道："名园不愧称香海，劣字如何冒老夫？为谢主人濡大笔，且留佳话证真吾。"如今，此匾已毁，上悬的"香海"匾，是一九七九年康有为的女弟子、著名书法家萧娴所书。师徒相续了这一佳话。

一九一六年，他为镇江北固山凌云亭题"江山第一亭"。

一九二三年他留给开封禹王台一首长诗，被石刻于禹王台前的御书楼。

……

类似这样的一些题辞，可以使后人在欣赏他的书法艺术的同时，也洞悉这位老者的学识与情怀。

《万木草堂藏画目》与古董收藏

写《广艺双舟楫》三十年之后，为张勋复辟事件，他躲进美国公使馆避居五个月，无所事事，便叫人从上海家中邮来藏画目，又开始写作另一部专著《万木草堂藏画目》。此书共列出他所收藏的中国画三百八十八目。其中唐画七件，五代画十二件，宋画一百一十九件，金画两件，元画六十四件，明画一百三十四件，清画二百三十四件，共计三百八十八目，五百七十二件。这是他关于绘画理论的著作，可以说是《广艺舟双楫》的姊妹篇。全书不仅向读者介绍了自己所藏的这些绘画的详情，更重要的是他根据自己的深入研究，对中国历代绘画概况做了简明论述，并提出了一些新的观点和绘画理论。名为"画目"，多为评论，全书的文字不多，仅一万五千字，但对中国的绘画理论影响重大。此书于次年，即一九一八年由长兴书局石印出版。

为何要编这本画目？他说是因为"中国近世之画衰败极矣，盖由画论之谬也"。明清之中国画学如此衰败，就是因为绘画理论错误。

错在哪里？错在绘画到了明清时代，在文人学士的手上只画山川、花竹之类，名曰讲究气韵。这样作为一个流派存在不是不可以，但假如全都是如此，能行吗？绘画的关键，在于"写形"，"画以象形而资观感者也……其美之至者，游人无穷，如醋醉，如入定，可以坐忘观化焉。"康有为在分析象形时，用了两个字"迫肖"——就是大自然生灵万物的生动、逼真！假如只求气韵，求神弃形，能达到"迫肖"吗？士大夫们的笔下，不可能"专精体物"，必须要专业的匠人"毕生专诣为之必不能精"。一句话，中国摈弃了专业匠画，是近代画衰落的原因。他的分析，在当时是准确精当的。也使我们突然明白：历史上留下来的画作，题材为何大多是山水花鸟？

他认为汉、晋、六朝的画都尚象形；唐画也以象形为主，用笔多拙；五代画承上启下，开精深华妙之体；宋画登峰造极，在世界绘画史上，可以为"万国之最"。(他认为油画是十五世纪前由中国传入欧洲的,并说是他自己的"创论"。)元画大攻院体画,写意论被奉为金科,无创新,成"八股画"。这种错误一直影响到明清,固必然衰败。

尽管没有专事绘画,他有时高兴了也画几笔水墨,只是随手就丢弃了。也有人说他有很少的几幅画作存世。据说他画过一幅《天马行空图》,给弟子刘海粟看过,刘对老师的评价自然颇高。我们如今可以看到的,是康有为给自己设计的信笺上,有一幅似水印的梅花图,还配以他的题词:"数点梅花天地心。游存。"

他一生酷爱古董文物,诗中说"我生好古多幽癖""思古之情不可遏"。在海外游历的时候,利用保皇会的会款购买了不少稀世文物,如罗马国王安敦雕像、君士坦丁磨色金盘、可围在腰上的西班牙软剑、庞贝的软石、锡兰的贝叶经、意大利石雕人像、荷兰十五世纪的碗,以及各国瓷器绘画等数以千计,花去数万元。之所以购买这些文物古董,他的想法是,中国人对外国文化缺乏认识,是因国内缺乏可作为中外文化对比的感性资料,所以凡可开国人眼界的各国古器物和艺术品,都应该购买。尽管这一理由过于牵强,因为他也做着古董的买卖,但他确实有想创办博物院的想法,只是未能如愿。这些文物后来陈列在上海游存庐和杭州一天园。在他办天游学院的时候,讲到西洋文化的时候,便带学生来参观。

他还藏有珍贵的碑版、古版善本书以及国内的文物古董,他实在是一位文化巨匠与大家。他始终重视对祖国文物的保护。一九〇四年游罗马后,他撰文《保存中国名迹古器说》,指出文物古迹可以教育鼓舞人民,可以显示祖国的文明,可以开拓知识提高人们的审美水平,又是极好的旅游资源。听说有人将沈阳故宫的古董出卖,他气愤地称这是"卖国"和"公敌"。

他曾三次游览庐山,第一次是一八八九年,在游览东林寺时,从寺院厨房的地上意外发现了唐代大书法家柳公权所书《复东林寺碑》,碑已经断为数块,经他发现提醒这是宝贝后,僧人嵌于殿后东窗下墙壁间保护起来。一九二六年夏天,即他逝世的前一年,古稀之年的他再次上庐山，并再次来到东林寺，望着那块嵌在壁间的柳公权碑，百感交集，题写了一首《东林寺碑记》。后来，僧人们将此诗以石刻置于柳碑之侧。

他最喜爱唐宋名家的画，有的古董商知道他是个大买家，常常拿出一些赝品来向他推销，标的价格都很高。有些画他也是拿不准，就带了回家。年底人家来结账的时候，他只付很少的钱。古董商此时才知道他是内行，骗不了他。

就因为他对文物古董的痴迷，还闹出过一个颇为意外的"盗经事件"。

一九二三年年底，他到陕西讲学和游览。督军兼省长刘镇华邀请他给各校师生讲演。此时学界正推崇新文化运动，对康的到来很不满。康讲演时又大讲孔教、君主共和，不少学生纷纷跳窗退席。此时，对康的不满，就埋下了。不久，康有为在参观卧龙寺时，见到寺内收藏的四柜宋代《碛砂藏经》，发现有残缺不全者，便与寺内主持签字，由康带回修补整理后负责运上海印制，再给寺院调换一部新的藏经。士兵在搬运中出现丢失，群众捡拾到后，发现夹杂有其他经卷。僧人不满，认为把其他的经也盗走了，这就是当年舆论哗然的"康有为盗经事件"。康听到此事后很生气，说"不要啦！"当即就将运来的《碛砂藏经》归还了。

出现这样的误会有两个原因，一是去取经的是刘派出的马弁，带着枪；二是康有为走时骡马车上拉着很多箱子，别人认为是经卷，其实是误会，仅他在浏览时拾到的秦砖汉瓦之类。舆论本来就对当地军阀政权不满，认为这是与康有为的勾结。不久，上海的报纸上就出现了这样一幅漫画：一人夹经逃跑，一僧在后追赶。标题是"圣人不死，大盗不止"。后来又传出一副据说是章太炎写的对联：国家将亡必有，老而不死是为。横批：王道无小。上联隐"妖孽"，下联隐"贼"，横批隐"康"。

从此事件的真相看，双方有签字，去取经的又不是康有为本人，实在不能说康有为"盗经"，他很冤枉。但也清清楚楚看出，受五四"砸烂孔家店"的影响，很多人对他尊孔和保皇的态度，是嗤之以鼻的。事实总归是事实，近六十多年后，仍有一些报刊或专著批评他的"盗经行为"。陕西图书馆历史文献部的高峰先生经调查和证之文献，于一九八六年写了《关于康有为"盗经"》一文，说"盗经之说实不必加于康有为先生"。

收徐悲鸿、刘海粟为徒

人说"书画同缘"。很有意味的是，晚年的康有为收下的两个徒弟徐悲鸿和刘海粟，后来都成为中国画坛的巨匠与大家。巧合的是，徐、刘二人都是一八九五年出生，这一年恰是康有为轰动京城与全国的"公车上书"那一年；而康有为结识他们的时候，又正与张勋在秘密策划拥溥仪上台复辟。

康有为结束海外漂泊后一九一三年归国，一九一四年在上海租赁了盛宣怀家的辛家花园。一九一六年，二十一岁的徐悲鸿在报纸上看到广告，上海仓圣明智大学正在征求仓颉的画像。传说中造字的仓颉到底是个什么样子？由于是远古的神话传说，谁也说不清楚。这一点恰好引起了人们的关注。徐悲鸿根据传说中的"双瞳四目、四目灵光"，画出的仓颉身披树叶，眉峰下各有上下重叠的两只眼睛，头大额宽，耳垂双肩。教授们一看就非常认可，于是徐悲鸿的画入选，获得奖励，应邀住进哈同花园。

仓圣明智大学是犹太人哈同办的，聘请了一些文化名人、学者来讲学。这些学者中，就有康有为、王国维、陈三立、沈美叔、冯恕等人。就是通过这一次征集仓颉画稿的活动，使康有为认识了徐悲鸿。徐也为能结识康有为而兴奋，此时他已经读过康的《大同书》的某些篇章，对康有为非常恭敬。康有为本来就喜爱绘画艺术，此时爱才之心萌发，常常把这个年轻人请到家中，拿出珍藏的中外名画、金石碑版供徐悲鸿观赏。他鼓励徐悲鸿在艺海中锲而不舍地奋进时，要打开眼界，建议他可以考虑先到日本去考察那里的新画风和画派。徐悲鸿的眼界大开。两人相与论画时，康"尤具卓见，如其卑薄四王，推崇宋法，务精深华妙""如倒倾三峡之水，而其奖掖后进，实具热肠"（徐悲鸿《悲鸿自述》）。

徐悲鸿觉得自己遇到了一位难得的老师，便在康宅举行了拜师礼，向康有为恭恭敬敬叩了三个头。康有为非常高兴，自此，开始悉心指导徐的书法。

这时徐悲鸿正悄悄和蒋棠珍（后改碧薇）相恋。蒋十三岁时由家人做主与同乡的查紫含订亲，所以她和徐悲鸿的往来不敢公开。她一心想退掉婚约嫁给徐悲鸿，但又想不出办法，只好来求康有为。康有为决定玉成此事，支持徐悲鸿借去日本写生的机会，悄悄带蒋棠珍"远走高飞"。一九一七年五月十四日，康有为和朱了洲帮助他们二人双双乘上去日本的轮船，"私奔"去日本度蜜月去了。待十一月他们归来的时候，本想来答谢月老，但康有为因复辟失败躲在美国公使馆，无法见面了。

两年后，徐悲鸿在康有为的帮助下获得官费留法的机会，去了法国。后期官费迟迟发不下来，生活困顿，归国的费用也没有着落。康有为致书驻瑞士公使陆徵祥，请予资助。信中说："有门人宜兴徐悲鸿，画才天授，冠绝国人，文学亦美，吾爱而玉成之，为营官费。……惟今政府穷困，官费不发，悲鸿遂流落，欲归亦不得，殊可怜，……敢以为托，令其留学，或助其归资。"（《万木草堂遗稿外编》）徐悲鸿知道后非常感动，一九二五年冬归国后前来感谢看望恩师，感叹"南海先生老矣"，为其画像留念，这也是他与老师的诀别，因不久他重返巴黎。

康有为和刘海粟的相识，是一九二一年。

这年三月，二十七岁的刘海粟在上海和几个画家成立"天马会"，办了一个画展。康有为看了刘海粟的《雷峰夕照》《回光》《埠》等油画后，很兴奋。接待的人请他留几个字，他说："我想和刘海粟翁谈谈。"他以为作者起码是个五十岁的老者，待别人带着刘海粟站在他面前的时候，康有为一看刘这样年轻，非常意外和高兴，给他留下地址，邀请他明日来康公馆游存庐做客。

第二天，刘海粟如约来到康公馆。他晚年在《齐鲁谈艺录》中说：

> 康先生十分高兴，先让我欣赏唐宋及元代的古画，再评品石雕。他不断地提问，我回答得比较拘禁，他听得很认真。美学趣味的接近，逐渐缩短了我们之间年龄所造成的距离。

我们从王维、二米、吴镇、黄公望、王蒙、倪云林，谈到明四家和郎世宁、八大、石涛的作品，以及各家论画著作，很是投机……

康有为没有忘记参观画展后，主办者请他留言的事，他取出一张写满字的宣纸交给了刘海粟。上面写了论及拉斐尔的七言古诗和题跋：

画师吾爱拉斐尔，创写阴阳妙逼真。
色外生香饶隐秀，意中飞动更如神。
拉君神采秀无伦，生依罗马傍湖滨。
江山秀色图霸远，妙画方能产此人。

（题跋略）

康有为这天很高兴，他对刘海粟说："我一生教了不少学生，林旭八岁能诗，梁启超十六岁考中举人，著述很多，谭嗣同文章人品并传不朽，马君武任广西大学校长，以工整七律译雨果诗，难能可贵。这些人物可谓一时之盛，遗憾的是没有一个通绘画的学生，你十七岁创办美术专科学校，画也阔厚雄奇，前程远大，我非收你做学生不可。"

刘海粟感到很突然，却很直率地反问道："那我跟先生学什么呢？"

"画，我不能教你。但书画同源，我可以教你写字。"康有为呆了一会儿，也非常干脆地回答说。

"我愿意跟先生学字，还要学诗词和古文。"

几天之后，康先生大宴宾客，据他本人说，为弟子而举行这样的宴会还是破题儿第一次。到康宅赴宴的有词人况夔生、朱古微，书法家沈寐叟，书画鉴定收藏家甘翰臣等。

（《齐鲁谈艺录》）

于是，每周的星期五，刘海粟准时到康宅学书法。康有为送给他一本《万木草堂藏画目》和一部《书镜》（《广艺双舟楫》）。康有为教他学《石门颂》《张猛龙碑》等。两年后，广州、肇庆遭了水灾。上海的报纸登出广告，请康有为等名家写字"义卖赈灾"。因前来购字的人太多，康有为每写出一副对联，刘海粟则马上照着"康体"临摹十余副。他写的这些字，经康有为选定后，就可以加盖康的图章出售了。

刘海粟的美术专科学校因为首创用"人体模特"，被五省联总司令孙传芳以有伤风化为借口封闭了学校，刘海粟也被"下令通缉"。这让康有为非常担心，在最紧张时候，康在一天里三次坐着马车赶来，劝刘海粟快快离开躲避。

一九二七年，康有为过完七十寿辰，从上海去青岛。行前，他还为刘海粟正准备出版的画册《海粟近作》题序道：

> 西画之精新妙肖至工矣，然中画亦有独到处。向以为它日必有兼善之才，英绝领袖之者。郎世宁之后，必有其人。海粟既以西画名，近多用力于中画，示我各幅，笔力键举，豪放斫辣，深有得于梅花道人。它日从南宋大家精深华妙处成就之，则继郎世宁开新派，合中西之妙为大家矣。
>
> （公孙树《康有为与刘海粟》）

康有为离开上海时，刘海粟依依不舍相送。一年后，待画册《海粟近作》出版的时候，望着这熟悉的题序，恩师却已驾鹤西去矣。

创办天游学院

结束流亡归国后，康有为一直有个愿望，就是办一所大学。一九二三年，他在济南和青岛成立孔教会的时候，就与地方士绅商议筹办曲阜大学，他甚至勘察了校址，但未能如愿。后来在上海被聘去圣仓明智大学讲学，就萌生了自己办一所学院的想法。经过多方筹备后，终于在一九二六年春，在上海愚园路一百九十四号自家宅院游存庐临街的一所两层楼房内，开办了天游学院。

他自任院长兼主讲，龙泽厚为教务长兼讲经学，阮鉴光教日文，况夔生讲授词曲。招收的学员要求有一定的学问基础。正规生入学需考试，先入预科一年，再入本科两年，共三年。特殊生可免试随意来学院听讲。学生每学期学费四十元、膳食五十元、杂费六元，共九十六元，入学前交纳。

康有为亲自编定《天游学院简章》。学院宗旨是，以研究天地人物之理，为天下国家身心之用。学制采用学院制。所定学科分为五大类：一、道学：经学、历代儒学、史学。二、哲学：天文、地理、电学、生物、人类、人道、周秦诸子、东西洋哲学、心理、伦理、灵魂、鬼神、大同。三、文学：散文、骈文、诗、词、曲、书、画。四、政学：政治、宪法、理财、教育、列国。五、外国文：英文、法文、德文、日文。

学院的校舍为两层楼，楼上为宿舍，楼下为教室。教室内，悬挂着康有为的手书对联：

天下为一家，中国为一人。
知周乎万物，仁育乎群生。

第一期学院招收不足二十人，多为江浙一带的学子。后增加到三十余人。其中还有两名台湾学生林奄方和陈鼓徵。他们是反抗日本统治台湾的爱国者，与康有为联系后，康对他们很赞赏，特汇路费让他们来上学，不仅不收学费，还供给生活费用。

康每周讲课五小时，上半学期为《诸天讲》，下半学期为文章、书法与各家杂说。教学方法重在自修。主要功课在于笔记，每月论文十道，随同笔记一并送呈，康有为亲自批阅。这种教育方法比较自由灵活，可以培养学生的分析和理解能力。

《诸天讲》是康有为晚年的著作，共十五章。他经四十余年的潜心研究，加上周游列国学习到的西方天文知识，完成此书。他认为地球和金木水火土星诸星球一样，都是绕太阳运行的游星。所以地球上的人，都是天上的人。知道自己为天人很重要，就不会目光短浅，只知道有一家、一乡、一国、一地球。"人之生也，与乐俱来，生而为天人，诸天之物，咸备于我，天下之乐，孰大于是。""吾身在此地星之人间，吾心游诸天之无量，陶陶然，浩浩然。"他从望远镜上观察到火星上有火山冰海，大胆推断其他星球也有人类。

他解释为何要讲授《诸天讲》："吾之谈天也，欲为吾同胞天人发聋振聩，俾人人自知为天上人，知诸天之无量，人可乘为以太而天游，则天人之电道，与天上之极乐，自有在矣。"（康有为《诸天讲自序》）康在这一点上，真是一个真率乐观又有些幼稚的人。让人们认为自己成了"天人"，就眼界洞开，洗心革面，不会再尔虞我诈，不再酿演人间悲剧了？他这种借助一些科学知识的"突发奇想"，也说明他具备宽大的襟怀，尽管有些脱离实际。

讲文章，他说："古今大文章只有二十余篇，以李斯《谏逐客书》为第一，贾谊《过秦论》第二，其次则司马相如、刘向、刘歆、谷永、杨雄、匡衡诸家敦厚典雅，皆含经义。"

讲史学，他以《史记》《两汉书》为主。

讲书法，他推重泰山《经石峪》《石门铭》《郑文公》等。他对弟子说："写字须先摹碑，五日一换；能摹百碑，即可拔群绝俗。故欲成家，则熔铸古今，截长去短，得其神似，而不取其形貌。"

晚年了，即便是讲学，也改不了"每好大言"的毛病，但此时吹得有些"可爱"了。有一天，他在讲堂上大言："有人谓我不能为骈体文，然我并非不能，实不愿为。少时读六朝文，皆能背诵。今日请诸君戏出一题。余在讲室口述，诸君笔记，不经窜改即可成骈体一篇。"又说，"有人谓我诗似杜工部，我实非学杜者。但少时喜读杜诗，至今尚能背诵全集。如诸君不信，请任提一句，我即可连接下句，不遗一字。"

有一次他给学生讲韩愈的《马说》，上来就滔滔而说："我读《马说》太有感慨了。戊戌变法，我劝德宗让新疆全省都是牧马场，养马八百万匹，扩充骑兵，日本岛国不足虑。这样，就可以驰欧亚，称霸天下。当年蒙古入欧，全凭战马啊。我愿德宗成为成吉思汗也！……"到下课了，《马说》一字未谈。(任启圣《康有为晚年讲学及其逝世之经过》)

但天游学院只办了一个学期，到当年的冬天即停办。北伐军打到了南京，距上海很近了，康有为宣布趁寒假休业，其实就是解散。这是他离别这个世界的时候，所做的最后一件大事了。

第二十章

晚境

自一八九八年十二月逃到香港，至一九一三年十二月由港返广州，头尾十六年。康有为环球三周，漫游数十国。著名的篆刻家和画家吴昌硕曾给他刻了一枚印章，文曰："维新百日，出亡十六年，三周大地，游遍四洲，经三十一国，行六十万里。"

若以现在的行政区划分而言，他游遍的是五大洲，四十二个国家和地区。亚洲有香港、日本、新加坡、马来西亚、印度、锡金、缅甸、印度尼西亚、越南、泰国、斯里兰卡、土耳其、阿拉伯、也门、巴勒斯坦。欧洲有英国、意大利、法国、德国、梵蒂冈、瑞士、奥地利、匈牙利、丹麦、挪威、瑞典、比利时、荷兰、西班牙、葡萄牙、希腊、保加利亚、罗马尼亚、塞尔维亚、摩纳哥、直布罗陀等国家和地区。非洲有埃及、摩洛哥。北美洲有美国、加拿大、墨西哥。南美洲有巴西。十六年里，四渡太平洋，九渡大西洋，八经印度洋，还曾泛舟北冰洋七日。所到之地，对世界奇观和各国名胜古迹无不广为游览。

晚清的国人中，获这样机会的人，能如他这样旅行的人，不是唯一，也是绝少的、罕见的。

他说自己这样周游列国不是游山玩水，是"遍尝百草"的神农，为祖国在寻找起死回生的"神药"。他在"考求政治，比较中西"。这说法是他一贯的"大言"。梁启超就说他"每好大言"。"神药"按他说是找了三服，一为"君主立宪"；二为"物质救国"；三为"理财救国和金主币救国"。

一九一三年十一月，他奔母丧回国，也结束了环球之旅和十六年的流亡生涯。他说"足迹已遍天下，觉大地无可游者"，"吾倦矣"。

世界已倦，该国内之游了。

从一九一四年至一九二七年间的这十四年，他除了一九二一年留沪督造游存庐未能出游外，每年都要去各地旅游。这十四年，他没再提寻药一事，可能觉得"老药方"尚在之故。

他遍游全国十二个省，三十余座城市。广州、北京、上海、无锡、苏州、杭州、曲阜、凤阳、南京、镇江、常熟、绍兴、青岛、大连、旅顺、济南、九江、定海、保定、开封、洛阳、西安、咸阳、武汉、岳阳、长沙、秦皇岛等。如一九二三年从二月开始动身旅行，一直到除夕才回到上海，可见去的地方之多。寻游名胜古迹，访会故旧新朋，怡然陶然。

海外周游十六年，加上国内十四年，恰好三十年。穿行在了他七十年人生中的后一半。

康有为与家人

康有为非常敬重母亲和姐妹，其中的一个原因是：他亲眼目睹了她们的苦难。

他十一岁时父亲去世，是寡母拉扯着他等五个未成年的孩子，艰辛地走了过来，使他能全力读书。母亲的勤俭和家中的清苦，给他留下很深的印象。二姐逸红十七岁出嫁，仅十七天夫亡便回了娘家守寡终身。大妹妹琼琚出嫁后二十八岁丧夫，因负债，转年即去世。

康有为十岁的时候，亲眼见到痛苦的一幕：五岁多的妹妹顺介，突然自一天开始欲死欲活号哭不已。原来，这样小小的年纪，顺介缠足的时候到了。眼见母亲及邻居逼迫诱哄着给妹妹缠足，使妹妹痛苦不堪，如此可怜模样，康有为十分震惊和愤怒，但无以为助。

一八八三年，康有为的女儿康同薇五岁了，又到缠足的年龄。

母亲劳氏和妻子张氏以及族人，开始张罗要给同薇缠足。康有为坚决不同意。母亲和妻子苦苦哀求他，说不缠足才是害女儿，女儿将来要是嫁不出去怎么办？他回答：我的女儿就是一辈子不嫁人，也不能再让她受这种苦刑！正是在康有为的坚决抵制下，长女同薇、次女同璧没有缠足。这后来影响到康有为的弟弟、堂弟及几个侄女，也都效仿不再缠足。他感慨道："中国一向号称是教化之国，圣贤辈出，为什么没有人来对缠足加以禁止呢？"他声言要"誓拯两万万女子沉溺之苦"。这个时候，恰恰南海邻乡上金瓯堡松圹村有一个叫区谔良的人，为同治进士，康有为和他一起创立了一个"不裹足会"，这是近代中国的第一次反对裹足的民间组织。

对于男尊女卑、夫为妻纲的这种封建主义的夫妇关系，康有为曾是激烈反对的。妇女问题，也是挽救民族危亡、强国保种的重要环节。就是在他的支持和鼓励下，梁启超和弟弟康广仁等积极推动了不缠足运动、倡议母教，自办女报、女学堂。但是，康有为六次婚姻五次纳妾的行为，让人不得其解。

连他的弟子也都在指责他：

> 他每天戒杀生，而日日食肉；每天谈一夫一妻，而自己却因无子而娶妾；每天讲男女平等，而其本家之女子未尝独立；每天说人类平等，而自己却用男仆女奴。……（先生）极好西学西器，而礼俗、器物、语言、仪文，皆坚守中国；极美民主政体，而专行君主；注意世界大同，而专事中国。凡此皆若甚相反者，盖先生深得二元三世之学，故备舟车裘葛之宜。
>
> （陆乃翔、陆敦骙《康南海先生传》）

他有自己的解释，理论是将来的缩影，实际必须符合目前的境遇。"吾好仁者也，主戒杀者也，尝戒杀一月矣，以今世未能行也……大同之世，至仁之世也，可以戒杀矣。"

于是，理论归了理论，现实归了现实。

辛亥革命后，他宣称"冒万死以保旧俗"，他提到的五个旧俗中，其中之一便是纳妾。康有为一八七六年十九岁结婚，夫人张云珠是临乡外舅玉樵先生的女儿，比他年长三岁。两年后张生下康同薇，又是两年后生下康同璧，康有为在外读书讲学，张氏要带孩子、操持家业、侍候婆婆。一八九七年，即两人成婚二十一年后，因无子，四十九岁的康有为纳十八岁的梁随觉为妾。据说梁不仅识字，还有几分才学。

康有为纳妾一事，似乎到这里该结束了。但不料却刚刚开始。

一八九八年戊戌变法失败，康有为被追杀，张云珠带全家也逃离羊城漂泊港澳。一年后，梁随觉随康有为奔亡国外。

一九〇七年，康有为在美国西部的菲士那市为华侨发表演说，十七岁的姑娘何旃理被康有为的演说打动，恰好康需要一位翻译，何便欣然担任。何旃理的父亲是广东开平人，以种植果园为业。何生在美国，有良好的教育，自由奔放的她愿意和康有为在一起。最终，何的家人拗不过女儿，向康有为提出两个条件，一是要正式举行婚礼，二是何旃理必须享受妻子待遇。康有为自然答应，两人在美国举行了婚礼。

而随行的梁随觉同意吗？康有为与其商议过吗？不知道。只知道康写信通知了张云珠。

一九〇八年年底，梁随觉生下儿子同篯，不久何旃理生下儿子同凝。一九一一年，康带何与同凝定居日本，梁随觉母子回了香港张云珠处。直到一九一三年底康有为回国，定居上海辛家花园。一家人终于团聚。

有儿子了，康有为的纳妾该停了吧？

红颜薄命，一年后，年仅二十四岁的何旃理被一场猩红热夺去了生命。康有为和何旃理在日本雇用的一个叫市冈鹤子的少女，受康有为邀请来到上海，不久她成为康的第四夫人。鹤子这年才十八岁。

一九一五年冬，五十八岁的康有为再次纳十八岁的廖定徵为第五夫人。

一九一九年，康有为在杭州游西湖时，看上了十九岁的船娘张光，多次派人上门说亲。在康有为全体家人的反对下，六十二岁的康有为依旧和张光举行了婚礼。

何旃理二十四岁去世，据说康有为抚棺痛哭，为她超度。何去世十日后的子夜，康有为梦见她飘然而来，金光满室，遂作《金光梦》词纪念。异国而来的鹤子极惨，于康有为去世后归日本，据说在七十多岁时卧轨自杀。张光在康有为死时仅仅二十七岁，被康家送回杭州，终身为康有为守寡。据说她曾抱养一女，随了康姓。常伴张光身边的是一个箱子，箱内是康有为的字画。在生计艰难的时候，她绝不出卖一幅，后却被人全部盗走，守画如夫的她终于悲伤病逝。对于廖定徵后来的结局，未查到任何文字记载。

梁随觉、何旃理、鹤子、廖定徵、张光，尤其是后面的三位女性，当康有为屡屡分别与她们举行婚礼的时候，不知作何感想。他已年近花甲，而她们如此年轻。总是鼓吹自己是"先知先觉"的圣人康有为，想过他去世之后她们的未来吗？——自然无法苛求这位晚清的遗老，但不要忘记，他曾是近代中国史上著名的启蒙者和思想者。他最崇尚的是儒家与孔子之"仁"，他自然可以"势必享乐"，可以"陶陶然、浩浩然"去他的人间乐园做"天游"，但他给这些女子带来的种种难说难诉的痛苦，谁该难逃其责？

康有为共有四男八女，十四个子女（自育十二人，收养二人）。十四人中夭折六人，长大成人八人。外孙子女二十四人。因得子较晚，去世时两个儿子均未成亲。后康同籛生两女一子，子康保延，为康有为独孙。康保延后育二男一女。二〇一五年，康有为的二十岁的曾孙女格罗娅代表澳大利亚来到中国参加羽毛球比赛，一时备受关注。她的父亲六岁移居澳大利亚，母亲是澳大利亚人。有意思的是，格罗娅小时候就从族谱中知道自己是康有为的后人。

长女康同薇，清末妇女界先进，自幼不裹足，曾被称为"中国第一女报人"。精通国学、日语、英语，翻译有不少日文书籍文章。

一八九七年任澳门《知新报》记者和日文翻译。一八九八年与梁启超夫人李蕙仙等人在上海创办的《女学报》，为中国历史上第一份女性报纸。一八九九年与康有为的弟子麦仲华结婚。

次女康同璧，十九岁"凌数千里之莽涛瘴雾"到印度寻父。一九〇二年代表康有为赴欧美演说国是，提倡女权。一九〇三年在美国哈佛大学留学。毕业回国后历任万国妇女会副会长、中国妇女大会会长。

康有为比弟弟康广仁大九岁。他很爱护广仁。光绪六年，即一八八〇年他曾亲自教弟弟（和堂弟有铭、有霈一起）读书经史等。广仁在戊戌变法时进京帮助兄长管家、查资料、提建议、做顾问，还曾经创办女校、成立反缠足会等等，不料死于戊戌之难。康有为流亡海外，也没有忘记寻找弟弟的遗骸，后请梁铁君寻回，葬在母亲坟墓的旁边。

母亲劳连枝勤俭持家。戊戌政变后，康氏家族逃亡海外。劳氏避难港澳，身边侍候的人少，港澳百物昂贵，生活并不宽裕，郁郁寡欢，于一九一三年七月在香港去世，康有为不在身边，是康妻张云珠及堂弟有霈、有铭料理的丧事。同年十月，康有为从日本归国奔丧，把劳氏及弟广仁二樬运归故乡南海，暂时浅葬在银塘乡后山。一九二〇年五月，才正式将母弟之骸改葬于江苏金坛县茅山。

晚年奢侈的生活

康有为一八七六年与张云珠结婚，到戊戌变法失败逃亡开始，家人也只得逃至香港和澳门。自一八九八年后长达十六年间，他没有一个完整的家。或是有家不能归，或是四海飘零。

二〇一四年十二月。上海朵云轩拍卖公司获得了一批康有为次女康同璧一九〇四年至一九〇六年间旅居美国时的信件等文献。其中有三封是母亲张云珠给女儿康同璧的信。信由长女康同薇代笔。信中，可以看出张夫人日夜忧心的，最是康家的住房问题。同薇在给妹妹的信中写道："母年年因屋事操心，非得一屋长久计不可，今又迁屋矣。因迁此屋之事激怒，几乎成病。"

康家流亡港澳后，一直赁屋居住。一九〇四年家中被盗，张夫人很想自建住房。一九〇五年五月二日，母亲给康同璧的信中提道："日间拟在澳建一屋平。已入京取皇家地，现尚未批准……此乃穗田所倡者，已详前次寄上尔父之函中已。"

这证明光绪帝曾经有地产赐予康有为，但此时亡命港澳的康家还敢入京取地？也可能因几年过去了，清廷对康的追剿松动？还是别人出的主意？此事后来自然是不会有下文的。

从家信看，康家在澳门的生活是窘迫的，康同薇向妹妹抱怨道："所云父有千金命汇回，今尚未见，今商会不能大成，仰人实非得计。而父虽公而忘私，不为后虑，母则因之操持太苦，每后顾则生忧。如尔侍父左右，不可不因机而言也。"可见康有为的保皇会虽经营的产业众多，经手钱财丰厚，当时康氏家人的流亡生活却并不舒适。直到一九一二年，康家才在香港有了自己的房子。

即便在这样的条件下，一九一五年，张夫人还是抵押了香港的住宅来资助康有为的倒袁运动。

张夫人操持支撑着这个家，上有老，下有小，是艰难的。

一直到一九一四年，康有为才在上海租赁了盛宣怀家的一座住宅，为上海新闸路十六号辛家花园，全家才安定了下来。为何将家设在上海而不是广州？两个理由，广州曾在戊戌年间抄没他的家产，是他的伤心之地；而繁华的上海，是他早年就一直喜爱的地方。

七年后的一九二一年，他在愚园路自购地皮，建造了一所占地十亩的豪华大院，名为"游存庐"。住所中西合璧，是座有十间房的二层楼。一层有很大的客厅。另外还有一所木结构的"竹屋"，为康有为休息和招待客人的地方。另有平房，为厨房和仆役住所。院中有池塘、木桥、假山；树木花草有樱花、桃树、梨树、梅花、葡萄、紫藤、菊花、玫瑰等；还养了孔雀、麋鹿、猴子、金鱼等动物。

此院建好，他真正有一所属于自己的康公馆了。

就在修建"游存庐"的同时，康有为如突然染上了筑窝瘾，竟然又在杭州、青岛、上海分别修筑和购买了三处别墅。这三处别墅是：杭州西湖的"一天园"，上海杨树浦的"莹园"，青岛的"天游园"。

杭州"一天园"占地三十余亩之大，依山势而建，三面临湖，水天一碧，绝景之所。内园由开天天室、廖天台、天游堂组成。外园由水晶域、桃园厅、石老云荒馆、天风步虚廊、幽欣亭、饮渌亭等建筑构成。此园历时四年，分十一期完成。很有意味的是，"一天园"距离当年要刺杀康有为的刘学询的"刘庄"很近，几乎为一墙之隔。这里深深寄托着康"天游化人"的感悟，为他最喜爱之地。他去世后，被浙江省省长张静江以"保皇余孽、占据公产"为由封闭。后在抗战时被康的后人变卖。

上海"莹园"临吴淞江，一九二一年落成。绝妙之处在于这里可远眺东海日出。但此园建成一年多后，因负债转售了日本人。青岛的"天游园"，是康有为一九二三年最后购得的一所别墅。购得后新添一处房舍，装点花草树木，命名为"天游园"。仅仅四年后，这里真的成为了他告别人间驾鹤去天游之地。

如何来支撑这样巨大的开支？过去的答案大约是：海外政宪党的资助；一九一三年广州政府发还了被清抄没的家产，变卖后在上海买入地皮，获了一些利；再就是卖字的润格，据说此项每月可入千元。陈明远先生在《文化名人的经济背景》一书中，有一篇《康有为的经济状况》，详细揭开了这个谜底。陈明远说：

> 这一时期（戊戌逃亡之后）他们（康、梁）是如何维持生计的呢？百年后的读者们恐怕不大清楚。我多年来查阅确切的史料证明，当时康、梁已开始经营出版、报社、文化企业以至于房地产，一句话：依靠在国外华侨区和上海租界等地创办实业。

一八九八年秋冬之交，也就是康有为在加拿大筹备欲成立保皇会时（保皇会正式成立是一八九九年七月），就已经开始以"保皇会"的名义，用股份制的方式，向港澳华人、北美和大洋洲华侨出售股票，募集资本，创办了位于上海外滩租界的"广智书局"和后来的"新民丛报社"。梁启超以提供文稿作为"技术股"，占三分之一的股份。获利情况是：仅一九〇二至一九〇三年间分得"新民丛报社"的红利上万银元。当时一块银元的购买力约合今人民币七十多元。一九〇一年康有为被清政府雇佣的杀手追杀，避走印度大吉岭，梁启超很快给他寄去汇款一千八百银元，约合人民币十三万元。

康有为之后也在海外经商、做地产生意，以保障活动经费。一九〇六年春节，康有为访问墨西哥，他发现墨西哥城正筹款修筑有轨电车道，就利用当地华侨提供的捐款购置电车轨道经过之地的地产。果然后来这些地方的地价上涨好几倍，获得了十多万银元的赢利。在梁启超主持的"广智书局"因经营不利亏本损的时候，康有为给他、他在澳门的家属、他兄弟的学费共拨付了五千银元（合今人民币约三十五万元）。

自五十四岁归国后，到七十岁的这十五年间，康有为过的是奢华的生活。

无论是租住盛宣怀的辛家花园（每月租金一百二十银元，年租金就达一千四百四十银元，合今人民币十万元。他在此居住八年，此一项就合人民币近百万元了），还是搬入自己的游存庐等住处，康有为花销之大，是惊人的。

五位夫人（原配张云珠故去），六个未婚子女，十个女仆、三十多个男雇员（两个看门的印度人，厨师、仆人杂役等），还有寄居的亲朋故旧、门生和食客少则十余人，多则三十多人。这么多人，据说每四天要吃一石米，其他副食品和煤炭的数量也相当可观，每月单伙食费就要四百银元。还有一项大开支是康有为的电报费，每月也近上千银元。男女雇员每人月薪平均十二银元，须支付五百银元。还要给孩子们的零用钱，女儿每人每月五银元，儿子两银元，大约须几百银元。加上婚丧喜庆应酬，总开支平均每月两千银元左右。

总之，康有为五十五岁以后在上海和江南生活的十四年间，每年花费不下二点五万银元，大约折合今日人民币

一百万元左右。康公馆这样浩大的开支，钱从哪里来？一部
分是宪政党给的。康有为长期是宪政党的党魁，接受宪政党
供给的生活费。有次保皇会在海外募得基金一百万美元，曾
以十万美元给康有为作游历各国"考察政治"之用，他以此款
购买了不少中外文物、古董。康有为曾以这些古物开过展览
会，也出售一部分弥补生活费。

（陈明远《文化名人的经济背景》）

每年的花销，就达如今的人民币百万，这在今天，也是够奢侈的
了。所以，他才有钱多处修筑安乐窝。

从"游存庐"，到新的三处别墅，都是一九一七年他随张勋复辟失
败后所建和购买。政治地位的失落与极度失意，让他在晚境突然开始大
肆筑窝来寄情湖山。例如他在"一天园"内桃园亭上的楹联为："花开
花落可天意，避地避世忘人间"。

失落归失落，即便在此时，他也绝不是哀叹和悲观，且恰恰相反。
"一天园"的门联，就透露了他如此的心态：

割据湖山少许，操鸟兽草木之权，是亦为政；
游戏世界无量，极泉石烟云之胜，聊乐我魂。

"聊乐我魂"，有自己慰藉自己之意，有及时行乐之意，也是他认为
很自然正当的享乐主义之意。

他对享乐的解释尽管有一定的道理，但我们定然是极其反感的，因
为他所处于的时代，中国还是个极其贫穷的农业国。这时谈享乐，是一
种失当的奢侈，只能属于骑在人民头上的军阀和达官贵人。

但这是康有为心底的一种对自己生命权利的解释。

晚境，他惯常的随意与不加设防、自吹、迷信等等，尽管仍常被人
诟病，反倒使他透露出了一种别样的真实、率性与可爱。

他和在上海的一些遗老，凡有疑难就扶乩请神。一九一七年复辟

之前，他和沈曾植等扶乩叩示复辟可否成功，答案竟然是"仙判大吉"，所以才放心大胆地去协助张勋行复辟之道。复辟失败后，他躲在美国公使馆不敢出来，在准备逃离京城时，竟特地写信给梁夫人，要她快去集云轩即扶乩之地问何时出城为宜。

他到处鼓吹唯有他的虚君共和方能结束军阀混战，并一再宣称谁能破他的论文一篇者，愿赏千元。甚至，多次要把头悬诸国门，看看因不听他的劝告而亡国。

据他的天游学院的弟子任启圣回忆说，康有为对人的态度是和蔼的，谈话中也间作笑语。一天夜里康有为和弟子在教室内校碑，随口让仆人去沏一壶铁观音茶来。康有为等了半天，见茶还没来，就走到仆人的住处一看，那仆人把此事忘了，蒙头正睡呢。康有为也没生气，只说了句："叫你泡茶，你为何高卧不起耶？"并没有斥责一句。学生唐以修在笔记中痛斥君主，康有为也没有因自己提倡君主立宪而批评他，还称其文章议论宏伟，不以为忤。

在最后的岁月里，他更加迷信。遇事竟然不是扶乩，就是夜观天象。还特别相信风水，在给母亲在茅山选坟址时，耗了八年，非要找"龙脉结穴之地"，据说这样的地方土中会有西瓜般的"土瓜"。手下人无法，就伪造了一个，他竟然高兴地信以为真。

在青岛，他结识了一个叫李云良的青年，李是林业技师，却是个秘密的国民党人。两人在花园吃茶聊天时，康有为常常情不自禁又吹起来，如"小门生梁启超""墨西哥总统是我至友""上海冒我的名字写字的有四十个""我有世上无价的宝贝"等等。送给李一幅字，题款上竟称自己是"词仙"。此已深深体现出他的落寞与寂寥。一天，李云良在聊天时告诉了他自己的秘密身份，是青岛国民党党部的执委。康有为猛地站起来望着他，后又无力地坐下，说："党的话以后不再谈吧，让你我还是私交上的朋友吧。"说是这样说，之后，他依旧万般感慨地说了两句很重要的话。一句是"国民党迟早会成功，是这些军阀太替他们造机会了"；一句是"宣统不过是泥菩萨而已"。他最明白自己，"我的政治生命，早已完结了……"

这一次，他没有与李云良绝交，反而很照料李的生活，并掩护他在青岛的秘密身份，两人仍是好友。

晚年，他对两个字特别感兴趣，一是"游"，一是"天"。他晚年号游存叟、天游化人。

或许，是一种预感？冥冥之中，那"天游之期"，已不远矣。

"天游化人"

康有为的一生中，真正属于他的大戏，还是戊戌变法。

这场变法波澜壮阔，又悲怆诡谲。自然，也留下了许多康有为自己都不甚清楚的谜。

他会一直都在想破解，是无疑的。

这个机会来了。

一九一三年年底，康有为因母丧归国。一九一四年春，他就急切地奔杭州，来找徐致靖。

一八九八年，康有为是清廷必杀者，礼部右侍郎、翰林侍读学士徐致靖也几乎被刀架在了脖颈。徐最大的罪行，即是向光绪帝保举康有为。慈禧深恨之，曾力主要杀徐。徐被抓后，在他上斜街的寓所，家人都认为他必死，备好了棺材。后幸被李鸿章、荣禄所保，被判绞监候，也就是死缓。庚子事变，八国联军进京，刑部大牢无人职守，让他回家。慈禧回京后，不敢杀人了，他才被赦免。后归隐杭州。徐差了一点点，就将成为"七君子"。所以，他被后人称为"六君子"外的七君子。

十六年后的一个下午，康有为来到了杭州姚园寺巷，徐致靖寓所。

徐致靖的外孙许姬传，在一篇回忆中说：

> 一九一四年的春天，下午三点半钟，我正在书房看书，徐家的老管家徐福走到书房里对我说："外面来了一位客人，要见老太爷，我说上茶馆去了，他要进来，我问他姓什么，

他又不肯说，你出去看看。"我就跟徐福到轿厅……我看见一位头戴方顶缎帽，红结子，身穿蓝宁绸袍子，方面大耳黑须的中年人站在轿厅里，就请教他贵姓。他问："你是徐大人的什么人？""外孙。""我们进去谈吧！"……这时，听到仅老（徐致靖）的囊囊的履声，我迎出去说："厅上有客人在等您。"仅老就进了大厅，这时，客人站起来对了眼光，就抢走几步，跪倒在地，我外祖也跪下，两人抱头痛哭……

（夏晓红《追忆康有为》）

十六年前，康有为接到光绪密诏后，来徐家吃饭。席间，徐还唱了一曲《长生殿》，悲凉感慨。两人都知新政已败，大祸将临，只能相对流涕，一筹莫展。那是两人的最后一面。

康有为流亡海外的时候，曾听到误传徐已与六君子同被杀，康设奠遥祭，并赋长歌志恸。

如今，两人抱头痛哭，是无比真挚的。

康有为对徐致靖说："小侄是坐三等车来的，这里的当道（朱瑞）是项城（袁世凯）的人，我明天一早就回上海，今晚就住在年伯这里，别后要谈的话很多，怕隔墙有耳，最好笔谈。"

康请许姬传备好笔墨纸砚。许姬传很快备好，竟拿来了一刀"尺白纸"。

两人开始灯下笔谈。

要谈的内容太多太多了。

这是一次非常重要的笔谈。

据许姬传回忆，康先谈了自己的逃亡经过，徐讲述了六君子被杀前后的经过，然后是光绪逝世的情况，最后为双方对辛亥革命的看法。这是十六年内晚清中国最重大的史实了。极为可惜的是，两人笔谈中留下的八十余张极其珍贵的纸墨，被一直很警觉的康有为点火全部烧掉了。

一些似乎已被揭开的谜，也就再次未存于世，依旧归谜了。

以康有为刚刚自海外流亡归国的身份，袁世凯其时又在当权，这做法是可以理解的，但对于这批史料的焚毁，极其可惜可叹。

一九一八年五月，康有为来到翁同龢的故乡常熟，专诚来虞山鹁鸪峰前的翁同龢墓地拜谒，酹酒祭扫。

一九二二年二月十日晚，康有为在杭州乘车经过一家戏园的时候，从门口的海报上惊奇地发现这里正上演的新戏是《光绪帝痛史》，急忙购票入场。舞台上的康有为，正在向光绪帝痛陈变法。这可真是奇遇了。他坐在台下，百感交集。谁也不会想到，戏中的人物，如今竟然就坐在台下，在观看"自己"。归来，他赋诗道："电灯楼阁闹梨园，笳鼓喧天万众繁。谁识当年场上客，今宵在座痛无言。"

一九二六年九月，康有为最后一次来到北京。

他再次来到二十八年前光绪帝早朝接见他的仁寿殿，依稀又见到、听到那位忧虑重重的年轻皇帝的身影和声音。他泪眼模糊。待来到光绪帝居住过的玉澜堂的时候，他的泪水，再次又流下来了……

御床嶙峋抗丹霄，银烛当年记早朝。
卅年重来仁寿殿，黄帘不卷柏萧萧。

玉澜堂里昔囚尧，栏槛摩摩久寂寥。
侠士频呼为救国，微臣感痛望青霄。

南海会馆，"七树堂"汗漫舫。院里的回廊、老树、巨石依旧。穿行于树下，他似乎听到了自己三十年前匆匆的脚步声。

他最想来，并最怕来的地方到了——在梁启超、张伯桢、康同璧等人的陪同下，他来到了菜市口当年的刑场，泪眼模糊中，他似乎看到了六君子，一个一个在囚笼内出现在他的面前，又被押上刑场。弟弟康广仁、谭嗣同等转过了身来，是在向他告别吗？他不禁仰面痛哭，大放悲声……

一九二七年二月十四日，七十高龄的康有为前往天津张园，为二十二岁的溥仪祝寿。

　　三月八日，是他的大寿。溥仪送来御笔"岳峙渊深"匾额一幅，玉如意一柄。康有为在上海寓所游存庐恭设香案，望北叩谢天恩。之后，他写下了一生中最后的一次谢恩折，计一千一百八十一字。石印千份，分赠来祝寿的贺客。他着清廷补绣官服，与所有家属做最后的一次合影。

　　他给自己写了一副自寿联：

　　　　天乎百亿千万劫，
　　　　丘也东西南北人。

　　表示尽管一生坎坷，仍要做孔圣人那样的人。
　　于清华大学任教的梁启超，带病为恩师亲撰寿文、寿联。寿联为：

　　　　述先圣之玄意，整百家之不齐，入此岁来已七十矣；
　　　　奉觞豆于国叟，致欢忻于春酒，亲授业者盖三千焉。

　　在寿文中，梁启超对他郁郁不欢抚慰道："戊戌以后之新中国，惟先生实手辟之。今之少年，或能讥弹先生，然而导河积石，孰非闻先生之风而兴者，事苟有济，成之何必在我，先生其亦或可稍纾悲悯，雍容扶仗，以待一阳之至也。"（民国十六年二月二十七日《晨报画报》）
　　很快，传来北伐军打过长江，前锋正挺进上海的消息。
　　康有为于三月十八日乘轮船去青岛。行前，据康同璧记载，他"亲自检点遗稿，并将礼服携带，临行，巡视园中殆遍，且曰：'我与上海缘尽矣！'以其相片分赠工友，以作纪念，若预知永别者焉"。
　　二十一日抵达青岛，入住福山路别墅天游园。
　　八天后的三月二十九日晚，他出席一位广东同乡在英记酒楼为他举行的宴会，席间突感腹部剧痛，被抬回寓所，呕吐竟夜。一位日本医生诊断为食物中毒。
　　三十日，见好，已能接待来客。但当夜病情骤然恶化。

三十一日晨五时三十分，猝然长逝于寓所。据说临终前曾痛苦挣扎，七窍流血，尸体不僵。康有为的女儿康同环后来回忆说：

> 康有为卒前挣扎痛苦，七窍都有血渍，当然是中毒的现象。不过所谓食物中毒，可能是英记酒楼的食物不洁所致，未必是因为政治斗争而牺牲的。
>
> （康同环《先父的墓碑》）

因几位夫人与子女大多留上海，丧事由青岛市长赵琪与友人吕振文操持，幸亏梁启超电汇几百块银元救急，方草草成殓。棺木暂厝康有为生前自己选定的青岛李村象耳山坟地。

他去世三日后，三岁的幼女康同令天殇，遂葬于他的墓侧。

家人与弟子们原拟将他的灵柩迁往易县清西陵，陪葬于光绪帝的崇陵，后因筹款不足放弃。

四月十七日，梁启超联合康门弟子在北京畿辅先哲祠的不朽堂设灵公祭。参加公祭的达数千人，门人弟子皆素服。梁启超流泪宣读了给恩师的悼文《公祭康南海先生文》，其中中肯地并未回避老师与复辟事件，他说：

> ……后有作新中国史者，终不得不以戊戌为第一章。斯万世之公论，匪吾党之阿扬。复辟之役，世多以此为师诟病，虽我小子，亦不敢曲从而漫应。虽然丈夫立身，各有本末，师之所以自处者，岂曰不得其正思报先帝之知于地下？则于吾君之子而行吾敬，栖燕不以人去辞巢，贞松不以岁寒改性。宁冒天下之大不韪，而毅然行吾心之所以自靖。斯正吾师所以大过人，抑亦人纪之所攸托命，任少年之喜谤，今盖棺而论定。

十六年后的一九四三年，由万国道德会及康氏弟子亲友等，将康坟重新修整营造,于十一月十七日举行隆重公葬。

一九六六年八月,康墓被掘毁,康颅骨、遗骸四散(远在茅山的康母坟也被炸毁)。红卫兵高喊"打到中国保皇派的祖师爷",将康的颅骨放一手推车内游街示众。后颅骨被送至青岛市"造反有理"展览会,原上题"保皇派康有为的狗头",后改为"保皇派康有为的头颅"。展览会结束后,一个叫王集钦的工作人员,将颅骨放入木箱,偷偷冒风险保存起来。

一九八四年因原墓地已修筑公路,青岛市政府于西南郊浮山西麓,选新墓址。于是,被暗暗保存了十八年的康有为的颅骨,重见天日,重葬入墓。墓前立花岗岩石碑,正面刻"康有为先生之墓",背面墓志铭为刘海粟撰文并书写:

公讳有为,原名祖诒,字广厦,号长素,戊戌后易号更生,广东南海人也。公十九岁时乡试不第,既慨然以天下为己任。光绪十四年伏阙上书,不得达。十七年撰《新学伪经考》,二十年入京会试,遭弹劾,书被焚而名益彰。次年,中日马关订约,天下謷謷,公深耻之,与弟子梁启超合各省举人上书拒和议,世称"公车上书"。值会试榜发,成进士,授工部主事,辞不就。返粤讲学于万木草堂,撰《孔子改制考》。二十三年公复赴京。明年首岁,李鸿章、翁同龢等延晤于总理衙门,公纵论变法维新之宜,众莫能难。翁以公言入奏,德宗下诏陛见。变法诏下,倡君主立宪,忤西太后那拉氏,又为袁世凯所卖,谭嗣同等六君子死焉。公亡命海外十有六年,三周环瀛,经三十二国,行六万里,撰《大同书》诸作。辛亥后丁母忧归国,在沪创天游书院,自号天游化人。公博学善文,擅诗书,精鉴赏;力主革新,然军阀横行,志不得酬,郁郁终于青岛。公生于咸丰戊午,卒于民国丁卯,享年七十。公墓毁于丙午,今得青岛市人民政府重修,背山临海,肃穆壮观。铭曰:"公生南海,归之黄海。吾从公兮上海,吾铭公兮历沧海。文章功业，彪炳千载！"

墓后植龙柏六株，象征"戊戌六君子"。

墓园地势高峻，依山遥对的就是曾经爆发中日"甲午海战"的黄海。

附录一

康有为大事年表

咸丰八年（1858） 一岁

三月十九日（农历二月初五），生于广东南海县西樵山银塘乡（又名苏村）敦仁里延香老屋。

同治元年（1862） 五岁

叔伯启蒙教读诵唐诗。

同治二年（1863） 六岁

从番禺简凤仪读《大学》《中庸》《论语》，并朱注《孝经》。

同治四年（1865） 八岁

祖父康赞修在广州府学宫孝悌祠授徒，康有为从往受学。

同治五年（1866） 九岁

康赞修任修《南海县志》，居南海学宫志局中，康有为从侍，并跟随陈鹤侨等读经。常随祖父游览名胜。

同治六年（1867）　十岁

还乡仍从简凤仪读书。

七月十四日，幼弟有溥（字广仁）出生。

同治七年（1868）　十一岁

二月十三日，父康达初卒。

四月从祖父于连州，开始学习文史典籍，读《邸报》等，始知朝廷政事。

同治八年（1869）　十二岁

从祖父于连州官舍读书，《明史》外杂览群书，从祖多游名胜。

同治九年（1870）　十三岁

八月，祖父康赞修奉调回广州，康有为从归。

十月，在广州西门外第三甫桃源，因不喜八股文，祖父命其从陈莘生学八股文。

同治十年（1871）　十四岁

还西樵银塘乡，从叔叔康达节学为文，读书于叔祖康国器建造的澹如楼及二万卷书楼。参加童子试，落榜。

同治十一年（1872）　十五岁

从杨学华先生学，再参加童子试不售。仍纵观说部集部杂史。

同治十二年（1873）　十六岁

移学于灵洲山之象台乡，中岁复还银塘乡。因厌弃八股文，被诸叔父责难。

同治十三年（1874） 十七岁

居乡，始见《瀛环志略》《地球图》，知万国之故、地球之理。

光绪元年（1875） 十八岁

居广州，从吕拔湖学文，专事八股。

光绪二年（1876） 十九岁

应乡试不售，愤学业无成，开始师从岭南大儒朱次琦（九江）于礼山草堂。读宋儒书及经说、小学、史学、掌故词章。

年底，与张云珠成婚。

光绪三年（1877） 二十岁

从朱次琦学于礼山草堂。

六月，连州水灾，祖父康赞修遇难，闻而哀痛，三日水浆不入口。

光绪四年（1878） 二十一岁

在礼山草堂开始攻读《周礼》《仪礼》《尔雅》《说文》《水经》等经典，对旧学"究复何用"，产生深深的怀疑。

"忽绝学捐书，闭户谢友朋，静坐养心"。

至冬，辞别朱九江先生回乡。

光绪五年（1879） 二十二岁

正月，入西樵山居白云洞攻佛道之书。与翰林院编修张鼎华结识。开始"尽知京朝风气、近时人才及各种新书"。

秋天，出山还乡。居澹如楼读书。

十二月，初游香港，"始知西人治国有法度"，开始购读西学之书。

光绪六年（1880） 二十三岁

居乡授诸弟读经。

因祖父去世，家境生计日绌，不能出游、购书，至无笔墨。

光绪七年（1881） 二十四岁

读唐宋史、宋儒之书。

是年读书最多，"日以寸记，久坐积劳"。

光绪八年（1882） 二十五岁

六月，进京应顺天乡试，不售。借此游京师。

归来游扬州、镇江等地，经上海阅其繁华，"益知西人治术之有本"，大购西书。自此大讲西学。

光绪九年（1883） 二十六岁

读《东华录》《大清会典则例》及国朝掌故等书。大攻西学书及各国史志、游记，以及乐律、韵学、地图学。

与临乡区谔良创不裹足会，令女儿同薇、同璧及侄女们不得裹足。

光绪十年（1884） 二十七岁

春夏间居广州城南板箱巷。中法战争使广州戒严，秋冬还乡读书澹如楼。

冬，所悟日深，"合经史之奥言，探儒佛之微旨，参中西之新理"，"专为救众生而已"，"故日日以救世为心，刻刻以救世为事"。

开始酝酿撰写《人类公理》。

光绪十一年（1885） 二十八岁

三月，应张鼎华之邀准备去北京，突发脑病，几死。数月不出，撰写《人类公理》。

光绪十二年（1886） 二十九岁

春居广州，请张鼎华向两广总督张之洞建议开局翻译西书，张表示同意，但事后未果。

研究天文历法。

著《康子内外篇》《教学通议》等。

光绪十三年（1887） 三十岁

春居广州后还乡。九、十月游香港。

继续编著《人类公理》及《康子内外篇》。

光绪十四年（1888） 三十一岁

六月，赴京应乡试，不第。

张鼎华病逝，营其丧。

九月，游明陵、居庸关、万里长城。

十二月十日，借祖陵山崩千余丈，第一次大胆向光绪皇帝上书，提出"变成法、通下情、慎左右"的变法主张，被阻。

居北京宣武门外南海会馆，以读金石碑版学为事。

光绪十五年（1889） 三十二岁

春夏居南海会馆。撰《广艺舟双楫》，在书法上"尊魏卑唐"。

九月，出京，游杭州、苏州、庐山、武昌，后年底
还粤。

光绪十六年（1890） 三十三岁

春居广州徽州会馆，后移居羊城云衢书屋。

拜会廖平，读其《今古学考》，深受启发。

七月，陈千秋从学。

九月，梁启超从学。

著成《婆罗门教考》《王制义证》《毛诗伪证》《周礼伪证》
《说文伪证》《尔雅伪证》等。

光绪十七年（1891） 三十四岁

春，始开讲学于广州长兴里邱氏书屋，名"长兴学舍"，
自任总教授总监督。著《长兴学记》为学规。

日夕讲业，大发求仁之义，而讲中外之故，救中国之法。
有学生陈千秋、梁启超、韩文举、梁朝杰、曹泰、王觉
任、麦孟华、徐勤、陈和泽、林奎、欧榘甲、潘藻鉴等。

八月，在陈千秋、梁启超协助下，刊行《新学伪经考》。

光绪十八年（1892） 三十五岁

移讲堂于广州卫边街邝氏祠，从学者渐众。用孔子生
二千四百四十三纪年，制大成舞、作歌等祀孔。

选学生协助开始编纂《孔子改制考》。

光绪十九年（1893） 三十六岁

仍讲学于卫边街，冬迁讲堂于广府学官仰高祠（万木
草堂）。

应乡试，中第八名。

撰《孟子为公羊学考》《论语为公羊学考》等。

光绪二十年（1894） 三十七岁

三月十八日，与梁启超入京会试，不中。

六月九日，下车伤足，归粤。

八月，余联沅弹劾康有为"同少正卯，圣世不容，请焚《新学伪经考》，而禁粤士从学"。《新学伪经考》被毁版。

十二月，游广西桂林并讲学。

光绪二十一年（1895） 三十八岁

二月二十五日，自广西回广州。

三月八日，偕梁启超、梁小山入京会试。

四月二十二日，《马关条约》签订的消息传到北京。梁启超集广东举人八十一人上书。

五月二日，康有为联合各省入京应试的举人一千三百人，联名上书光绪帝，请拒和、迁都、变法，此"公车上书"，即一万八千言的《上清帝第二书》。后因条约已经用宝，上书未达天听。

五月三日，康有为会试中进士。授工部主事，未到职。

五月二十九日，上《上清帝第三书》，提出富国、养民、教士、练兵。光绪帝阅后赞许。

六月三十日，上《上清帝第四书》，提出"设议院以通下情"，未达光绪帝。

八月十七日，在京创办《万国公报》，后改《中外纪闻》。

九月筹备强学会于宣武门外后孙公园，基本会员为康有为、梁启超、文廷式、王鹏运、沈曾植、袁世凯等。

十一月，北京强学会"开局"。

十一月，去南京游说张之洞，开办上海强学会。

光绪二十二年（1896） 三十九岁

一月，因御史杨崇伊奏告强学会"植党营私"，北京、上海强学会被封，改官书局。

回粤，讲学于广府学官万木草堂。续成《孔子改制考》《春秋董氏学》《春秋学》《日本变政考》等。

八月起，再游香港、澳门等地。十二月，重游广西。

光绪二十三年（1897年） 四十岁

在广西桂林与唐景崧等人组织圣学会，创办广仁学堂，刊行《广仁报》。

七月，赴广州讲学。

九月，纳妾梁随觉。

十一月，在上海，因台湾被割后，一切不变，压制更甚，欲移民"去巴西开辟新国"。李鸿章并不反对，但须巴西派使人来谈，后事搁浅。

十二月，德强占山东胶州湾。康有为赶回北京。

光绪二十四年（1898） 四十一岁

一月，在京创办粤学会。

一月，呈《上清帝第五书》，提三策：采法俄日以定国是，大集群才而谋变政，听任疆臣各自变法，并吁请国事付国会议行，请颁行宪法。

一月二十四日，光绪帝命王大臣李鸿章、翁同龢、廖寿恒、张荫桓，在总理衙门向康有为问话。

一月二十九日，上《上清帝第六书》，请求光绪帝尽快变法：一、宣布维新，诏定国是；二、在午门设上书所，准士民上书；三、在内廷设制度局，商谈政事制度，并设十二新政局。

三月十二日，进呈《俄彼得变政记》，并呈《上清帝第七书》，建议光绪学彼得实行变法。

四月十七日，在京发起组织保国会（保国、保种、保教）。

五月二日，被御史潘庆澜劾"聚众不道"，保国会解散。

六月十一日，光绪帝下诏，正式宣布实行变法维新。

六月十六日，在颐和园仁寿殿受光绪帝召见。授总理衙门章京上行走，有专折奏事权。

七、八月，向光绪帝进呈《日本变政考》《波兰分灭记》及《列国政要比较表》。

九月四日，因阻碍王照上书，光绪帝革职礼部尚书怀塔布、许应骙等六堂官。

九月五日，光绪帝赏谭嗣同、杨锐、刘光第、林旭四品卿衔，在军机章京上行走。

九月十五日，光绪帝下密诏给杨锐等，索要对策。

九月十七日，光绪帝发明谕催康有为速出京去上海督办官报。

九月十八日，光绪帝命林旭再传密诏，令康有为速出京。当晚，谭嗣同夜访袁世凯。

九月十九日，慈禧太后自颐和园还宫。

九月二十日，康有为离京去天津塘沽，登上外轮。

九月二十一日，慈禧发动政变，再出"训政"。梁启超避入日本使馆。清政府下令捉拿康有为和梁启超。

九月二十四日，康有为所乘"重庆号"抵吴淞口，英国驻上海代理白利南派人用驳船接往英国轮船"琶理瑞"号。二十七日，此船去香港，康有为脱险。

九月二十八日，谭嗣同、林旭、刘光第、杨深秀、杨锐、康广仁六君子于北京菜市口被杀害。

十月一日，清政府下令将康有为所有书籍版片严查销毁；命地方官查抄康、梁原籍财产，并"家属例应缘坐，一并严拿到案"。康有为家属避至澳门后去香港；梁启超家属避至澳门。十月七日，万木草堂被封，焚毁藏书三百余箱。

十月二十四日，康有为午夜乘日轮抵日本神户，次日与梁启超会合。

十二月五日，清政府悬赏缉拿康有为、梁启超、王照。

光绪二十五年（1899） 四十二岁

四月十六日抵达加拿大温哥华。七月，与华侨李福基、冯秀石等人创立保商会，后易名保皇会、中国维新会。

光绪二十六年（1900） 四十三岁

二月，清廷悬赏十万两捉拿康梁。

七月十六日，康致各地保皇会公函，称"南方义勇"将"分兵北上勤王，助外人攻团匪以救上"。二十六日唐才常在康有为的授意下，成立了自立会和自立军，准备自长江中下游起兵去救光绪帝。

八月二十二日，自立军起义失败，唐才常等人在武昌被张之洞杀害，死者达千人。

光绪二十八年（1902） 四十五岁

居印度大吉岭，撰写成《大同书》《论语注》《大学注》等。在此公开发表《答南北美洲诸华商论中国只可行立宪不可行革命书》《与同学诸子梁启超等论印度亡国由于各省自立书》。章太炎向其发起论战，后发表《驳康有为论革命书》等。

光绪三十年（1904） 四十七岁

六月，游欧洲十二国等。

光绪三十一年（1905） 四十八岁

游华盛顿、纽约、波士顿、费城等地。

当年十月，康通过保皇会成员密报，知孙中山将达纽约，周密策划了暗杀孙中山的计划，未遂。

光绪三十二年（1906） 四十九岁

康安排梁铁君于一九○四年悄然进京，做刺杀慈禧的准备。一九○六年八月，梁不幸被捕，九月一日被秘密处死。此时，清廷下诏，"预备立宪"。一九○七年康在美国纳妾何旃理。

光绪三十四年（1908） 五十一岁

游埃及、开罗、德国、瑞典、奥地利、匈牙利、保加利亚、罗马尼亚、土耳其、雅典等。

光绪帝归天。载沣之子溥仪立为皇储。传光绪为袁世凯毒杀，康发《讨袁檄文》等，请杀袁世凯。

宣统三年（1911） 五十四岁

五月返香港探母。六月，在日本横滨印出《戊戌奏稿》。纳妾日本人鹤子。

十月起，先后写《救亡论》《共和政体论》，提出"虚君共和"的政治主张。

民国二年（1913） 五十六岁

二月派麦孟华等创办《不忍》杂志。十一月从日本回香港奔母丧，结束了流离海外的生涯。三次拒绝袁世凯电召入京主持名教的邀请。

民国五年（1916） 五十九岁

三月，电请袁世凯退位。六月，袁世凯病死。

民国六年（1917） 六十岁

六月致函张勋，策划复辟。后应张勋之邀进京参与复辟。七月一日，与张勋拥戴清末帝溥仪复辟。受弼德院副院长职。不料七月十二日复辟失败，逃至美国公使馆。后被公使馆人员护送出京，返上海。

民国九年（1920） 六十三岁

三月，上海"游存庐"落成。转年夏天，杭州"一天园"中的"人天庐"落成。

民国十四年（1925） 六十八岁

年初，专程从上海往天津张园"觐见"被逐出故宫的溥仪。后在上海创办"天游学院"。

民国十五年（1926） 六十九岁

九月，康最后一次来京，来到二十八年前光绪帝早朝接见他的仁寿殿，来到光绪曾居住的玉澜堂。又回南海会馆，七树堂"汗漫舫"；在梁启超、张伯桢等弟子陪同下，于菜市口刑场凭吊戊戌六君子。

民国十六年（1927） 七十岁

二月十四日赴天津为溥仪祝寿。三月八日在上海游存庐做七十寿辰，溥仪赐寿，送来"岳峙渊深"一匾额。康欣喜万分，写谢恩折。二十一日到达青岛。三十一日晨病逝于青岛天游园。葬青岛李村象耳山。

附录二　主要参考书目

1.《戊戌变法史研究》(上、下册)，黄彰健著，上海书店出版社2007年版。

2.《再说戊戌变法》，张鸣著，陕西人民出版社2008年版。

3.《清王朝的覆灭》，房德邻著，河南人民出版社2004年版。

4.《从甲午到戊戌——康有为"我史"鉴注》，茅海建著，生活·读书·新知三联书店2009年版。

5.《戊戌变法的另面："张之洞档案"阅读笔记》，茅海建著，上海古籍出版社2014年版。

6.《戊戌变法史事考二集》，茅海建著，生活·读书·新知三联书店2011年版。

7.《戊戌变法史》，汤志钧著，人民出版社1984年版。

8.《康有为与戊戌变法》，汤志钧著，中华书局1984年版。

9.《康有为大传》，马洪林著，辽宁人民出版社1988年版。

10.《康有为评传》，马洪林著，南京大学出版社1988年版。

11.《革新派巨人康有为》，林克光著，中国人民大学出版社1988年版。

12.《康有为》，齐春晓、曲广华著，哈尔滨出版社1996年版。

13.《康有为大传》，张耀鑫、刘媛著，华中科技大学出版社2013年版。

14.《温故戊戌年》，张健伟著，长江文艺出版社2011年版。

15.《戊戌政变记》，梁启超著，广西师范大学出版社2010年版。

16.《康有为传》，梁启超著，团结出版社2004年版。

17.《庚子西狩丛谈》，吴永口述，刘治襄记，广西师范大学出版社2008年版。

18.《近代中国与新世界：康有为变法与大同思想研究》，（美）萧公权著，江苏人民出版社2007年版。

19.《康有为传》，黄晶著，京华出版社2002年版。

20.《维新之梦——康有为传》，何一民著，四川人民出版社1995年版。

21.《康有为传》，童强著，团结出版社1998年版。

22.《先知有悲怆：追忆康有为》，徐刚著，作家出版社2011年版。

23.《少年中国梦：再读梁启超》，徐刚著，作家出版社2011年版。

24.《梁启超传》（上、下），解玺璋著，上海文艺出版社2012年版。

25.《戊戌军机四章京合谱》，王夏刚著，中国社会科学出版社2009年版。

26.《百年黄昏：回到戊戌变法历史现场》，余音著，南京大学出版社2009年版。

27.《戊戌变法史事考》，茅海建著，生活·读书·新知三联书店2005年版。

28.《大变革时代：1895—1915的中国》，马勇著，经济科学出版社2012年版。

29.《中国近代通史第四卷——从戊戌维新到义和团》，马勇著，江苏人民出版社2009年版。

30.《晚清的士人与世相》，杨国强著，生活·读书·新知三联书店2008年版。

31.《天公不语对枯棋:晚清的政局和人物》,姜鸣著,生活·读书·新知三联书店 2006 年版。

32.《1898 年中国故事》,马勇著,中华书局 2008 年版。

33.《中国心灵》,(德)卫礼贤著,国际文化出版公司 1998 年版。

34.《1901》,王树增著,人民文学出版社 2011 年版。

35.《康有为》,苏人著,民族出版社 2003 年版。

36.《追忆康有为》,夏晓虹编,生活·读书·新知三联书店 2009 年版。

37.《中国近代思想史论》,李泽厚著,人民出版社 1986 年版。

38.《张荫桓日记》,任青、马忠文整理,上海书店出版社 2004 年版。

39.《共和与君主:康有为晚期政治思想研究》,曾亦著,上海人民出版社 2010 年版。

40.《晚清社会与文化》,陈国庆主编,社会科学文献出版社 2005 年版。

41.《晚清二十年》,马勇著,人民文学出版社 2011 年版。

42.《晚清史探微》,孔祥吉著,巴蜀书社 2001 年版。

图书在版编目（CIP）数据

戊戌悲歌：康有为传 / 张健 著. -- 北京：作家出版社，
2016.10

（中国历史文化名人传丛书）

ISBN 978-7-5063-9123-8

Ⅰ.①戊… Ⅱ.①张… Ⅲ.①康有为（1858～1927）- 传记
Ⅳ.①B258.5

中国版本图书馆CIP数据核字（2016）第209420号

戊戌悲歌——康有为传

作　　者：张　健
传主画像：高　莽
责任编辑：田小爽
书籍设计：刘晓翔+韩湛宁
责任印制：李卫东　李大庆
出版发行：作家出版社
社　　址：北京农展馆南里10号　　　　邮　　编：100125
电话传真：86-10-65930756（出版发行部）
　　　　　86-10-65004079（总编室）
　　　　　86-10-65015116（邮购部）
E-mail:zuojia@zuojia.net.cn
http://www.haozuojia.com（作家在线）
印　　刷：北京汇林印务有限公司
成品尺寸：152×230
字　　数：400千
印　　张：28
版　　次：2016年10月第1版
印　　次：2016年10月第1次印刷
ISBN 978-7-5063-9123-8
定　　价：43.00元